영유아 발달

송현종 · 이순자 · 박상희 · 박영미 · 이미나 · 윤은경 공저

child development

학지사

머/리/말

인간은 발달하는 존재다. 수태된 순간부터 평생 양적 · 질적으로 변화해 가는 우리는 항상 발달하는 과정에 있다. 인간 발달을 알고 이해하는 것은 어렵고 복잡하나 우리는 발달을 앎으로써 자신과 타인의 행동을 보다 잘 이해할 수 있고, 나아가 삶 자체를 더 풍요롭고 깊이 있게 꾸려 갈 수 있다. 특히 교육 · 보육에 종사하는 사람들이나 자녀를 양육하는 부모는 발달심리학 및 발달이론에 대한 체계적인 이해와 통찰력이 필요하다.

인간 발달에 대한 이해의 중요성은 영유아 발달 관련 과목이 보육교사 자격을 취득하기 위한 이수 교과목으로 지정된 것에 잘 나타난다. 이에 이 책은 인간 생명의 시작인 태내기부터 영아기, 유아기, 아동기까지의 발달 내용을 담아 대학에서 유아교육 전공자뿐만 아니라 아동 관련 학부생, 현장의 교사 및 부모가 발달의 이론과 실제를 이해하는 데에 도움이 되도록 집필하였다.

이 책은 총 4부 13개장으로 구성되어 있다. 먼저, 1부는 발달의 기초로서 발달에 대한 이해(1장), 발달이론(2장), 발달의 연구방법(3장)에 대해 살펴보았다. 2~3부에서는 태내기, 영유아기 및 아동기의 발달단계를 시기별로 나누고 각 단계의 특징을 살펴보았다. 즉, 2부와 3부에서는 태내기 발달(4장), 영아기 발달(5장)을 살펴본 다음, 유아기(6~9장)와 아동기(10~12장)의 발달 영역별 주요 개념 및 연령별 발달 특성을 구체적으로 제시하였다. 4부는 발달을 사회적 맥락 내에서 살펴보는 것(13장)으로 내용을 구성하였다. 또한 각 장의 끝에 토의

및 연구 문제를 제시하였으며, 2부에서부터 4부까지는 발달 영역별로 발달 특성에 따른 교육적 적용을 두었다. 마지막으로, 부록에는 영유아 및 아동의 발달을 실질적으로 측정해 볼 수 있는 발달 영역별 체크리스트와 전반적 발달 체크리스트 등을 제시하여 영유아 및 아동 발달에 대한 실제적 적용과 좀 더 깊이 있는 수준으로의 이해를 돕고자 하였다.

원고를 정리하면서 수차례 논의와 검토 과정이 이루어졌지만 여전히 미흡한 점이 많다. 이에 대해서는 독자의 질책과 충고를 받아들여 추후 개선하고자 한다.

끝으로, 시간상의 제약이 있었음에도 이 책을 출간할 수 있도록 성심성의껏 돕고 기다려 주신 학지사 김진환 사장님과 원고 교정 및 삽화 작업 등을 도와주신 편집부 직원 여러분께 진심으로 감사의 말씀을 드린다.

2017년 3월
저자 일동

/차/례/

1부

발달의 기초

인간을 이해하는 가장 적합한 방법 중 하나는 발달심리학 및 인간 발달에 대한 이론을 체계적으로 이해하는 것이다. 발달심리학은 수정에서 사망에 이르기까지 인간이 발달함에 따라 어떠한 신체적 · 심리적 · 사회적 변화가 이루어지는지, 또 그러한 변화를 일으키는 요인은 무엇인지를 과학적이고 체계적인 방법으로 연구하는 학문이다. 그중 영유아 및 아동 발달심리학은 태내기에서 아동기까지의 연령별 발달과정 및 개인의 독특한 발달현상을 설명하는 발달심리학의 한 분야다.

1부 '발달의 기초'에서는 영유아기와 아동기의 발달 특성 및 발달 연구를 이해하기 위한 내용으로서 1장 '발달에 대한 이해', 2장 '발달이론', 3장 '발달의 연구방법'으로 나누어 살펴보고자 한다.

1장 발달에 대한 이해

인간은 전생애 동안 양적 · 질적인 변화와 함께 발달한다. 이 장에서는 영유아기와 아동기의 발달 특성을 이해하는 데 있어서 가장 기초가 되는 발달의 개념, 발달의 단계, 발달의 영역, 발달의 일반적 원리, 발달과 관련된 논쟁점에 대하여 살펴보고자 한다.

1. 발달의 개념

발달(development)은 생명이 시작되는 순간부터 그 생명이 없어지는 죽음에 이르기까지 인간의 전생애에 걸쳐 일어나는 신체적 · 인지적 · 심리사회적 변화의 체계적 과정이라고 정의할 수 있다. 과거의 발달 연구들은 주로 태내기에서 청소년기까지의 발달에 중점을 두었으나, 최근의 발달 연구들은 성인기와 노년기까지를 포함한 전생애를 연구의 대상으로 한다. 이를 **전생애이론**(life-span theory) 또는 **생애발달심리학**(life-span developmental psychology)이라고 한다. 발달의 개념을 보다 명확하게 이해하기 위해 이 정의에 포함된 내용을 좀 더 자세히 살펴보면 다음과 같다.

첫째, 발달은 변화를 의미한다. 변화에는 양적 변화와 질적 변화가 모두 포함되

며, 성숙 또는 성장의 측면과 함께 쇠퇴 또는 노화의 측면도 포함된다. 즉, 키가 커지고 어휘력이 증가하고 지적 능력이나 사회성이 향상되고 적응능력이 높아지는 것뿐만 아니라, 체력이 떨어지고 신체적 기능이 퇴화되고 언어 유창성이나 지적 능력이 떨어지는 것도 포함된다. 일반적으로 영아기에서 청소년기까지는 성숙과 성장이 많이 이루어지고 성인기와 노년기에는 쇠퇴와 노화가 많이 나타나지만, 예외적인 경우도 있다. 발달의 어떤 단계에서도 성장과 쇠퇴는 함께 일어날 수 있다. 즉, 뇌의 신경세포는 출생에서부터 꾸준히 선택적으로 감소하며, 성인기 이후에도 경험과 관련된 지능은 증가한다.

한편, 발달과 같은 의미로 자주 사용되는 유사한 용어는 성장과 성숙이다. 성장, 성숙, 발달의 세 용어의 개념 차이를 살펴보면 다음과 같다. 먼저, 성장(growth)이란 연령의 증가에 따라 이루어지는 신체적 측면에서의 양적 증대로서 경험이나 환경의 영향을 비교적 적게 받는다. 즉, 신장, 체중, 골격 등이 증가하는 것처럼 일정한 시기가 되면 생득적 요인에 의해 나타나는 양적 변화를 의미한다. 다음으로, 성숙(maturation)이란 부모로부터 물려받은 유전적 요인에 의해 미리 마련된 프로그램의 순서에 따라 신체적 변화와 심리적 변화가 일어나는 것으로 발달적 시기와 과정들이 시간의 흐름에 따라 자연스럽게 나타나는 것이다. 성숙은 영아의 보행, 영구치의 돌출, 사춘기의 도래, 이차 성징의 출현처럼 환경의 영향을 받지 않고 성장의 기초로 나타나는 질적 변화를 의미한다. 마지막으로, 발달(development)은 유전적 요인과 환경적 요인에 의한 변화를 의미한다. 변화의 양상도 신체적 측면의 양적 변화와 심리적 측면의 질적 변화를 모두 의미한다. 다시 말해, 발달이란 유전인자의 내적 작용에 의한 생리적 변화와 경험 및 학습 등 외적 작용에 의한 변화 모두를 의미한다. 발달은 성장이나 성숙을 포함하는 포괄적 개념으로서 약물이나 피로에 의한 일시적 변화와는 구별되는 개념이다(강경미 외, 2003; 심성경 외, 2011).

발달의 개념에는 신체 발달, 인지 발달, 심리사회적 발달이 포함된다. 신체 발달은 신체기관과 운동기능을 포함한 몸과 뇌의 변화를 의미한다. 인지 발달은 언어, 지능, 창의력, 기억, 학습, 사고, 추리, 문제해결력과 같은 지적 능력의 변화를 의미한다. 심리사회적 발달은 성격이나 정서, 사회성, 도덕성의 변화를 의미한다.

발달은 전생애에 걸쳐 일어난다. 예전에는 발달의 개념을 영아기, 유아기, 아동기, 청소년기의 변화를 중심으로 하여 이해하고자 하였지만, 오늘날에는 태아기에서부터 노년기에 이르기까지 전생애에 걸쳐 인간이 경험하는 모든 변화로 그 인식

의 폭이 확대되었다. 다만, 이 책에서는 주로 영유아기와 아동기의 변화에 초점을 두고 인간의 발달현상을 살펴볼 것이다.

2. 발달의 단계

발달현상을 기술하는 방법에는 크게 두 가지가 있다. 하나는 성장 시기 또는 연령별로 발달단계를 구분하고 각 단계별로 발달적 특징을 기술하는 것이고, 다른 하나는 심리적 특성별로 발달의 영역을 나누어 기술하는 것이다.

인간의 발달과정에는 구분되는 몇 가지의 특징이 있으며, 이러한 특징에 따라 발달과정을 몇 개의 발달단계로 구분할 수 있다. 일정한 연령에 도달하면 그 전후 시기와는 구별되는, 그 시기에만 동일 연령의 사람들에게 공통적으로 나타나는 발달적 특징이 존재하는데, 발달단계란 이것을 기준으로 하여 인간의 생애를 몇 시기로 구분한 것이다.

연령에 따라 발달단계를 구분할 때 학자에 따라 다소 차이가 있기는 하지만, 일반적으로 태내기, 영아기, 유아기, 아동기, 청소년기, 성인기, 중년기, 노년기의 8단계로 구분한다. 각 단계의 시기와 특징을 간략히 살펴보면 다음과 같다(강경미 외 2003; 곽노의, 김경철, 김유미, 박대금, 2013; 김경혜 외, 2012; 김연진, 이경화, 송주미, 장미경, 2005; 조복희, 2006; 홍순옥, 박순호, 김인순, 2014).

1) 태내기

태내기(prenatal period)는 수정에서 출생까지의 시기이며, 어머니의 자궁 내에서 태아의 신체 조직이 발달하고 신체 성장이 가장 큰 폭으로 일어나는 시기다. 태내기는 약 9개월로 비교적 짧지만 신체 구조와 기관이 형성되는 중요한 시기다.

2) 영아기

영아기(infancy)는 출생 후 약 2세까지를 말하며, 여기에는 출생 후 1개월간의 신생아기(newborn period)가 포함된다. 신체 발달이 급속히 이루어지면서 의사소통

이 가능할 정도의 언어 발달도 이루어진다. 가장 큰 변화는 일어서서 이동이 가능해진다는 것이다. 이 시기는 부모와의 애착관계를 형성하면서 사회성 발달의 기초를 형성하며, 인지 발달의 촉진을 위한 감각 자극이 요구되는 시기다.

3) 유아기

유아기(early childhood)는 영아기 이후부터 초등학교 입학 이전까지의 시기로 취학 전 시기(preschool age)라고도 한다. 이 시기에는 운동기능과 체력 발달, 언어 발달, 사고 및 학습능력의 발달, 자율성과 자기통제력의 발달이 이루어진다.

4) 아동기

아동기(middle childhood)는 6세에서 12세까지를 말하며 학교 교육이 시작되는 시기로 생활의 중심이 학교로 옮겨 가게 된다. 따라서 이 시기에는 유아기의 자기중심성이 사라지고 논리적 사고능력과 함께 자아개념이 발달한다. 아동은 학교에서 많은 사회적 관계를 형성하게 되고, 학교와 또래집단을 중심으로 사회화를 이루어 간다.

5) 청소년기

청소년기(adolescence)는 12세에서 20세까지의 시기로 급격한 신체적 변화가 이루어지고, 2차 성징이 나타난다. 인지적인 면에서 추상적인 사고능력이 발달하지만, 정서적인 면에서는 아직 미숙한 시기여서 부모로부터 벗어나 독립적인 성인으로 생활하고자 하면서 자아정체감의 혼란을 겪기도 한다.

6) 성인기

성인기(early adulthood)는 20~40세까지의 시기로 성인 전기라고 표현하기도 한다. 배우자를 선택하여 가정을 이루며, 자녀를 출산하고 양육하며, 직업적인 성취를 추구하는 시기다. 따라서 생산성의 시기라고도 한다.

7) 중년기

중년기(middle adulthood)는 40~65세까지의 시기로 성인 중기라고 표현하기도 한다. 자녀를 기르고 경제적 능력을 확장하는 시기다. 또한 자녀가 행복한 성인으로 성장하여 가정을 꾸리도록 도우며, 노후를 준비하는 시기다.

8) 노년기

노년기(late adulthood)는 65세 이후의 시기로 성인 후기라고 표현하기도 한다. 직업과 사회적 역할로부터 은퇴하여 자신의 삶을 회고하고 통합하는 시기다.

연령에 따라 발달단계를 구분하는 것이 일반적이기는 하지만, 연령이 절대적인 기준일 수는 없다. 왜냐하면 인간의 발달은 생물학적 성숙뿐만 아니라 사회문화적 환경에 의해서도 영향을 받기 때문이다. 대부분의 사람이 동일한 연령대에서 비슷한 발달적 특성을 보이지만, 개인이 처한 사회문화적 환경에 따라 발달적 특성은 달라질 수도 있다. 또 발달단계에 따라서는 그 시작과 끝이 분명하지 않은 경우도 있다. 예를 들면, 성인기는 개인의 차이 또는 시대와 문화에 따라 사람마다 많이 달라질 수 있다. 발달의 내용을 발달시기별로 기술하는 것은 각 단계가 갖는 발달적 특성을 명확하게 제시해 줄 수 있는 장점이 있는 반면에, 각 영역별 심리적 특성의 발달을 체계적이고 종합적으로 이해하는 데는 어려움이 있다.

3. 발달의 영역

심리적 특성에 따라 발달현상을 기술하는 세 가지의 주요 발달 영역에는 신체·운동적 영역, 인지적 영역, 정서·사회적(심리사회적) 영역이 있다. 이 세 영역은 다음과 같은 내용을 포함한다.

1) 신체 · 운동적 영역

신체 · 운동적 영역은 신체기관과 운동기능을 포함한 몸과 뇌의 발달적 변화를 연구한다. 신체 발달은 키나 몸무게와 같은 인간의 몸에서 일어나는 변화, 뇌와 심장 같은 신체기관의 구조와 과정의 변화, 운동기능에 영향을 주는 골격, 근육, 신경계통의 변화를 포함한다. 신체 발달, 두뇌 발달, 운동기능 발달 등은 신체 · 운동적 영역의 대표적인 발달 영역이다.

2) 인지적 영역

인지적 영역은 언어, 지능, 창의력, 기억, 학습, 사고, 추리, 문제해결력과 같은 지적 능력의 변화를 연구한다. 인지 발달, 언어 발달, 지각 발달, 기억 발달 등은 인지적 영역의 대표적인 발달 영역이다. Piaget의 인지발달이론, Vygotsky의 사회문화적 발달이론, Chomsky의 생득이론(nativist theory) 등은 인지적 영역을 연구하는 대표적인 발달이론이다.

3) 정서 · 사회적 영역

정서 · 사회적(심리사회적) 영역은 성격이나 정서, 사회성, 도덕성의 변화를 연구한다. 성격 발달, 정서 발달, 사회성 발달, 도덕성 발달 등은 정서 · 사회적(심리사회적) 영역의 대표적인 발달 영역이다. Freud의 심리성적 발달이론, Erikson의 심리사회적 발달이론, Marcia의 정체성 발달이론, Kohlberg의 도덕성 발달이론 등이 정서 · 사회적 영역을 연구하는 대표적인 발달이론이다.

이상의 세 가지 발달 영역을 그림으로 나타내면 [그림 1-1]과 같다. 발달의 세 영역은 서로 관련되어 있고 상호 영향을 주고받는다. 예를 들면, 유아기에 중이염을 심하게 자주 앓은 아동은 언어 발달이 지체될 수 있고, 뇌세포의 손상으로 인하여 성격적 왜곡이 나타날 수 있다. 언어 발달이 빠른 아동은 다른 사람으로부터 긍정적인 반응을 얻을 수 있고, 자부심도 느끼게 된다. 또 다른 예로, 동기와 자신감은 학업 성취에 중요한 변인이 되며, 우울, 슬픔, 공포, 시험 불안과 같은 부정적인

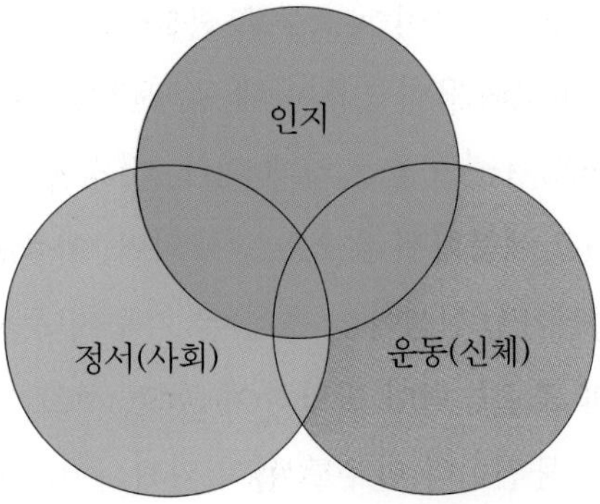

▶▶▶ [그림 1-1] 인간의 발달 영역

출처: 곽노의 외(2013, p. 28).

정서는 학업 수행능력을 떨어뜨리는 요인이 될 수 있다.

이처럼 발달의 주요 세 영역은 상호 밀접하게 관련되어 있으며, 발달은 하나의 통일된 과정이라 할 수 있다(신명희 외, 2013). 발달의 내용을 발달 영역별로 기술하는 것은 각 영역별로 심리적 특성의 발달을 체계적으로 이해하는 데 도움이 되는 반면에, 각 시기별 발달단계의 여러 특성을 종합적으로 이해하는 데는 어려움이 있다.

4. 발달의 일반적 원리

발달은 복잡한 과정을 통하여 이루어지지만, 모든 아동과 모든 형태의 발달에 적용할 수 있는 일반적인 원리는 있다. 여러 학자가 공통적으로 주장하는 발달의 원리를 살펴보면 다음과 같다(강경미 외, 2003; 권민균 외, 2013; 심성경 외, 2011; 이현림, 김영숙, 2006; Eggen & Kauchak, 2004).

1) 발달은 일정한 방향으로 진행된다

발달이 진행되는 방향에는 세 가지가 있다. 먼저, 발달은 머리에서 발끝 방향으로 진행되며, 이를 두미(cephalo-caudal) 발달원칙이라 한다. 예를 들면, 태아나 유아는 모든 신체 중에서 머리 쪽이 먼저 발달하고 다음으로 팔다리 방향으로 발달

한다. 두 번째로, 발달은 중심부에서 말초부로 진행되며, 이를 **근원**(proximal-distal) **발달원칙**이라 한다. 예를 들면, 유아는 처음에 팔 전체를 움직이는 운동을 하다가 점차 손목과 손가락을 움직이는 운동을 하게 된다. 마지막으로, 발달은 일반적이고 전체적인 것에서 특수하고 세분화된 것으로 진행되며, 이를 **세분화**(mass to specific) **발달원칙**이라 한다. 예를 들면, 신생아는 목을 잘 가누지 못하지만 점차 시간이 지나면서 목, 허리, 다리의 조절능력이 발달하여 앉고, 서고, 걷게 된다(위 → 아래). 또한 바닥에 떨어진 작은 물건이나 단추를 집기 위해 손바닥 전체를 사용하다가 손가락 사용이 정교해지면서 엄지와 검지의 손가락만을 사용해 집을 수 있게 되며, 처음에는 몸 전체를 사용하여 부자연스럽게 걷다가 점차 걸음걸이에 필요한 근육과 팔다리만 사용하여 자연스럽게 걷게 된다(중심 → 말초). 그리고 울음으로 의사표현을 하던 영아는 옹알이를 한 후에 점차 한 단어에서 두 단어로 말을 하며 간단한 문장을 사용하여 말을 하게 된다(세분화). 발달이 진행되는 방향을 도식화하면 [그림 1-2]와 같다.

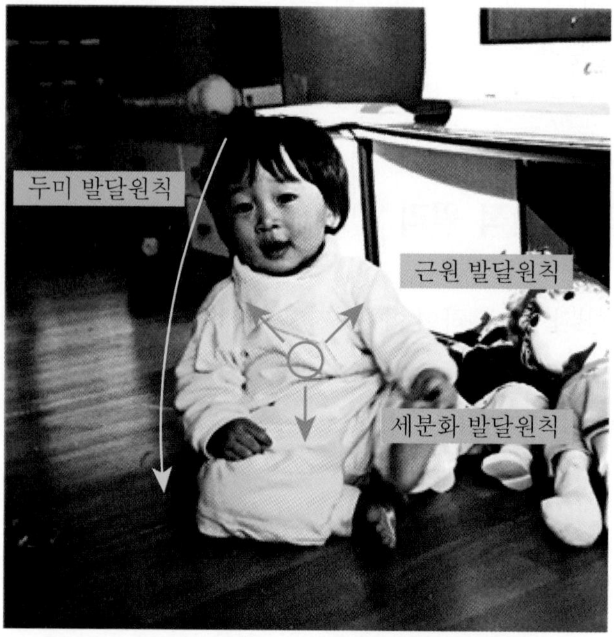

[그림 1-2] 발달이 진행되는 방향

2) 발달에는 일정한 순서가 있다

발달은 일정한 순서대로 규칙적으로 일어난다. 예를 들면, 유아는 앉을 수 있게 된 다음에 설 수 있고, 선 다음에 걷는다. 또 선을 그은 다음에 원을 그릴 수 있으며, 구체적 사고를 할 수 있게 된 다음에 추상적 사고를 할 수 있게 된다.

3) 발달은 연속적인 과정이지만, 발달의 속도는 일정하지 않다

시간이 흐름에 따라 인간이 성숙하고 경험이 쌓이면서 발달은 끊임없이 계속적으로 일어난다. 그렇지만 시간의 연속선상에서 특정 영역의 발달이 특히 많이 이루어지는 시기와 그렇지 않은 시기가 있다. 예를 들면, 신체 발달은 영아기와 사춘기에 급속히 이루어지고 다른 시기에는 그 속도가 완만하거나 감소하며, 언어 발달은 유아기에 급격히 이루어진다. 또 지능 발달은 생후 6년 이내에 대부분 이루어지며, 그 이후에는 점차 발달 속도가 늦어진다. 발달의 과정과 속도에 관한 이해를 돕기 위해 두뇌 발달과 생식기관의 발달 양상을 비교하면 [그림 1-3]과 같다. 이 그림에서 보면, 두뇌 발달은 주로 6세 이전에 많이 이루어지고 그 이후에는 큰 변화가 없다. 반면, 생식기관의 발달은 12세 이전에는 큰 변화가 없지만 12세 이후에 급속한 발달이 이루어짐을 알 수 있다.

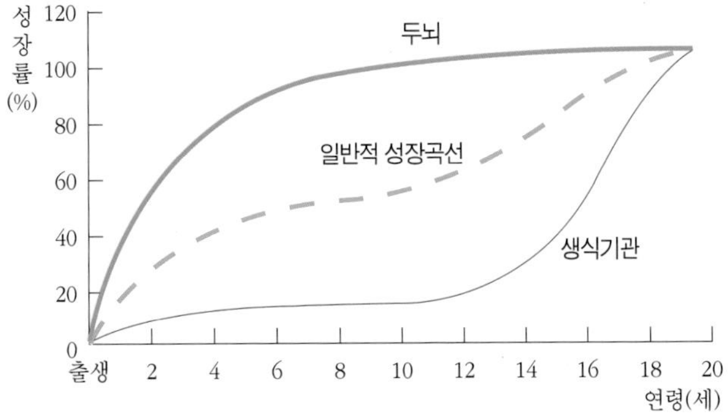

▶▶▶ [그림 1-3] 성장곡선

출처: 권민균 외(2013, p. 23).

4) 발달은 유전과 환경 또는 성숙과 학습의 상호작용에 의해 이루어진다

발달의 원인은 크게 유전적으로 타고난 성숙 요인과 환경에서 비롯된 학습 요인으로 대별된다. 인간 발달에서 이 두 요인의 상대적인 중요성에 대한 논쟁은 오래전부터 계속되어 왔다. 그러나 전적으로 유전 또는 성숙에 의한 발달이나 전적으로 환경 또는 학습에 의한 발달은 매우 제한적이다. 따라서 요즈음에는 발달적 변화가 선천적인 유전적 요인과 개인이 후천적으로 경험한 환경적 요인의 상호작용에 의하여 나타나는 것으로 본다.

5) 발달에는 개인차가 있다

인간의 발달에는 보편적이고 일정한 순서가 있지만, 발달이 이루어지는 속도와 정도는 사람마다 다르다. 예를 들면, 동일한 4세 유아라 할지라도 언어 발달이 빨라서 타인과 자유롭게 의사소통을 할 수 있는 유아가 있는가 하면, 가족 구성원 간의 의사소통 수준에만 머무르는 유아도 있다. 또 어떤 유아는 신체 발달이 사회성 발달보다 더 빨리 이루어지는 반면에, 어떤 유아는 이와 반대로 사회성 발달이 신체 발달보다 더 빨리 이루어지기도 한다. 이처럼 발달 영역 간에 있어서도 개인차가 나타난다. 심지어 일란성 쌍생아처럼 유전인자가 동일한 경우에도 신체적 · 심리적 발달의 차이는 나타날 수 있다.

6) 발달에는 민감기가 있다

발달이 전생애에 걸쳐 일어나는 변화이기는 하지만 어떤 기관이나 기능의 발달이 급격히 진행되는 특정한 시기, 즉 특히 변화에 민감한 시기(sensitive period)가 있다. 예를 들어, 애착의 형성은 양육자와의 생후 2년간의 관계가 매우 중요한데, 이 시기에 형성되는 애착 유형은 이후의 인간관계에 큰 영향을 미치게 된다.

7) 발달의 각 영역은 서로 밀접하게 연관되어 있다

인간의 발달은 각 발달 영역의 독립적인 작용에 의하여 이루어지는 것이 아니라, 신체 발달, 인지 발달, 심리사회적 발달의 각 영역이 서로 영향을 주고받으면서 이루어진다. 그러므로 한 영역의 발달 또는 지체는 다른 영역의 발달을 촉진시키거나 지연시키고 발달의 범위에도 영향을 미친다. 예를 들면, 신체적으로 병약한 유아에게는 원만한 인지 발달을 기대하기 어려우며, 사회성 발달 수준이 저하되면 언어 발달의 기회도 줄어들게 된다. 즉, 신체 발달은 인지 발달에 영향을 미치고, 인지 발달은 정서 · 사회적 발달에 영향을 미치며, 정서 · 사회적 발달은 인지 발달에 영향을 미치게 된다.

5. 발달과 관련된 논쟁점

발달심리학의 연구 성과들이 축적되면서 인간의 발달현상에 대한 폭넓은 이해가 가능해졌지만, 아직도 발달적 변화의 본질과 관련된 핵심 논제와 의문들이 끊임없이 제기되고 있다. 인간의 발달에 영향을 미치는 요인이 유전인지 환경인지 또는 성숙인지 학습인지, 인간의 발달은 연속적인 변화인지 불연속적인 변화인지, 또는 민감한 시기(결정적 시기)에 자극을 주면 더 잘 발달하고 이 시기를 놓치면 더 많은 자극과 노력이 필요한 것인지에 대한 논쟁이 계속되고 있다. 이러한 논쟁점에 대해 좀 더 자세히 살펴보면 다음과 같다.

1) 유전 · 성숙 대 환경 · 학습

인간 발달의 근원적인 힘에 관해서는 유전 대 환경, 성숙 대 학습(경험), 천성 대 양육 등으로 논의되어 왔다. 유전, 성숙, 천성을 강조하는 입장에서 발달적 변화는 선천적 기제에 의한 것이며, 이는 환경이나 경험의 영향을 받지 않는 타고난 프로그램이라고 본다. 즉, 성숙은 유전적으로 결정된 발달이 생물학적 시간표에 따라 일어나는 변화를 말한다. 따라서 환경이나 경험의 유무와는 별개로 발달이 일어난다고 본다. 유아가 기고 서고 걷는 것이나 사춘기의 변화 등은 모두 성숙에 의해 일어나

는 것으로 본다. 예를 들면, 아기는 특별한 자극을 주지 않아도 몸을 뒤집을 시기가 되면 몸을 뒤집는다. 또 생후 2년간 몸무게와 키가 급속하게 증가하고 사춘기가 되면 저절로 2차 성징이 나타난다. 성숙론자들은 질 낮은 환경이 영유아 발달을 저해하는 요인이 될 수는 있지만, 기본적으로 발달은 성숙에 의해 일어난다고 본다.

이에 비해 환경, 학습, 양육을 지지하는 입장에서는 발달적 변화가 주로 외부의 힘에 의해 이루어진다고 본다. 따라서 환경의 질과 변화, 학습, 양육 등의 외적 요인이 발달에 영향을 미치며, 특정한 발달시기도 환경적 요인에 의하여 달라질 수 있다고 주장한다. 예를 들면, 환경에 따라 말의 발음이나 글씨 쓰기를 더 빨리 배울 수 있거나 늦게 배울 수 있고, 영양 부족이나 심각한 감각 손실은 성숙을 지체시키기도 하며, 가정의 소득 수준이 유아의 신체, 인지, 정서 · 사회적 발달에 영향을 미치기도 한다.

그러나 유전 대 환경, 성숙 대 학습(경험) 중에서 어느 하나의 요인이 발달을 결정짓는 것은 아니다. 다시 강조하지만, 인간 발달은 이 두 가지 요인의 상호작용에 의해 이루어진다. 즉, 유전적 요인은 발달에 있어서 최대한의 한계를 설정해 주며, 환경적 요인에 따라 발달의 잠재력을 최대한 촉진시킬 수도 있고 그렇지 못할 수도 있다는 것이다. 예를 들어, 유아의 신체 발달이나 인지 발달은 부모로부터 물려받은 유전적 소질에 의해 발달할 수 있는 최대 범위가 어느 정도 정해져 있다. 그 범위 안에서 적절한 환경적 요인, 즉 양육 환경, 유아의 경험, 교육 등에 의해 잠재능력의 발달 정도가 결정될 수 있는 것이다(강경미 외, 2003).

2) 연속적 변화 대 불연속적 변화

인간 발달의 주요 논쟁점 중의 하나는 발달이 연속적(비단계적) 형태로 일어나는가, 아니면 불연속적(단계적) 형태로 일어나는가다. 연속적 변화의 관점에서는 발달을 지속적인 양적 변화의 과정으로 본다. 이전 경험 위에 새로운 사건이나 변화가 질서정연한 방식으로 덧붙여지는 연속적이고 점진적인 과정을 발달이라고 하는 것이다. 그러므로 연속적 변화는 '종류'가 아니라 '정도'의 변화를 의미한다. 예를 들면, 성인기까지 키의 성장은 점차로 일어나고 같은 방식으로 진행된다.

이와 반대로, 불연속적 변화의 관점에서는 발달을 단계적으로 일어나는 질적 변화의 과정으로 본다. 이전 단계의 행동과 질적으로 다른 행동이 만들어지는 방식으로

일련의 단계가 순차적으로 전개되는 것을 발달이라고 하는 것이다. 그러므로 발달은 점진적이고 연속적으로 일어나는 과정이 아니라 어느 순간에 갑자기 비약적으로 일어나는 것이라 본다.

불연속적 변화로서 단계(stage)의 개념은 몇 가지 특성을 지닌다. 첫째, 이전 발달단계와 그다음 발달단계는 질적으로 다르다. 예를 들어, 기는 행동과 걷는 행동은 질적으로 다르다. 둘째, 각 발달단계에는 그 단계 내의 모든 변화를 지배하는 주제가 있다. 앞의 예에서, 한 발짝씩 간신히 걷기 시작하는 행동이나 뛰듯이 빨리 걷는 행동은 모두 '걷는다'는 주제로 귀속된다. 셋째, 발달단계는 모든 개인에게 동일한 순서로 진행된다. 그러나 각 발달단계의 진행 속도에는 개인차가 있다. 예를 들어, 모든 아이는 기는 단계를 거쳐 걷게 되고 그다음에 뛰게 된다. 그러나 몸을 뒤집어 기기 시작하거나 처음 한 발짝을 걷기 시작하는 시기는 아이에 따라 다를 수 있다(신명희 외, 2013).

발달을 연속적 변화로 보는 관점과 불연속적 변화로 보는 관점 중에서 어느 것이

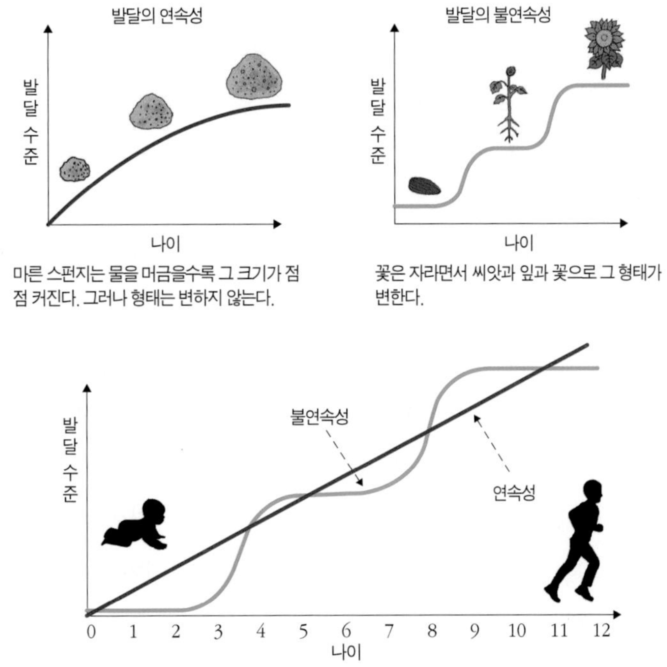

▶▶▶ [그림 1-4] 발달의 연속성과 불연속성

출처: Cole & Cole(1993): 신명희 외(2013, p. 26)에서 재인용.

옳을까? 결론부터 말하자면, 양자택일의 입장은 적절하지 못하다. 관점에 따라 발달은 연속적 변화일 수도 있고 불연속적 변화일 수도 있다. 많은 발달적 변화가 연속적이지만, 어떤 발달적 변화는 불연속적이다. 또는 단기간의 발달적 변화는 연속적이지만, 장기간의 발달적 변화는 질적으로 다른 단계로 분류할 수 있다. 이러한 생각은 "아동의 사고는 멀리서 보면 단계적으로 변화하는 것 같다. 하지만 가까이에서 보면 같은 변화라도 종종 점진적이고 연속적인 변화처럼 보인다."(Siegler, 1991: 신명희 외, 2013에서 재인용)라는 표현에 잘 나타나 있다. 연속적 변화의 관점과 불연속적 변화의 관점을 시각적으로 표현하면 [그림 1-4]와 같다.

3) 결정적 시기와 민감한 시기

인간의 발달과정에는 어떤 사건의 출현 또는 결여가 발달에 지대한 영향을 주는 특정한 시기, 즉 **결정적 시기**(critical period)가 있다는 견해가 강조되어 왔다. 다시 말해, 결정적 시기란 아동은 제한된 시간 내에 특정한 적응행동을 습득하도록 생물학적으로 준비되어 있으며, 이를 위해서 아동에게 적절한 자극적 환경이 지원되어야 한다는 것을 의미한다.

동물행동학자인 Lorenz의 각인 연구는 결정적 시기를 설명하는 좋은 예다. Lorenz는 어미 기러기가 낳은 알들을 두 집단으로 나누어, 한 집단의 알들은 어미 기러기가 부화하게 하고, 다른 집단의 알들은 부화기에서 부화시켰다. 어미 기러기가 부화시킨 새끼 기러기들은 어미 기러기를 따라다녔지만, 부화기에서 부화되어 Lorenz를 본 새끼 기러기들은 그를 어미처럼 졸졸 따라다녔다. Lorenz는 이러한 현상을 각인(imprinting)이라고 하였다. 이처럼 새끼 동물이 생후 초기의 특정한 시기 동안에 처음 보이는 움직이는 물체에 노출되어 그 뒤를 따르게 되면 그 대상에 애착을 형성하게 되는데, 이 특정한 시기가 바로 결정적 시기다. 이러한 결정적 시기의 개념은 유아의 애착을 설명하는 데도 적용된다. 생후 2년은 양육자와의 애착을 형성하는 결정적 시기로, 이 시기에 형성되는 애착 유형은 거의 변하지 않고 이후의 인간관계, 자녀와의 관계에까지 영향을 미친다고 보는 견해가 많다.

초기의 발달심리학에서는 이 결정적 시기의 중요성을 크게 강조하였지만, 오늘날에는 결정적 시기의 영향이 용어처럼 그렇게 절대적인 것은 아니라는 견해가 받아들여지고 있다. 즉, 생의 초기의 결핍에서 오는 손상이 비교적 영구적이라는 주

장이 그 초기의 장애를 후기의 경험에 의해 극복할 수 있다는 생각으로 대체되고 있는 것이다. 다시 말해, 결정적 시기를 지나치더라도 발달이 완전히 멈춘다는 견해는 더 이상 받아들여지지 않고 있다. 예를 들어, 생후 2년 동안 불안정 애착을 경험했더라도 이후 양육자의 노력으로 안정적인 애착을 충분히 경험할 수 있으며, 생후 초기에 언어 발달 기회가 부족했더라도 이후 노력에 의해 12세까지 언어 발달이 지속적으로 이루어질 수 있다.

이러한 이유로 오늘날 발달심리학자들은 결정적 시기라는 용어 대신에 민감한 시기(sensitive period)라는 용어를 사용한다. 민감한 시기에 영유아는 환경의 특정 자극에 특별히 더 민감해진다. 그러나 민감한 시기에 그 자극이 결여되더라도 결정적 시기에서 말하는 것과는 달리 그 결과가 언제나 회복될 수 없는 비가역적인 것은 아니다.

결정적 시기가 아닌 민감한 시기의 개념을 받아들인다 하더라도, 영유아 발달 교육과 학습에 있어서 부모와 교사가 특별히 유념해야 할 시기가 있음을 알 수 있다. 부모와 교사는 발달 특성에 따른 민감한 시기를 알고 적절한 발달적 자극과 환경을 제공해야 할 것이다.

토의 및 연구 문제

1. 영유아 및 아동 발달의 원리를 구체적인 예를 들어 설명해 보시오.
2. 영유아 및 아동 발달에서 유전적 요인과 환경적 요인 또는 성숙의 효과와 학습의 효과에 대한 자신의 견해를 제시해 보시오.
3. 영유아 및 아동 발달에는 민감한 시기가 있다고 생각하는지 자신의 견해를 제시해 보시오.
4. 영유아 및 아동 발달의 양상에 관하여 연속적 발달과 불연속적 발달의 예를 한 가지씩 제시하고 설명해 보시오.

2장 발달이론

발달이론이란 인간의 발달과정에서 일어나는 심리, 행동, 인지, 성격 등의 다양하고 복잡한 변화에 대하여 설명하고 미래 예측이 가능한 지식들을 조직화하여 체계화한 것이다. 지난 100여 년 동안 영유아를 포함하여 아동 발달에 관한 수많은 연구가 수행되어 왔고, 지금도 이슈화되고 있는 쟁점들에 대한 논의는 계속되고 있다.

이 장에서는 아동 발달을 설명하는 대표적 이론으로 성숙이론, 정신분석이론, 학습이론, 동물행동학적 이론, 인지이론, 생태학적 체계이론에 대해 살펴보고자 한다.

〈표 2-1〉 발달이론

구분	성숙이론	정신분석 이론	학습이론	동물행동학적 이론	인지이론	생태학적 체계이론
이론가	• Gesell	• Freud • Erikson	• Pavlov • Watson • Skinner • Bandura	• Lorenz • Bowlby	• Piaget • Vygotsky	• Bronfen-brenner
발달 이론	• 성숙이론	• 심리성적 발달 • 심리사회적 발달	• 고전적 조건형성 • 조작적 조건형성 • 사회학습 이론	• 각인이론 • 애착이론	• 인지발달 이론 • 정보처리 이론 • 사회문화적 이론	• 생태학적 체계이론

발달 개념	• 준비도, 개인차 • 성숙론적 관점	• 무의식이 발달의 원동력	• 환경적 요인 강조, 즉 경험을 통한 변화	• 동물의 발달과정은 인간의 발달과정과 유사	• 의식적 사고를 강조 • 정신구조	• 사회문화적 환경의 영향
발달 근원	• 유기체 내부에서 자연스럽게 일어남을 강조	• id, ego, superego • 심리사회적 발달과업 해결	• 자극과 반응 • 경험, 학습 등의 환경적 자극	• 생물학적 · 유전적 결정력 • 진화론적 관점	• 문제해결력, 상황과 정신적 잠재력 간의 상호작용	• 사회문화적 맥락
주요 시사점	• 생물학적 발달 순서 강조 • 영유아의 신호와 단서에 대한 성인의 민감성 중시	• 부모와의 초기 경험 강조	• 자극과 반응 간의 관계 연구 • 발달단계를 설정하지 않음	• 인간발달에 있어 생물학적 역할 강조 • 결정적 시기 강조	• 합리적 사고과정 강조 • 환경과의 상호작용 강조	• 발달은 가족, 이웃, 국가라는 여러 환경 속에서 이루어짐을 강조

1. 성숙이론

성숙이론이란 인간의 발달은 자연스럽게 이루어지며, 인간 개체가 성숙한 단계에 이르게 되는 결정적인 힘은 개체가 가진 유전적 요인에 전적으로 의존한다는 관점으로서, 인간은 태어날 때 이미 물려받은 유전적 정보에 의해 정해진 순서에 따라 발달해 나간다는 것이다(심성경 외, 2011). 이러한 입장을 최초로 주장한 사람은Rousseau이며, Rousseau의 자연주의 철학을 과학적으로 적용한 사람이 Gesell이다.

1) Gesell의 생애

Gesell(1880~1961)은 20세기 초 그의 스승 Hall과 함께 미국 심리학계에 중요한 영향을 미친 연구자 중의 한 사람으로 아동연구운동을 제창하였다. 그는 어린 시절을 자연 속에서 보내면서 자연현상의 지속적인 변화에 대해 관찰하는 시간을 가

졌다. 아름다운 자연 관찰과 계절의 변화에 대한 경험을 토대로 그는 후일 '그 계절과 순서(It's season and sequences)' 라는 개념을 탄생시키게 되는데, 이 개념은 아동을 '꽃이 개화하듯이 자연스럽게 성장하는 존재로 여기며, 아동의 발달을 유전적으로 결정된 연속적인 과정'으로서 규정하고 있다(김경혜 외, 2012). 그는 심리학을 전공했다가 30세 이후 발생학적 · 생리학적 지식을 더하기 위해 다시 의과대학에 입학하였다. 그리고 40년간 예일 대학교 아동발달연구소에서 영유아 발달을 연구하면서 영유아의 연령별 행동들을 관찰한 자료를 근거로 운동행동, 적응행동, 언어행동, 개인적 · 사회적 행동의 표준행동 목록표를 제작하였다. 이 표준행동 목록표는 영유아의 행동 발달상 특성을 연령별로 비교하여 발달을 평가하는 행동규준(behavior norms)이 되었고, 아직도 소아과 의사나 심리학자들을 위한 기초정보 자료로 활용되고 있다.

2) Gesell 이론의 주요 개념

(1) 성숙

발달에 영향을 미치는 주요 요인으로는 내적 성숙과 외적 환경을 들 수 있는데, Gesell은 이 중에서 성숙을 보다 직접적인 발달 요인으로 규정하고 있다. 태아가 성장하는 과정에서 제공되는 적절한 태내 환경(예: 산소, 체온 등)은 태아가 건강하게 성장하는 데 도움을 준다. 그러나 이러한 환경 요인은 적절한 성장을 유지시켜 주기는 하지만, 구조와 행동 유형을 순서대로 전개하는 데에는 직접적인 역할을 하지 못한다. Gesell은 발달에 미치는 환경의 영향을 경시하지 않았고 환경 조건이 정상적인 성장을 위해서 필요하다는 점은 인정하였다. 그러나 그는 발달에 직접적인 영향을 주는 것은 성숙 요인이라고 보았다.

(2) 준비도 및 개인차

출생 후의 발달에서 생물학적 성숙은 외적 환경과 명백히 구별되며, 특히 교육이나 연습의 효과와는 대조된다. 아동이 특정한 발달과제를 수행할 수 있게 되는 내적 발달기에 이른 상태를 '준비도(readiness)' 또는 '준비성'이라고 하는데, 성숙이론에서는 아동에게 이 준비도를 결정하는 내적 시간표가 있다고 본다. 예를 들면, 운동신경이 좋은 영아는 10개월 이전부터 걷기 시작하는 경우도 있으나, 대부분은 생

후 1년 전후에서 20개월 사이에 걷는다.

이 내적 시간표는 아동의 개인차와 연결된다. 아동이 성장과 관련된 어떤 일을 수행해 갈 때 그 발달 속도는 아동 개개인마다 차이가 있다. 걷기 발달의 예에서처럼 아동에게는 특별한 연습 없이도 그 과제를 수행할 수 있다고 여겨지는 시기가 있고 이 시기는 개인마다 차이가 있는 것이다. 정상적인 아동 간에도 발달의 차이는 있는데, 이는 기질이나 성격상의 차이로 표현된다. 따라서 성숙이론에서는 교육이나 연습에 의해 그 기술을 성숙 스케줄보다 앞서 가르치려고 노력하는 것은 효과적이지 않다고 본다.

3) Gesell의 발달원리

유전적으로 결정되는 순서에 따라 이루어지는 발달에는 다음과 같은 기본 원리가 있다(김경혜 외, 2012; 정옥분, 2011; 조성연 외, 2009).

(1) 발달방향의 원리

발달은 일정한 방향, 즉 머리에서 발 쪽으로, 중심에서 말초로 정해진 순서에 따라 이루어진다. 예를 들면, 태아 초기에 머리가 먼저 발달하듯이 출생 후에도 머리에서 발 쪽으로 발달이 진행된다. 또한 개개인의 능력 발달도 일정한 순서대로 나타난다. 앉을 수 있게 된 후 서고, 선 다음에 걸을 수 있게 되는 능력은 유전자 지도에 따라 신경이 성숙하면서 이루어지며, 그 순서는 결코 바뀌지 않는다.

(2) 상호적 교류의 원리

상호적 교류(reciprocal interweaving)의 원리란, 대칭되는 두 부분이 서로 한 부분씩 발달한 다음 함께 통합되어 균형적으로 발달해 가는 것을 말한다. 예를 들어, 여아의 손 사용 발달 순서를 보면, 처음에는 한 손을 사용하고 다음에는 양손을 함께 사용하며, 그다음에는 다른 한 손을, 그러고는 다시 양손을 함께 사용한다. 이와 같이 새로운 기능이 발달할 때 익숙한 부분과 그렇지 않은 부분이 지속적으로 서로 간섭하며 발달해 간다. 이런 상호교류의 원리는 인간의 신체구조가 좌우 양극으로 나누어져 있다는 것에서 비롯되며, 뇌의 좌우 두 반구, 두 눈, 두 손, 두 다리 등 양측의 발달이 점차 효과적으로 체계화되어 가는 과정을 설명해 준다.

성숙이론은 성격 형성의 과정도 이 원리로 설명한다. 즉, 인간에게는 내향적인 특성과 외향적인 특성이 있는데, 유아의 경우 3세쯤에는 약간 소심하며 내향적인 성격 특성을 나타내다가 4세 정도가 되면 외향적인 특성을 보이고 5세가 되면 이 두 가지 성격 특성이 통합되면서 균형 잡힌 특성을 보인다는 것이다.

(3) 기능적 비대칭의 원리

발달은 상호적 교류작용을 통해 균형적으로 이루어지지만 완벽한 균형을 이루기는 상당히 어렵다. 오히려 약간의 불균형이 보다 기능적일 수 있다. 불균형 발달의 예로 신생아의 경직성 목 반사(tonic neck reflex)를 들 수 있다. 마치 펜싱을 하는 자세처럼 한쪽 다리는 구부리고 다른 쪽 팔다리는 쭉 펴는 경직성 목 반사의 자세는 손과 눈의 협응을 촉진시킨다. 생후 2~3개월에 나타나는 이 반사는 새로운 신경계가 발달되면서 사라진다. Gesell은 이러한 기능적 비대칭(functional asymmetry)의 원리가 오른손잡이, 왼손잡이와도 관련이 있다고 주장하였다.

(4) 자기조절의 원리

Gesell은 일련의 신생아 연구를 통해 수유와 수면 등의 생리적인 리듬을 영아의 요구대로 하게 하였더니 영아가 성장하면서 서서히 스스로 수유 시간을 점차 줄여 가고 낮 동안의 수면량도 줄여 가 더 오랫동안 깨어 있음을 발견하였다. 그 과정에서 때때로 이전의 불규칙한 상태로 돌아가기는 하였지만 점차 그 리듬이 안정적으로 되어 갔다. Gesell은 이것이 자기조절(self-regulation)의 원리에 의한 것이라고 하였다.

자기조절의 원리에 따라 영아는 자신의 능력 이상으로 새로운 것을 시도하지 않도록 스스로 행동을 조절함으로써 너무 빨리, 너무 많이 배우도록 강요받을 때 이에 저항하면서 자신의 수준에 맞도록 성장을 조절하고 이끌어 간다.

4) 성숙이론의 의의와 한계

성숙이론이 주는 의의를 들면 다음과 같다(김경혜 외, 2012; 조성연 외, 2009).

첫째, 인간의 발달과 성장에 대한 아동의 내적 시간표를 중시한다. Gesell은 성장과 발달의 기본 과정이 아동에 의해 주도된다고 생각했다. 따라서 교사는 아동에게

스스로 성장할 기회를 주는 것이 바람직하다고 강조한다.

둘째, 객관적인 발달지수를 통해 부모에게 자녀 양육에 대한 지침을 제공한다. Gesell은 영유아의 내적 특성을 체계적인 연구방법을 통해 과학적으로 설명하였다. 그는 세계 최초로 영상 촬영 기술을 이용하여 아동 행동을 관찰 · 기록하였을 뿐 아니라, 일방경을 사용하여 아동 연구에 새로운 정밀성을 시도하기도 하였다. 또한 연령 변화에 따른 아동의 발달을 보다 체계적으로 연구함으로써 종단적 연구를 실시하기도 하였다. 이렇듯 영유아 및 아동의 여러 행동 특성에 대한 표준화된 정보를 수집하고 그 결과를 객관적인 발달지수로 구축하여 각 연령의 아동들에게 기대되고 있는 것이 무엇인지 부모에게 알려 줌으로써 이들에게 자녀 양육에 대한 가이드라인을 제공할 수 있게 되었다.

셋째, 성인에게 영유아가 보여 주는 신호와 단서에 민감하고 예민해질 것을 권장한다. Gesell은 성인이 미리 설계해 둔 틀에 영유아를 맞추려고 강요해서는 안 된다는 것을 강조하며, 영유아는 기본적으로 매우 독립적인 존재이므로 성인이 영유아의 신호에 주의를 기울이고 성장의 기본과정 중에 표출되는 단서에 민감해지면 신뢰감이 형성되어 영유아가 편안하게 스스로 자기 일을 해 나갈 수 있게 된다고 하였다.

그러나 성숙이론은 다음과 같은 점에서 한계가 있다(김경혜 외, 2012; 심성경 외 2011).

첫째, 환경의 영향에 대해 지나치게 과소평가한다. Gesell은 환경의 영향에 대해 부분적으로는 인정하나, 성숙을 강조함으로써 결과적으로 환경의 역할을 지나치게 제한적으로 평가하고 있다. 오늘날 대부분의 심리학자는 성숙 요인을 인정하지만 환경 요인 역시 Gesell이 주장하는 것보다는 훨씬 중요하다고 본다.

둘째, 같은 연령대 아동 간의 다양성에 대한 설명이 부족하다. Gesell이 제시한 행동목록표는 연령규준 방식으로 기술되어 있다. 그로 인해 마치 각 연령의 모든 아동이 동일한 방식과 속도로 행동하는 것처럼 여겨지게 한다. Gesell의 연구대상 영유아들이 특정 대학 환경(예일 대학교 지역) 안에 있는 중산층 가정의 영유아들이었으므로, 다른 계층이나 다른 문화권의 영유아에게까지 보편화시키는 데는 한계가 있다고 할 수 있다. 물론 Gesell 자신은 개체 간의 다양성과 개인차에 대해 인정하였으나, 표준화된 발달지수는 상대적으로 개인 간 변이를 과소평가하는 결과로 이어진다.

2. 정신분석이론

1) Freud의 심리성적 이론

(1) Freud의 생애

정신분석학의 창시자인 Freud(1856~1939)는 체코슬로바키아의 프라이버그에서 가난한 유대인 가정의 7남매 중 맏이로 태어났다. 그는 세 살 때 오스트리아의 비엔나로 이사를 간 뒤 생애의 대부분을 그곳에서 보냈으며, 제2차 세계대전 때 나치를 피해 영국의 런던으로 옮겨 말년을 보냈다.

Freud는 신의 존재를 믿지 않았으나 유대인으로서의 내적 정체감을 갖고 있었고, 이러한 유대인적 근원은 그의 삶에 영향을 미쳤다(Kaplan, 2009). 그는 1873년 비엔나 의과대학에 진학하여 신경학(neurology)을 전공하였으며, 의학박사 학위를 받은 후에 비엔나 병원의 정신과 인턴으로 일했다. 그는 병원에서 수많은 임상환자와 함께하면서 신경질환을 심리학적 관점에서 생각해야 한다는 자극을 받았다. 그는 1885년 파리로 유학을 떠나 그곳에서 신경의학자인 Charcot를 만나게 되었다. 당시 Charcot는 최면적 암시로 신경증 증상을 유발하거나 제거할 수 있다는 주장을 펼치고 있었다. Freud는 비엔나로 돌아와 정신과 의사였던 Breuer와 함께 최면술(hypnosis)에 대한 연구 및 임상실험을 하였고, Charcot의 최면술에서 힌트를 얻어 후에 신경증 환자의 억압된 감정과 생각을 의식(意識)으로 떠올리는 자유연상법을 창안하였다. 그리하여 신경증을 부적절한 성적(性的) 발달의 문제라고 생각하게 되었으며, 1895년에는 Breuer와 함께『신경증에 관한 연구(Studies on Hysteria)』를 출판하게 되었다. 그러나 Breuer가 신경증 환자들이 의식으로부터 차단하고 있는 중심 정서가 '성(性)'이라는 결론에 동의하지 않자, Freud는 1896년 '정신분석'이라는 이름으로 독자적인 연구를 하기 시작하였다.

그 후 1900년에 그는 자신의 꿈과 기억 및 어린 시절을 분석한『꿈의 해석(Die Traumdeutung)』을 출간하였다. 이 책은 초기에 정신병리학회에서 격렬한 비판을 받기도 하였으나 많은 젊은 학자가 그를 지지하기 시작하였으며, 마침내 1909년 Freud는 클라크 대학교로부터 명예학위를 받고 공식적인 정신분석학자로 발전해 나갔다.

(2) 주요 개념 및 정신구조

① 인간의 본능

Freud는 인간의 모든 행동에는 원인이 있음을 믿고, 인간 행동 이면의 동기(motivational forces)를 의미하는 본능적 욕구 개념을 제시하였다. 즉, 정신분석이론에서는 인간 유기체를 복잡한 에너지 체계로 생각하고 정신 에너지와 신체 에너지는 서로 전환될 수 있으며, 그 교량 역할을 하는 것이 본능(本能)이라고 보았다. 결국 본능은 우리의 모든 생각과 감정, 행동을 지배한다고 볼 수 있다.

Freud에 의하면 인간의 본능에는 두 개의 상반된 본능인 삶의 본능과 죽음의 본능이 있다. 삶에 대한 본능의 영향은 건설적 행위, 사랑이나 이타적 행위와 관련되고, 죽음에 대한 본능의 영향은 파괴적 행위, 증오나 공격성 등과 관련된다는 것인데, 이 이론은 많은 논란을 불러일으켰고 현대 정신분석가들 중 많은 사람이 죽음의 본능을 인정하지 않거나 적당히 얼버무리는 태도를 취하고 있다(이무석, 2003). Freud는 특히 삶의 본능에 유래하는 에너지를 리비도(libido)라고 했다.

② 인간의 정신구조

Freud는 인간의 행동이 이성적이고 합리적이기보다는 자신도 알지 못하는 숨겨진 성적 또는 공격적 욕구의 무의식적 동기에 영향을 받는다고 하였다. Freud는 [그림 2-1]에 나타난 것처럼 인간의 정신세계, 즉 마음을 의식, 전의식, 무의식으로 나누고, 이들을 물 위에 떠 있는 빙산으로 비유하였다.

그런데 이 의식의 세 수준은 절대적인 구분이 아니며, 그 수준들은 분명히 존재하는 상태에서부터 성격의 깊은 곳에 숨어 있어서 완전히 의식할 수 없는 상태에 이르기까지 하나의 연속성을 이루고 있다. Freud의 가장 위대한 공헌 중 하나는 무의식이 행동에 미치는 영향을 밝힌 것이다(강인언, 이한우, 정정란, 2013).

- **의식**(consciousness)

인간이 주의를 기울이는 순간 곧 알아차릴 수 있는 정신세계로, 우리의 감각, 감정, 기억 내용을 포함하여 어떤 시간에 순간적으로 각성되는 것이다. 이는 빙산의 비유에서 수면 위로 드러나는 부분으로, 이러한 의식은 시간이 경과하거나 주의가 바뀌는 순간에 전의식이나 무의식으로 들어가 잠재한다.

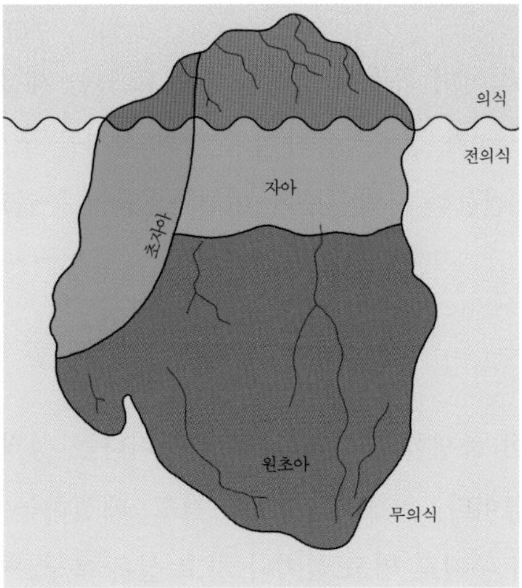

▶▶▶ [그림 2-1] Freud의 성격구조

• **전의식**(preconsciousness)

의식과 무의식 사이에 존재하는 정신세계로, 인간이 주의를 집중하고 노력을 기울이면 의식이 될 수 있는 정신작용이며, 마음속에서 무의식과 의식을 연결시켜 주는 통로라고 할 수 있다. 전의식은 갑자기 순간적으로 떠오르지는 않지만 곰곰이 생각하면 의식에 오르는 기억, 지각, 생각 등으로 구성되어 있다. 빙산의 비유에서 수면 위로 떠오르기도 하고 잠기기도 하는 부분이다.

• **무의식**(unconsciousness)

인간이 감각기관을 통해 알아차릴 수 없는 마음 깊은 곳에 감추어져 있어서 기억하지 못하는 정신세계로, 억압된 관념이나 감정, 기억, 경험, 충동 등이 잠재되어 있는 곳이다. 무의식에 존재하는 내용은 자신이 영원히 알지 못할 수도 있으며, 일부가 전의식으로 넘어가 의식되는 경우도 있다. 잠재된 경험들은 생물학적 충동이나 어떤 일과 연상되어 나타날 경우 현상(phenomena)에서 불안을 일으킨 후 다시 한 번 밑으로 밀려나 끝없는 무의식적 갈등이 된다.

정신분석이론에 의하면 무의식적 사고나 과정은 우리가 행동을 결정하는 데 지배적인 영향을 미친다. Freud는 특별한 이유나 원인 없이 일어났다고 생각되는 대부분의 행동은 무의식에서 원인을 찾을 수 있다고 보았다. 빙산의 비유에서 수면 아래에 잠겨 있는 빙산의 대부분을 차지하는 것이 무의식이다.

(3) 성격의 구조

Freud는 상호 독립적이며 독특한 특징을 가지고 있는 세 요인, 즉 원초아(id), 자아(ego), 초자아(superego)가 상호작용하여 인간의 성격을 구성한다는 구조적 모형을 제시하였다. 그는 건강한 사람일수록 이 세 요인이 통일되어 조화로운 조직을 형성한다고 했다.

① 원초아

원초아(id)는 인간이 출생할 때부터 가지고 태어나는 성격의 가장 원초적인 부분으로 무의식의 핵심이다. 원초아는 먹고, 자고, 배설하는 것과 같은 육체적 쾌락을 추구하는 기능의 주체로 먹고 싶거나 자고 싶은 욕구, 사람을 때리고 싶은 공격 욕구, 의지하고 싶은 욕구, 성적 욕구 등이 이에 해당된다. 원초아는 쾌락원리(pleasure principle)에 의해 작동하기 때문에 참을성이 없고, 욕구를 연기할 줄 모르며, 싫은 일이나 의무는 회피해 버리는 등 현실상황을 고려하지 않고 즉각적으로 만족하려는 성향을 지닌다. 따라서 본능적 충동을 주관하는 정신 에너지의 저장고라고 말한다.

인간은 본능적 충동을 만족시키고자 하는 바람이 크다. 특히 어린 유아일수록 이러한 바람이 더욱 큰데, 만족을 지연하는 능력은 매우 부족하다. 그러나 생후 2년째가 되면 유아는 기본적 본능이 현실과 충돌하게 된다는 것을 인식한다. 예를 들어, 배고픔에 대한 본능이 어머니의 존재 유무에 따라 달라져서 항상 즉각적으로 만족될 수 없다는 것을 경험한다. 그리고 이러한 경험을 통해 자아가 발달한다.

② 자아

자아(ego)는 출생 후 2년 동안 원초아로부터 나오는 것으로, 즉흥적인 충동을 억제하고 만족을 얻기 위해 적절한 방법을 추구하는 현실원리(reality principle)에 의해 지배를 받는다. 즉, 원초아의 욕구 충족을 위해서 현실 세계를 상당히 고려하여 에너지 방출을 조절하고 그 필요에 대처하는 것이 자아의 역할이며, 성격의 합리적 요소가 된다. 자아는 모든 현실적인 여건을 평가하고 검증하며 지각과 기억, 경험을 종합하고, 내부 세계와 외부 세계 사이의 중재 등과 같은 중요한 기능을 함으로써 성격기능을 조절하는 성격의 집행기관이라고 할 수 있다. 즉, 자아는 원초아가 성욕을 느끼고 성행위를 하고자 할 때 대상을 찾아서 실제 행동에 옮기도록 집행하

는 기능을 하는 것을 의미한다. 자아가 집행해 주지 않으면 원초아나 초자아는 행동으로 나올 수가 없다.

강하고 건강한 자아는 내부 또는 외부로부터 오는 스트레스를 효과적으로 처리하고, 현실의 요구와 사회의 요구를 합리적으로 처리한다. 자아는 부모, 자녀와의 지속적인 상호작용을 통해서 발달한다. 자아의 기능이 원만하게 이루어지기 위해서는 다른 사람과 대인관계를 맺는 능력이 필요하다. 타인을 이해하고 관계를 맺는 일련의 대인관계 태도가 유지되어야 자아주체성(ego identity)이 발달했다고 할 수 있다(김미영, 2013).

③ 초자아

초자아(superego)는 3~4세경에 발달하기 시작하며, 사회에서 도덕적으로 옳다고 보는 기준에 맞게 행동하는 것이기에 **도덕성의 원리**(morality principle)라고 한다. 초자아는 부모나 주위 사람들로부터 문화의 도덕적 가치가 내면화된 표상으로서, 원초아와는 달리 출생 시 갖고 태어나는 것이 아니라 학습에 의해 획득된다. 초자아의 목표는 옳고 그름을 구별하고 이러한 정보를 자아에게 전달함으로써 원초아를 계속 감독하며 부모와 사회의 지지를 얻는 것이다. 따라서 초자아는 부모 및 양육자가 주는 보상과 처벌을 통해서 점차 발달한다.

초자아는 **양심**(conscience)과 **자아이상**(ego ideal)의 두 가지 하위체계로 이루어져 있다. 양심은 잘못된 행위에 대해서 처벌을 받거나 비난을 받은 경험을 하면서 생기는 것으로 죄책감과 결부되어 있다. 비판적 평가, 도덕적 억압, 죄의식 등이 양심과 관련이 있다. 자아이상은 도덕적으로 옳고 그름을 판단하는 것으로 긍정적인 열망으로 이루어져 있고 잘한 행위에 대한 보상을 통해 형성된다. 목표나 포부를 갖게 하는 자존심과 긍지 등이 자아이상과 관련이 있다. 그러므로 양심과 자아이상은 동전의 앞뒷면처럼 동일한 도덕적 표리이며 초자아는 스스로 자신의 도덕적 규율을 강요할 수 있는 힘을 가지고 있다. 초자아는 부모에 의한 어떤 갈등의 해결, 지나치게 이성적인 자아만으로는 대처할 수 없는 환경의 욕구, 그리고 유아가 부모와 지낸 오랜 기간을 통해 가진 경험에서 발달한다.

(4) 불안과 방어기제

Freud는 가장 이상적인 성격을 원초아, 자아, 초자아가 조화를 이루는 상태로 보

았다. 이 세 가지 성격구조는 항상 갈등 속에 있고, 각 부분이 상호작용하면서 갈등을 해결하고자 한다. 일반적으로 원초아와 초자아는 상반된 목적을 추구하기 때문에 본능적인 욕구의 원초아와 이를 억제하려는 초자아 간에는 긴장이 발생한다. 이때 자아의 중재 역할이 제대로 발휘되지 못하면 긴급 해결책으로 방어기제(defence mechanism)가 작동되면서 자아를 일시적으로 보호하려는 현상이 일어난다.

방어기제는 자아가 불안에 처하여 합리적인 방법으로 그것을 해결하지 못할 때 현실을 부정하거나 왜곡하면서 무의식적으로 불안을 제거하려는 심리기제다. 모든 사람은 방어기제를 사용하며, 이러한 방어기제는 건전한 인성의 발달을 해칠 때만 병적인 것이 된다. 주요 방어기제를 구체적으로 설명하면 〈표 2-2〉와 같다(강인언 외, 2013; 정옥분, 2004c).

〈표 2-2〉 주요 방어기제

방어기제	설명	관련된 예
퇴행 (regression)	적응할 수 없는 문제에 직면했을 때 이전 발달단계의 행위를 나타내는 것이다.	동생이 태어나 부모의 애정을 잃을 것이라는 문제에 직면한 첫째 아이가 손가락을 빨거나 잠자리에 오줌을 싸는 행동을 보인다.
억압 (repression)	가장 기본적인 방어기제로 충격적 경험, 스트레스를 유발하는 사건, 용납할 수 없는 충동을 무의식적으로 거부하는 것이다.	좋아하는 음식을 먹고 심하게 배탈이 난 경우, 그 음식을 좋아하지 않는다고 하면서 먹지 않는다.
합리화 (rationalization)	진정한 이유나 동기를 감추고 자신의 행위나 생각을 그럴듯한 이유를 붙여 정당화하는 것이다. 합리화는 대부분 자신이 간절히 바라는 어떤 것을 이루기 어려울 때 그것의 가치를 낮추는 것과 인정하고 싶지 않은 것을 인정해야만 할 때 그것의 가치를 높이는 두 가지 경향으로 나타난다. 무의식적으로 일어나므로 거짓말이나 변명과는 다르다.	여우가 맛있는 포도가 손에 닿지 않아서 먹지 못했는데, 포도가 시어서 먹고 싶지 않다고 말한다(여우와 신포도의 우화).
투사 (projection)	자기 내부의 용납하기 어려운 사고나 감정을 다른 사람이나 사건의 탓으로 돌리는 것이다.	새로 태어난 아기를 질투하는 첫째 아이들은 아기가 자기를 질투하고 있다고 부모에게 말한다.
전위 (displacement)	어떤 대상에 대한 에너지가 다른 대상으로 옮겨가는 것으로, 위협적인 존재 대신에 위협적이지 않은 존재로 대치시키는 것이다.	어머니에게 혼나고 나서 인형에게 화풀이를 하거나 때리는 행동을 한다.

부정 (denial)	외적인 상황이 감당하기 어려울 때 일단 그 상황을 거부하여 심리적인 상처를 줄이고, 보다 효율적으로 대처하도록 돕는 방법으로 현실을 왜곡할 뿐 아니라 현실 자체를 부정한다.	유아가 어머니에게 혼이 난 후 어머니가 자신을 싫어한다고 생각한다.
반동형성 (reaction formation)	겉으로 나타나는 태도나 언어, 행동이 마음속의 생각이나 욕구와는 정반대의 것으로 나타나는 것이다.	공격성이 많고 친구를 때리며 욕하고 거짓말을 하는 유아가 역할놀이에서 경찰관을 하겠다고 한다.
동일시 (identification)	다른 사람의 태도, 신념, 가치 등을 자신의 것으로 채택함으로써 다른 사람의 특성이 자신의 성격에 흡수되는 것이다.	위인전을 읽고 자신이 닮고 싶은 사람의 생각, 사고, 가치, 태도 및 행동을 따라 하려고 한다.
승화 (sublimation)	바람직하지 않은 욕망을 사회적으로 용납되는 방법으로 전환시키는 기제다.	물에 빠져 본 경험이 있는 유아가 물에 대한 두려움을 극복하기 위해서 수영을 배우고 수영 선수가 된다.

(5) 성격의 발달단계

Freud는 성적 본능의 에너지를 리비도(libido)라고 하였다. 리비도는 일생 동안 정해진 순서에 따라 상이한 신체 부위에 집중된다고 주장하고, 리비도가 집중적으로 모이는 신체 부위를 성감대(erotogenic zones)라고 불렀다. 그는 성을 폭넓게 개념화하여 손가락을 빨거나 배설하는 것과 같은 신체적 쾌감을 일으키는 모든 행동이 성적 본능에 의한 행동이라고 보며 어린 아동도 성적인 존재라고 생각했다.

리비도는 각 발달단계를 거치는 동안 욕구가 적절하게 충족되면 다음 단계로 순조롭게 발달하지만, 각 단계에서 욕구가 지나치게 충족되거나 충족되지 못하면 다음 단계로 발달하지 못하고 그 단계에 고착(fixation)되는 현상이 일어나 건강한 성격 형성에 부정적인 영향을 미친다. 성격(personality)은 생의 초기 몇 년 동안 생물학적 · 성적 관련 충동과 사회적 요구 사이에 갈등을 처리하면서 결정적으로 형성된다. 따라서 Freud는 생의 초기에 영유아가 거치는 각 발달단계에서 부모의 역할이 중요하다고 했다. 부모가 자녀를 양육할 때 각 단계에서 자녀의 기본 욕구를 허용하는 적절한 선과 균형을 잘 맞추면 자녀들은 성숙한 성적 행동과 잘 적응된 성인으로 성장한다. 심리성적 발달이론의 각 단계별 특성을 살펴보면 다음과 같다.

① 구강기

구강기(oral stage, 출생~18개월)의 아기는 '무엇이든 입으로' 가져가는데, 이 시기

에 리비도가 입, 혀, 입술 등 구강으로 집중되기에 빨고, 깨물고, 삼킴으로써 충동적이고 즉각적인 만족을 얻는다. 따라서 정상적인 발달을 위하여 영아는 적절한 구강 자극을 필요로 한다. 이 시기에 수유를 지나치게 규칙적으로 하거나 이유를 지나치게 빨리하여 구강 만족이 좌절되면 성격적으로 구강기 고착(oral fixation)이 되기 쉽다. 그리하여 연령이 증가함에도 불구하고 손가락 빨기, 손톱 물어뜯기, 연필 깨물기 등의 구강기적 행동을 하게 되고 이후에 지나친 수다나 언어적 공격, 식탐 혹은 과도한 흡연이나 음주 등의 습관이 나타날 수 있다.

② 항문기

영아는 성숙함에 따라 항문 부위가 보다 민감해진다. 즉, 성적 에너지가 항문과 그 주위 부분으로 옮겨 왔기 때문에 항문기(anal stage, 18개월~3세)라 부르며, 이 시기의 유아는 대소변의 배출이나 보유에서 만족을 얻는다.

이 시기에 양육자의 배변훈련이 시작되는데, 그 훈련과정에서 유아의 본능적 충동은 외부에 의해 통제될 수밖에 없다. 이때 유아는 처음 받는 사회적 제약인 이 훈련에서 즉각 만족을 구할 것인지 또는 만족을 늦출 것인지에 대해 갈등한다. 장(臟)에 있는 내용물을 내어 놓음으로써 환경에 대한 자신의 순응을 표현할 수 있고, 반대로 그것을 보유함으로써 자신의 불복종을 표현할 수도 있다. 유아가 대소변의 배출을 통제하기 위해 본능적 욕구에 대한 만족을 지연해야 한다고 느낄 때 자아가 발달하고, 부모의 옳고 그름의 말에 동조하고 그것을 내면화시킬 때 초자아가 발달한다.

유아가 이 단계를 성공적으로 마칠 수 있을지 여부는 양육자에게 달려 있다. 따라서 양육자는 유아의 개인차를 이해하고 유아가 신경계의 발달로 괄약근을 조절할 수 있어 배변훈련을 하기에 준비가 되었다고 판단되는 경우에 시작하는 것이 좋으며, 비록 유아가 수차례의 실수를 반복할지라도 너그러이 이해하고 받아 줄 필요가 있다.

양육자의 배변훈련에서 생기는 욕구불만은 항문기 강박적 성격과 항문기 폭발적 성격을 초래할 수 있다. 너무 일찍 배변훈련을 시킨다거나 지나치게 엄격하여 근육수축 쾌감에 고착이 일어나서 발생하는 항문기 강박적 성격은 아이를 고집이 세고 복종적이며 지나치게 청결하고 인색한 구두쇠로 만든다. 반대로, 배변훈련이 지나치게 관대하여 근육이완 쾌감에 고착되어 발생하는 항문기 폭발적 성격은 아이가

물건을 낭비하고 주변을 어지럽히며 지저분하게 함으로써 양육자에게 반항하게 한다. 또한 성인이 된 후에도 양가감정이 심하고, 잔인함이나 난폭함, 적개심이 강한 특성을 보이기도 한다. 그러므로 이 시기에 적절한 배변훈련을 하는 것은 이후 생산적이고 창의적인 성격의 성인을 만드는 데 중요한 바탕이 됨을 알 수 있다.

③ 남근기

남근기(phallic stage, 3~6세)는 주된 성적 에너지가 항문에서 성기로 옮겨 가는 시기로 성기기라고도 한다. 이 시기의 유아는 자신의 몸에 성기가 있다는 사실을 자각하게 되고, 성기에 자극을 가함으로써 느끼게 되는 쾌감을 경험하며, 성별에 대한 신체적 차이를 인식하게 된다. Freud는 이 시기의 남아는 **오이디푸스 콤플렉스**(oedipus complex)를 경험하게 되고 여아는 **엘렉트라 콤플렉스**(electra complex)를 경험하게 된다고 하였지만, 지금은 남녀 모두 오이디푸스 콤플렉스라고 부른다(이무석, 2003).

오이디푸스 콤플렉스는 이성의 부모에 의해 성적인 애정으로 접근하려는 욕망을 갖게 되는 현상을 말하는데, 이로 인해서 유아는 동성의 부모와 심리적인 갈등을 경험하게 된다. 즉, 남아는 어머니를 성적 애착의 대상물로 여기며 아버지를 애정 경쟁자로 느끼지만 아버지가 자신에 비하면 엄청나게 우월한 존재이고, 만약 아버지가 자신의 이러한 생각을 알게 되면 자신을 해칠지도 모르며, 결국에는 자신에게 가장 중요한 부분인 성기를 없애 버릴 것이라고 생각하면서 불안을 느끼게 되는데, 이를 거세불안(castration anxiety)이라고 한다. 이 시기에 아버지에 대한 적대감과 어머니에 대한 성적 욕망 사이에서 남아가 느끼는 심리적 갈등은 그 욕망을 억누름으로써 동성의 아버지를 동일시하는 것으로 해결된다. 즉, 남아는 자신의 사랑의 경쟁자인 아버지의 도덕률과 가치체계를 내면화함으로써 양심과 남성적 역할을 습득하고 자아이상을 발달시킨다. 반면, 여아는 남아들이 갖고 있는 남근이 자신에게 없다는 것을 발견하면서 그것이 어머니 때문이라고 생각하여 자신을 불완전하게 만든 어머니를 원망하고 남근에 대한 부러운 감정으로 남근선망(penis envy)을 갖게 된다. 이 남근선망으로 아버지에 대한 사랑을 강화시키고 어머니에 대해 적대감을 느끼게 되나, 여아 역시 동성의 어머니를 동일시함으로써 이 심리적 갈등을 해결한다.

유아는 이렇게 부모와의 동일시를 통해 성 역할을 습득하며 부모의 도덕성이나 윤리 등의 가치체계를 자신의 것으로 수용하고 초자아를 발달시켜 나간다. 그러나 이 시기를 원만하게 보내지 못하고 남근기에 고착되면 남아의 경우 과시적이며 공격적인 성격을 갖게 되고, 여아는 겉으로는 지나치게 순진하고 결백해 보이지만 방종적이며 경박한 성격을 갖게 될 수 있다(홍순옥, 박순호, 김인순, 2014).

④ 잠복기

이 시기는 아동의 성적 욕망이 억압되어 리비도의 신체적 부위가 특별히 한정되어 있지 않아 **잠복기**(latent stage, 6~12세)라고 부르며 비교적 평온한 시기다. 이전 단계의 충동이나 욕구가 생기지는 않지만 초자아는 계속 발달하며, 비이성적인 활동, 즉 지적 호기심, 신체활동, 사회적 활동에 관심을 가지게 된다. 그리고 앞선 단계의 갈등 해결에 쏟았던 성적 에너지를 부모에 대한 애정으로 발달시키고, 동성 친구와의 강한 유대감과 또래관계를 형성하며 주위 환경에 대한 탐색과 지적 탐색을 하는 등 대부분의 정신적 에너지를 학습과 사회화에 사용한다.

⑤ 생식기

생식기(genital stage, 12세 이후)의 아동은 신체적으로 성기능이 성숙되고 호르몬이 분비되면서 잠재되었던 성적 에너지가 다시 표면에 드러난다. 성적 만족의 1차적 영역은 여전히 성기 부근이나, 이성과의 성적 욕구도 충족시킬 수 있는 생리적인 기능도 갖추게 된다. 그러므로 남근기의 아동이 자신의 신체에서 성적 쾌감을 추구하는 자기애적 경향을 보인다면, 생식기의 아동은 이성에게 성적 만족을 얻으려는 이성애적 경향을 보인다. 이 성적 에너지는 자아와 초자아의 발달로 가족 이외에 사회적으로 용인되는 이성 교제로 나타나게 된다.

이 시기 이후에 이루어지는 건강한 발달은 결혼, 성숙한 성욕, 자녀 출산, 양육을 가능하게 한다. 그러나 이 시기에 발생하는 성적 에너지를 원만하게 처리하지 못하면 권위에 대한 반항, 비행, 청소년 자살, 심각한 정신 이상 등이 나타날 수 있다. 이 시기는 성격발달단계 중 가장 긴 시기로 사춘기에서 노년기까지의 오랜 기간이 포함된다. 생식기에 이상적인 성격 형성을 위해 일하고, 책임감과 충동의 만족을 지연시키는 법을 배우고, 주도적이고 적극적인 활동을 하도록 한다.

(6) 평가

Freud의 심리성적 이론은 생물학적인 성 충동에 기반을 두고 성적인 욕구를 지나치게 강조하고 있다. 그중에서도 특히 유아기의 성욕과 인간의 수동성을 강조하고 있고, 오이디푸스 콤플렉스나 남근선망, 고착 등과 같은 개념은 가설적 실험 검증보다는 임상적 관찰과 직관력에 의존하고 있어 과학적으로 검증되기 어려우며, 문화 의존적이고 성적인 편견을 나타내고 있다는 점에서 비판을 받고 있다.

하지만 Freud의 이론은 많은 비판을 받음에도 불구하고 성격 발달에 관한 근본적인 가설을 제공하였고, 무의식의 영역을 개척하였다는 점에서 심리학 발달에 크게 기여한 바를 인정받았다. 특히 5세 이전에 인간의 성격구조가 완성된다고 보아 인간의 초기 경험의 중요성, 즉 부모와 자녀 간의 애착, 형제관계, 공격성, 도덕성, 성 역할 등의 발달에 관한 연구를 촉진시키는 데도 큰 공헌을 하였다(조성연 외, 2009; Berk, 2008)

2) Erikson의 심리사회성 이론

(1) 주요 개념

Erikson(1902~1994)은 독일의 프랑크푸르트에서 덴마크인 아버지와 유대인 어머니 사이에서 혼인 외 출생자로 태어났다. 그가 세 살 때 어머니는 유대인 소아과 의사와 재혼하였다. 덴마크 출신의 생부를 닮아 키가 크고 금발에 푸른 눈을 가진 유년기의 Erikson은 주변의 유대인 소년들에게 이방인이라는 놀림을 받으면서 성장하였다. 이는 그가 자아정체감 문제에 몰두하게 된 계기가 되었다(김미영, 2013).

Erikson은 Freud 이론의 전통을 이어받으면서도 자신만의 이론을 새로이 구축한 신프로이트 학파(neo-Freudian) 중 한 명이다. Erikson은 자아, 즉 의식적 자기(conscious self)에 관심을 두었다. Freud가 성격의 지배세력을 원초아로 본 것과는 달리, Erikson은 인간의 현실적 행동에서 보이는 모습인 자아를 인간 행동과 기능의 기초가 된다고 보았다. 또한 Freud가 자아는 원초아와 초자아의 세력 중간에 있다고 보았다면, Erikson은 원초아와 초자아를 어느 정도 무시하고 자아가 자율적인 기능을 하는 것으로 간주하면서 자아의 역할과 분석에 더 치중하였다(강인언 외, 2013). 그리고 Freud가 인간의 본능적 충동, 무의식적인 사고와 감정 그리고 성적인 요인을 강조한 반면, Erikson은 아동에 대한 문화적 · 사회적 요구에 보다 많은

관심을 두었다. 그는 인간의 발달단계가 유전적 요인에 의해 결정되지만 유전적으로 결정된 단계가 현실화되는 것은 사회적 · 환경적 힘에 의해서라고 말하고, 인간의 성장을 개인적 욕구 및 능력, 그리고 사회적 기대 및 요구 사이의 상호작용의 소산물로 보았다. 따라서 Erikson의 발달단계를 심리사회적 단계(psychosocial stages)라고 한다.

Erikson의 성격발달이론에는 두 가지 기본 개념이 있다. 하나는 점성적 원리(epigenetic principle)이고, 다른 하나는 위기(crisis)다. 점성적 원리란 한 인간의 발달이 공통적인 일련의 단계를 따라 이루어진다는 것이다. 태아가 자라면서 신체와 각 기관이 각각 특수한 시기에 나타나 모두 어우러져 한 인간이 형성되듯, 성격도 이렇게 발달해 간다는 것이다. 즉, 유기체(인간)는 고유한 이정표를 따라 발달해 가는데, 먼저 발달된 부분을 바탕으로 그다음의 발달이 이루어져 나간다는 것이다. 따라서 점성적 원리는 인간의 전생애 발달의 모든 단계에서 앞 단계의 발달이 이후의 발달단계에 절대적인 영향을 미친다는 Erikson의 생각을 말해 준다. 위기란 성격의 각 단계에서 개인에게 부과된 생리적 성숙과 특정 단계에 있는 각 개인에게 요구되는 사회적 요구 사이의 갈등으로 일어나는 것이다. 위기가 반드시 그 단계에서 해결되어야 하는 것은 아니지만, 인간은 위기 해결과 관련하여 각 단계에서 나타내는 독특한 발달과업의 특징을 가지고 있다. Erikson은 이 위기를 어떻게 해결해 가느냐에 따라 성격이 다르게 형성된다고 보았다. 만약 각 위기에서 갖는 갈등이 만족스러운 방향으로 해결된다면 긍정적 요소가 자아에 확산되어 건강한 자아 발달이 이루어진다. 그러나 갈등이 불만스러운 방향으로 해결되어 나간다면 자아 발달에 손상을 주는 부정적 요인이 자아의 많은 부분을 차지하게 된다(유효순, 원혜경, 김정희, 2013).

특히 Erikson 이론의 핵심은 자아정체감 형성이다. 그는 자아정체감을 내적 측면과 외적 측면으로 구분하여 이해하였다. 내적 측면의 자아정체감은 시간적 자기동일성과 자기연속성의 인식으로, 시간이 경과하면서 자기 자신을 지금까지의 자신과 같은 존재로 지각하고 수용하는 것이다. 외적 측면의 자아정체감은 문화의 이상과 본질적인 양상을 인식하면서 그것과 자기 자신을 동일시하는 것이며, 타인과 본질적인 특징을 공유하는 것이다(정인숙, 유영금, 강인숙, 정태근, 2008). Erikson은 확고한 자아정체감 확립을 위해서는 일생을 통해 여덟 가지 위기를 성공적으로 해결해야 한다고 하였다. 그렇지만 이러한 8단계 중에 각 단계의 실패에 대한 경험은

불변적이라기보다는 이후라도 적절한 성공 경험에 의해 수정이 가능하다는 점에서 Freud의 이론과는 대조적이다.

(2) 심리사회적 발달단계

Erikson은 출생에서 사망에 이르기까지 인간의 전생애 발달단계를 8단계로 나누었다. 그리고 각 단계마다 습득해야 할 기본적인 과제를 대칭적으로 설명하고, 다음 단계로의 발달을 위해서 두 양극이 적절한 비율로 균형을 이루어야 하되, 결과가 긍정적인 쪽이 더 우세해야 한다고 보았다. 한 단계의 해결은 다음 단계의 과제를 처리하는 기초가 된다(Kaplan, 1998). Erikson의 심리사회적 발달이론을 살펴보면 다음과 같다.

① 기본적 신뢰감 대 불신감: 출생~1세

출생 후 1년 동안 영아는 이 세상을 신뢰할지 혹은 불신할지 결정짓는 위기를 겪는다. 이 시기에 영아는 자신을 돌보아 주는 주요 양육자(어머니)와 사회적 관계를 맺게 되는데, 이때 영아의 성공적 발달 또는 실패는 주 양육자의 태도 및 관계의 질이 결정적 영향을 미친다. 어머니가 신체적 · 심리적 욕구에 민감하게 반응해 주며 일관성 있게 상호작용을 해 준다면, 영아는 이 세상은 믿을 만한 곳이라는 확신, 즉 신뢰감을 형성한다. 반면, 어머니가 배고플 때 욕구를 충족시켜 주지 않고 기저귀가 젖었을 때도 갈아 주지 않는 등의 경험을 준다면, 영아는 자신이 필요할 때 어머니가 없을 것이라는 느낌을 받거나 어머니의 행동이 일관성이 없어 전혀 예측할 수 없고 믿을 수 없다는 느낌을 지속적으로 받아 불신감을 형성한다.

신뢰감을 형성한 유아는 그것을 바탕으로 다른 대상과도 긍정적인 관계를 맺게 된다. 그러나 Erikson은 건강한 성장이란 전적으로 신뢰감만으로 이루어지는 것이 아니며, 신뢰와 불신 사이에 적당한 비율을 이루어야 한다고 보았다. 무엇을 신뢰하는지도 중요하지만 무엇을 신뢰하지 말아야 하는지를 아는 것도 중요하기 때문이다.

Erikson은 이 시기를 인생에서 가장 중요한 시기로 보았다. 이 시기에 형성된 기본적 신뢰감은 이후의 긍정적 자아정체감 발달에 영향을 주며, 생의 후기에 맺게 되는 모든 사회적 관계의 성공적인 적응과도 밀접한 관련이 있기 때문이다(강인언 외, 2013).

② 자율성 대 수치심과 회의: 1~3세

Freud의 항문기에 해당하는 이 시기는 유아의 많은 에너지가 자기 스스로의 마음과 의지를 지닌 인간임을 확인하는 데 집중된다. 따라서 이 시기의 중요한 과업은 자기통제라고 할 수 있는데, 이 시기에 유아는 제 발로 서고 걸으며 손을 사용하는 능력이 발달하면서 스스로 자신의 행동 영역을 확장하며 외부 세계를 탐색하기 시작한다. 또 유아는 '나'와 '너'를 구분하며 '내가' '내 것'과 같은 자기 세계를 분명히 하고, "싫어." "아니야." 등의 자기주장을 하면서 부모와 유아 간의 통제를 둘러싼 갈등이 치열해진다. 이때 부모가 유아의 의사를 묵살하지 않고 잘 받아 주며 사회적으로 기대되는 행동을 배우게 하면, 유아는 자신에 대한 힘이 생기면서 자율성을 형성하게 되고 사회적 규제에 잘 적응하게 된다.

이 단계에서 부모가 내리는 통제는 꼭 필요한 경우에 한하고 일관성이 있어야 하며, 외부의 통제는 확고하게 확신을 주는 것이어야 한다. 이 확고함은 배변훈련에서 변을 보유할 것인지 배설할 것인지를 모르는 혼란으로부터 유아를 분별 있게 보호해 준다. 그러나 유아가 미성숙한 상태에서 외부 통제가 너무 빨리 또는 너무 엄격하게 가해져서 유아 스스로 배변과 다른 기능을 통제할 기회를 박탈당하면, 유아는 자신의 통제능력이 미약하고 외부의 압력자를 통제할 수 없다는 무력감으로 수치심(다른 사람의 눈에 자신이 좋게 보이지 않는 것)과 회의(자신이 강하지 못하기 때문에 다른 사람이 자신을 통제할 수 있다고 깨닫는 것)를 갖게 되고 전 단계로 퇴행할 수 있다. 유아를 현명하게 지도하기 위해서는 분별없이 수치심을 자극해서는 안 되고, 유아들의 반항적 행동을 완전히 묵살하거나 스스로 행동하려는 노력을 조롱해서는 안 되며, 유아 스스로 자신이 근본적으로 가치 있는 존재임을 의심하게 해서는 안 된다(오정수, 정익중, 2011).

③ 주도성 대 죄책감: 3~6세

Freud의 남근기에 해당하는 이 시기는 이전 단계에서 시작된 자기의지가 더욱 완전하면서도 독립적으로 표명되는 시기다. 유아는 구사할 수 있는 어휘 수가 증가하고 신체적 능력이 발달하면서 스스로 하고자 하는 의욕과 많은 호기심으로 주변 환경을 알아 가며 적극적인 활동에 참여하게 된다. 그 과정에서 유아는 어떤 목표를 정하고 목표 수행을 위한 행동을 계획하여 추진하며 그 일을 성공적으로 완수하려는 책임감을 가지면서 주도성(initiative)을 지닌다. 이렇듯 유아가 부모에 대한 의

존으로부터 벗어나 보다 복잡한 행동을 주도적으로 하려고 할 때 주위로부터 지지와 격려를 받으면 주도성이 발달한다.

유아가 주도하는 행동은 때때로 사회에 바람직하지 않거나 안전하지 않아 부모로부터 제재를 받을 수 있다. 이때 부모의 제재가 일관적이지 않거나 부드럽지 않다면 유아는 자신의 행동에 자신감을 잃을 뿐만 아니라 나쁜 짓을 한다는 죄책감(guilt)도 갖게 된다. 특히 이 시기는 죄의식에 민감한 시기이기 때문에 컵 하나를 깨뜨린 것뿐만 아니라 부모의 이혼이나 심지어 친구의 죽음과 같이 자신이 할 수 있는 일이 없거나 자신과 전혀 상관이 없는 일에 대해서도 전적으로 자신의 책임이라 생각하면서 죄의식을 느낄 수 있다. 이것은 유아가 자신의 행동이 '나쁜' 것과 그들이 한 사람으로서 '나쁜' 것을 구분할 수 없기 때문이다(Dennis, Sheila, & Matthew, 2006). 죄의식이 강한 유아는 쉽게 포기하고 스스로를 무가치하다고 인식한다. 따라서 유아의 건전한 인격 발달을 위해서 유아가 자기주도적으로 외부 세계의 환경을 탐색하거나 상상력을 보일 때, 부모나 다른 성인이 활동의 여지를 많이 주고 격려를 많이 해 주는 것이 중요하다.

④ 근면성 대 열등감: 6~12세

Freud의 잠복기에 해당되는 이 시기는 아동이 가정에서 벗어나 더 넓은 사회에 적응하기 위해 작은 사회를 경험하고 사회에서 생존해 나가는 데 필요한 인지적·사회적 기술을 습득하는 단계다. Erikson에 의하면, 이 시기는 자아 성장의 결정적 시기이므로 개인의 일에 대한 기본적 태도가 확립된다. 아동은 학업, 운동능력, 인간관계 등의 기준에 따라 자신들이 서열화되고, 또래나 교사 등과의 접촉을 통해 다양한 가치와 규범이 존재한다는 것을 알게 된다. 이러한 과정에서 아동은 학교나 가정으로부터 자신에게 주어진 과제를 성실히 완수하여 성취감을 맛보고, 친구와의 관계에서 무엇인가를 주도적으로 할 수 있으며, 자신이 잘할 수 있는 것을 알아가면서 자부심과 자신감을 얻게 되어 **근면성**이 발달한다. 그들은 가치 있는 일을 하기 원하고 무엇인가 인정받고자 할 뿐 아니라 일을 완성하는 데 인내력을 발휘함으로써 만족을 얻는다.

그러나 만일 아동이 공부와 기술 혹은 또래 친구들 사이에서의 자기 위치에 절망한다면 공부에 대한 동일시와 동료에 대한 동일시가 방해받는다. 주로 학습이나 놀이에서 실수나 실패를 거듭하게 되거나 과제를 수행할 능력이 없고 자신의 능력이

친구들과 비교하여 낮다고 느끼는 아동에게 너무 무리한 요구를 하게 되면 아동은 유능감을 갖지 못하고, 부적절감과 열등감을 갖게 될 수도 있다. 즉, 열등감은 자신의 무능력이나 자신이 중요하지 않음을 자각하면서 생겨난다. 또 아동이 자신의 사회적 가치를 결정하는 것이 자신의 능력이나 의지보다 부모의 배경, 사는 지역, 의복의 가격이라고 느끼기 시작하면서 상처를 받거나 학교나 사회가 아동에 대한 편견적 태도를 취할 때도 열등감이 발달하기 쉽다.

이 단계의 아동은 학교 수업, 집 안 청소, 심부름, 놀이 등 다양한 활동을 통해서 성인의 삶을 위한 준비를 하게 되므로, 가정이나 학교에서 부모나 교사는 아동 각각의 특성을 이해하고 지도하면서 학업이나 능력 면에서 적당한 과업을 주어 아동 스스로 꾸준히 노력하고 자신이 해낼 수 있다는 경험을 하게 하면서 지지하고 격려하는 환경을 조성해 주는 것이 필요하다.

⑤ 자아정체감 대 정체감 혼돈: 12~18세

이 시기는 아동기에서 성인기로 전환되는 급격한 신체적 변화와 함께 정신적으로도 자신의 존재에 대해 새로운 의문과 탐색을 시작하는 시기다. 즉, 청소년은 '나라는 존재는 무엇인가?'라는 의문과 함께 자신의 능력, 존재의 의미를 탐색하면서 많은 고민과 갈등을 겪는다. 이러한 과정에서 자신에 대한 통찰과 자아상을 찾기 위한 노력을 통하여 자신을 정립하고 분명한 자기인식을 갖게 되면 **자아정체감**이 확립된다. 정체감은 일생을 통하여 이룩해야 할 중요한 과업이지만, Erikson은 특히 이 자아정체감의 확립이 청소년기의 가장 중요한 발달과업이라고 보았다. 자아정체감이 형성되면 청소년은 자신의 능력이나 역할, 책임에 대하여 분명히 알게 되며 이후 단계에 잘 적응해 나갈 수 있다.

반면, 자기 존재의 의문 등에 대한 해답을 얻지 못하면 방황하게 되고 역할 혼란(role confusion) 또는 **정체감 혼돈**(identity confusion)이 일어난다. 즉, 일종의 정체감 위기를 맞이하게 되는데, 이 위기를 성공적으로 극복하지 못한 청년들은 부정적 자아정체감을 형성할 수 있고 이후 직업 선택이나 성 역할 등에 혼란과 갈등을 겪을 수 있다.

⑥ 친밀감 대 고립감: 성인 초기, 18~24세

성인기가 시작되는 이 시기에는 자신에 대한 관심에서 벗어나 직업이나 배우자

선택 등에 관심을 갖게 된다. 즉, 자신의 동일성을 타인의 동일성과 연결시켜 사회의 여러 성원과 친밀한 관계를 맺게 된다(강인언 외, 2013). Erikson이 말하는 친밀감이란 전 단계에서 확립된 자아정체감을 타인의 정체감에 융합하는 능력으로, 이타적인 방법으로 다른 사람의 감정이나 사고를 존중해 주며 함께 상호작용하는 과정에서도 서로 불편함을 느끼지 않는 것을 의미한다(김미영, 2013).

전 단계인 청소년기에 자아정체감이 잘 확립된 사람은 타인과 자신의 정체감을 통합하여 친밀한 관계를 형성할 수 있다. 그러나 자아정체감을 획득해야만 타인에 대한 진정한 관여가 이루어질 수 있기 때문에, 자아정체감이 확립되지 못한 사람은 타인과의 관계에서도 친밀감을 형성하지 못한다. 이들은 친구나 부모, 심지어 결혼한 배우자와의 관계에서도 위축되고 자신감이 부족해지는데, 이로 인해 소외감과 고립감을 경험하게 된다(Atalay, 2007).

⑦ 생산성 대 침체감: 중년기, 24~65세

중년기에 해당하는 성인 후기의 이 시기는 생산성이 중요한 발달과업이다. 생산성이란 성숙한 성인이 다음 세대를 구축하고 이끄는 데 관심을 기울이는 것을 의미한다(Atalay, 2007). 따라서 이 시기에는 자신의 문제나 자신의 세대를 넘어 다음 세대를 양육하고 교육하는 문제에 관심을 기울인다. 자녀를 낳고 기르는 것뿐만 아니라 성인 초기의 친밀감이 바탕이 되어 자신이 하는 일이나 직업에서도 창의적인 성취나 업적을 통해서 생산성을 발휘하며 자신보다는 사회를 위해 일하는 모습을 보인다. 가정생활, 부모-자녀 관계, 직업생활 등이 원만하고 긍정적일 때 이러한 생산성을 얻게 된다.

그러나 이 시기에 다음 세대나 사회에 관심을 두지 않고 자기 자신의 욕구나 물질 또는 신체적인 안녕에만 치중하게 되면 타인에 대한 관대함이 결여되어 침체감(stagnation)이 형성된다.

⑧ 자아통합 대 절망감: 노년기, 65세 이후

Erikson의 마지막 발달단계인 노년기가 되면 사람들은 지금까지 살아온 생애를 돌아보게 된다. 이때 자신의 지나온 삶이 보람 있었고 대체로 만족스러우며 의미 있었다고 느끼며, 자신의 유한성을 인정하고 다가올 죽음까지도 받아들이면 자아통합(ego integrity)을 얻게 된다. 자아통합을 이룬 사람은 자신의 존재가 삶의 이유

와 부합된다고 믿고, 자신의 일생이 가치 있었다고 생각한다. 그러나 자신의 삶이 충만하지 못했고 후회스러우며 다시 새롭게 시작하기에는 너무 늦었다고 생각하는 사람은 자아통합감이 결손되어 절망감을 느끼게 된다.

(3) 평가

Erikson의 이론은 Freud의 이론을 확장하여 인간의 발달에 있어 사회 · 문화적인 영향과 인간의 능동적인 특성을 강조하면서 인간의 이성과 적응을 사회적인 관계 속에서 설명하고 있다. 즉, 인간의 자아 발달과정은 부모뿐만 아니라 자신이 경험하는 사회적 환경과 자아 간의 상호작용이 중요하다고 보고 각 발달단계마다 위기와 과업의 개념을 제시하였고, 각 발달단계에서의 과업 수행 여부는 인성 형성에 지대한 영향을 미친다고 설명하였다. 또 인간의 발달과정이 성년기에 끝나는 것이 아니고 태어나서 죽음에 이르기까지 전생애에 걸쳐 계속된다고 설명하고 있다는 점, 특히 노인기의 성장 가능성에 대한 통찰을 제공하였다는 점은 Erikson 이론의 장점이자 공헌점이라고 할 수 있다.

그러나 Erikson의 이론은 개념 정의가 명확하지 못하고, 각 단계에서의 전환이 어떻게 이루어지며 발달의 원인이 무엇인가에 대한 설명이 부족하다는 비판을 받는다(정옥분, 2011).

3. 학습이론

학습이론은 발달의 주요 에너지 자원이 유기체 내부가 아닌 환경에 있다고 보고, 인간 발달에 있어서 생물학적 요인보다는 환경적인 요인을 보다 더 강조한다. 즉, 학습이론은 발달을 연구할 때 객관적 관찰이 가능하고 변화를 측정할 수 있는 외현적인 행동에 초점을 맞추고 있다. 그런 의미에서 학습이론은 행동주의이론으로 불리기도 한다.

학습이론은 Locke의 경험주의 철학에서 출발한다. Locke는 인간의 모든 행동은 경험의 산물이라고 여겼으며, 주변 환경과의 끊임없는 상호작용의 과정에서 생기는 경험을 통해 인간의 행동이 점진적으로 변화한다고 보고, 살아가면서 획득한 경험이 인간 발달 변화의 근원임을 강조하였다. 따라서 학습이론가들은 발달을 연속

적인 과정으로 보고, 질적으로 차이를 보이는 발달단계를 따로 설정하지 않으며 연령에 대한 구분도 짓지 않고 있다. 학습이론에서는 인간의 행동이 어떻게 학습되는가를 주로 설명하고자 하는데, 대표적인 학습이론가로는 Pavlov, Watson, Skinner, Bandura 등이 있다.

1) 고전적 조건형성이론

(1) Pavlov

Pavlov(1849~1936)는 학습이론의 선구자로서 자극과 반응 간의 관계를 최초로 연구한 사람이다. 그는 러시아 농촌의 목사 아들로 태어났다. 그는 과학적인 일에 흥미를 느끼기 전까지는 목사가 되고자 하였으나, 성인이 되면서 생리학 연구에 전념하여 철두철미한 실험 정신과 열정을 지닌 과학자로 변화하였고, 1904년 소화계통에 관한 연구로 노벨상을 받았다.

Pavlov는 유명한 개 실험을 통해 고전적 조건형성의 개념을 제시하였다. **고전적 조건형성**(classical conditioning)이란 일정한 자극에 의해 선천적으로 유발되는 반사를 처음에 아무런 관련이 없는 중립자극과 반복적으로 연합함으로써 이 중립자극이 선천적인 반사 반응을 유발하게 하는 것(이항재, 최민수, 2004)으로, 자극과 자극 사이의 관계성을 학습하는 것을 말한다. Pavlov는 개의 소화과정을 연구하던 중 우연히 음식을 주지 않았음에도 불구하고 개가 침을 흘린다는 사실을 발견하였다. 즉, 음식과 관련이 있는 자극은 개가 타액을 분비하도록 유도하는 힘을 가진다고 본 것이다. 이러한 사실을 확인하기 위하여 그는 고전적 조건형성 실험을 실시하였다. 실험과정을 보면, 먼저 개의 침 분비량이 자동으로 기록되도록 장치한 실험실에서 개에게 음식을 줄 때마다 항상 종소리를 들려준 후 음식을 주었는데, 이러한 일련의 과정을 계속 반복적으로 되풀이하였다. 이 실험과정에서 제공된 음식물은 **무조건자극**(Unconditional Stimulus: US)이고, 무조건자극에 의해 반응된 침 분비 현상을 **무조건반응**(Unconditional Response: UR)이라 부른다. 처음에 개는 종소리만 듣고 침을 분비하지 않았으나 그 후 반복적으로 종소리(중립자극, Neutral Stimulus: NS)를 들려주고 음식을 주는 과정을 반복하였더니, 개는 종소리(조건자극, Conditional Stimulus: CS)만 듣고도 침을 분비(조건반응, Conditional Stimulus: CS)하였다. 즉, 처음에 종소리는 침 분비와는 아무 관련이 없는 중립자극이었으나 음식과 함께 제공

되는 과정이 여러 번 일어나면서 침을 분비하는 조건자극으로 바뀌어 종소리라는 자극과 침 흘리는 반응 사이에 새로운 조건형성이 이루어진 것이다. 여기에서 주의해야 할 것은 조건자극이 무조건자극보다 먼저 이루어져야 한다는 것이다.

그러나 새로이 조건형성이 이루어진 후에 조건자극만 제시하면 처음에는 조건반응인 침 흘리는 반응이 나타나지만 반복될수록 점차 미약해지고 마침내 그 조건반응이 나타나지 않게 된다. 즉, 조건형성이 끊어지는 것인데 이러한 현상을 소거(extinction)라고 한다.

조건형성 이전	무조건자극 (음식물)	➡	무조건반응 (침 분비)
	중립자극 (종소리)	➡	반응 없음
조건형성 과정	중립자극 + 무조건자극 (종소리) (음식물)	➡	무조건반응 (침 분비)
조건형성 이후	조건자극 (종소리)	➡	조건반응 (침 분비)

▶▶▶ **[그림 2-2] 고전적 조건형성이론**

(2) Watson

Watson(1878~1958)은 Pavlov의 실험을 학습심리학에 응용한 미국의 심리학자로서 행동주의(behaviorism)의 창시자다. 행동주의란 말은 Watson의 과학에 대한 견해에서 비롯되었다. 그에 의하면 과학이란 인간이 실제 어떻게 행동하는가를 볼 수 있는 것으로 한정된다(조복희, 2006). 그리고 인간의 모든 행동은 학습된 것이고 발달적 측면에서 유전적 영향은 전혀 없다. 그는 Pavlov의 고전적 조건형성 학습원리를 인간에게 최초로 적용하였고, 인간의 정서적 반응이 그 원리를 통해 학습되는 과정을 보여 줌으로써 과학적으로 심리학에 접근했다.

Watson이 수행한 유명한 흰쥐 실험을 살펴보면, 그는 11개월 된 영아 Albert에게 흰쥐(중립자극)를 보여 줄 때 큰 소리(무조건자극)를 내면서 보여 주었더니 나중에는 흰쥐만 보여 주어도 격렬하게 몸부림치며 울음을 터트렸다. 처음엔 흰쥐에 대해 전혀 공포심이 없었지만, 같은 실험이 여러 차례 반복되자 Albert는 흰쥐(조건자극)만 보아도 놀라서 울음을 터트리는 반응(조건반응)을 보인 것이다. 즉, 중립자극이었던

흰쥐를 놀라는 반응의 원인이 되었던 큰 소리와 연합시킴으로써 조건형성이 이루어진 것이다. 나중에 Albert는 흰쥐뿐만 아니라 토끼, 개, 털코트에 이르기까지 공포 반응을 보였다고 한다. Watson은 이러한 과정을 반대로 이용하여 흰쥐에 대한 공포를 제거할 수도 있다고 보았다. 실제로 그는 Albert에게 흰쥐를 보여 주면서 공포감 대신에 안도감을 점차 느끼게 함으로써 조건형성이 된 정서를 탈조건화하는 방법으로 마침내 공포를 제거하는 데 성공했다.

Watson은 이러한 실험들을 통해 행동주의이론을 정립하고, 1913년에 행동주의 선언문을 발표하게 된다. Watson의 주요 관심은 정서의 조건형성이었는데, 이렇게 인간의 정서적 반응이 상당 부분 고전적 조건형성에 의해 학습됨을 밝혀냄으로써 인간의 모든 행동은 결국 환경에 의존하여 학습된 것이며, 환경이 아동 발달에 있어 강력한 힘이라고 믿은 것이다. 그리고 발달이란 연령 증가에 따라 자극과 반응 연합의 수와 강도가 점차 증가하는 연속적인 과정이라고 믿고, 부모나 성인이 자극과 반응의 연합을 계획적으로 통제한다면 성인이나 사회가 원하는 방향으로 아동의 행동을 형성시킬 수 있다고 주장하였다. 다시 말하면, 아동이 지니고 있는 어떤 능력이나 성격 특성은 선천적이거나 유전적인 것이 아니라 양육과 환경의 결과, 즉 자극과 반응의 결과라고 믿었다(강인언 외, 2013).

2) 조작적 조건형성이론

Skinner(1904~1990)는 자신의 학습이론을 교육이나 사회 제 문제에 넓게 응용한 미국의 심리학자다. Skinner는 1950년대와 1960년대에 절정을 이루었던 Watson의 기존 행동주의이론의 단순성을 비판하면서 새롭게 조작적 조건형성이론을 제시하였다. 고전적 조건형성이론은 특정 자극에 대해 반응하는 간단한 반사행동의 학습을 설명하는 데는 유용하지만 유기체 스스로 조작하는 행동을 설명하기에는 부족하다고 보았다. 예를 들어, 개를 앉도록 훈련시킬 때 개가 앉으면 음식을 주는 것이 보통이다. 즉, 음식이 '앉는다'는 반응 뒤에 오므로 유기체는 자신의 행동을 조작한다. 그러나 Pavlov의 실험에서는 반응 이전에 음식물이 제공된다는 차이점이 있다. 다시 말하면, 고전적 조건형성에서는 자극이 반응을 유도하나 조작적 조건형성에서는 반응이 자극을 유도한다(조복희, 2006). 즉, 조작적 조건형성이론에서는 유기체는 행동 뒤에 이어지는 결과에 의해서 그 행동이 학습될 수 있다고 보는 것이다.

인간은 우연히 하게 된 행동 뒤에 만족스럽지 못한 경험이 따르면 그 행동을 반복하지 않으려는 경향이 있는데, 이처럼 강화에 의해 조작적 행위가 조건화되는 것을 Skinner는 **조작적 조건형성**(operant conditioning)이라고 하였다.

그는 조작적 조건형성 원리를 설명하기 위해 [그림 2-3]과 같이 'Skinner 상자(Skinner box)'를 만들어 실험하였다. Skinner 상자는 상자의 한쪽 벽에 지렛대와 먹이통을 설치하고 지렛대를 누르면 자동적으로 먹이가 나오도록 고안되었다. 그런 후 24시간 굶주린 쥐를 상자 안에 넣어 마음대로 움직일 수 있도록 하였다. 이 쥐는 먹이를 찾아 이리저리 움직이면서 우연한 기회에 지렛대를 누르게 되고 그 결과 먹이를 받아먹게 된다. 이러한 경험이 반복되면 쥐는 점차 지렛대 누르기와 먹이와의 관계를 학습하게 된다. 이렇게 여러 번 보상을 경험한 배고픈 쥐는 지렛대 누르는 행동 외에 다른 행동은 없어지고, 지렛대 누르는 속도는 점차 빨라지게 되며, 이러한 과정을 통해 지렛대 누르는 행동을 확실히 학습하게 되었다. 반면, 지렛대를 밟을 때 먹이가 나오지 않거나 전기 충격이나 불쾌한 자극을 받게 되면 지렛대 누르는 행동을 하지 않았다.

이러한 실험을 통해 Skinner는 인간 행동은 보상이 주어지거나 긍정적 강화를 받는 방향으로 행동이 조작되거나 학습되고 계속 반복되는 경향이 있으며, 강화되지 않거나 처벌된 행위는 또다시 발생할 확률이 감소된다는 **강화**(reinforcement)와 **벌**(punishment)에 대한 개념을 밝혀냈다.

조작적 조건형성이론에서 강화란 특정 행동의 빈도를 증가시키기 위해서 사용하는 모든 것을 말한다. 강화에는 **정적**(正的) **강화**와 **부적**(負的) **강화**가 있다. 정적 강화는 반응에 뒤따라 나오는 결과가 유쾌한 것으로, 계속해서 그 행동을 증가시키는

[그림 2-3] 스키너 상자

자극이고(예: 숙제를 잘해 오면 칭찬을 해 주거나 스티커를 주는 경우), 부적 강화는 어떤 행동 뒤에 나오는 불쾌하거나 혐오스러운 자극을 철회함으로써 행동이 다시 발생할 확률을 증가시키는 것을 말한다(예: 숙제를 잘해 오면 청소를 면제해 주거나 싫어하는 일을 빼 주어 숙제를 잘해 오도록 하는 경우). 부적 강화는 벌과 구별되는 것으로, 벌은 행동의 발생 빈도를 감소시키지만 부적 강화는 혐오상태를 제거해 줌으로써 행동의 발생 빈도를 증가시키는 작용을 한다.

정적 강화와 부적 강화 모두 행동 직후 즉각적으로 주어질 때 가장 효과적이며, 영유아 및 아동에 따라 강화물을 달리해야 효과적일 수 있다. 개인에 따라 다르긴 하지만, 영유아 및 아동이 간절히 원하고 절실히 필요로 하는 강화물을 언어적 칭찬과 함께 적절히 일관성 있게 제공하여야 한다(김미영, 2013). 강화를 주는 방법 측면에서도 바람직한 반응이 일어날 때마다 주는 '연속적 강화'와 일정한 간격이나 비율로 주거나 간격이나 비율을 변화시켜 주는 '간헐적 강화'로 나뉜다. 이렇게 조작적 조건형성의 원리에 기초한 강화계획(schedules of reinforcement)에 따라 유기체의 문제행동을 고치기 위한 방법으로 행동수정(behavior modification) 기법이 자주 활용되고 있다(홍순옥 외, 2014).

Skinner의 이론은 고전적 조건형성이론의 한계를 극복하고 학습이론의 범위를 상당히 넓혔다는 평가를 받고 있다. 그러나 실험상황에서 동물을 대상으로 한 연구 결과를 인간의 행동에 적용하였다는 점에서 비인간적이고, 인간의 모든 행동에 대해 외적 행동에만 초점을 두고 있으며, 강화와 보상과 같은 요인으로 단순히 설명될 수 없는 내면적인 부분에 대해 간과하고 있다는 비판을 받고 있다.

3) 사회학습이론

사회학습이론(social learning theory)은 아동의 사회적 행동에 관한 연구에서 조건화와 강화의 원리를 사용하면서도 아동과 성인이 어떻게 새로운 반응을 학습하는가에 대한 확장된 견해를 제공한 이론으로, Bandura에 의해 세워졌다.

Bandura(1925~1997)는 캐나다 앨버타 출신으로 미국에서 연구활동을 한 인지적 사회학습이론의 대표적인 학자다. 그는 아동이 능동적으로 주위 세계를 이해하려고 노력한다고 믿었기 때문에 '학습'이라는 용어를 사용하고, 다른 사람들이 하는 행동이 주위 세계에 대한 중요한 정보가 되기 때문에 그의 이론에 '사회'라는 용

어를 포함시켰다. 그는 전통적인 학습이론에서 인간의 복잡한 행동을 자극과 반응, 강화, 소거 등의 조건형성이론만으로 설명하는 데는 한계가 있다고 보고 인간의 능동적이고 인지적인 능력을 강조했다. 오늘날 Bandura의 이론은 사회인지학습이론이라 불리기도 하는데, 그의 이론은 사회적 환경과 아동의 인지능력이 학습과 발달에 미치는 중요성을 강조하고 있기 때문이다. 사회학습의 주요 내용을 관찰학습, 상호결정론, 자기효능감으로 나누어 살펴보면 다음과 같다.

(1) 관찰학습

Bandura의 사회학습이론은 강화이론에 기초를 두고 있다. 그는 사회적 존재인 인간은 동물과 달리 사고하고 예측할 수 있는 인지능력을 가지고 있기 때문에 동물들처럼 직접적인 강화나 벌 없이도 타인의 행동을 관찰하고 모방함으로써 행동, 사고, 감정을 학습한다고 보았다. 예를 들어, 형이 친척 어른에게 인사하여 칭찬받는 모습을 보고 형제관계에 있는 유아가 자신도 친척 어른을 만나면 인사를 하는 경우, 혹은 선생님이 물건을 집어 던진 친구를 벌하는 것을 목격한 아동이 자신은 그런 행동을 하지 않아야겠다고 생각하는 경우처럼 직접적인 외적 강화를 받지 않아도 다른 사람의 행동이나 강화 받는 모습을 관찰하여 학습한다. 그래서 이러한 학습을 '관찰학습' 또는 '대리학습'이라고 한다.

관찰학습은 환경적 자극에 대한 반응을 통하여 행동을 학습하는 것으로 **모방**(imitation)과 **모델링**(modeling)의 두 가지 형태를 취한다. '모방'이 아동이 타인의 행동을 그대로 따라 배우는 것이라면, '모델링'은 아동이 부모 및 타인의 행동을 관찰하면서 다양한 강화를 통해 그들의 행동과 특성을 내면화시켜 자신이 마치 그 사람인 것처럼 행동하는 동일시의 개념을 포함하고 있다. 모델이 아동에게 얼마나 영향을 줄 것인가는 모델과 아동의 관계, 모델의 성격적 특성, 아동의 모델에 대한 지각 등에 달려 있다. 여기에 아동의 인지 발달 수준이 모델의 행동을 관찰할 수 있는 능력, 기억능력, 후에 모델처럼 행동하는 방식 등에 영향을 끼치게 된다. 관찰학습의 과정은 주의집중 과정, 파지 과정, 운동재생 과정, 강화와 동기적 과정의 네 가지 과정을 거쳐 이루어진다(김미영, 2013; 심성경 외, 2011; 홍순옥 외, 2014).

① 주의집중 과정(attention process)

관찰을 통해 학습이 이루어지기 위해서는 모델의 행동에 주의를 기울여야 한다.

주의를 집중시키는 요인에는 애정, 유사성(성별, 연령, 인종), 모델의 사회적인 힘(지위, 유능함, 인기), 관찰자의 심리적 특성(욕구, 흥미) 등이 있다.

② 파지 과정(retention process)

주의를 집중하여 기억한 정보를 인지적으로 저장하는 것을 '파지(retention)'라고 한다. 정보를 파지하는 형태에는 심상적 부호(이미지 형태)와 언어적 부호가 있는데, 나이가 많은 아동일수록 언어적 부호의 형태를 더 많이 사용하며, 이것이 심상적 부호의 형태로 기억하는 것보다 인지과정에서 더 효과적이다.

③ 운동재생 과정(motor reproduction process)

관찰을 통해 알게 된 새로운 반응 패턴은 운동기술 연습을 통해 획득된다. 이것은 인지적 시연(cognitive rehearsal) 과정을 거쳐 이루어지게 되고, 이러한 과정을 반복함으로써 관찰했던 모델의 행동과 일치되도록 자신의 행동을 수정해 나간다.

④ 강화와 동기적 과정(reinforcement and motivation process)

새로운 행동을 학습했더라도 그 행동을 하느냐 그렇지 않느냐는 강화 요인에 달려 있다. 즉, 누군가로부터 욕설을 듣고 욕을 배울 수는 있으나 이를 재생할지는 강화나 동기에 의해 좌우된다. 모델의 행동을 관찰하고, 기억하고, 습득하여 능숙하게 수행할 수 있는 능력을 가지고 있을지라도 그 행동이 부정적으로 승인되거나 바람직하게 받아들여지지 않는다면 그러한 학습은 좀처럼 외부 행동으로 활성화되지 않을 수 있다.

한편, 직접적 강화뿐만 아니라 대리강화에 의해서도 실행은 영향을 받으며, 자기 자신의 행동에 대한 평가와 자기강화에 의해서도 부분적으로 좌우된다. 즉, 자신의 내적 기준에 따라 스스로 보상과 벌을 주는 자기강화도 필요하다. 여기에서 Bandura가 언급한 강화는 Skinner의 강화와 다소 차이가 있다. 즉, Skinner에게 강화는 학습하기 위해 필요하지만, Bandura에게 강화는 습득된 학습을 실제로 수행하기 위해 필요하다. 즉, 관찰학습 과정에서 아동은, 첫째, 어떤 행동을 관찰할 때 행동의 특징 등을 유심히 주의해서 살펴보고, 둘째, 그 행동을 이미지나 언어로 기억해 두며, 셋째, 신체적으로나 운동기술 면에서 그 행동을 할 수 있는 능력이 있고, 넷째, 그 행동을 했을 때 받게 될 보상이 어떤 것인가에 대한 기대가 있어 그 행

동을 하고자 하는 동기가 유발될 때 비로소 관찰한 행동을 수행하는 것이다.

(2) 상호결정론

Bandura는 인간의 발달과정을 개인과 환경 간의 상호성으로 보는 양방향성으로 가정하고 이를 상호결정론(reciprocal determinism)이라 불렀다. 즉, 상호결정론에 의하면 아동 발달은 '개인(person)' '행동(behavior)' 그리고 '환경(environment)'의 세 요소 간의 상호작용에 의해 이루어진다. [그림 2-4]에서 보듯이 상호결정론의 모델은 상호작용의 삼각형을 구성한다.

여기에서 개인(P)은 행동(B)과 환경(E)에 영향을 미친다. 아동은 자신이 원하는 것을 선택할 뿐만 아니라(P → B) 아동의 행동은 자신에 대한 느낌, 태도, 신념에 영향을 미친다(B → P). 마찬가지로 이 세상이나 사람들에 대한 아동의 지식 대부분은 텔레비전, 부모, 교과서, 그 외 다른 환경으로부터 얻은 정보에 의한 것이다(E → P). 물론 환경도 행동에 영향을 미친다. 학습이론가들이 주장한 것처럼 유아의 행동 결과나 유아가 관찰하는 모델은 유아 자신의 행동에 영향을 미친다(E → B). 그러나 유아의 행동 또한 자신의 환경에 영향을 미친다(B → E)(정옥분, 2011). Bandura는 인간의 발달심리를 완전히 이해하기 위해서는 이 세 가지 요인을 각각 살펴보고 요인들 간의 관계를 모두 이해해야만 한다고 보았다(Lerner, 1990).

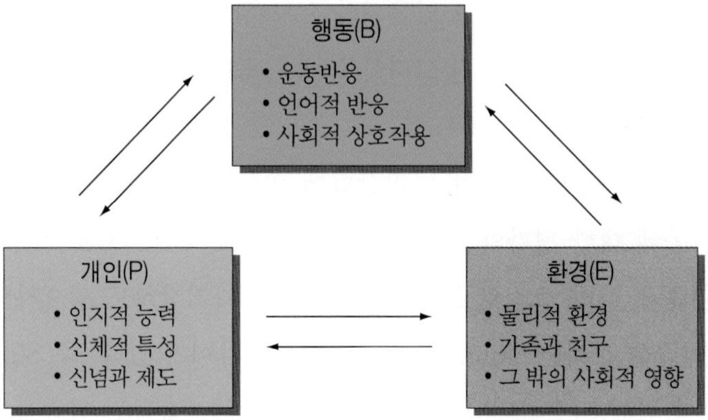

▶▶▶ [그림 2-4] 상호결정론 모델

(3) 자기효능감

자기효능감(self-efficacy)은 자신이 바라는 목적을 이루기 위해 특정 행동을 성공적으로 수행할 수 있다는 개인적 신념이다(Bandura, 1977). 즉, 자기효능감은 자신이 특정 행동을 수행할 수 있다는 자기확신감으로서 어떤 행동을 모방할지를 결정하는 요인이 된다(정옥분, 2011). 만약 자신에게 필요한 행동을 성공적으로 수행할 수 있다는 기대가 성립되면 그다음으로 수행하겠다는 결정을 내리게 된다. 즉, 인간은 자신이 갖고 있는 효능감에 따라 어떤 활동을 시도하고, 또 어떤 활동은 회피하려 할 것이다. 자기효능감이 높은 사람은 성취를 위해 적극적이고 어려운 과제를 도전적으로 생각하고 활동 자체에 관심을 갖지만, 자기효능감이 낮은 사람은 성취활동에 소극적이고 부정적인 태도로 과제를 회피하려는 경향을 갖는다. 예를 들어, 자신이 노래를 잘하고 춤을 잘 춘다고 자부하는 아동은 다른 아동에 비해 TV에 나오는 가수의 노래나 춤을 더 많이 따라 하고 타인 앞에서도 노래하고 춤추기를 좋아할 수 있다. 더구나 이러한 적극적 활동에 대해 타인에게 칭찬(보상)을 받으면 노래와 춤에 대한 자신의 신념은 더욱 상승하게 된다. 이와 같이 타인의 행동을 모방할 것인지의 여부나 어떤 과제를 성취하기 위해 도전할지의 여부는 자신의 능력에 대한 신념, 즉 자기효능감이 어떠한지에 달려 있다(조형숙, 박은주, 강현경, 김태인, 배정호, 2013).

4) 학습이론의 의의와 한계

학습이론이 교육이나 양육에 주는 의의와 한계점을 살펴보면 다음과 같다(김경혜 외, 2012; 홍순옥 외, 2014).

학습이론의 의의는 인간 행동에 대한 객관적인 연구방법론에 있다. Watson은 그때까지 사용되고 있던 내성법에 의한 연구를 반대하고 심리학은 자연과학처럼 객관적이고 관찰 가능한 행동을 연구해야 한다고 강조하였다. 오늘날 모든 심리학의 실험은 Watson이 주장한 방법론에 기초한다. 실험 절차의 정확한 제시와 관찰 가능하고 측정 가능한 행동의 강조는 심리학을 다른 자연과학과 동일선상에 올려놓는 역할을 하였다. 특히 행동주의이론은 아동의 문제행동을 변화시키기 위한 행동수정 프로그램 개발에 큰 영향을 미쳤고, 치료기법으로도 활용되고 있다. 아동의 행동수정과 관련하여 근래에 사용되기 시작한 응용행동분석 기법은 아동의 바람직

하지 못한 행동을 제거하고 사회적으로 수용될 수 있는 반응을 증가시키기 위하여 조건화와 모델링을 결합하는 절차를 밟는 것인데, 지속적인 공격성과 언어지체 같은 심각한 발달문제를 가진 아동에게 큰 도움을 줄 뿐 아니라(Whitehurst, 1989: 김경혜 외, 2012에서 재인용), 흔한 아동기 문제의 치료에도 효과적이다.

그러나 학습이론은 다음과 같은 몇 가지 한계점을 갖고 있다.

첫째, 학습이론은 발달에 있어 환경만을 강조하고 생물학적인 능력이나 인간 특유의 사고능력에 소홀했다는 비판을 받았다. 학습이론가들은 인간을 단순히 자극에 대해 반응하는 사람 혹은 외부에서 통제 가능한 기계와 같은 존재로 간주함으로써 주어진 환경에 적절히 대처해 나가는 개인의 능동적이며 주관적인 노력과 그 결과로 이루어지는 변화를 무시했다는 것이다. 물론 사회학습이론이 학습이론의 전통 내에서도 학습에서의 아동의 능동적 역할을 허용하기는 하지만, 아동 스스로 자신의 발달에 기여한다는 Piaget의 주장과 비교할 때, 모든 학습이론가는 학습과정에서의 아동의 역할을 지나치게 과소평가했다는 비판을 받는다. 즉, 학습이론가들은 환경적 영향을 지나치게 좁은 의미로 해석하고 있다(장휘숙, 2001).

둘째, 학습이론은 외현적 행동에 초점을 맞추기 때문에 창의적 사고력, 독창적인 문제해결력, 감정 등의 고차원적 정신활동을 설명하기 어렵다는 점이다.

셋째, 학습이론은 대부분 실험실에서의 연구결과를 토대로 구성되었기 때문에 단편적인 행동은 설명되지만 실험실 밖의 일상생활에 적용하는 데는 무리가 있다.

넷째, Bandura의 사회학습이론은 인간의 인지체계를 통해 연결된 환경과 행동을 강조하는 것이기 때문에 완성도가 높은 편이다. 그러나 이러한 인지체계가 어떻게 발달하고, 이러한 발달이 관찰학습에 어떻게 영향을 미치는가 하는 점은 명확히 규명되지 않았다는 것(정옥분, 2011)이 한계점이라고 할 수 있다.

4. 동물행동학적 이론

동물행동학적 이론은 Darwin의 진화론에서 기원을 찾을 수 있다. 이 이론은 동물과 인간의 행동을 연구하는 학문으로서 동물들의 행동 특성이 인간들의 행동에도 나타나 있다는 것을 설명하는 것으로, 인간 발달에서 행동의 적응 및 생존 가치와 관련된 생물학적 역할을 강조한다. 동물행동학적 관점은 학습이론이 인간의 생

물학적 능력을 무시하고 훈련과 학습을 통한 발달을 설명하는 것에 가장 큰 반론을 제기하였다. 동물행동학적 이론의 대표적인 학자로는 Lorenz, Bowlby, Ainsworth 등을 들 수 있다.

1) Lorenz의 각인이론

동물행동학의 아버지로 불리는 Lorenz(1903~1989)는 어류와 조류, 개, 고양이 등을 기르며 동물들에게서 나타나는 특정 행동을 연구하였다. Lorenz는 한 청둥오리가 낳은 알을 두 집단으로 나누고, 한 집단의 알은 어미 오리가 부화하게 하고 다른 한 집단의 알은 Lorenz 자신이 직접 부화시켰다. 그 결과, 어미 오리가 부화시킨 새끼 청둥오리는 어미 오리를 쫓아다니고 Lorenz가 부화시킨 청둥오리들은 그를 어미처럼 따라다니는 행동을 보였다. 이는 청둥오리의 어미 추종행동이 부화한 지 몇 시간 이내에 자신의 주변에서 움직이는 물체에 대한 반응임을 보여 주는 것이다. 특히 청둥오리는 부화 후 13시간에서 16시간 사이가 가장 민감한 시기로, 이 시기에 새끼 오리는 자신이 본 움직이는 물체를 어미로 인식해 버린다. 즉, Lorenz는 부화 직후부터 어미를 따라다니는 새끼 오리의 이러한 행동이 움직이는 대상을 따르려는 생득적 경향이며, 알에서 깨어난 후 일정 시간 안에 실제로 움직이는 대상이 환경으로 제공되면 각인현상이 나타난다는 것을 발견하였다. 그는 이러한 새끼 오리의 어미 오리에 대한 추종행동을 각인(imprinting)이라고 하였다.

그런데 이러한 각인은 출생 후 일정 시간 내에서만 일어나는 학습 형태로 소거하기가 어렵다. 만약 이 기간에 각인되지 않았다면 이후에는 그 행동을 습득하기가 불가능하다는 것이다. 새끼 오리가 부화된 직후 어미를 따라다니는 행동은 새끼가 어미 곁에 가까이 있음으로써 먹이를 얻을 수 있고 위험으로부터 보호를 받을 수 있게 해 준다. Lorenz는 동물의 모든 행동이 이렇게 출생 후 일정 기간 내에 각인을 통해 학습된 것이며, 이 시기를 놓쳐 버리고 난 후에는 거의 습득하기가 불가능하다고 본다.

Lorenz의 각인현상은 아동의 특정 발달에 있어 특정 시기가 중요하다는 '결정적 시기(critical period)' 개념을 도출해 냈다. 즉, 각인연구에서 밝혀진 것은 각인현상이 결정적 시기에서만 일어난다는 것이다. 따라서 결정적 시기는 제한된 시간 내에 아동이 특정한 적응행동을 습득하도록 생물학적으로 준비되어 있음을 의미하며,

그 적응행동이 습득되기 위해서는 그 시기에 적절한 자극환경이 지원되어야 함을 시사한다.

그러나 최근에는 인간의 발달적 접근에서 결정적 시기라는 개념보다는 발달과정 중에 중요한 시기라는 뜻으로 '민감기(sensitive period)'라는 개념이 더 널리 사용되고 있다. 동물에서는 결정적 시기가 각인과 같은 발달의 특정 측면을 설명하는 것처럼 보이나, 인간의 발달에서는 민감기가 보다 적절한 개념일 것이다. 민감기는 그 개념이나 범위가 결정적 시기보다 덜 엄격하여 특정 능력이나 행동이 출현하는 데 최적의 시기라고 볼 수 있기 때문이다. 결국 민감기는 발달의 결정적 시기가 지난 후에는 발달이 전혀 이루어지지 않는다는 것이 아니며, 결정적 시기인 그때보다는 발달에 시간이 더 오래 소요될뿐더러 발달을 촉진시키는 데에도 더 어려움이 있다는 것을 의미한다(강인언 외, 2013).

2) Bowlby의 애착이론

Bowlby(1907~1990)는 영국의 런던에서 태어났으며, 케임브리지 대학교에서 의학을 공부하고 제2차 세계대전 후 고아원에서 성장한 영유아들을 관찰하면서 그들에게 타인과 친밀하고 지속적인 관계를 형성하지 못하는 여러 정서적인 문제가 있음을 발견하게 되었다. 그는 시설에 수용된 영유아들이 타인과 친밀한 인간관계를 맺지 못하는 것은 생의 초기에 어머니에 대한 애착 형성의 기회가 없었기 때문이라고 결론짓고, 동물행동학적 이론을 인간관계, 특히 유아와 어머니 간의 애착관계에 적용하여 초기 애착관계에 관한 연구를 발표하였다.

애착(attachment)이란 양육 대상자와의 강한 애정적인 유대관계를 말하는 것으로, 주로 어머니와 영아의 관계에서 영아가 자신을 돌봐 주는 어머니에게 친밀한 관계를 형성하는 것을 의미한다. Bowlby는 이러한 애착 형성이 이후 타인과의 관계 형성에도 지속적으로 영향을 준다고 설명했다. 인간은 태어날 때부터 다른 사람에게 보이는 애착 욕구를 가지고 애착행동을 하는 내적 기제를 가지고 있으며, 양육자는 이러한 자신의 자녀에게 양육행동을 하게 된다고 하였다. 즉, 영아는 태어날 때부터 다른 사람에게 접근하고자 하는 애착 욕구를 가지고 있으며, 어머니는 자녀를 온화하고 세심하게 보살핌으로써 상호 간의 친밀한 유대관계가 형성된다(홍순옥 외, 2014).

영아의 애착행동에는 미소 짓기, 옹알이, 잡기 등의 사회적 신호가 있으며, 양육자의 양육행동으로는 미소 짓기, 안아 주기, 옹알이 응대하기, 수유하기 등을 들 수 있다. Lorenz는 이러한 상호 간의 행동이 반복되면서 영아와 양육자 간의 애착이 형성된다고 주장했다(조성연 외, 2009). 유아의 애착 발달은 새끼 오리에서 보이는 몇 시간의 각인 형성 기간보다 길고 복잡하다. 영아의 애착행동은 모든 사람에게 같은 정도로 나타나는 것은 아니며, 자신을 안전하게 잘 돌봐 주고 양육하며 모성행동을 보이는 사람에게 애착행동을 더 강하게, 더 자주 보이는 것으로 나타났다. 또 부모가 양육했어도 장기간 떨어져 지낸 경험이 있는 영유아들에게서도 정서적 문제가 나타났는데, 이는 생의 초기에 어머니와의 친밀한 인간관계를 형성할 기회가 없었기 때문이라는 것이다.

이상과 같이 생물학적 유전기제를 중심으로 진화론적 관점을 주장하는 동물행동학적 이론은 초기 양육태도의 질과 중요성을 강조하였는데, 비록 영유아의 초기 경험이 후기 발달의 모든 것을 결정하지는 않지만 후기 발달의 가능성을 제한할 수 있다는 점에서 시사하는 바가 크다. Ainsworth는 후에 Bowlby의 이론을 근거로 유아의 애착을 측정하기 위해 낯선 상황 실험연구를 실시하고 애착 관련 이론의 기틀을 확고히 하였다. 특히 최근 들어 현대사회의 정서·행동적 문제뿐만 아니라 아동의 모든 발달을 촉진하는 중요한 원인 중 하나로 애착의 중요성이 강조되고 있다.

5. 인지이론

인지 발달은 발달심리학 분야에서 매우 흥미로운 영역 가운데 하나로, 다양한 관련 연구가 활발히 이루어지고 있다. 발달심리학자들은 세상을 이해하고 지식을 획득하며 환경에 적응할 수 있게 하는 인간의 정신과정과 인식활동을 언급하기 위해 '인지'라는 용어를 사용한다. 인지과정에는 인간이 환경과 만나게 되는 일련의 주의과정인 주의, 지각, 기억, 학습, 언어, 사고, 문제해결 등이 모두 포함된다. 따라서 인지 발달은 개인이 살아가는 과정에서 연령에 따라 일어나는 정신적 조작과 능력에서의 변화를 모두 포괄하게 된다(김태련 외, 2005). 인지이론의 대표적인 학자는 Piaget와 Vygotsky를 들 수 있다.

1) Piaget의 인지발달이론

(1) Piaget의 생애와 배경

Piaget(1896~1980)는 스위스에서 태어났다. 어려서부터 과학에 깊은 관심을 가져 10세 때 첫 번째 논문을 출간하였으며, 21세에 박사학위를 받았다. 처음에 생물학을 전공한 그는 큰 호수에 있던 연체동물(달팽이)을 작은 연못으로 옮겨 키울 때 환경의 변화로 유기체의 구조적인 변화가 온다는 것을 관찰하였다. 그리고 어떤 생물체는 그 특유한 유기체적 발달을 할 수 있는 유전자를 갖고 태어나지만, 아울러 환경의 변화에 적응할 수 있는 능력도 갖고 태어난다는 것을 알게 되었다. 이것은 유기체와 환경 간 상호작용이론의 기초가 되었다.

Piaget는 연체동물에 대한 연구를 통하여 생물이 환경에 적응해 가는 과정에 대한 이해가 인간의 인지 발달에도 적용된다고 보았다. 즉, 유아는 연령이 증가함에 따라 사고과정의 유연성을 보이며 문제를 해결해 나간다는 것이다. 마치 연못의 연체동물이 환경의 변화에 따라 유기체의 변화를 가져오듯이 인간의 사고는 인지적 구조를 변화시킴으로써 환경에 적응해 나가는 능력이 있다는 것이다. 따라서 그는 신체구조가 환경에 맞추어 적응하듯이 사고의 구조도 외부 세계에 맞도록 점차 발달해 나간다고 보았다. 즉, Piaget(1952)에 의하면 인지 발달이란 인간의 지적 능력이 환경과의 상호작용을 통하여 환경에 더 잘 적응하게 되는 과정과 변화의 양상이다. 여기에는 질적으로 다른 네 개의 단계가 있다. 또 그는 자신과 자녀가 성장하는 과정을 지켜보면서 아동의 사고는 성인의 사고와는 매우 다르다는 것을 발견하였다. 1960년대부터 Piaget의 이론에 대한 관심이 높아지면서 오늘날 아동의 사고에 대한 연구 중 그의 이론을 언급하지 않는 연구는 거의 없다.

(2) 주요 개념

Piaget는 인지능력을 내용(content), 기능(function), 구조(structure)의 세 가지 요소로 나누어 설명한다. 그는 인지의 내용은 구조와 기능에 의해 결정된다고 보았고 인지구조는 곧 인지도식이라고도 했다. 또 인지기능에는 적응(adaptation), 조직화(organization), **평형화**(equilibration)의 세 가지 기능이 있으며, 이러한 세 가지 기능이 일어나는 것을 인지과정이라 한다. Piaget 인지발달이론의 주요 개념을 자세히 살펴보면 다음과 같다.

① 도식

도식(scheme)은 우리가 경험을 표상하고, 조직화하며, 해석하는 데 사용하는 정신적인 틀과 같은 것이다. 도식은 유아가 무엇을 잡는 것 같은 행동일 수도 있고, 장난감 이름을 알기 전에 머릿속에 장난감을 그려 보는 것과 같은 자극의 영상일 수도 있으며, 계획, 기대, 믿음, 규칙 같은 복잡한 아이디어일 수도 있다. 어떤 것은 생득적으로 타고난 것일 수도 있으나 대부분의 도식은 환경과의 상호작용을 통해 습득된다.

Piaget는 신체와 더불어 마음도 구조를 가지고 있다고 보면서 도식을 정신 발달과 함께 변하는 인지적인 구조라고 말하고 있다. 인지구조는 직접 관찰될 수 없으며, 아동의 지적 행동을 통해 그 특정을 추론할 수 있을 따름이다. 그는 아동이 인지구조를 통해 환경에 적응하기도 하며 환경을 조직해 나가기도 한다고 보았다. 즉, 동물의 위가 환경에 적응하는 데 필요한 생물학적 구조라면, 도식은 정신적 발달과 함께 변하는 인지적 구조인 것이다.

또한 Piaget는 동물이 환경에 적응할 수 있는 구조를 갖는 것과 같이 아동도 환경에 정신적으로 적응해 갈 수 있는 도식을 가지고 있다고 설명한다. 출생 시 몇 개의 빨기, 보기, 잡기 같은 반사들을 가진 아기는 빨기 행위를 반복하는 중에 빨기 도식을 형성하고, 이 도식은 성장함에 따라 확대되고 일반화 및 분화되어 성인의 수준에 이른다고 보았다.

인지구조인 도식은 **감각운동도식**(sensory-motor scheme), **상징도식**(symbolic scheme), **조작도식**(operative scheme)의 세 가지로 구분할 수 있다. 감각운동도식은 최초로 나타나는 인지구조로 유아가 어떤 행동이나 경험을 표상하고 그에 반응할 때 사용하는 체계화된 행동 패턴을 말한다. Piaget에 의하면 태어나서 2세까지의 영아기에 사물이나 사건에 관한 영아의 지식은 거의 대부분 행동으로 나타나는 감각운동도식에 의해 표상된다. 상징도식은 유아가 행동을 하지 않고도 사물이나 사건에 대해 생각할 수 있을 때 사용한 인지도식으로 2세경부터 나타난다. 유아는 이 상징도식을 이용하여 경험을 정신적으로 표상할 수 있게 된다. 7세 이후 아동의 사고는 조작도식으로 특징지을 수 있다. 인지적 조작이란 어떤 논리적인 결론에 도달하기 위해 사람들이 자아를 대상으로 행하는 내부적인 정신적 활동이다. 예를 들면, 8세 아동은 찰흙을 납작하게 펴서 접시처럼 만들었다고 해서 접시에 찰흙이 더 많아졌다고 생각하지 않는다. 왜냐하면 아동은 머릿속으로 납작하게 펴는 변형을

쉽게 거꾸로 되돌려 볼 수 있기 때문이다. 접시를 다시 뭉치면 공이 된다는 것을 아는 것이다. Piaget에 따르면 가장 일반적인 인지적 조작은 더하기, 빼기, 나누기와 같은 수학기호에 의한 정식적 활동이다.

도식은 정적인 것이 아니라 끊임없이 변화하며 정교화되어 가는 것임을 알 수 있다. 자극을 분화시켜 갈수록 도식의 수는 많아지며 자극을 일반화시키면 시킬수록 도식은 점점 정교해진다.

도식은 아동의 성장과 더불어 계속 분화되고 정교해지기 마련이다. 유아는 아주 적은 도식을 가지고 있으므로 환경을 분화할 수 있는 힘이 약하지만, 성인은 복잡하고 많은 도식을 가지고 있어서 환경을 변별할 수 있는 것이다. 이는 변화하는 인지 발달의 구조가 도식이라면 그 변화를 일으키는 것도 동화와 조절이라고 말하고 있다.

② 적응

적응(adaptation)은 유기체와 환경 간의 상호작용을 설명하는 개념이다. Piaget는 모든 유기체는 환경에 적응하려는 결합성을 가지고 있다고 가정하였는데, 인지구조가 환경적 요구에 맞춰 가는 경향이 바로 적응이다. 적응은 동화와 조절의 두 가지 과정을 통하여 이루어진다.

③ 동화

동화(assimilation)는 자기가 이미 가지고 있는 도식을 이용해 그 도식에 맞게 새로운 자극을 이해하는 사고과정을 말한다. 즉, 새로운 사물, 경험 또는 개념이나 자극 사건을 이미 가지고 있던 도식이나 행동양식에 통합하는 인지과정(cognitive process)이다. 동화란 무엇을 먹거나 소화시킬 때처럼 흡수하는 것을 의미하는데, 지적 영역에서 우리는 대상이나 정보를 우리의 인지구조에 동화시켜야 한다. 예를 들어, 성인은 책을 읽음으로써 정보를 동화하며, 유아는 대상을 잡음으로써 그것을 동화시켜 자신의 파악도식에 집어넣으려 한다.

동화는 도식의 변화를 가져온다기보다 도식의 성장에 영향을 미치는 것이다. 예를 들어, 고무풍선을 도식에 비유했을 때 공기가 들어간 고무풍선의 크기는 달라지지만, 그 자체에는 아무런 변화가 일어나지 않음을 알 수 있다. 여기에서 풍선이 커지는 것은 동화적 성장에 속하고, 아무런 변화도 따르지 않는 풍선 자체는 도식

에 속한다. 이렇게 보면 동화는 인지과정의 일부분으로서 도식의 성장에 관계하지만, 도식의 발달 및 도식의 변화를 나타내는 것은 아니다. 도식은 정신적인 발달과 더불어 변화 · 성장하기 때문에 성인의 도식과 아동의 도식은 서로 다르다. 동화란 자극이 개인의 인지구조 속에 들어맞도록 강요하는 과정이라 할 수 있다.

④ 조절

조절(accommodation)이란 자신이 가진 기존의 도식이나 구조가 새로운 대상을 동화하는 데 적합하지 않을 때 새로운 대상에 맞게 이미 있는 도식이나 구조를 바꾸어 가는 인지적 과정을 의미한다. 예를 들면, 4개월 된 영아에게 딸랑이를 주었다고 해 보자. 이 영아는 지금까지 딸랑이나 그 비슷한 장난감을 가지고 놀아 본 적이 없다. 그러나 영아는 물건을 잡을 수 있다. 그래서 이 영아는 새로운 딸랑이를 잡으려고 한다. 딸랑이라는 새로운 자극이 잡기 도식에 동화된 것이다. 그런데 영아가 딸랑이를 성공적으로 잡으려면 자기가 지금까지 가지고 있던 잡기 도식을 조절해야 할 필요가 생긴다. 이 새로운 딸랑이의 위치, 무게, 모양에 적합하게 눈, 손, 팔의 근육의 움직임을 조절해야 하는 것이다. 이 같은 조절의 결과로 영아가 가지고 있던 잡기 도식은 수정되고, 영아는 딸랑이를 잡을 수 있게 된다.

아동은 새로운 자극과 문제상황에 이르면 그것을 기존의 도식에 동화시키려고 시도한다. 그러나 아동이 자극을 동화시킬 만한 도식을 가지고 있지 않을 때 동화가 불가능해진다는 문제가 있다. 이런 경우에 아동은 다음과 같은 상황에 처하게 된다. 즉, 새로운 자극과 문제상황을 받아들일 수 있는 새 도식을 만드는 것과 새로운 자극에 적합하게 기존의 도식을 알맞게 변형하는 것이다. 이와 같이 조절은 새로운 자극에 상응할 수 있도록 새 도식을 만들거나 낡은 도식을 변형시키는 일이 주된 과업이다. 따라서 아동은 조절과정을 통하여 인지구조의 변화, 즉 도식의 발달이 이루어진다.

아동의 인지기능(cognitive functioning)은 조절이 이루어지고 나면 새 자극을 동화시키려는 노력을 이행한다. 이렇게 보면 동화란 아동이 적극적으로 추구해서 일어나는 최후의 산물인 것으로 보인다.

정리해 보면, 조절은 인지구조의 발달(질적 변화)에, 동화는 인지구조의 성장(양적 변화)에 관여하는 인지 발달에 필요불가결한 인지활동이라고 할 수 있다. 따라서 동화와 조절 간의 상호작용은 계속적인 것이며, 상호작용이 이루어지지 않으면 결

국 적응에 문제가 생긴다.

⑤ 조직화

조직화(organization)는 유기체 자신이 가지고 있는 여러 가지 도식을 하나씩 통합된 체계로 만드는 경향을 말한다. 각각의 도식은 서로 독립적으로 존재하는 것이 아니라 통합되어 하나의 인지구조를 만드는데, 이것은 바로 조직화에 의해서 가능하다. 예를 들면, 영아는 '보기' 라는 행동도식과 '잡기'라는 행동도식을 가지고 있는데 처음에 이 둘은 연결되어 있지 않다. 그러나 발달이 진행되면서 영아는 이 두 도식을 구조화하여 보기와 잡기가 합쳐진 더 높은 단계의 인지도식을 만들어 낸다. 또 다른 예로, 일주일 된 신생아는 빠는 도식과 손과 팔의 움직임에 대한 도식을 갖고 있는데, 곧 이 두 가지 도식을 협응시켜 손가락 빨기 도식을 생성시킨다. 손가락 빨기 도식은 선천적인 것이 아니고 처음에는 독립적이었던 두 가지 도식을 하나의 통합된 도식으로 조직화하면서 나타난 것이다.

⑥ 평형화

평형화(equilibration)는 '동화'와 '조절'이라는 두 가지 내적인 행동에 균형을 이루려는 자기규제의 역동적 과정이다(조부경, 고영미, 남옥자, 2009). Piaget는 유아의 인지세계와 외부 세계의 사이에 안정된 평형을 추구해 가는 것이 발달이라고 보았으며, 이와 같은 발달과정을 통해서 유아의 인지구조는 점차 현실을 더 정확하게 반영한다고 하였다.

평형화는 세 단계를 걸쳐서 일어나는데, 첫 번째 단계는 유아가 자신의 사고 틀에 의해 사물을 해석하는 데 아무런 문제가 없는 평형상태에 있는 것이다. 두 번째 단계는 자신의 사고 틀로는 사물의 해석이 안 되어 만족하지 못하고 불평형 상태에 이른 단계다. 그리고 마지막 단계는 자신의 사고 틀을 바꾸어 문제를 없애 주는 조금 더 높은 사고 틀을 갖게 되어 조금 더 안정된 평형상태에 이른 것이다.

Piaget에 의하면 평형화는 자신의 인지구조를 변화시킴으로써 획득된다. 현재 인지구조로는 수용할 수 없는 많은 정보를 접하게 됨으로써 이들 정보를 수용할 수 있도록 인지구조를 수정하는 조절이 일어날 수 있다. 결과적으로 새롭고 더 안정된 구조가 발달하는 것이다. 이전의 인지구조보다 새롭게 형성된 구조가 새 정보를 수용하는 데 폭이 더 커져서 외부 정보로부터 불평형 상태로 갈 가능성이 적기 때문

에 더 안정적이라고 할 수 있다.

평형화 과정을 설명하기 위하여 동물만이 생물이라고 생각하는 5세 유아를 생각해 보자. 어느 날 이 유아는 식물도 생물이라는 말을 들었다. 이 새로운 정보는 생물이라는 의미에 의문을 갖는 불평형 상태를 일으킬 수 있다. 이 유아는 식물은 동물의 특성을 거의 갖고 있지 않다고 생각했다. 그러나 결국 생물이라는 의미를 붙일 수 있는 동물과 식물의 공통점, 예를 들어 '성장한다' '자손을 만든다'와 같은 특성을 발견하게 될 것이다. 이러한 발견은 유아로 하여금 성장하는 능력과 자손을 만드는 능력을 생물의 특성으로 알게 한다. 그리고 이와 같은 새로운 이해로 유아는 더 안정된 평형상태를 형성하게 된다.

이처럼 동화와 조절 간의 균형문제는 인지 발달을 위한 필수적인 요건으로 보인다. 따라서 Piaget는 동화와 조절 간의 균형상태를 평형화라고 설명하였으며, 이것을 아주 중요한 개념으로 제시하고 있다.

(3) Piaget의 인지발달단계

Piaget는 모든 아동이 개인에 따라 속도는 다를 수 있지만, 정해진 단계를 순서대로 거쳐 가며, 각각의 단계는 이전의 단계와 질적으로 다르다고 본다. 그는 인지발달단계를 감각운동기, 전조작기, 구체적 조작기, 형식적 조작기로 나누었다. 각 단계와 그에 해당하는 연령, 특징을 보면 〈표 2-3〉과 같다.

〈표 2-3〉 피아제의 인지발달단계

단계	시기	특징
감각운동기	출생~2세	대상영속성(object permanence) 목표지향적 행동(goal-directed actions)의 시작
전조작기	2~7세	상징적 사고(symbolic thought) 자기중심성(egocentrism) 물활론적 사고(animism) 직관적 사고(intuitive thought)
구체적 조작기	7~11세	보존(conservation) 개념의 이해 유목화(class inclusion)와 서열화 조망수용(perspective taking)
형식적 조작기	11세 이후	추상적 사고 가설연역적 사고

① 감각운동기

감각운동기(sensori-motor period)는 출생 후부터 2세까지의 시기다. 이 시기에는 영아가 자신의 감각과 운동을 조합함으로써 세상의 사물에 대한 지식을 얻게 되므로 감각운동기라 한다. 감각운동기의 초기에는 생득적인 반사활동으로 행동하나, 마침내는 목표지향적 행동을 하게 된다. 이 시기 영아의 인지적 특성에 대해 Piaget(1952)는 다음과 같이 말하였다.

- 외부 세계에 대한 영아의 반응은 거의 전부가 감각적 또는 운동적이다.
- 영아는 자극이 가해지는 어떤 것에나 즉각적으로 반응한다.
- 영아는 계획을 세우거나 의도적으로 행동하지 않는다.
- 영아는 물체에 대한 내적인 표상능력이 없다. 즉, 물체를 상징하고 정신적으로 다룰 수 있는 정신적인 그림이나 단어를 갖고 있지 않다.

② 전조작기

전조작기(preoperational period)는 2세부터 7세경까지의 시기다. 이 시기를 전조작기라 부르는 이유는 유아가 정신적 표상에 의한 사고를 할 수 있기는 하지만 아직 개념적 조작능력이 충분히 발달하지 못했기 때문이다(유효순, 2007). 조작이란 과거에 일어났던 사건을 내면화시켜 서로 관련지을 수 있는, 즉 논리적인 관계를 지을 수 있는 것을 뜻한다.

감각운동기와 비교할 때 이 시기 사고의 특징은 감각운동적 행위에 덜 의존적이라는 것이다. 언어의 급격한 습득과 함께 사물이나 사건을 내재화할 수 있는 능력이 생기고, 보이지 않는 것을 기억하는 표상이 나타난다. 뿐만 아니라 상징적으로 사고하는 능력도 증가한다. 전조작기 유아의 특징은 상징적 사고의 증가, 직관적 사고, 자기중심성, 물활론적 사고 등에 잘 나타난다. 전조작기에 대해서는 7장에서 더 자세히 설명한다.

③ 구체적 조작기

구체적 조작기(concrete operational period)는 7세부터 11세경까지의 시기다. 이 시기의 아동들은 전조작기 유아들이 갖지 못하는 가역성이라는 특성을 갖는다. 또한 아동들은 논리적 조작을 사용하며, 물리적 세계에 대한 요소들이 변화나 변형은 될

수 있지만 초기 특성을 그대로 유지한다는 것을 이해한다. 이러한 사고의 체계는 여전히 물리적 현실과 연결되어 있고, 구체적 상황에 기반을 두고 조직되며, 분류되고 조작될 수 있다.

구체적 조작기 아동의 특징은 보존 개념 습득, 조망수용 능력 습득, 분류, 서열화 등에 잘 나타난다. 구체적 조작기에 대해서는 11장에서 더 자세히 설명한다.

④ 형식적 조작기

마지막 단계인 **형식적 조작기**(formal operational period)는 11세 이후 청소년기에 해당하는 시기다. 이 시기에는 추상적 · 가설적 사고가 가능하며 효율적으로 지적인 과업을 성취할 수 있다. 형식적 조작기의 특징은 가설연역적 추리를 할 수 있다는 것이다. 다양한 현상에 대해서 여러 가지의 가설을 만들 수 있고, 적절한 문제해결을 위해서 각각의 가설을 검증하는 자료를 수집할 수 있다. 또한 명제를 통해 사고할 수 있으며, 명제를 구성할 수 있고, 명제들 간의 논리적인 추론을 할 수 있다. 따라서 사실과 반대되는 명제를 형성하고 다룰 수 있으며, 조합적인 추리를 할 수 있다. 그리하여 문제상황을 규정할 때 형식적 조작기의 아동들은 문제의 개별적인 요인들을 분리할 수 있고 문제해결에 필요한 요인들을 골라 내어 구성할 수 있다. 형식적 조작기에서는 일반적 원리를 규명해 내기 위하여 귀납적 추론이나 특수한 관찰을 사용하기도 한다.

형식적 조작 수준에서도 그전의 모든 조작과 능력은 계속 효력을 갖는다. 즉, 형식적 사고에도 가역성이 있고, 내재적이며 상호 의존적인 요인들이 체계 속에 조직되어 있다.

(4) Piaget와 교육

Piaget의 이론은 교육에 많은 것을 시사해 주고 있다.

첫째, 아동을 적극적인 사고의 존재로 보았다. Piaget의 적극적인 아동관은 지식을 소극적으로 받아들여 흡수하기보다는 아동이 스스로 개념을 습득하고 발견하여 학습하도록 학교의 교육과정을 구성해야 한다는 점을 강조하였다.

둘째, 아동의 지식이 일련의 단계를 지나면서 발달되는 논리 · 수학적인 조작의 체계에 의해서 구성된다고 보았다. 아동이 지식을 구성하는 것에 대한 이러한 지식은 교사들에게 언제 어떻게 개념을 제시해 주어야 하는지 결정할 수 있도록 도움을

준다. 아동의 인지 발달 정도에 맞는 적절한 설명은 아동에게 새로운 상황을 예측할 수 있도록 도와준다. 뿐만 아니라 Piaget의 인지 발달 지식은 아동의 발달단계와 개별적인 흥미에 맞춰 자료들과 시간들을 제공해 줄 수 있도록 도와준다.

셋째, Piaget 이론은 교육적 상황에서 아동이 지적 갈등을 일으키며 실험하고, 발견하는 과정을 통해 스스로 지식을 구성해 나가는 것의 중요성을 강조하였다. 특히 아동이 인지적 갈등을 일으키는 상황을 유도하여 학습이 일어나도록 하는 교사의 학습 조력자로서의 역할을 강조하였다.

(5) 평가

앞서 설명한 것처럼 Piaget는 교육 분야에서 많은 기여를 했지만, 동시에 그의 이론에 대한 비판도 있다.

우선, 단계이론에 대한 비판이다. Piaget는 생물학적으로 설명될 수 있는 보편적인 발달단계의 성격을 상세하게 표현하고 있지만, 어떻게 이러한 발달이 일어나는지에 대한 발달의 기제를 자세히 설명하지 못하고 있다. 또한 인지 발달의 단계는 Piaget가 주장한 것처럼 그렇게 명확하게 구분되기가 어렵다.

둘째, Piaget의 이론은 아동의 인지적인 능력에 충분한 주의를 기울이지 않았다. 취학 전 유아의 능력을 과소평가하고, 청소년이나 성인의 능력은 과대평가하였다는 것이다. 예를 들어, 어린 아동이 항상 자아중심적인 것은 아니라는 연구결과들이 많다. 그중 친숙한 그림을 사용하거나 그림 이외의 다른 과제를 사용하면, 4세 유아도 타인의 견해를 인식할 수 있고, 청자의 수준에 따라 이야기를 할 수 있다.

셋째, Piaget는 사회문화적 · 역사적 영향을 과소평가했다는 비난을 받고 있다 (Miller, 1993). 그는 행동 수행에 영향을 미치는 교육이나 문화와 같은 요인들을 간과하였다. 또한 문화가 아동의 사고에 커다란 영향을 준다는 사실을 간과하였으며, 사회적인 상호작용 측면에 무관심하였다.

2) Vygotsky의 사회문화적 이론과 인지 발달

(1) Vygotsky의 생애

Vygotsky(1896~1934)는 1896년 러시아 벨라루스 오르샤에서 출생하였다. 지적인 어머니의 영향으로 어린 시절부터 시와 문학, 연극에 높은 관심을 가지고 있었

으며, 학창 시절부터 문학지에 평론을 발표하며 재능을 보였다. 그는 모스크바 국립대학교에 진학하여 법학을 공부하였으며, 변호사가 되어 러시아에서 차별적 대우를 받는 유대인의 입장을 대변하고자 하였다. 또한 그는 추가로 샤냡스키 대학교에서 심리학과 문학을 공부했다.

1924년, 그는 모스크바로 이주하여 실험심리학 연구소에서 연구원으로 일하였으며, 임상심리학을 연구하며 『예술심리학(The Psychology of Art)』(1925)을 저술하였다. 모스크바 국립대학교에서 교수로 재직하였고, 하리코프 대학교에서 의대생의 신분으로 의학을 공부하였다.

그는 임상적 실험을 통해 아동을 대상으로 한 교육심리학 연구에 집중하였으며, 생물학적 반응 또는 조건반사라는 개념을 심리학에 도입하여 사용하였다. 그는 생물학적 토대에서 인간의 정신은 사회적 환경과 적절히 어울려 심리적 반응이 작용한다고 생각하였다. 따라서 아동의 교육은 학습효과가 증대될 수 있는 환경을 갖추는 것이 중요하며 이러한 환경에서 교사의 지도에 따라 아동은 능동적으로 교육에 참여한다고 역설했다. 또한 인간은 사회적 · 역사적 경험을 축적하기 때문에 능동적 학습으로 지적인 발달을 이룰 수 있다고 보았다.

(2) Vygotsky의 주요 개념

아동 발달에 대한 Vygotsky 이론의 주요 개념은 내면화, 자기조절, 사고와 언어, 근접발달 영역, 비계설정으로 볼 수 있다.

① 내면화

내면화(internalization) 과정은 사회적 현상을 심리적 현상으로 변형시키는 과정이고, 외적인 수준에서 수행되었던 활동 중 어떤 측면을 내적인 수준으로 실행하는 과정이다. 이를 Vygotsky(1978)는 "외적 조작(operation)의 내적 재구성"이라고 표현하였다. 이러한 내면화 과정은 두 가지 수준에서 일어난다. 하나는 사회적인 수준으로 사람들 사이의 사회적 상호작용 과정에서 일어나고, 다른 하나는 개인적인 수준으로 개인 내면에서 나타난다. 그는 기호로 매개된(semiotically mediated) 사회화 과정을 외적 활동으로 보았다. 사람들이 기호로 매개된 언어를 사용하여 사회적인 지식을 내면화하기 위해 처음에는 개인 간 정신과정을 보이다가 차츰 개인 내 정신과정으로 변환된다고 보았다. 개인 간 사회적 상호작용이 일어난 후 개인 내

정신과정이 일어난다는 Vygotsky의 내면화 과정은 개인 내 과정을 통하여 평형화를 한다는 Piaget의 논리적 구조와 근본적인 차이를 두고 있다.

Vygotsky는 영아들의 가리키기 행동의 변화를 내면화 과정의 가장 초보적인 형태로 제시하였다. 처음에 영아는 단순히 물체를 잡기 위해 허공을 허우적거리는 행동을 보이지만, 부모가 다가와서 영아의 허우적거리는 동작이 물체를 가리키는 것이라고 이해하게 되었을 때 그 상황은 본질적으로 바뀌게 된다. 이때 영아 개인의 붙잡으려는 행동은 더 이상 개인의 행동이 아니라 타인을 향한 행동으로 바뀌게 된다. 이러한 과정 속에서 초기 영아의 행동은 독립된 행동이었으나, 영아의 행동과 성인의 반응이 결합하는 과정을 통해 영아는 자신의 행동에 대해 의식하게 된다. 그리고 이 과정이 개인 간 심리적 국면에서의 기호로 변형되고, 나중에 이를 통해 개인 내 심리적 국면에서 자발적인 통제가 가능하게 된다.

이처럼 Vygotsky는 내면화 과정을 처음엔 외적 활동으로 나타내는 조작이 재구성되어 내적으로 발생하며, 개인 간 과정은 개인 내 과정으로 변형되고, 이러한 변형은 발달적 사건의 결과라고 보았다.

② 고등 정신기능으로서 자기조절

Vygotsky는 정신과정을 하등 정신기능과 고등 정신기능으로 나누었다. 하등 정신기능은 고등동물과 인간 모두가 갖고 있는 것으로, 주로 성숙을 통해 이루어진다. 주로 반응적인 주의집중, 자발적인 기억, 감각동작 기능 등이 그것이다. 반면, 고등 정신기능이란 학습과 교수를 통해 획득되는 인지적 과정이다. 고등 정신기능은 숙고되거나 매개되거나 내면화된 행동들이다.

Vygotsky는 '의식'하는 것을 가장 고등한 정신기능으로 인식하였다. 의식이란 정신활동에 대한 자각으로, 반성적인 사고뿐만 아니라 자기조절적 사고의 의미도 갖는다. 이러한 **자기조절**(self-regulation) 과정은 타인과의 상호관계 속에서 사회적 지식을 내면화하는 과정에서 나타나는 하나의 정신과정으로, 낮은 형태의 사고가 사회적인 관계 속에서 교육적 상호작용을 통해 고등 형태의 사고로 변형되어 가는 것을 의미한다.

예를 들어, 어린 유아는 성인이나 또래에 의해 자신의 활동을 모두 통제받지만, 차츰 자발적으로 자신의 행동을 주도하려는 모습을 보이기 시작한다. 이때 유아가 스스로 해결하기보다 성인이나 더 능력이 있는 또래의 도움을 받게 되면 보다 쉽게

문제를 해결할 수 있게 되고, 점차 타인의 조절이 줄어들면서 자기조절로 발달적인 이행이 일어난다.

③ 사고와 언어

Vygotsky는 언어를 보편적인 도구로 보고, 언어의 1차적인 기능을 의사소통으로 보았다. 그의 사고와 언어(thought and language)에 대한 생각은 Piaget의 그것과 상반된다. Piaget는 내적 성숙의 결과에 의해 스스로 보다 고차원적인 개념적 사고의 기술을 습득할 수 있다고 보았다. 그러나 Vygotsky는 아동의 언어와 사고가 각기 별개의 독립적인 기능을 가지고 출발하지만, 성장함에 따라 언어와 사고가 만나게 된다고 보았다. 그는 언어가 아동의 사고 발달에 필수적인 것이라고 믿었다.

그는 내적 성숙도 중요하지만, 언어를 매개로 하는 형식적 · 비형식적 교육이 아동이 도달하는 개념적 사고의 수준에 강력한 영향을 미친다고 하였다. 즉, 아동이 성장함에 따라 언어와 사고가 결합하여 언어적 사고가 되고, 아동이 언어 개념을 획득하게 된다고 보았다. 여기서 개념이란 여러 가지 다양한 사물이 갖는 보편적인 특성을 나타내는 추상적 개념을 의미한다. 이러한 개념들은 단순히 아동의 내적 성숙의 결과로 습득하는 것이 아니며, 언어를 통한 교육으로 아동의 개념적 사고가 가능하다는 것이다.

구체적으로 Vygotsky의 이론에 따른 아동의 언어 발달을 살펴보면, 대략 2세경에 언어와 사고가 융합되기 시작하며, 아동은 사물의 이름에 대한 상징으로 말을 사용한다는 것을 배운다. 그러나 만 3세 정도가 되면 아동은 다른 사람과의 상호교류를 위한 언어와 자신만이 들을 수 있는 자기중심적인 언어를 구분한다. 이때 아동의 자기중심적인 언어는 자신에게 혼잣말로 이야기하는 정도다. 특히 아동은 문제를 해결하거나 중요한 목표를 달성하고자 할 때 **혼잣말**(private speech)을 하는 경향이 있다. 그러나 7~8세가 되면 자기중심적 언어는 내적 언어가 된다. 예를 들어, 손이 닿지 않는 곳의 과자를 잡으려고 노력하는 아동을 관찰하면, 이 시기의 아동들은 전형적으로 처음에는 조용히 과자를 꺼내려고 노력하다가 그 문제에 대해 자신에게 소리를 내어 이야기하기 시작한다. 그러나 시간이 지나면서 큰 소리로 하던 혼잣말은 속삭임으로 변하고 다시 내부언어(inner speech)로 변한다. 즉, 자신에게 이야기하는 것은 손에 닿지 않는 과자를 얻으려는 노력으로 의자나 막대기 사용을 의미하는 자신의 지적 과정을 정리하는 내적 언어를 사용하는 것이다.

④ 근접발달 영역

근접발달 영역(zone of proximal development)은 학습과 발달 사이의 관계를 개념짓는 방법으로, 아동의 실제적인 발달 수준과 잠재적인 발달 수준의 중간 영역을 의미한다. Vygotsky는 아동이 독립적으로 할 수 있는 능력뿐만 아니라 도움을 받아서 할 수 있는 능력까지 그의 관심을 넓혔다. 분명히 아동이 독립적으로 성취할 수 있는 것이 발달에 중요한 지표이기는 하지만 이것만 가지고는 발달을 완전히 설명하기에 불충분하다고 생각했기 때문이다.

또한 그는 아동 발달에 영향을 미치는 사회적 관계를 강조했다. 사회적 관계는 교수적 관계를 의미하는 것으로, 아동이 스스로의 힘으로 문제를 해결할 수 있는 수준인 실제적 발달 수준과 성인과 유능한 또래의 도움을 받아 문제를 해결할 수 있는 수준인 잠재적 발달 수준의 중간 영역에 해당하는 범위가 아동들이 학습을 하고 발달할 수 있는 영역이라고 보았다. 즉, 하한계는 유아가 독립적으로 수행하는 것이 가능한 수준이고, 상한계는 유아가 도움을 얻었을 때 도달할 수 있는, 도움을 받아야 수행할 수 있는 수준을 의미한다. 예를 들어, 서로 다른 이해 수준을 가진 두 아동이 의사소통을 위한 공통된 기초를 형성하는 근접발달 영역을 생성했을 때, 한 아동이 다른 수준에서 학습 내용을 설명하려고 하고 다른 한 아동은 그것을 이해하려고 노력함으로써 결국 아동들은 상황에 대한 보다 더 성숙한 이해가 가능해진다.

근접발달 영역의 개념에서는 비록 두 아동이 도움 없이 혼자 힘으로 해결할 수 있는 수준이 비슷하다고 하지만, 도움을 받고 문제를 해결하는 수행능력이 증가하면 할수록 근접발달 영역이 더 넓어지는 것을 볼 수 있다.

⑤ 비계설정

비계설정(scaffolding)은 아동이 스스로의 힘으로 문제를 해결할 수 있도록 성인이나 유능한 또래가 도움을 제공하는 것을 의미한다. 비계란 원래 건축학에서 빌려 온 용어로 건물을 지을 때 발판으로 사용하고 건물이 완성되면 제거해 버리는 장치를 말한다. 교육학에서의 비계는 아동이 문제를 해결하도록 도움을 주다가 스스로 문제를 해결할 때쯤 도움을 주는 것을 제거함으로써 스스로 문제를 해결할 수 있도록 하는 것을 의미한다.

비계는 아동 발달을 촉진시키는 사회적 상호작용을 의미하며, 상호작용을 하는

동안 제공되는 지원의 질(quality)을 의미한다. 비계설정을 위해 성인은 아동이 독립적으로 학습할 수 있도록 아동의 수행 수준에 맞추어 도움을 조절하기도 하고, 때로는 아동이 아무것도 알지 못할 때 직접적으로 지시하는 방법을 사용하며 과제를 처리 가능한 단위로 세분화하고, 아동의 주의를 환기시키려는 노력 등을 한다. 효과적인 비계설정은 아동의 능력이 증가하면 점차적으로 지원을 철회하고 아동 스스로 문제를 해결할 수 있도록 한다.

(3) Vygotsky와 교육

Vygotsky의 이론은 교육적으로 몇 가지 중요한 시사점을 가지고 있다. 우선, 문화적 맥락의 중요성이다. 문화적 맥락이 아동의 인지적인 과정 유형을 결정한다는 그의 이론은 아동을 맥락과 분리된 개체로 바라보지 않고, 일상적인 생활 속에서 아동의 모습을 강조하였다. 맥락 속 아동의 모습에 대한 연구는 아동의 발달과 학습에 대한 실질적인 정보를 제공하였으며, 더 나아가 개별적인 아동 발달에만 관심을 두지 않고, 한 문화권 내에서의 개인차뿐만 아니라 각 문화권 간 개인차에도 관심을 갖게 하였다.

둘째, 근접발달 영역에 대한 개념이다. Vygotsky의 근접발달 영역에 대한 개념은 구체적으로 아동 능력에 대한 평가, 교수법 그리고 발달과정에 대해 여러 가지 긍정적인 영향을 주었다. 이 개념은 단순하게 현재 발달 수준에 근거하여 아동을 평가하지 않고, 잠재적인 능력에 대해 관심을 갖도록 하였다. 또한 또래나 교사들과의 상호작용을 통해 아동의 잠재능력을 발휘하는 교수법에 대해 관심을 갖게 하였다. 이는 교육과정에 '교육의 목적은 발달에 선행하여 발달을 이끌어 주는 데 있기 때문에 성숙한 상태가 아닌 성숙하게 하는 것에 비중을 두어야 한다'는 개념을 적용한 것이다. 예를 들어, 아동의 현재 능력으로 해결할 수 있는 과제보다 조금 더 어려운 과제를 부여하지만, 동시에 성인이나 교사의 도움을 받아 과제를 해결할 수 있도록 교육에 관심을 갖게끔 하였다.

셋째, Vygotsky는 학습과 발달의 관계를 새롭게 보았다. 학습과 발달의 관계가 훨씬 복잡하다고 인식하면서 아동의 능력을 제한하는 발달적인 선행 조건의 존재에 대한 인식과 학습이 발달을 촉진시키며 발달을 일으키게 하는 원인이 된다고 보았다. 아동의 현재 발달 수준이 그들의 학습능력을 결정해 주기보다는 오히려 새롭게 생기는 능력에 맞추어 가도록 도와주는 것이다.

(4) 평가

Vygotsky의 많은 아이디어가 연구되기 전에 그가 세상을 떠났기 때문에 그의 글들은 체계적인 이론으로 정립되지 못하였다. 그럼에도 그의 이론은 많은 학자에게 영향을 주었다. 앞서 설명한 것처럼 Vygotsky는 교육 분야에 많은 기여를 했지만, 동시에 그의 이론에 대한 비판도 있다. 그 비판은 다음과 같다.

첫째, Vygotsky는 문화와 사회적인 경험을 강조하였으며, 맥락 속에서 구성되는 학습과 발달적 특성을 강조하였다. 그러나 인간의 생물학적 발달 측면을 간과했다. 즉, 그는 생물학적 영향력의 중요성은 인정하였지만, 뇌의 성장이 미치는 영향이나 전이되는 것에 대한 언급을 거의 하지 않았다는 비판을 받고 있다.

둘째, 언어가 인지 발달에 미치는 영향을 지나치게 강조하였다. 언어와 사고가 결합해서 아동이 언어 개념을 획득한다고 강조하였지만, Vygotsky는 다른 형태의 상징적 표상화가 고등 정신기능에 어떻게 공헌을 하는지에 대해 탐색하지 않았다.

셋째, 그가 강조한 근접발달 영역 개념은 아동의 실제적인 발달뿐만 아니라 잠재적인 발달의 범위까지 발달의 영역을 넓혔다. 그러나 그가 강조한 범위를 아는 것만으로는 학습능력이나 현재의 발달 수준에 대한 정보를 얻을 수 없다. 또한 성인이나 또래들과의 공유된 활동에서 타인의 역할을 지나치게 강조한다는 것과 능동적인 활동 참여자가 되기 위해 유아가 무엇을 해야 하는지에 대한 충분한 설명을 하지 않았다는 것이 비판을 받고 있다.

6. 생태학적 체계이론

생태학적 체계이론은 생태학(ecology)과 일반체계이론(general system theory)으로 구성된다. 생태학은 동물이나 생물 연구에서 비롯되어 인간과 환경의 관계에 응용하여 환경의 다양한 측면이 인간의 발달에 미치는 영향을 설명한다.

일반체계이론은 1930년대 생물학자 Ludwig Von Bertalanffy에 의해 형성되었다. 이 이론은 체계 내에서 그리고 체계 사이에서 정보가 교환되는 방법과 관련된 모델 정립과 추상적인 일반화에 대한 무수한 시도를 통해 발달되었다(박명숙, 1999).

생태학적 체계이론은 Bronfenbrenner(1979)가 인간 발달을 사회문화적 관점에

서 이해하는 이론이다. 그는 맥락 속의 발달(development-in-context)을 연구하였는데, 개인이나 유기체가 직간접적으로 연결되어 있는 환경인 가족, 지역사회, 문화 등 인간이 몸담고 있는 생태환경을 보다 체계적으로 구조화하고, 이 환경체계와 개인 간의 관계를 이해하는 방법으로 인간 발달의 생태학을 제안하였다. 즉, 인간 발달이 이루어지는 주변 세계와 더 넓은 세계 사이의 관계를 이해하고 그 주변 세계에 대한 해석과 그 해석들이 어떻게 변화하는지에 초점을 두고 있다(변용만, 조순점, 김경화, 신지현, 2007).

Bronfenbrenner는 인간을 둘러싸고 있는 생태학적 환경을 가장 가까운 것부터 가장 먼 것까지 몇 개의 구조체계로 구분하였는데, 인간을 둘러싸고 있는 직접적 환경으로부터 문화적 환경까지 인간 발달에 영향을 주는 환경을 **미시체계**(microsystem), **중간체계**(mesosystem), **외체계**(exosystem), **거시체계**(macrosystem), **시간체계**(chronosystem)로 분류하였다. 최근에 와서는 생물학적 영향을 첨가함으로써 생물생태학적 이론으로 지칭하고 있지만, 여전히 생태학적·환경적 영향이 우세한 실정이라 할 수 있다.

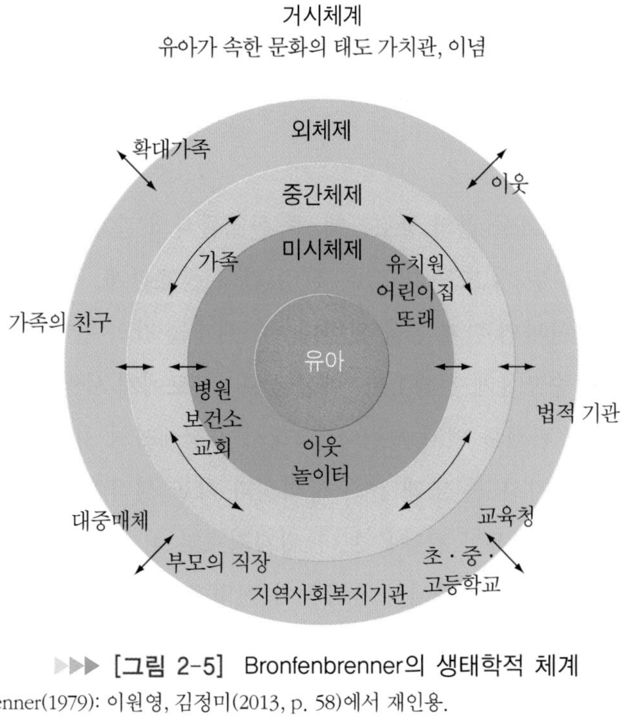

▶▶▶ [그림 2-5] Bronfenbrenner의 생태학적 체계

출처: Bronfenbrenner(1979): 이원영, 김정미(2013, p. 58)에서 재인용.

1) 미시체계

미시체계는 가정환경이나 학교환경처럼 유아에게 직접적인 영향을 주는 환경체계다. 아동이 살고 있는 집의 크기, 근처에 있는 운동장의 시설물, 학교 도서관에 구비된 장서의 크기 등과 같은 물리적 특성을 포함한다. 유아의 가족, 친구, 학교, 이웃, 놀이터 등이 여기에 속한다. 또래집단의 사회경제적 지위, 부모의 교육 수준, 교사의 정치적 신념 등이 아동 발달과 관련되는 특성이다.

미시체계 내에서 부모, 친구, 교사, 원장과 같은 사람들과 유아는 직접적인 상호작용을 한다. 아동은 환경의 영향을 받는 수동적인 존재가 아니라 환경을 구성하는 능동적인 주체다(정옥분, 2011). 유아가 발달하고 변화하는 것처럼 미시체계의 환경도 매일 매 순간 변화한다. 만약 미시체계의 여러 요소가 서로 다른 가치관을 갖고 있다면 개인은 혼동에 빠질 수 있다. 예를 들어, 부모나 전통문화에서는 음주, 흡연, 동거 등을 부정하지만, 또래나 새로운 문화에서는 그것을 추종하거나 영웅시한다면 가치관의 갈등에 놓이게 될 것이다. 미시체계의 영향력은 특히 영유아기와 아동기에 크게 나타나며 부모에게서 벗어나 독립적인 생활을 추구하는 청년기에는 그 중요성이 낮아진다(곽노의 외, 2013).

2) 중간체계

중간체계는 미시체계들 간의 상호관계, 즉 환경들과의 관계를 말한다. 유아가 적극적으로 참여하는 두 개 또는 더 많은 환경 간의 상호관계, 즉 가정과 학교의 관계, 가정과 또래집단과의 관계 등을 말한다. 이 체계들 간의 관계가 밀접하면 할수록 유아의 발달은 순조롭게 진행된다. 예를 들어, 부모에게 사랑을 못 받은 유아는 교사와도 긍정적인 관계를 맺기 어렵다. 그래서 가정에서의 경험이 학교에서의 행동에 영향을 미치는지, 또는 또래 간의 사회성과 학교 성적이 관련이 있는지를 살펴보아야 한다. 따라서 유아 발달을 보다 체계적으로 이해하기 위해서는 가족, 친구, 학교, 교회 등 다양한 상황에서 유아들이 어떻게 행동하는가를 관찰하는 것이 중요하다.

3) 외체계

외체계는 유아가 직접 참여하지는 않지만 유아에게 영향을 미치는 사회적 환경을 의미한다. 즉, 정부기관, 사회복지기관, 교육위원회, 대중매체, 직업 세계 등이 여기에 포함된다. 유아는 이러한 외체계에 참여하지는 않지만, 이러한 환경들은 유아의 행동에 영향을 미친다. 예를 들면, 부모의 직업은 그들의 사고와 행동에 영향을 미치고, 자녀의 양육방식에 영향을 미쳐 마침내 자녀의 성격 발달에 영향을 미친다(변용만 외, 2007). 또 다른 예로, 학교정책을 결정하는 교육제도는 유아의 교육과정과 재정 지원을 통해 유아에게 중요한 의미를 제공한다.

4) 거시체계

거시체계는 미시체계, 중간체계, 외체계에 포함된 모든 요소에 유아가 살고 있는 문화적 환경까지 포함하는 것이다(곽노의 외, 2013). 문화란 한 세대에서 다음 세대로 전수되는 행동 유형, 신념, 관습, 이데올로기 등을 일컫는다. 유아가 속해 있는 사회문화적 배경은 유아의 발달에 지속적인 영향을 미친다. 즉, 거시체계는 신념, 태도, 전통을 통해 유아에게 영향을 미치며, 규칙, 규범, 기대, 가치, 역사 등이 여기에 속한다. 거시체계는 일반적으로 다른 체계보다 더 안정적이지만, 때로는 사회 변화에 따라 변할 수 있다.

거시체계는 유아의 삶에 직접적으로 개입하지 않으나 전체적으로 보면 간접적으로 매우 강력한 영향력을 발휘한다. 각 사회마다 한 개인이 그 사회에서 여자로서 행동해야 하는 방법, 남에게 존경을 표현해야 하는 방법이 다르다. 또한 사회는 미의 기준을 제시하기도 하고, 성별에 따라 적절하거나 부적절한 행동을 정의하기도 한다. 거시체계는 이렇게 사회 관습과 유행 안에서 자신의 가치관을 표현하게 한다.

5) 시간체계

시간체계는 전생애에 걸쳐 일어나는 변화와 사회역사적인 환경을 포함한다(정옥분, 2011). 예를 들면, 부모의 이혼이 아동에게 미치는 영향에 관한 연구에서 연구자들은 이혼의 부정적 영향은 이혼한 첫해에 최고조에 달하며, 딸보다 아들에게 더

부정적인 영향을 미친다는 것을 발견하였다. 이혼 후 2년쯤 되면 가족 간의 상호작용은 안정을 되찾는다. 사회문화적인 환경에서는 20~30년 전에 비해 여성의 취업률이 더 향상되고 있다.

6) 생태학적 체계이론의 의의와 한계점

생태학적 체계이론은 한 개인의 성장·발달에 있어 환경에 대한 포괄적 생태학적 그림을 제시하였다는 점에서 그 의의가 있다. 즉, 환경이 영유아 및 아동에게 미치는 영향과 방식을 부모와의 관계, 가정을 넘어 유아가 성장하는 체계나 생태학적 활동 범위를 형성하고 있는 사회문화적 관계망으로 확장하여 설명해 주었다. 인간발달에서 환경은 매우 중요하게 작용하지만, 그럼에도 인간은 환경에 의해서만 영향을 받는 수동적인 존재는 아니다. 인간과 환경은 상호작용적 존재다. 인간의 발달에서 인간과 환경 각각의 특성 자체보다 이 둘 간의 조화 적합성이 더 중요하다. 이 적합도에 따라 인간의 발달과 적응이 증가되기도 하고 반대로 손상되기도 한다.

그러나 생태학적 접근은 유전적 측면을 다소 간과했다는 단점을 갖고 있다. 인간의 유전적 잠재력이나 자율적인 성장 가능성을 배제하진 않았지만 인간을 둘러싼 환경을 보다 체계적으로 분류하고 이들 간의 복잡한 상호작용을 밝히는 데 집중하면서 인간의 유전적 영향력을 간과한 것이다(조형숙 외, 2013).

토의 및 연구 문제

1. 발달을 설명하는 각 이론의 특징과 강조점에 대해서 토의해 보시오.
2. 자신의 영유아기와 아동기를 되돌아보고 발달의 원동력은 무엇이라고 보는지 자신의 관점을 정리한 후, 동료들과 나누시오.
3. Piaget의 인지발달이론 중 동화와 조절의 개념을 설명해 보시오.
4. Vygotsky의 인지발달이론 중 비계설정의 개념을 설명해 보시오.

3장 발달의 연구방법

영유아기와 아동기의 발달현상을 정확하게 기술하고 이해하기 위해서는 체계적이고 과학적인 발달연구가 이루어져야 한다. 이 장에서는 영유아 및 아동 발달을 연구하는 데 있어서 반드시 알아야 할 내용, 즉 발달연구의 목적, 설계, 유형, 자료수집 방법, 윤리에 대하여 살펴볼 것이다.

1. 발달연구의 목적

영유아 및 아동 발달연구의 일반적인 목적을 살펴보면 다음과 같다(강경미 외, 2003; 이현림, 김영숙, 2006).

1) 기술

현상을 정확히 기술하기 위한 것이다. 발달연구에서는 아기가 태어나서 영아기, 유아기, 아동기를 거치면서 성취하는 발달적 변화를 측정하고 현상에 관련된 변인을 발견해 낸다. 생명이 어떻게 시작되고, 태내에서 어떤 발달과정을 거치며, 어떤 신체적 변화를 갖게 되는지, 정서나 언어가 어떻게 변화하고, 사회성이나 도덕성은

어떤 발달과정을 거치는지에 대해 기술을 함으로써 우리는 아동이 거치는 발달과정이 어떠한지, 또 특정 발달현상이 나타나는 시기는 언제이며, 그 시기에 이루어지는 발달 수준은 어느 정도인지를 파악할 수 있다. 또한 발달현상에 대한 기술을 통하여 발달의 평균적인 수준과 개인차의 범위를 알 수 있고, 이를 토대로 발달에 대한 상대적인 평가도 할 수 있다.

2) 설명

현상을 설명하기 위한 것이다. 설명이란 발달현상에 대한 인과관계를 밝히는 것으로서, 그러한 현상이 왜 발생했는지를 규명하는 것이다. 예를 들면, 6개월 된 아기가 처음 보는 낯선 사람을 보고 울음을 터뜨리는 것은 낯가림 때문이고, 흡연을 한 어머니로부터 태어난 아이가 학습장애나 주의력결핍 과잉행동장애(ADHD)가 될 가능성이 높은 것은 태내 이산화탄소의 영향으로 인하여 뇌 기질상의 문제가 발생했을 가능성이 있기 때문이라고 설명하는 것이다. 이처럼 현상에 대한 원인 규명은 영유아 및 아동 발달을 이해하는 데 도움이 될 뿐만 아니라, 영유아와 아동의 적절한 발달을 위해 바람직하지 못한 발달현상의 원인을 제거할 수 있는 방안을 모색하는 데 필요한 정보를 제공해 준다.

3) 예언

미래의 현상을 예언하기 위한 것이다. 현상을 일으킨 여러 가지 조건에 대한 연구들은 기술과 설명을 통하여 미래를 예언해 준다. 예를 들면, 평소에 텔레비전이나 컴퓨터 게임을 통해 폭력적인 장면을 많이 경험한 아동은 그렇지 않은 아동보다 더 공격적이라는 사실을 예측하게 해 준다. 그러나 예언은 영유아나 아동을 자칫 어떤 특정 자질을 소유한 인물로 쉽게 단정 짓게 하는 위험 요소를 갖고 있다. 그러므로 예언은 항상 현상에 대한 정확한 지식을 바탕으로 해야 한다.

4) 통제

현상을 통제하기 위한 것이다. 기술과 설명으로 예언이 가능해지면, 어떤 현상의

결정 요인을 제거하거나 보강하는 조작을 통해 바람직한 현상을 유도할 수 있다. 즉, 아동의 공격성에 관한 연구를 통하여 아동에게서 없앨 수 있는 모든 공격적인 요소를 제거하여 공격적인 행동을 학습하지 못하도록 통제할 수 있다면, 그 아동이 공격적인 성격을 발달시키지 않을 것이라는 가정이 가능하다. 따라서 바람직하지 못한 발달에 영향을 미치는 요소를 미리 제거하고 발달에 긍정적인 효과를 주는 요소를 첨가하여 바람직한 발달을 도모하도록 돕는 것이 발달연구의 목적이다.

2. 발달연구의 설계

발달연구는 연령 또는 시간의 경과에 따른 영유아 및 아동의 변화과정을 밝히려고 하기 때문에 발달연구의 설계에서 시간은 매우 중요한 조건이다. 발달연구자들이 영유아 및 아동의 변화와 개인차에 대한 문제를 연구하기 위해 사용하는 연구설계에는 **횡단적 설계**, **종단적 설계**, **계열적 설계**가 있다. 이 세 가지 연구설계에 대해 자세히 살펴보면 다음과 같다.

1) 횡단적 설계

횡단적 설계(cross-sectional design)는 특정 시점에서 여러 연령대의 대상들을 동시에 표집하여 시간적으로 동일한 시점에서 동일한 변수에 대한 집단적 특성을 파악하는 연구방법이다. 예를 들어, 아동의 학습능력 발달을 연구하기 위해 2, 4, 6, 8, 10, 12세 집단의 아동을 각각 100명씩 표집하고 이들을 동시에 검사하여, 각 연령집단 간의 학습능력의 차이를 조사하고 학습능력의 발달과정을 유추하는 것이다. 그러므로 현재 2세인 유아가 12세가 될 때까지 10년을 기다리지 않고 지금 바로 10년간의 발달 추이를 유추할 수 있다. 이 설계의 장점은 각 연령집단 간의 차이와 유사성을 알 수 있고, 비교적 쉽고 빠르게 조사할 수 있어서 시간과 비용에서 경제적이라는 점이다.

많은 발달연구가 횡단적 설계를 사용하고 있기는 하지만, 이 설계는 다음과 같은 몇 가지 문제를 안고 있다. 첫째, 횡단적 설계는 집단의 평균에 초점이 맞추어져 있기 때문에 개인의 차이가 불분명하고 연령에 따른 개인의 변화를 알 수 없다는 문

제가 있다.

둘째, 횡단적 설계에 의한 연구의 결과는 동시집단 효과(cohort effect)를 반영할 수 있다. 즉, 그 연구결과가 다른 시기에 태어난 사람들의 다른 경험의 차이에 영향을 받을 수 있다는 것이다. 횡단적 연구에서 나타난 연령 간의 차이는 연령이나 발달에 기인한 것일 수도 있지만, 서로 다른 연령집단에 영향을 준 사회적·문화적·역사적 요인들을 반영한 것일 수도 있다. 예를 들어, 횡단적 설계를 이용하여 인간의 지적 기능 발달을 연구하였을 때 현재 20대 연령층의 사람들이 현재 50대 연령층의 사람들보다 더 높은 지적 기능을 보였다고 가정해 보자. 이런 연구결과를 가지고 인간의 지적 기능은 연령이 높아질수록 감퇴한다는 결론을 내릴 수 있을까? 만약에 현재 20대 연령층의 사람들이 현재 50대 연령층의 사람들보다 더 많은 교육을 받았거나 어린 시절의 영양상태가 월등히 더 좋았다고 한다면, 이 연구에서 발견된 지적 기능의 차이는 연령의 차이보다는 교육 수준이나 영양상태의 차이에 의한 것일지도 모른다. 따라서 이러한 차이는 발달적 변화나 연령에 따른 차이라기보다는 특정 시대의 사람들이 동일하게 경험하는 동시집단 효과를 반영한 것일 수도 있기 때문에 연구결과의 해석에 주의가 필요하다.

셋째, 표본 선정의 문제로 인하여 연구결과를 왜곡할 수 있다. 연구대상 연령집단을 선정할 때, 각 연령을 잘 대표하는 표본을 선정하는 것이 경우에 따라서는 쉬운 일이 아닐 수 있다. 예를 들어, 2세 유아 표본을 선정하는 것은 10세 아동 표본을 선정하는 것보다 여러 가지 면에서 어려울 것이다.

2) 종단적 설계

종단적 설계(longitudinal design)는 동일한 연령의 개인이나 집단을 표집하여 일정 기간에 시간의 차이를 두고 여러 번 조사하여 연령에 따른 발달적 변화를 파악하는 연구방법이다. 예를 들어, 아동 학습능력의 발달을 연구한다고 할 때 현재 2세인 아동 100명을 표집하여 이 아동들이 4, 6, 8, 10, 12세가 될 때마다 학습능력을 검사하여 연령의 변화에 따른 학습능력의 발달과정을 조사하는 방법이다. 그러므로 연구결과가 산출될 때까지 10년의 연구기간이 필요하다. 종단적 설계의 가장 대표적인 예는 Terman과 그의 동료들이 유전과 환경의 상호관계를 연구하기 위해 1921년부터 당시 11세였던 영재 아동 1,500명을 대상으로 50년 동안 지속적으로 연구한 것

이다.

종단적 설계의 가장 큰 장점은 시간에 따라 동일한 개인을 반복 측정한다는 점이다. 그러므로 종단적 설계를 통한 연구에서 나타나는 발달적 변화들은 동일한 개인 안에서 일어나는 것이고, 이러한 변화는 집단 간의 차이, 즉 동시집단 효과를 반영하는 것과는 다른 것이다. 따라서 종단적 설계는 횡단적 설계에 비해 한 개인 혹은 집단의 발달적 변화과정을 정확하게 추적 · 진단할 수 있고, 이전 행동과 이후 행동 간의 관계를 알 수 있다는 장점이 있다.

이러한 장점에도 불구하고 종단적 설계는 다음과 같은 약점을 갖고 있다. 첫째, 한 집단을 대상으로 하여 얻은 연구결과를 다른 집단에 일반화하기가 어렵다. 즉, 1980년에 태어난 아동집단을 대상으로 하여 얻은 발달적 변화양식을 2010년에 태어난 아동집단에 그대로 적용하는 것이 적절하지 않을 수 있다. 예를 들어, 1980년대에 태어난 아동들이 30세가 된 2010년까지 보였던 성 역할에 대한 태도를 근거로 2010년에 때어난 아동들도 30세가 되는 2040년까지 똑같은 발달적 특성을 보일 것이라고 단언할 수는 없다.

둘째, 연구기간이 길어서 시간과 비용 면에서 비경제적이다. 연구결과가 도출될 때까지 많은 시간이 소요되며, 오랫동안 연구를 진행하는 데 필요한 비용도 만만치 않다.

셋째, 연구대상이 탈락 혹은 소멸될 수 있다. 오랜 연구기간에 연구대상들과 연락을 유지하는 것은 매우 어려우며, 연구기간 중에 연구대상자가 사망하거나, 이사를 가거나, 연구에 참여하기를 거부하여 연구대상자가 탈락하는 경우도 적지 않다. 이런 경우에 연구기간에 남아 있는 연구대상자들은 지능과 사회경제적 지위에서 평균 이상인 경향이 있어서 연구대상자의 편향문제도 제기될 수 있다.

넷째, 반복된 검사로 인한 연습의 효과(practice effect)가 발생할 수 있다. 연구대상자들을 반복적으로 관찰하고 면접함으로써 검사 과정과 내용에 익숙해진 연구대상자가 실제적인 발달과는 상관없는 수행의 향상을 보일 수도 있다. 예를 들어, 30년 동안 수행된 학습능력 연구의 결과는, 연령이 높아질수록 학습능력이 감소한다는 횡단적 설계의 결과와는 달리 종단적 설계에서는 연령에 따른 변화가 거의 없거나 오히려 더 높아지는 것으로 나타날 수 있다. 이러한 결과는 연구와 관련된 개인적 경험이나 특정한 검사 조건이 연령보다 학습능력의 변화에 더 많은 영향을 미칠 수 있음을 의미한다.

다섯째, 새로운 이론과 측정 도구의 적용이 어렵다. 종단적 설계는 오랜 연구기간이 필요하기 때문에, 그 사이에 이루어진 학문적 발전에 따른 새로운 이론과 새로운 측정 도구를 적용하기 어려운 문제가 있을 수 있다.

이상의 횡단적 설계와 종단적 설계를 그림으로 나타내면 [그림 3-1]과 같다.

▶▶▶ [그림 3-1] 종단적 연구설계와 횡단적 연구설계

출처: 권민균 외(2013, p. 23).

앞서 살펴본 것처럼 횡단적 설계와 종단적 설계는 각각 나름대로의 장점과 단점을 모두 갖고 있다. 이 두 설계의 장점만을 종합한 새로운 접근법으로는 계열적 설계가 있다.

3) 계열적 설계(횡단적-단기종단적 설계)

계열적 설계(sequential design)는 횡단적 설계와 종단적 설계의 장점을 혼합한 것으로서 횡단적-단기종단적 설계(cross-sectional—short-term longitudinal design)라고도 한다. 계열적 설계는 횡단적 설계에서처럼 서로 다른 연령집단을 표집하여, 종단적 설계에서처럼 그 대상에 대해 일정 기간에 계속하여 발달적 변화를 평가하는 설계다.

예를 들면, 2~12세의 학습능력 발달과정을 연구하고자 할 때 2, 4, 6, 8세의 4개 집단 아동을 각각 100명씩 표집하여 각 연령집단의 아동들을 2년마다 4년 동안 추적 관찰하여 학습능력 발달과정을 조사하는 방법이다. 즉, 현재 2세인 아동은 4, 6세가 될 때까지, 4세인 아동은 6, 8세가 될 때까지, 6세인 아동은 8, 10세가 될 때까지, 그리고 8세인 아동은 10, 12세가 될 때까지 조사한다. 이렇게 하면 종단적 설계에서

10년이 걸리는 연구기간을 4년으로 줄일 수 있으면서도 연령에 따른 변화과정을 비교적 타당하게 조사할 수 있게 된다.

계열적 설계를 사용함으로써 연구자는 각각 다른 시기에 태어난 같은 연령대의 사람들의 학습능력을 비교하여 동시집단 효과를 알아볼 수 있다. 예를 들면, 1990년에 태어난 동시집단 I의 10세 아동의 정보화 능력은 2000년과 2010년에 태어난 동시집단 II와 동시집단 III의 10세 아동의 정보화 능력과 얼마나 다른지를 비교할 수 있다. 이뿐만 아니라 연령에 따른 차이도 알 수 있다. 예를 들면, 2010년에 5세가 된 아동과 10세가 된 아동의 학습능력을 비교하거나, 2010년에 5세인 아동이 10세가 되었을 때 학습능력이 어떻게 달라지는지를 알 수 있다. 다만, 계열적 설계는 횡단적 설계나 종단적 설계에 비해 복잡하고, 많은 연구대상자가 필요하며, 비교적 장기간에 걸친 방대한 자료의 수집이 요구된다는 점이 한계로 지적된다. 계열적 연구설계를 그림으로 나타내면 [그림 3-2]와 같다.

[그림 3-2] 계열적 연구설계

출처: 권민균 외(2013, p. 68).

4) 연구설계 간의 비교

지금까지 설명한 세 가지 연구설계의 특징과 장단점을 제시하면 〈표 3-1〉과 같다.

〈표 3-1〉 연구설계의 특징과 장단점

연구설계	특징	장점	단점
횡단적 설계	• 각각 다른 연령집단의 사람들을 동시에 조사	• 자료수집이 쉽고 시간과 비용이 적게 듦 • 각 연령집단 간의 차이와 유사성을 알 수 있음	• 연령에 따른 발달적 변화 과정을 정확하게 설명하기 어려움 • 동시집단 효과의 영 향을 배제하기 어려움
종단적 설계	• 같은 연령집단의 사람들을 오랜 기간 반복적으로 추적 조사 • 같은 연령집단의 사람들을 오랜 기간 반복적으로 추적 조사	• 연령에 따른 개인이나 집단의 발달적 변화과정을 정확하게 알 수 있음 • 이전 행동과 이후 행동 간의 관계를 알 수 있음	• 시간, 노력, 비용이 많이 듦 • 연구대상의 중도 탈락으로 인해 표집의 특성이 상실될 수 있음 • 연습의 효과
계열적 설계	• 횡단적 설계와 종단적 설계의 혼합 • 각각 다른 연령집단의 사람들을 오랜 기간 반복적으로 추적 조사	• 연령에 따른 변화를 알 수 있음 • 동시집단 효과를 비교할 수 있음	• 설계에 비해 복잡함 • 많은 연구 대상자가 필요 • 비교적 장기간에 걸친 방대한 자료수집 요구

3. 발달연구의 유형

연구의 유형을 연구 방법이나 절차의 특성에 따라 구분하면 크게 양적 연구와 질적 연구의 두 가지로 구분할 수 있다.

양적 연구(quantitative research)는 교육현상이나 사회현상을 객관적으로 설명할 수 있다는 절대주의적 진리관에 근거하여, 일반적인 법칙이나 원리를 찾아내기 위해 수량화된 자료를 수집하는 과정에서 측정의 정확성과 반복 가능성을 중시하는 연구다. 양적 연구에서는 수집된 자료를 숫자로 점수화하여 기술통계나 추리통계의 방법으로 분석한다. 자료수집 시에는 주로 질문지, 표준화된 검사, 체크리스트 등을 이용한다. 영유아 및 아동 발달 분야의 대표적인 양적 연구에는 **실험연구**와 **상관연구**가 있다.

질적 연구(qualitative research)는 교육현상이나 사회현상을 객관적으로 설명할 수 없다는 상대주의적 진리관에 근거하여, 주어진 상황과 맥락 속에서 특정 사건이나 현상을 해석하고 이해하기 위해 연구자의 전문적인 판단과 통찰력을 중시하는 연

구다. 양적 연구와 달리 수집된 자료를 수량화하지 않으며, 특정한 이론적 가정 없이 자료를 수집하기도 하고, 연구의 마지막 단계까지 의문점에 대해 계속 질문하고 분석하여 결론에 도달한다. 연구자료의 수집은 주로 면담이나 참여관찰의 방법을 통하여 이루어진다. 영유아 및 아동 발달 분야의 대표적인 질적 연구에는 사례연구가 있다. 양적 연구와 질적 연구의 일반적인 특징을 비교하면 〈표 3-2〉와 같다.

〈표 3-2〉 양적 연구와 질적 연구의 일반적 특성

영역		양적 연구	질적 연구
철학적 입장	존재론	• 객관적 실재의 존재 인정[실재론(realism)] • 진리의 절대성(절대주의)	• 실재란 사회적으로 구성된 것[유명론 또는 명목론(nominalism)] • 진리의 상대성(상대주의)
	인식론	• 실증주의적 방법 • 객관적 지식 중시 • 분석적 · 기계론적 사고	• 반실증주의적 방법 • 주관적 지식 중시 • 통합적 · 유기체적 사고
	방법론	• 현상과 거리 유지: 가치중립 • 인과관계, 규칙성 중시 • 기술, 예측, 통제	• 현상과 상호작용: 가치 개입 • 현상들 간의 상호관련성 중시 • 해석, 이해, 의미 규명
연구목적		• 일반적 원리나 법칙 발견	• 특정 현상에 대한 이해
연구대상		• 주로 집단 • 무선표집이나 확률표집 중시	• 주로 혼자 혹은 함께 행동하는 개인들 • 전문적인 판단에 의거한 선택
연구방법		• 실험, 유사 실험, 설문조사 등 • 객관성과 일관성 중시 • 측정의 수량화 중시: 다양한 연구 도구나 기구 사용	• 참여관찰, 심층면담, 문헌 분석 등 • 연구자의 전문적 판단 중시 • 전문성을 지닌 연구자가 가장 중요한 연구도구가 됨
자료 분석		• 양적 자료(동간 및 비율 변인) 분석 • 기술통계기법이나 추리통계기법 활용	• 질적 자료(명명 및 서열 변인) 분석 • 통계적인 기법을 활용하지 않거나 혹은 기술통계기법 활용
결과 활용		• 인과관계, 상관관계 파악 • 결과의 일반화에 관심	• 특정 현상에 대한 이해 • 해석이나 의미의 차이를 이해

출처: 백순근(2007, p. 37).

다음은 영유아 및 아동 발달연구에서 많이 활용되고 있는 실험연구, 상관연구, 사례연구의 특징을 살펴본 것이다.

1) 실험연구

실험연구(experimental research)는 두 변인 간의 원인과 결과, 즉 인과관계를 밝혀내기 위해 의도적으로 설계된 상황에서 처치를 가한 후 그 결과를 분석하는 연구다. 변인[또는 변수(variable)]이란 측정 가능하며 둘 이상으로 구분되거나 수로 나타낼 수 있는 것(예: 성별, 지역, 연령, 지능, 자아개념 등)으로서 연구를 할 때 알아보고자 하는 요인을 말한다. 실험은 둘 이상의 변인 사이의 인과관계에 대한 가설을 검증하기 위해 설계되는데, 이 변인에는 독립변인과 종속변인이 있다. 독립변인은 연구자가 원인이라고 생각하여 의도적으로 조작하는 변인을 말하며, 종속변인은 독립변인에 의해 영향을 받는 변인을 말한다. 연구자는 실험을 실행하기 위해 연구대상자들을 두 집단으로 나누는데, 이때 실험처치를 받는 집단을 실험집단이라 하고 실험집단과 비슷한 특성을 지니고 있지만 실험처치를 받지 않는 집단을 통제집단이라 한다. 연구자는 무선할당(random assignment)을 통하여 실험집단과 통제집단의 동질성을 확보해야 한다. 이처럼 두 집단 간에 독립변인 이외의 다른 모든 조건을 똑같게 하는 것을 통제라고 한다. 통제가 확실하게 이루어져야 두 집단 간의 실험처치 효과를 비교할 수 있다.

예를 들면, 폭력적인 컴퓨터 게임이 공격성의 원인이 되는지를 알아보는 실험을 한다고 가정해 보자. 무선할당의 방법을 통하여 공격성의 정도가 비슷하게 두 집단(실험집단, 통제집단)을 편성한다. 한 집단의 아동들에게는 폭력적인 컴퓨터 게임을 하게 한 후에 뒤이어 나타나는 공격성을 측정한다. 다른 집단 아동들에게는 폭력성이 전혀 없는 컴퓨터 게임을 하게 한 후에 나타나는 공격성을 측정한다. 이 실험에서 폭력적인 컴퓨터 게임은 독립변인이며, 공격성은 종속변인이다. 또 폭력적인 컴퓨터 게임을 한 집단은 실험집단이고, 폭력성이 없는 컴퓨터 게임을 한 집단은 통제집단이다. 실험을 한 후에 실험집단과 통제집단의 공격성에 의미 있는 차이가 나타났다면, 그러한 차이는 폭력적인 컴퓨터 게임 때문에 나타난 것이다. 이때 폭력적인 컴퓨터 게임과 공격성 간에는 원인과 결과의 관계, 즉 인과관계가 있다는 결론을 내릴 수 있다.

실험연구의 설계에는 연구의 체계성과 엄격성에 따라 실험설계(experimental design)와 준실험설계(quasi-experimental design)가 있다. 실험설계와 준실험설계의 특징을 성태제(2005)의 견해를 중심으로 살펴보면 다음과 같다. 실험설계란 조건

통제가 완벽한 상태에서 처치변인의 조절이 수월하고 매개변인이 철저하게 통제된 연구를 말한다. 완벽한 실험설계 연구로는 실험실연구를 들 수 있다.

실험실연구에서는 연구대상이 철저하게 통제된 상태에서 처치나 자극을 주고 나서 그에 따라 나타나는 현상에 대한 효과를 분석한다. 실험실연구는 주로 쥐나 토끼와 같은 동물을 대상으로 이루어지는데, 인간을 실험실에 감금한 상태로 연구하는 것이 불가능하고, 특히 해로운 처치를 가할 때 윤리적인 문제가 발생할 수 있기 때문이다.

실험실연구의 장점은 매개변인을 완벽하게 통제할 수 있으므로 인과관계 분석이 가능하다는 것이다. 즉, 어떤 변화가 있었다면 이는 처치변인에 의한 것이라고 볼 수 있으므로 독립변인인 처치변인의 효과를 알 수 있다는 것이다. 반면에, 단점은 연구결과를 실제 상황에 적용하는 데 문제가 따른다는 점이다. 예를 들어, 실험실연구에서 A 식품이 유아의 알레르기 치료에 효과가 있다는 결과가 나왔다고 가정해 보자. 그래서 유아에게 이 A 식품을 복용하게 하면, 다른 음식이나 의약품과의 상호작용에 의해 오히려 알레르기 증상이 악화될 수도 있다. 즉, 사람들의 일상생활은 통제된 실험실 상황과 차이가 있기 때문에 실험실연구에서 얻은 결과를 실제 상황에 적용할 때는 제한점이나 예상하지 못했던 일들이 발생할 수 있다는 것이다.

준실험설계는 조건통제가 느슨하고 처치변인의 조절이 철저하지 않은 실험연구를 말한다. 다시 말해, 준실험설계란 자연적 상태에서의 실험이나 실험 조건을 충분히 통제하지 못한 연구설계를 말한다. 영유아교육나 아동교육 현장에서 행해지는 대부분의 실험연구가 준실험설계에 해당한다. 교육현장에서의 준실험설계는 연구대상을 철저하게 통제할 수 없는 일반 학습상황에서 처치를 가하게 되므로 실험실에서보다 체계성이 떨어진다. 이러한 교육현장에서 이루어지는 연구를 현장실험연구(field experimental research)라고도 한다.

준실험연구의 장점은 자연상태에서 처치를 가해 얻은 결과이므로 실제 상황에 적용하기 쉽다는 점이다. 예를 들어, 알레르기 증상이 심한 유아에게 약물치료도 하고 음식을 섭취하는 상태에서 A 식품을 먹게 하여 알레르기 증상을 완화시키는 효과를 얻었다고 하면, 이 결과를 실제 알레르기 유아에게 적용하여 A 식품의 섭취를 권장할 수 있다. 단점은 변수를 조작할 수 없으므로 인과관계의 분석이 모호하다는 것이다. 위의 예에서 알레르기 증상에 대한 A 식품의 효과가 반드시 확인되었다고 보기는 어렵다. A 식품과 함께 투여된 약물치료의 효과일 수도 있기 때문이

다. 최근에는 실험실연구의 경우에도 실험 조건을 완벽하게 통제하기 어렵다는 점에서 실험연구와 준실험연구를 구분하지 않으려는 경향이 있다.

유아 및 아동 연구 분야의 대표적인 실험연구의 예를 소개하면 다음과 같다. Bandura와 그의 동료들은 관찰학습의 영향과 조건에 관한 연구에서 아동을 다섯 집단으로 분류하여 실험처치를 하였다. 집단 I에게는 성인 모델이 실물 크기의 플라스틱 인형을 언어적 · 신체적으로 공격하는 장면을 관찰하도록 하고, 집단 II에게는 집단 I 성인 모델의 행동을 비디오를 통하여 관찰하도록 하였으며, 집단 III에게는 만화로 제공된 공격적 행동을 관찰하도록 하였다. 그리고 집단 IV는 비교집단으로 아무것도 보여 주지 않았으며, 마지막 집단 V는 비공격적이며 감정을 억제하는 모델을 보여 주었다. 그런 다음 각기 다른 관찰학습을 처치하고는 처치과정에서 모델이 처해 있던 상황과 유사한 실험실에 아동을 안내하여 아동의 언어적 · 신체적 공격 반응의 발생 빈도를 관찰하였다. 그 결과, 공격적 행동을 관찰한 모든 집단의 아동들은 비교집단의 아동들에 비해 높은 공격적 반응을 보였으며, 감정 억제 모델을 관찰한 아동들은 비교집단 아동들에 비해 낮은 공격적 반응을 나타냈다(권민균 외, 2013에서 재인용). 이 연구를 통하여 공격적인 행동을 하는 모델의 관찰이 아동의 행동에 영향을 주어 아동이 공격적 행동을 나타냄을 알 수 있다. 이러한 연구에 기초하여 Bandura는 사회적 관찰학습의 의미를 밝히고 있으며 인지적 사회학습이론을 주장하고 있다.

2) 상관연구

상관연구(correlational research)는 일종의 조사연구로서 인간의 발달에 영향을 미치는 여러 변인 간의 상호 관련성을 밝히기 위한 연구다. 상관연구는 실험연구처럼 변인을 엄격히 통제하거나 원인과 결과의 인과관계를 살펴보지는 않는다. 그보다는 자연적 상태에서 얻은 여러 가지 자료를 통해 변인들 간의 '관계'를 살펴보는 데 관심을 갖는다. 예를 들면, 유아기 언어능력과 아동기 학업성취 능력 간의 관계, 아동의 텔레비전 시청시간과 사회성 발달 수준 간의 관계, 어머니의 자녀양육 방식과 아동의 공격적 행동 간의 관계, 사회경제적 지위와 인지 발달 수준 간의 관계 등이 대표적이다.

상관연구는 상관분석이라는 통계적 분석을 사용하여 두 변인 간의 상관관계를

밝힌다. 상관관계는 상관계수(corelation coefficient: 보통 r로 표시)로 나타낸다. 상관계수는 두 변인 간의 관계의 정도와 방향을 수치로 나타낸 것으로서, 그 범위는 $-1<r<1$이다. 절대값 1에 가까울수록 두 변인 간에 높은 상관관계가 있음을 의미한다. 상관관계는 상관계수(r)의 부호에 따라 정적(+) 상관과 부적(-) 상관으로 구분된다. 정적 상관은 두 변인이 함께 같은 방향으로 변화하는 관계로서, 지능과 학업 성적 간의 관계가 대표적이다. 즉, 지능이 높을수록 학업 성적도 높아지는 관계다. 부적 상관은 두 변인이 서로 다른 방향으로 변화하는 관계로서, 컴퓨터 게임시간과 학업 성적 간의 관계가 대표적이다. 즉, 컴퓨터 게임시간이 많을수록 학업 성적이 낮아지는 관계다.

상관연구는 단순히 변인들 간에 관련성이 있다는 사실을 보여 줄 뿐이지, 인과관계가 있음을 의미하는 것은 아니다. 인과관계가 있을 경우에는 상관관계가 높게 나타나지만, 상관관계가 있다고 해서 반드시 인과관계가 있다고 보기는 힘들다. 예를 들어, 상관연구를 통해 아동의 컴퓨터 게임시간과 사회성 점수 간에 높은 부적(-) 상관관계(예: r=-.70)가 있다는 결과를 얻었다고 가정해 보자. 이러한 경우에 컴퓨터 게임이 아동의 사회성을 낮추는 원인이라고 해석할 수 있는가? 즉, 컴퓨터 게임이 원인이고 낮은 사회성이 결과라는 인과관계로 단정할 수 있는가? 물론 그럴 수도 있지만, 그 반대의 가능성도 있다. 즉, 컴퓨터 게임을 많이 해서 사회성이 낮아질 수도 있지만, 반대로 사회성이 낮기 때문에 컴퓨터 게임에 더 많은 시간을 쓸 수도 있다. 이처럼 상관연구는 변인들 간의 상호관계나 양방적인 관계를 알려 줄 수 있지만, 일방적인 인과관계를 알려 주지는 못한다. 인과관계를 알기 위해서는 반드시 독립변인을 조작하고 매개변인을 통제하여 종속변인에 미치는 독립변인의 영향을 살펴보는 실험연구를 해야 한다. 그러므로 상관연구의 결과를 인과관계로 해석하는 오류를 범하지 않도록 주의해야 한다.

상관연구는 윤리적 · 실제적 이유로 인하여 변인을 직접적으로 연구할 수 없을 때 적절하게 사용할 수 있다. 예를 들어, 모체의 알코올 섭취가 태아에게 문제가 되는지를 알아보기 위해 임산부에게 술을 마시게 할 수는 없다. 이런 경우에 임산부의 음주습관과 출산된 아기 상태 사이의 관련성을 살펴보는 상관연구가 유용하다. 이와 같이 실제로 발달학자들의 관심 변인들은 조작할 수 없는 경우가 훨씬 더 많다. 상관연구는 이처럼 연구자가 인위적인 상황을 만들지 않고 변인을 있는 그대로 연구할 수 있는 장점이 있다(신명희 외, 2013).

대표적인 상관연구의 예는 Jensen(1998)의 유전·환경의 유사성에 대한 각 쌍생아나 형제간 IQ의 상관관계에 대한 연구다. 이 연구에서 쌍생아나 형제간 IQ의 상관관계는 함께 성장한 일란성 쌍생아가 가장 높은 것으로 나타났고(r=.85), 그 다음은 서로 다른 가정에서 성장한 일란성 쌍생아(r=.70), 동성의 이란성 쌍생아(r=.55), 같은 환경에서 성장한 형제(r=.55), 서로 다른 환경에서 성장한 형제(r=.25)의 순으로 나타났다(권민균 외, 2013에서 재인용). 이러한 결과는 유전과 환경의 유사성이 높을수록 IQ 간의 상관이 높고, 유전과 환경의 유사성이 낮을수록 IQ 간의 상관이 낮음을 의미한다. 이처럼 상관연구 역시 실험연구처럼 영유아 및 아동 발달을 연구할 수 있는 대표적인 양적 연구방법의 하나다.

3) 사례연구

사례연구(case study)는 한두 명의 연구대상을 깊이 있게 집중적으로 연구하는 것으로 집단보다는 개인에 초점을 둔 연구다. 발달연구에서 사례연구는 한두 명의 아동을 대상으로 하여 얻은 연구결과를 바탕으로 일반적인 발달 양상을 추론하는 연구를 의미한다. 사례연구에서는 주로 관찰, 조직화된 면담, 각종 검사, 기록물 분석, 아동 작품 분석 등의 방법을 이용하여 자료를 수집하며, 이렇게 수집된 모든 정보를 종합하고 분석하며 판단한다. Piaget가 자신의 세 자녀를 대상으로 한 관찰과 실험 결과를 바탕으로 하여 뛰어난 인지발달이론을 정립한 것처럼, 발달연구에서 사례연구법은 일찍부터 사용되어 온 중요한 연구 유형이다.

아동 발달연구에서 개별 아동의 일상적 경험은 어떠한지, 주어진 상황에 대한 개인적 경험을 어떻게 해석하고 받아들이는지, 주변 세계에 대한 탐색과 반응은 어떠한 과정을 거쳐 발생하는지를 이해하기 위한 노력은 양적인 자료에 의존하기보다는 개별 아동의 사례를 수집하고 분석하는 질적 접근이 유용한 경우가 많다(권민균 외, 2013).

사례연구는 관찰, 실험, 면담, 검사, 기록 및 작품 분석 등의 다양한 방법을 동시에 사용하여 개인의 복잡한 발달과정과 현상들을 상세히 분석할 수 있다는 장점이 있다. 그러나 특정 개인이나 소수 사례에 대한 결과를 전체 아동의 발달과정에 일반화하는 데는 한계가 있다. 또 사례연구에서는 관찰자의 편견이 작용할 수 있으며, 관찰자가 누구인지에 따라 관찰결과가 달라질 수도 있다. Piaget의 연구결과가

영유아 및 아동 발달을 이해하는 데 큰 기여를 한 것은 의심할 여지가 없지만, 동시에 그의 연구결과 중 일부가 후속 연구에 의해 많은 비판을 받고 있음은 사례연구의 한계를 보여 주는 좋은 예라고 할 수 있다.

4. 자료수집 방법

영유아 및 아동 발달연구에서 주로 사용하는 대표적인 자료수집 방법에는 질문지법, 면접법, 관찰법, 검사법이 있다. 이 네 가지 자료수집 방법을 구체적으로 살펴보면 다음과 같다.

1) 질문지법

질문지법(questionnaire)은 연구하고자 하는 내용에 관한 질문을 작성하여 연구대상에게 자기보고식으로 답하도록 하고, 그 내용을 분석하는 방법이다. 질문지법은 짧은 시간에 비교적 손쉽게 자료를 수집할 수 있는 방법이어서 발달연구에서 가장 많이 사용되는 방법이다.

질문지법에는 다음과 같은 다섯 가지 형식이 있다. 첫째는 선다형으로, 질문에 제시된 두 가지 이상의 선택지 중에서 하나 또는 그 이상을 선택하게 하는 형식이다. 여기에는 양자택일형과 다지선택형이 있다. 둘째는 평정척도형으로, 보통 3~5단계의 리커트(Likert) 척도로 구성된 평정척도에 응답자의 의견을 표시하게 하는 형식이다. 셋째는 순위형으로, 질문에 제시된 여러 개 항목의 우선순위를 매기는 형식이다. 넷째는 분류형으로, 질문에 제시된 여러 개 항목을 일정한 기준이나 표준에 따라서 유목으로 분류하는 방법이다. 다섯째는 자유반응형으로, 응답자가 질문 내용에 대해 자신의 생각과 의견을 아무런 제한 없이 자유롭게 기술하는 형식이다.

질문지법의 장점은, 첫째, 다수를 대상으로 하여 한꺼번에 많은 자료를 수집할 수 있고, 둘째, 빠른 시간 안에 필요한 자료를 수집할 수 있으며, 셋째, 직접 관찰하기 어려운 내용을 간접적으로 연구할 수 있고, 넷째, 연구대상을 직접 대하지 않기 때문에 연구대상에게 미치는 연구자의 영향을 최소화할 수 있다는 점이다.

반면에, 질문지법이 갖는 한계점은, 첫째, 연구대상이 제공한 정보의 진위 여부

를 판단하기 어려우며, 둘째, 문자 해독이 어려운 영아나 유아에게 사용하기 어렵고, 셋째, 질문지 회수율이 낮다는 점이다.

2) 면접법

면접법(interview)은 면접자가 피면접자(연구대상)에게 직접 질문을 하고 그 반응을 기록함으로써 자료를 수집하는 방법이다. 면접법은 면접 내용에 대한 연구대상의 태도나 행동을 직접 관찰함으로써 보다 구체적인 정보를 얻을 수 있으며, 충분하지 못하거나 예기치 못한 응답에 대한 추가 질문을 통하여 보다 상세한 자료를 수집할 수 있기 때문에 영유아 및 아동 발달 연구에서 중요하게 사용되는 자료 수집방법이다.

면접법의 주요 장점은, 첫째, 비언어적 행동까지도 관찰할 수 있으며, 둘째, 반응의 진실성 여부를 알 수 있고 응답의 타당성을 높일 수 있으며, 셋째, 응답률이 높고 상황에 따른 융통성을 발휘할 수 있고, 넷째, 문장 해독이 어려운 어린 아동이나 교육 수준이 낮은 사람에게도 적용할 수 있다는 점이다.

반면에, 면접법이 갖는 한계점은, 첫째, 면접자의 편견이나 주관적 해석이 개입될 여지가 있으며, 둘째, 면접자의 성, 연령, 전문성, 인종 등과 같은 면접자의 조건이 결과에 영향을 미칠 수 있고, 셋째, 면접자와 피면접자가 일대일로 진행하기 때문에 시간, 노력, 비용이 많이 든다는 점이다.

면접의 유형은 질문 제시의 구조화 정도와 면접대상에 따라 다음과 같이 분류할 수 있다. 먼저, 면접은 질문이 제시되는 방식의 구조화 정도에 따라 구조화 면접, 반구조화 면접, 비구조화 면접으로 구분할 수 있다.

구조화 면접(structured interview)은 피면접자에게 제시될 질문의 내용과 순서가 사전에 정해져 있고, 면접자는 이렇게 준비된 질문의 내용을 정해진 순서에 따라 정확하게 수행해 나가는 것이다. 그러므로 면접과정에서 면접자에게 재량이나 융통성은 거의 주어지지 않는다. 구조화 면접은 보통 이미 개발되어 있는 표준화 도구를 사용하는 경우가 많다.

반구조화 면접(semi-structured interview)은 사전에 준비된 질문목록에 따라 면접을 진행하면서 피면접자의 응답 내용에 따라서 추가 질문을 할 수도 있고 질문 순서를 바꾸거나 일부 질문을 생략할 수도 있는 면접 형식이다. 그러므로 면접과정에

서 면접자에게 어느 정도의 재량과 융통성이 허용된다. 반구조화 면접을 실시할 경우에는 사전에 미리 질문목록을 작성해야 하는데, 이때 표준화된 도구를 사용할 수도 있다.

비구조화 면접(unstructured interview)은 피면접자에게 제시될 질문의 내용과 순서가 사전에 정해져 있지 않고, 면접상황에서 면접자가 재량을 갖고 융통성 있게 질문을 해 나가는 것이다. 그렇다고 해서 아무런 준비 없이 면접이 이루어지는 것은 아니며, 면접자는 면접의 목적이나 피면접자의 특성을 고려하여 전반적인 사전 계획을 해 두어야 한다.

다음으로, 면접은 면접대상에 따라 아동 면접, 부모 면접, 교사 면접으로 구분할 수 있다.

아동 면접은 면접자가 아동을 직접 만나서 아동의 지각, 생각, 태도, 행동 등에 관한 질문을 수행해 나가는 것이다. 아동 면접을 실시할 때에는 충분한 라포를 형성해야 하며, 또한 아동의 연령, 인지 발달 수준, 표현능력, 집중력 등을 고려해야 한다.

부모 면접은 아동을 직접 면접하지 않고, 부모를 면접하여 아동에 관한 정보를 수집하는 방법이다. 아동의 연령이 너무 어리거나 인지 발달 수준이 낮은 경우에는 부모 면접을 통하여 아동에 관한 발달적·교육적·의학적 정보를 수집할 수 있다. 또 부모 면접을 통하여 아동의 문제에 관한 부모의 인식이나 아동의 강점과 약점에 대한 부모의 지각을 알 수 있다.

교사 면접은 아동을 직접 면접하지 않고, 교사를 면접하여 아동에 관한 정보를 수집하는 방법이다. 교사 면접은 아동의 학교생활이나 교육적 발달, 학업 수행에 관한 자료를 수집하는 데 유용하다.

3) 관찰법

관찰법(observation)은 일상적인 상황에서 자연스럽게 나타나는 아동의 행동을 기술 또는 기록함으로써 특정 현상에 대한 객관적인 자료를 수집하는 방법이다. 관찰법에 의해 수집된 자료는 양적 자료일 수도 있고 질적 자료일 수도 있다. 관찰법은 아직 자기표현 능력이 미숙한 유아와 아동에게 유용하게 적용할 수 있는 방법으로서 그 역사가 매우 오래되었다. 관찰은 다른 자료수집 방법에 비해 관찰대상인 아

동의 협력을 비교적 덜 필요로 하는 반면에, 관찰자에게는 고도의 전문적인 관찰 능력을 요구한다.

관찰은 관찰상황의 통제 여부에 따라서 자연적 관찰과 통제적 관찰로 구분할 수 있고, 관찰자의 참여 여부에 따라 참여 관찰과 비참여 관찰로 구분할 수 있다.

자연적 관찰은 관찰상황을 인위적으로 조작하지 않고 특별한 처치나 자극을 전혀 주지 않은 자연스러운 상태에서 자료를 수집하는 것을 말한다. 반면, 통제적 관찰은 처치를 가하거나 자극을 준 실험적 상황에서 관찰을 통하여 처치나 자극의 효과에 대한 자료를 수집하는 방법이다.

참여 관찰은 연구자가 직접 관찰현장 속으로 들어가서 연구대상자의 행동을 관찰하여 자료를 수집하는 방법이다. 반면, 비참여 관찰은 연구자가 관찰상황에 참여하지 않고 연구대상자와의 상호작용을 최소화하면서 관찰을 통해 자료를 수집하는 방법이다.

관찰을 수행하기 위해서는 사전에 먼저 관찰질문을 설정하고 관찰하고자 하는 행동이나 사건을 정의해야 한다. 예를 들어, '△△의 언어적 공격성이 어느 정도로 나타나는가?'라는 관찰질문을 설정하고, 관찰대상 행동인 언어적 공격성에 대한 조작적 정의를 해야 한다. 즉, 언어적 공격성에 대해 '성인이나 다른 아동을 대상으로 소리를 지르거나 욕을 하거나 별명을 부르는 것'으로 정의할 수 있다. 또 관찰질문이나 행동에 적합한 관찰기록 방법을 선정해야 한다. 그런 다음에 관찰자에게 관찰방법과 기록방법을 훈련시켜야 한다.

관찰 못지않게 중요한 것이 관찰결과를 정확하게 기록하는 것이다. 관찰기록 방법은 크게 서술기록, 간격기록, 사건기록, 평정기록으로 구분할 수 있다. 이 네 가지 관찰기록 방법의 특징과 유형을 비교하면 〈표 3-3〉과 같다. 그리고 서술기록, 간격기록, 사건기록, 평정기록의 방법들 중에서 대표적인 예를 각각 하나씩 제시하면 〈표 3-4〉 〈표 3-5〉 〈표 3-6〉 〈표 3-7〉과 같다.

〈표 3-3〉 관찰의 기록방법

기록방법		하위 유형	
서술 기록	특정 사건이나 행동의 전모를 이야기하듯 있는 그대로 사실적으로 묘사하는 방법	일화기록	특정한 시간이나 장소에 제한 없이 관찰자가 기록할 만한 가치가 있다고 느꼈던 어떤 짧은 내용의 사건, 즉 일화에 대한 간략한 서술적 기록
		연속기록	일정한 시간 또는 미리 정해진 활동이 끝날 때까지 사건이 발생한 순서대로 상세하게 이야기식으로 서술하는 기록
간격 기록	관찰대상의 행동을 관찰기간에 일정한 간격으로 여러 회에 걸쳐 관찰하여 기록하는 방법	전체간격 시간표집	전체 관찰시간을 일정한 간격으로 나눈 후 행동이 간격의 처음부터 끝까지 나타났을 때 해당 간격에 행동이 발생했다고 기록하는 것
		부분간격 시간표집	전체 관찰시간을 일정한 간격으로 나눈 후 행동이 간격의 어느 순간에 한 번이라도 나타났을 때 해당 간격에 행동이 발생했다고 기록하는 것
		순간 시간표집	전체 관찰시간을 일정한 간격으로 나눈 후 행동이 간격의 마지막 순간에 나타났을 때 해당 간격에 행동이 발생했다고 기록하는 것
사건 기록	관찰기간에 지속적으로 관찰하여 관찰대상의 행동이 발생할 때마다 기록하는 방법	행동의 빈도	관찰기간에 행동이 발생한 횟수를 기록
		행동 강도	행동의 힘, 에너지, 발휘력 등의 정도를 기록
		행동의 지속시간	행동이 시작되어 끝날 때까지의 전체 시간을 기록
		행동의 지연시간	자극이 주어지고 행동이 발생하기까지의 시간을 기록
평정 기록	관찰대상의 행동을 관찰한 후 사전에 준비된 평정수단(범주, 척도, 검목표)을 사용하여 행동의 특성, 정도 또는 유무를 판단하여 기록하는 방법	범주기록	연속성 있게 기술된 몇 개의 범주 중 관찰대상의 행동을 가장 잘 나타내는 범주를 선택하여 기록하는 것
		척도기록	행동의 정도를 몇 개의 숫자로 표시한 척도, 즉 숫자척도를 사용하여 관찰대상의 행동을 가장 잘 나타내는 숫자를 선택하여 기록하는 것
		검목표(체크리스트) 기록	일련의 행동이나 특성들의 목록, 즉 검목표(체크리스트)에 해당 행동이나 특성의 유무를 기록하는 것

출처: 이승희(2012, p.118).

〈표 3-4〉 서술기록 중 일화기록의 예

관찰일자	2014년 9월 25일	
관찰시간	오전 10:30~10:35(5분간)	
관찰대상 아동	성명: 최창호(가명)	성별: 남
	생년월일: 2011년 5월 21일	현재 연령: 3년 4개월
관찰장소	○○어린이집	
관찰장면	정리시간	
관찰영역	인지 발달	
관찰자	오미라(가명)	

기록

창호는 수 · 조작 영역에서 수박퍼즐을 맞추고 있다. 교사가 "정리하세요."라고 말하며 정리신호 종을 흔든다. 창호는 교사를 한 번 바라본다. 그리고 바로 가지고 놀던 수박퍼즐을 들고 일어나 수 · 조작 영역 교구장 앞에서 "여기, 여기."라고 말하며 정리할 자리를 찾아 수박퍼즐을 정리한다.

요약

창호는 놀이 후 신호에 따라 교구를 스스로 정리할 수 있다.

출처: 심성경 외(2011, p. 33)에서 일부 재구성.

〈표 3-5〉 간격기록 중 전체간격 시간표집의 예

관찰일자	2014년 9월 22일				
관찰시간	오전 10:00~10:10(10분간)				
관찰대상 아동	성명: 김희망(가명)			성별: 남	
	생년월일: 2009년 5월 15일			현재 연령: 5년 4개월	
관찰장소	○○유치원				
관찰장면	이야기 나누기 시간				
관찰영역	정서 발달				
관찰행동	자리이탈 행동(조작적 정의: 수업시간에 자리에서 일어나 있거나 자기 자리를 떠나 다른 곳으로 돌아다니는 행동)				
관찰자	이소원(가명)				
관찰시간	관찰간격 (15초)	행동 발생 유무 발 생: ○ 비발생: ×	관찰시간	관찰간격 (15초)	행동 발생 유무 발 생: ○ 비발생: ×
1분	0~15초	×	6분	0~15초	×
	15~30초	×		15~30초	×
	30~45초	×		30~45초	×
	45~60초	×		45~60초	○
2분	0~15초	×	7분	0~15초	○
	15~30초	×		15~30초	○
	30~45초	○		30~45초	○
	45~60초	×		45~60초	○
3분	0~15초	×	8분	0~15초	×
	15~30초	×		15~30초	×
	30~45초	○		30~45초	×
	45~60초	○		45~60초	×
4분	0~15초	×	9분	0~15초	○
	15~30초	×		15~30초	○
	30~45초	×		30~45초	○
	45~60초	○		45~60초	○
5분	0~15초	○	10분	0~15초	○
	15~30초	○		15~30초	○
	30~45초	○		30~45초	×
	45~60초	×		45~60초	×

요약

1. 행동 발생률: (18÷40)×100=45%

2. 시간이 경과할수록 희망이의 자리이탈 행동이 더 많이 나타나는 경향이 있음.

출처: 곽노의 외(2013, p. 28).

〈표 3-6〉 사건기록 중 행동의 지속시간의 예

관찰일자	2014년 10월 20일		
관찰시간	오전 8:30~9:00(30분간)		
관찰대상 아동	성명: 이가람(가명)	성별: 여	
	생년월일: 2010년 5월 17일	현재 연령: 4년 5개월	
관찰장소	○○유치원		
관찰장면	등원하여 엄마와 떨어지는 장면		
관찰영역	정서 발달		
관찰행동	성질부리기(조작적 정의: 울거나 소리를 지르고 바닥에 누워 벽이나 바닥을 발로 차거나 또는 장난감이나 다른 물건으로 바닥을 두드린다.)		
관찰자	정은혜(가명)		

관찰시간	관찰대상 행동			
	발생 횟수	시작	종료	지속시간
30분	1	8시 35분 25초	8시 38분 25초	180초
	2	8시 42분 5초	8시 44분 35초	150초
	3	시 분 초	시 분 초	초
	4	시 분 초	시 분 초	초
	5	시 분 초	시 분 초	초

요약

1. 총 지속시간
   180초+150초=330초 (5분 30초: 5.5분)
2. 평균 지속시간
   (180초+150초)÷2=165초 (2분 45초: 2.75분)
3. 지속시간 백분율
   (5.5분÷30분)×100=18.88%

출처: 이승희(2012, p. 132)에서 일부 재구성.

〈표 3-7〉 평정기록 중 척도기록의 예

관찰일자	2014년 10월 24일	
관찰대상 아동	성명: 지윤상(가명)	성별: 남
	생년월일: 2010년 9월 20일	현재 연령: 4년 1개월
관찰장소	○○유치원	
관찰영역	기본 생활습관	
관찰자	최소연(가명)	

■ 관찰기록 지시: 아동의 기본 생활습관의 발달 수준에 대해 다음과 같이 1~5로 판단하여 해당하는 숫자에 ○ 표시를 하시오.

문항		아주 못함	못함	보통	잘함	아주 잘함
1	음식을 흘리지 않고 식사를 할 수 있다.	1	2	3	4	⑤
2	물을 흘리지 않고 컵에 따를 수 있다.	1	2	3	4	⑤
3	간식, 점심 전에 손을 씻는다.	1	②	3	4	5
4	간식, 점심 후 주변을 정리한다.	1	2	③	4	5
5	혼자서 화장실을 이용할 수 있다.	1	2	3	④	5
6	방과후에 가방을 정리할 수 있다.	1	2	3	④	5
7	학습 도구를 제자리에 갖다 놓을 수 있다.	1	2	3	④	5
8	장난감을 정리정돈할 수 있다.	1	2	3	④	5
9	선생님께 공손하게 인사를 한다.	1	2	3	4	⑤
10	놀이시간에 자기 차례를 지킬 수 있다.	1	2	③	4	5

요약
평균: [(2×1)+(3×2)+(4×4)+(5×3)]÷10=3.9

4) 검사법

검사법은 표준화된 심리검사를 이용하여 개인이나 집단의 특성에 관한 자료를 수집하는 방법이다. 검사법은 20세기에 들어서 스탠퍼드-비네 지능검사(Stanford-Binet Intelligence Scale)가 개발되어 사용된 이래 아동의 지능, 적성, 성격, 흥미, 태도, 능력 등을 측정하기 위해 다양한 종류의 심리검사가 개발되어 광범위하게 사용되어 왔다.

검사법은 검사 결과 얻어진 자료를 기초로 하여 개별 아동의 발달적 특성을 이해

할 수 있을 뿐만 아니라, 또래 아동과의 상대적 비교도 가능하다. 이처럼 검사법을 사용하면 아동에 관한 객관적이고도 구체적인 정보를 획득할 수 있다는 커다란 장점이 있다. 그러나 나이가 어린 유아나 아동에게 심리검사를 사용하기 위해서는 신뢰도와 타당도가 충분히 확보되고 아동의 발달 수준에 맞는 검사를 신중하게 선택하여 실시해야 한다. 검사 문항이 문화나 성별 편파성을 지닐 경우에 검사결과에 부정적인 영향을 미칠 수 있다는 점도 유념할 필요가 있다. 또 표준화 심리검사를 사용할 경우에는 검사를 실시하는 과정과 절차, 채점과 해석의 기준을 적용할 때 표준화된 절차를 절대적으로 준수해야 한다.

심리검사는 다음과 같이 분류할 수 있다.

첫째, 표준화 여부에 따라 표준화 검사와 비표준화 검사로 구분한다. 표준화 검사는 검사 문항의 내용, 실시 방법과 절차, 해석의 기준이 하나로 통일되어 있는 반면에, 비표준화 검사는 이러한 절차와 기준을 갖고 있지 못하다.

둘째, 측정하는 내용에 따라 지능검사, 성격검사, 적성검사, 학업성취도 검사, 진로성숙도 검사, 언어발달검사 등으로 구분한다.

셋째, 문항 구성에 따라 언어성 검사와 비언어성(동작성) 검사로 구분한다. 언어성 검사는 문항의 내용이 언어적인 내용과 수리적인 내용(예: WISC-IV의 어휘, 산수 소검사)으로 구성되어 있으며, 동작성 검사는 그림이나 동작 수행과 관련된 내용(예: WISC-IV의 공통 그림 찾기, 토막 짜기 소검사)으로 구성되어 있다.

넷째, 측정방법에 따라 속도검사(speed test)와 역량검사(power test)로 구분한다. 속도검사는 정해진 시간 내에 얼마나 많은 문제를 해결할 수 있는지를 측정하고, 역량검사는 시간에 구애받지 않고 다양한 난이도의 문항을 어느 정도까지 해결할 수 있는지를 측정한다.

다섯째, 실시대상의 수에 따라 개인검사와 집단검사로 구분한다. 개인검사(예: WISC-IV, K-ABC 등)는 한 명의 아동을 대상으로 하여 검사를 실시해야 하는 반면에, 집단검사(예: 학력검사, 진로성숙도 검사 등)는 두 명 이상의 아동을 대상으로 하여 집단적으로 검사를 실시할 수 있다.

여섯째, 문항자극의 명료성에 따라 투사적 검사와 객관적 검사(비투사적 검사)로 구분한다. 투사적 검사는 애매모호한 그림이나 구조화되지 않은 자극에 투영된 것을 면밀히 분석하고 검토하여 피검사자의 성격, 욕구, 감정 등의 심리상태를 파악하는 검사다. 투사적 검사는 피검사자가 의식적으로 표현하기를 꺼린다거나 혹은

자신이 의식하지 못하고 있는 것을 무의식적으로 표현하게 한다는 장점이 있지만, 검사 실시와 해석에 고도의 전문성이 요구되고 검사의 신뢰성이 비교적 낮다는 단점이 있다. 대표적인 투사적 검사에는 로르샤흐 잉크반점검사(Rorschach Ink-blot Test), 다면적 인성검사(TAT 또는 CAT), 집-나무-그림 검사(HTP), 밴더-게슈탈트 검사(BGT), 문장완성검사(SCT) 등이 있다. 객관적(비투사적) 검사는 선다형과 같은 객관식 문항을 사용하거나 내용이 분명한 주관식 문항을 사용하여 피검사자의 심리적 특성을 알아보는 것으로서 아동용 웩슬러 지능검사(WISC-IV), 카우프먼 지능검사(K-ABC), 아동행동평정척도(CBCL), 심리교육프로파일(PEP-R), 학력진단검사, 진로성숙도검사 등과 같은 많은 검사가 여기에 해당된다.

일곱째, 검사결과의 활용목적에 따라 규준참조검사(norm-referenced test)와 준거참조검사(criterion-referenced test)로 구분한다. 규준참조검사는 그 검사를 받은 또래 아동(규준집단)의 점수의 분포인 규준(norm)에 아동의 점수를 비교함으로써 또래집단 내에서 아동의 상대적 위치에 대한 정보를 제공하는 검사다. 준거참조검사는 사전에 설정된 숙달 수준인 준거(criterion)에 아동의 점수를 비교함으로써 특정한 발달적 특성에 있어서 아동의 수준에 대한 정보를 제공하는 검사다. 그러므로 규준참조검사는 검사의 결과를 통하여 아동의 발달 수준을 또래 아동의 발달 수준인 규준과 비교하며, 준거참조검사는 사전에 설정된 숙달 수준인 준거에 비교한다. 규준참조검사의 결과는 주로 선별, 진단, 배치 등의 교육적 의사결정을 하는 데 활용되며, 준거참조검사의 결과는 주로 교육 프로그램을 계획하고 평가하는 데 활용된다.

5. 발달연구의 윤리

발달연구는 인간을 대상으로 하여 이루어지므로 연구자는 항상 윤리적인 문제를 우선적으로 고려해야 한다. 특히 발달연구는 나이 어린 영유아나 아동을 대상으로 하는 경우가 많기 때문에 연구윤리가 더욱 강조된다. 그러므로 발달연구자는 연구대상의 심리상태와 생활의 불편함을 최대한 줄일 수 있는 기준을 갖고 있어야 한다. 또 연구를 시작하기에 앞서 그 연구가 윤리적 기준을 충족하고 있는지, 그리고 연구대상을 적절히 보호할 방법이 있는지에 대한 세심한 검토를 해야 한다.

다음은 신명희 등(2013)이 미국심리학회(American Psychological Association: APA)와 아동발달연구학회(Society for Research in Child Development: SRCD) 등의 윤리적 기준을 요약하여 제시한 것이다.

1) 해를 받지 않을 권리

연구자는 연구참가자를 신체적 · 심리적 위해로부터 보호해야 한다. 연구자들은 연구에서 발생할 수 있는 모든 부정적인 결과를 예상해야 하며, 그것을 최대한 방지할 수 있도록 모든 노력을 해야 할 의무가 있다. 연구에서 참가자들의 권리는 항상 우선되어야 하며, 연구참가자의 복지와 이익 그리고 권리는 연구자의 그것보다 우선되어야 한다.

2) 연구참여의 승낙서

연구자는 연구가 시작되기 전에 연구참가자에게 연구의 내용과 예상되는 결과 및 참가자의 역할에 관한 충분한 설명을 하고, 연구참가자로부터 자발적인 연구참여 승낙서를 반드시 받아야 한다. 연구참가자가 18세 이하인 경우에는 부모 혹은 보호자의 동의서도 필요하다.

3) 속임수의 사용

연구자는 연구참가자들의 자연스러운 반응을 조사하기 위하여 의도적으로 그들이 잘못된 가정을 갖게 하거나 실험의 목적을 위장하기 위한 속임수를 사용해야 할 때가 있다. 미국심리학회의 윤리지침에서는 이런 경우의 속임수 사용을 허락하고 있다. 그러나 비록 속임수의 사용이 불가피하다고 할지라도, 연구참가자의 연구참여에 관한 자기결정 권리를 무시하고 그들의 사생활을 침해할 수도 있다는 이유로 이에 대한 비판과 반대가 거세다. 불가피하게 속임수를 사용했다고 하더라도 연구자는 연구참가자들에게 반드시 속임수를 쓴 이유에 대해 설명하고, 그들에게 해가 되는 것을 방지하기 위한 절차 또한 설명해야 한다.

4) 사생활의 보호

연구자는 연구참가자의 사생활을 보호해야 한다. 특히 연구주제가 개인적인 정보를 포함하는 것일 경우 익명성을 보장하여 참가자의 신분이 노출되지 않도록 세심한 주의를 기울여야 한다. 예를 들어, 실험과정이 촬영된다면 반드시 피험자의 동의를 얻어야 하고 촬영된 테이프에의 접근과 사용은 제한되어야 한다.

토의 및 연구 문제

1. 횡단적 연구설계, 종단적 연구설계, 계열적 연구설계의 특징과 장단점을 비교하여 설명해 보시오.
2. 실험연구, 상관연구, 사례연구의 구체적인 예를 한 가지씩 제시해 보시오.
3. 연구자료의 수집방법에는 어떤 것들이 있는지 간략히 설명해 보시오.
4. 전체간격 시간표집, 부분간격 시간표집, 순간 시간표집의 방법을 비교하여 설명해 보시오.
5. 영유아 및 아동 발달 연구자가 반드시 지켜야 할 연구윤리에 대하여 설명해 보시오.

2부

영유아기 발달의 이해

영아는 태어나기 이전부터 여러 발달과정을 거쳐 완전한 생명체로 성장한다. 생명의 시작은 난자와 정자가 융합하여 하나의 새로운 세포가 되는 수정의 순간부터 이루어지고 이때부터 인간은 한 개체로서 발달을 시작한다.

정자와 난자가 결합하는 수정의 순간부터 인간의 발달 전 과정을 통틀어서 태내기 10개월은 인간이 가장 빠르게 성장하는 시기다. 이러한 생명 발달의 과정에는 유전, 태내 환경, 출산 조건, 부모 및 가족 등 사회환경 요인들이 영향을 미친다.

영아기(嬰兒其, infancy)는 인간의 성장 · 발달단계에서 가장 급속한 성장과 변화가 일어나는 시기다. 이 시기 영아의 신체 발달을 살펴보면 누워 있던 영아에게는 앉고, 기고, 서고, 이동하는 능력이 형성되며, 언어 발달에 있어서는 울음으로 자신의 욕구를 표현하다가 옹알이를 하고, 한두 단어를 말하는 시기를 지나 문장으로 의사소통을 할 수 있게 된다. 정서 발달에 있어서는 부모나 자신을 돌보아 주는 대상에게 애착을 형성하며, 세상에 대한 신뢰감을 바탕으로 점차 다양한 인간관계를 맺어 가는 사회적 발달을 이루는 시기다. 즉, 인간의 성장 · 발달에 있어 결정적 시기(critical period)다. 연령에 따른 발달시기를 보면, 일반적으로 정자와 난자의 수정에서 출생까지 모체 내에서의 발달을 태내발달기라고 하며, 출생 후 2주까지의 시기는 신생아기라고 한다. 영아기는 신생아에서 만 2세까지를 의미한다.

유아기(幼兒基, early childhood)는 영아기가 끝나는 만 2세부터 보통 초등학교에 입학하기 전까지의 시기로, 학령전기(pre-school period) 또는 취학전기라고도 부른다. 때로 유아기는 3~4세까지를 유아원 시기, 취학 전인 5~6세를 유치원 시기로 세분하기도 한다.

유아기에 유아는 신체의 성장과 더불어 운동기능이 점차 세분화되면서 영아기의 아기 같은 모습을 벗고 어린이집이나 유치원에 적극적으로 다니며, 그로 인해 생활환경이 확장된다. 또한 이 시기의 유아는 의사소통의 능력과 관련하여 언어 발달이 급속하게 이루어지고 정서에 대한 표현도 다양해지며 놀이를 통하여 또래와의 관계를 형성하면서 사회성도 발달한다. 그리고 이 시기에는 자아를 인식하면서 자기통제가 가능해지며, 도덕성 및 성역할도 발달하기 시작한다.

2부에서는 영아가 하나의 생명체로서 존재하고 발달하는 과정을 이해하기 위해 생명의 시작, 태내기 발달과정, 태내 발달과 환경 요인들을 우선 살펴보고, 영아기의 발달을 신체 및 운동 발달, 인지 발달, 언어 발달, 정서 및 사회성 발달로 나누어 살펴보고자 한다. 유아기의 발달은 신체 및 운동 발달, 언어 및 인지 발달, 정서 및 사회성 발달, 놀이와 발달로 구분하여 살펴보고자 한다.

4장 생명의 시작과 태내기 발달

1. 생명의 시작

인간의 생명은 난자와 정자의 수정으로 시작된다. 수정의 순간, 인간은 전생애에 걸쳐 큰 영향을 미치는 여러 가지 발달적 특징을 갖는다. 또한 태내기의 환경이 자궁 밖 세상보다 훨씬 더 안전하더라도 엄청나게 많은 요인이 배아와 태아에 영향을 미칠 수 있다. 고귀한 인간 생명의 시작과 관련하여 임신 전 부모가 자녀를 위해 준비해야 할 것들은 다음과 같다.

1) 부모가 되는 동기

아이를 갖는다는 것, 즉 부모가 된다는 것은 단순한 사회적 과정으로 인식되기 쉬우나 부모가 되는 데에는 동기와 의의가 있다. 또한 부모 됨의 동기는 심리적 과정으로서 부모의 태도를 결정하는 요인이 되기도 한다(김명희, 2009).

우리나라에서는 과거에 여성이 자녀를 갖지 못하는 것을 칠거지악이라고 하며 여성의 도리를 다하지 못하는 것이라고 보았으며, 결혼을 한 사람들에게는 자녀를 갖는 것이 필수적인 과정이었다. 그러나 현대사회에서 부모가 된다는 것은 더 이상 의무가 아니라 선택의 문제로 받아들여지고 있다. 이와 같은 사회적인 가치관의 변

화로 인해 자녀를 갖지 않는 것은 과거에 비해 사회적으로 비판을 덜 받게 되었다. 이제 자녀를 갖는 것은 선택의 문제이며, 개인의 경제적인 상황, 직업에서의 목표, 개인적이거나 종교적인 가치, 건강상태 등의 복합적인 요인들에 의해 영향을 받게 된다.

자녀를 갖는 이유는 개인에 따라 다를 수 있다. 예를 들면, 따뜻하고 애정적인 관계를 나누고 자녀들이 제공하는 즐거움을 얻기 위해서 자녀를 가질 수도 있고, 자녀가 부모의 삶에 들어오면서 갖게 되는 성장과 학습 경험을 위해서, 자신이 죽은 후에 장례절차를 수행해 주길 원해서, 또는 자녀를 양육하는 과정에서 얻는 성취감과 창조성을 경험하기 위해서 자녀를 가질 수도 있다(Cowan & Cowan, 2000).

그러나 자녀를 갖는 것은 더 많은 책임을 져야 하는 것이기 때문에 최근 많은 사람은 이를 짐으로 생각하고 있다. 부모가 됨으로써 얻는 불이익으로 자유를 잃게 되고, 경제적인 부담을 갖게 되는 것이라는 반응이 가장 많았다. 실제로 자녀 양육에 드는 비용의 문제는 현재 가족계획에서 가장 중요한 요인이 되고 있다.

또한 여성들은 자녀를 양육하면서 직업생활을 병행하기에는 시간이 충분하지 않기 때문에 자녀 출산계획과 직업 간의 갈등에 관해 가장 많이 고민한다. 맞벌이 부부의 가사 및 자녀 양육 시간은 평일 기준으로 아내가 평균 197분인 데 반해 남편은 72분에 불과해, 아내가 3배가량 더 많은 시간을 가사 및 자녀 양육에 매달리는 것으로 나타났다. 자녀가 없을 경우에는 아내 123분, 남편 51분이었지만, 자녀가 한 명일 경우에는 아내 207분, 남편 88분으로 아내가 남편보다 2시간가량 집안일을 더 많이 하여 여성에게 양육과 가사 부담이 편중된 것으로 나타났다.

결혼 이후 자녀를 가질 것인지 말 것인지, 언제 가질 것인지, 어떻게 가질 것인지를 출산과 관련된 계획에 대하여 현대인들이 과거에 비해 더 많은 선택권을 갖고 있는 것은 사실이다. 그러나 부부가 자녀 출산에 대해 서로 다른 의견을 가지고 자신의 견해만을 주장할 때, 이 결정은 미묘한 협상을 거쳐야 하는 문제가 된다.

자녀 출산의 장단점을 비교하고 어떤 것이 더 좋은 방법인지에 대해 결론을 내리는 것은 아직도 매우 조심스럽고 결정하기 어려운 문제이지만, 부모가 되기로 결심하였을 때 가장 중요한 것은 부부가 자녀를 갖는 데 충분히 준비가 되었는지의 여부다. 부부가 부모가 되기 위한 준비를 충분히 해야만 보다 개인적으로 의미 있는 경험을 할 수 있기 때문이다.

저출산과 소규모 핵가족

우리나라 가임여성 1명이 낳는 평균 자녀 수는 1970년 4.53명에서 1980년 2.83명, 1990년 1.59명, 2000년 1.47명, 2013년 1.19명, 2015년 1.24명(통계청, 2015)이며 OECD 최저 수준의 저출산이 사회적 이슈가 되고 있다.

과거의 효율적인 출산정책과 더불어 최근 출산율이 감소하는 주요 이유는 많은 여성이 직업에서 경제적 · 개인적 보상을 얻고 있기 때문이다. 과거와는 다르게 줄어든 자녀의 수는 여성이 가족과 직업에 에너지를 분배하는 데 도움을 준다. 물론 자녀들도 소가족 내에서 자라는 것이 좋다고 알려져 있다. 자녀의 수가 적을 때 부모는 보다 많이 인내하고 보다 덜 처벌적이다. 또한 각 자녀의 활동, 학업 그리고 다른 특별한 요구들에 전념하는 데 보다 많은 시간을 가진다. 게다가 형제자매들이 2년 이상 터울을 가지는 등 터울이 커서 부모가 각 자녀에게 더 많은 관심과 자원을 투자할 수 있다. 이러한 것들은 소가족 내에서 자란 자녀들이 더 건강하고, 지능검사 점수가 다소 높고, 학교에서의 적응과 수행 능력이 높으며, 높은 수준의 교육을 받는다는 사실로 설명된다(Powell & Steelman. 1993).

그러나 우리나라의 경우에는 소가족을 넘어서 낮은 소득, 실업 및 불안전한 고용, 결혼생활에 대한 부담 등으로 인해 자녀를 한 명만 갖거나 자녀를 전혀 갖지 않는 가정도 점차 증가하고 있다. 대부분 가정이 한 자녀만을 낳아 그 자녀에게 모든 교육적 · 경제적 투자를 제공하기 때문에 자녀들이 점차 넉넉한 환경에서 다양한 교육적 혜택을 받고 자란다는 장점이 있으나, 자녀에 대한 과잉간섭과 과열된 부모의 교육열로 자녀에게 오히려 부정적인 영향을 주기도 하며, 자녀에 대한 너무 많은 관심으로 자녀가 타인과의 원활한 관계를 맺으며 성장하기보다는 매우 독단적인 성향을 갖게 된다는 지적도 나타나고 있다.

저출산과 더불어 자녀를 갖지 않은 채 부부로만 구성된 가족으로 인해 사회는 점차 고령화되어 가고 있으며, 이것이 앞으로 우리나라의 경제성장이나 사회발전에 부정적인 영향을 미칠 수 있음을 간과해서는 안 된다.

2) 임신시기

지금까지는 여성이 20대에 출산을 하는 것이 가장 이상적이라고 생각해 왔다. 그 이유는 나이가 많을수록 염색체 이상을 가진 아기를 출산할 위험이 증가할 뿐만 아니라, 젊은 부모일수록 활동적인 자녀를 따라가기에 충분한 에너지를 가질 수 있기 때문이었다.

그러나 2004년 우리나라의 연령별 출산율(여성 1,000명당)을 보면 25~29세는 111.3명으로 2001년 130.1명보다 18.8명 감소하였으며, 30~34세는 75.0명으로 2001년 78.3명보다 3.3명 감소하였다. 또한 20~24세 연령층 임신부에게서 태어난 출생아 수가 급격히 감소하고 있고, 최근 출산연령층이 20~29세에서 25~34세로 높아지고 있으며, 평균 출산연령은 32.23세다(통계청, 2015). 이러한 현상의 가장 큰 원인은 만혼화 현상의 지속으로 여성들의 초혼연령이 점차 늦어진다는 것과 여성들의 경제활동이 계속 증가한다는 것이다.

30대 노산은 20여 년 넘게 급격히 증가해 왔다. 여성들은 자신의 학업이 끝날 때까지, 직업에서의 성취를 이룰 때까지, 그리고 자녀를 경제적으로 충분히 지원할 수 있을 때까지 출산계획을 미루고 있다. 나이 든 부모는 젊은 부모에 비해 덜 활동적이지만, 대신 경제적으로나 정서적으로 보다 더 성숙하기 때문에 부모로서 자녀에게 더 많은 노력을 기울일 수 있다는 장점을 가지고 있다. 하지만 나이가 들수록 생식능력은 점차 줄어든다. 여성의 생식능력은 15세부터 50세까지라고 할 수 있으며, 생식능력이 점차 증가하다가 30대 중반에 급등기를 가진다. 그러나 25세부터 34세 사이에 약 14%의 여성이 생식문제를 가지며, 35세에서 44세까지의 여성 중 26%가 생식문제를 가진다.

고연령은 남성의 생식능력에도 영향을 미친다. 한 번의 사정에서 나오는 정액과 정자의 밀도는 30세 이후에 점차 감소한다. 결과적으로 45세 남성이 임신을 하기 위해 2년 이상 걸릴 확률은 25세 남성에 비해 12배나 높으며, 또한 부인이 계속 직업을 갖길 원하는 맞벌이 부부의 경우에는 특히 부모가 되는 것이 지연되는 경향이 있다(Hassan & Killick, 2003).

또한 자연임신이 어려운 경우 불임치료로 임신을 할 수 있는데, 이러한 치료의 성공률은 나이 들어 가면서 꾸준히 감소한다. 비록 성인기 동안 부모가 되는 가장 좋은 시기가 정해져 있는 것은 아니지만, 30대나 40대 초반에 자녀를 낳기로 결정

한 사람들은 자신이 원하는 바보다 적은 수의 아이를 갖게 되거나 전혀 낳지 못할 수도 있다는 것을 염두에 두어야 한다.

2. 태내기 발달

인간의 생명체는 남성의 정자와 여성의 난자가 결합됨으로써 시작된다. 이 과정을 임신 또는 수정이라 하는데 정자와 난자가 결합한 세포는 출산까지 태내에서 약 280일(10개월, 40주) 동안 빠른 속도로 하나의 생명체로 성장하며 이 기간을 태내기라고 한다.

하나의 생명체는 수정과 더불어 발달하기 시작한다. 그러므로 출생 후 아기의 발달은 태내 발달의 연속으로 볼 수 있다. 현대에는 태아학(embriyology)의 발달로 태아가 어떤 과정을 거쳐 발달하며 태내에서 어떤 경험을 겪는지와 태아의 능력은 어떠한지에 대해 알려지면서 태아도 엄연한 생명체인 인간으로서 바람직한 성장 · 발달을 이루도록 보호받고 양육되어야 한다는 점이 강조되고 있다.

특히 임신 전 부모가 자녀를 갖기 위해 준비해야 할 것과 수정과 착상 과정을 거쳐 생명을 가진 한 개체가 어머니의 자궁 속에서 280여 일간 급격한 변화를 통해 성장해 가는 과정을 살펴보고자 한다.

1) 태아를 위한 준비과정

임신을 계획한 모든 부모는 건강한 아기를 출산하고자 하는 소망을 가지며, 부모가 될 마음의 준비를 하기 시작한다. 태아는 280여 일간 임신부의 몸속에서 자라기 때문에 건강한 아기의 출산에 가장 중요한 조건은 임신부의 신체적 · 정신적 건강이라 할 수 있다. 임신부가 신체적으로나 정신적으로 건강하게 준비된 상태에서 계획된 임신을 한다면, 임신부와 태아의 건강에도 좋을 뿐 아니라 그동안 알지 못했던 임신부의 신체 이상 여부를 점검할 수 있다.

임신 전에 예비 임신부는 임신에 적합한 신체 조건을 갖추기 위해 병원을 방문하여 내진을 포함한 검사를 받고, 풍진에 대한 면역 여부를 알아보아야 한다. 풍진에 대한 면역이 없을 경우, 임신 전에 풍진 예방접종을 해야 하며, 예방접종 후 3개월

간은 아이를 갖지 않도록 해야 한다.

또한 혈액형(ABO, Rh)검사, 성병 여부를 알아보기 위한 매독혈청검사, 자궁경부암검사, 간염항체 보유 여부를 알아보기 위한 B형 간염 선별검사, AIDS 선별검사 등을 통해 질병 유무를 살펴보는 것이 필요하다. 당뇨나 고혈압과 같은 질환을 가지고 있는 경우라면, 의사와의 상담을 통해 임신에 대한 특별한 주의를 기울어야 한다. 또한 가족이 선천성 기형이나 유전성 질환을 가지고 있는지 가계력을 살펴보고, 있을 경우 해당 유전병과 관련된 상담을 받는 것도 필요하다.

2) 수정과 착상

(1) 수정

인간 발달의 첫 단계는 남성의 정자세포 하나가 여성의 난자의 벽을 뚫고 들어가는 수정의 순간이다. 여성은 보통 두 개의 난소 중에서 하나로부터 난자를 한 달에 하나씩 생산하는데, 이것은 두 월경기간 사이의 중반쯤에 일어난다. 산출된 난자는 수정이 되지 않으면 난소에서 나와서 나팔관을 타고 내려와 자궁 쪽으로 여행하며 자궁 내에서 점차로 분해되어, 다음 월경 때 일부가 몸 밖으로 배출된다.

난자가 나팔관 내에 있는 결정적으로 중요한 며칠 사이에 한 쌍의 남녀가 성교를 한다면 남성이 성적으로 흥분하는 절정의 순간에 사출된 수백만 개의 정자 중에 하나가 여성의 질, 자궁 경부, 자궁 그리고 나팔관을 지나서 난자를 만나 난자의 벽을 뚫고 들어간다. 그리하여 아기가 수정된다.

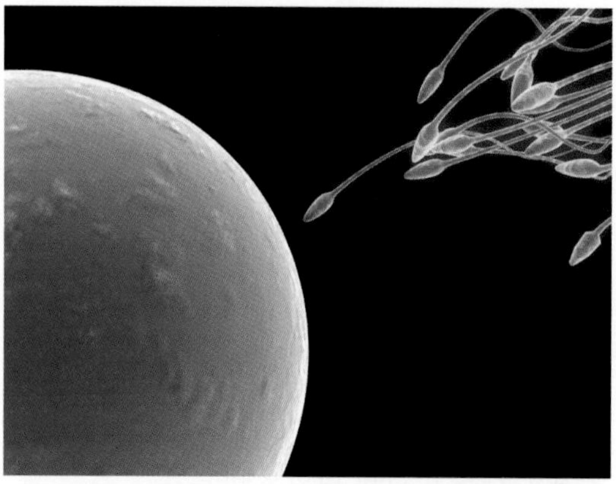
▲ 남성의 정자 세포 하나가 여성의 생식세포인 난자의 벽을 뚫고 들어가면 수정이 이루어지면서 인간 발달이 시작된다.

이처럼 여성의 생식세포인 난자는 인체 내에 있는 세포 중 가장 큰 세포로 직경이 0.14~0.2mm에 이른다. 여성은 출생 시부터 미성숙한 난자를 가지고 있으며, 월경이 시작되면서부터 난소에서 한 달에 한 개씩의 난자를 배출하게 된다. 월경주기 중 난소로부터 배출된 난자는 스스로 운동성을 가지고 있지는 않으나, 나팔관 속의 융모수축운동으로 자궁에 도달하게 되며, 배출된 난자는 보통 72시간 정도 생존한다.

남성이 1회에 사정하는 정액 속에 들어 있는 정자의 수는 약 3~5억 개다. 남성의 생식세포인 정자는 긴 꼬리를 가진 올챙이 모양으로, 크기는 난자의 약 1/40 정도로 매우 작으며 활동적이다. 정자가 산출되면 꼬리운동과 근육의 수축, 호르몬의 영향으로 자궁을 거쳐 난자가 있는 난관을 향해 헤엄쳐 가게 되는데, 정자는 보통 48~72시간 정도 생존한다.

정자는 1분에 0.5cm 정도 움직이며, 수많은 정자 중 하나가 난자를 만나 난막을 뚫고 들어가면 꼬리는 떨어지고 머리 부분인 핵이 난자의 핵과 결합하는데 이러한 과정을 수정(fertilization)이라고 하며, 수정과정을 통해 새로 생긴 단일 세포를 수정란(fertilized egg)이라고 한다. 수정란은 나팔관을 통해 자궁으로 움직여 가면서 세포분열을 시작하여 수정된 지 4일 정도 되면 90개의 세포를 가진 배반포(blastocyst)가 된다. 배반포의 내층인 배반엽(embryonic disk)은 배아(embryo)로 발달하고, 세포의 외층은 배아를 보호하고 기르기 위한 조직으로 발달한다.

보통 하나의 정자와 하나의 난자가 만나 수정되어 임신이 되는데, 두 개의 난자와 두 개의 정자가 만나 이란성 쌍생아가 되기도 하고, 하나의 정자와 하나의 난자가 만난 수정란이 세포분열 과정에서 두 개로 나뉘어 일란성 쌍생아가 되기도 한다. 이란성 쌍생아는 서로 다른 난자와 정자가 만나 두 개의 수정란이 만들어지는 것이기 때문에 서로 다른 성별을 가지게 되는 경우도 있고, 두 수정란의 유전인자가 서로 다를 수 있다. 그러나 일란성 쌍생아는 같은 유전인자를 가지고 있기 때문에 같은 성별을 가지고 태어나며, 외모나 성격 면에서 유사한 특징을 가진다.

(2) 착상

수정 후 6~10일 정도 되면 약 500여 개의 세포로 구성된 둥근 공 모양의 수정란이 자궁 속을 하루나 이틀 정도 떠돌다가 자궁에 접근하게 되면서 작고 옹이 같은 덩굴손이 외측 표피에 나타나게 되고, 이 덩굴손은 자궁벽 안쪽으로 파고들어 모체로부터 혈액을 공급받게 된다. 이것을 착상이라고 하며, 난자의 배출 후 착상까지는 10~14일 정도 걸린다.

정자와 난자의 모습은 다음과 같다.

정자(sperm)

정자는 남성의 고환에서 만들어지며, 한 번의 사정으로 나오는 약 3~5mL 정도의 정액 속에는 약 3~5억 마리 정도의 정자가 생존한다. 이 중에서 10~20% 정도만이 분당 2~3mm의 속도로 움직여서 여성의 나팔관을 타고 자궁으로 들어간다. 3~5억 마리의 정자 중 하나의 정자만이 수정할 수 있게 되는데, 많은 수의 정자 중 활동성이 강한 정자만이 수정할 수 있게 된다. 정자의 생존기간은 약 72시간 정도다.

난자(ovum)

여성의 생식기는 두 개의 난소와 두 개의 나팔관 및 자궁으로 구성되어 있다. 난소는 미성숙한 난자를 저장하는 곳으로 양쪽의 난소에 약 40만 개의 미성숙한 난자를 가지고 태어난다. 사춘기 전까지의 난자는 성숙하지 못하다가 월경을 하게 되면 호르몬의 자극으로 난자는 비로소 성숙한다. 성숙한 난소가 월 1회 파열되어 한 개의 난자를 배출하는 것을 배란이라고 한다. 난자는 인체에서 가장 큰 세포로, 그 모양은 구형이며, 크기는 0.14~0.2mm 정도이고, 정자보다 약 40배 크다.

(3) 임신의 징후

보통 성관계를 가진 여성은 월경이 예정일보다 일주일 이상 늦어지면 임신 가능성에 대해 생각해 보게 된다. 월경이 멎는다는 것은 임신의 가장 대표적인 징후이지만, 월경이 늦어지거나 일시적으로 멎었다고 해서 모두 임신은 아니며, 그 외에도 다른 여러 가지 신체적인 징후를 통해 임신 여부를 알 수 있다. 임신의 다른 징후로는 소변이 자주 마렵거나, 젖꼭지 주변의 색이 진해지고, 유방이 부풀어 오르거나, 식욕이 없어지며, 속이 메슥거리는 증상이 나타나기도 한다. 또한 감기에 걸린 것처럼 체온이 오르고 미열이 나거나 정서적으로 불안정하고 초조함을 느끼는 경우도 있고, 입덧을 시작하기도 한다.

때때로 임신부들은 수정된 정확한 순간을 알지 못하기 때문에 태아가 수정되고 얼마만큼의 시간이 흘렀는지 정확히 아는 것이 어려울 때가 있다. 일반적으로는 마지막 월경기간으로부터 임신 날짜를 계산하거나(월경연령: 마지막 월경으로부터 280일 후 출산 예정), 또는 배란이 월경주기의 중간에 이루어지기 때문에 마지막 월경부터 2주 후인 배란기를 수정시기로 추정하여 계산하기도 한다(수정연령: 마지막 배란일로부터 266일 후 출산 예정). 그러나 여성 개개인마다 월경주기가 다르고, 때로는 한 개인 내에서도 월경주기가 변화하는 경우가 있기 때문에 정확한 수정 날짜

또는 출산예정일을 밝히기는 쉽지 않다.

(4) 산전검사

출산하기 전, 임신부들은 태아가 건강하게 성장하고 있는지를 알아보기 위해 다양한 산전검사를 받는다. 보편적으로 시행되고 있는 산전검사는 초음파검사로, 초음파검사를 통해서 정상 임신 여부를 확인하고, 태아의 크기와 주요 기형 여부 및 태반의 위치, 양수의 양 등을 측정한다.

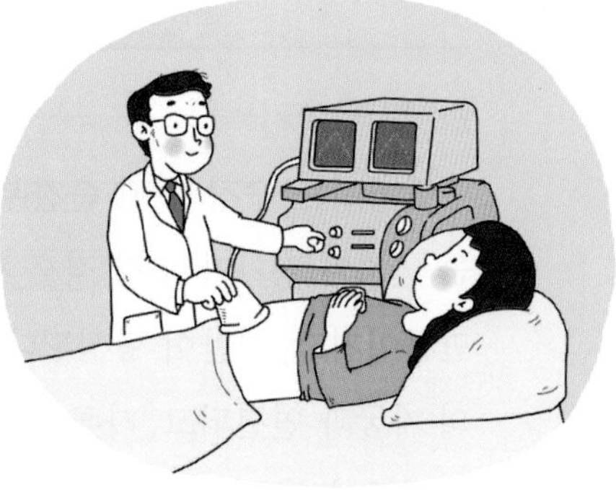
▲ 임신 중 초음파검사

태아의 염색체 이상 여부와 기형 여부를 알아보기 위한 검사로는 융모막검사, 양수천자검사, 태아제대천자검사 등이 있다. 산모의 나이가 35세 이상이거나, 원인 모를 자연유산을 3회 이상 경험했거나, 임신부와 배우자 혹은 그 근친 중에 염색체 이상을 가진 사람이 있거나, 초음파상에서 태아의 기형이 발견되거나, 선천성 기형이나 염색체 이상의 아기를 분만한 경험이 있는 임신부들은 이러한 검사들을 통해 태아의 건강 상태를 살펴볼 필요가 있다.

융모막검사는 임신 초기에 태아의 조직을 대신하여 태반 조직의 일부를 떼어 내어 염색체 이상을 알아보는 검사로 대개 임신 10~12주 사이에 시행하며, 양수천자검사(amniocentesis)는 임신부의 복벽을 통해 자궁에서 양수를 채취하여 배양한 후 염색체검사나 생화학검사를 함으로써 태아의 기형 여부를 알아보는 검사다. 태아제대천자검사(cordocetesis)는 제대에서 태아의 혈액을 채취하여 태아의 염색체를 검사하는 방법으로, 융모막검사나 양수천자검사에 비해 위험성은 다소 높으나 일주일 만에 태아 염색체 검사결과를 알 수 있다는 장점이 있다.

3) 태아 발달 3단계

태아가 자궁 내에서 생활하는 280여 일은 발아기, 배아기, 태아기의 세 단계로 나뉜다. 발아기는 수정이 된 순간부터 첫 2주간으로, 빠른 세포분열이 일어나고 자궁벽에 착상하는 특징을 가진다. 수정 후 2주부터 8주까지는 배아기로 인간의 형태가 형성되는 시기이며, 주요 내장기관의 빠른 성장이 일어나는 시기다. 또한 이 시

기에는 태반과 탯줄이 형성되어 태아가 모체로부터 영양분을 공급받게 된다. 태아기는 수정 후 8주부터 출생에 이르는 시기로, 빠르게 신체성장을 하며 신체 각 부분의 각기 다른 성장 속도로 신체 형태의 변화가 일어나는 시기다.

(1) 발아기

발아기는 수정이 된 순간부터 자궁벽에 착상하는 2주간을 의미한다. 이 시기에는 난자와 정자가 수정 직후 세포분열을 시작하여 자궁에 착상하며, 양막과 양수가 만들어지고, 태반이 형성된다. 자궁벽의 반 정도를 차지하는 태반은 한쪽은 어머니의 자궁과 연결되고, 다른 한쪽은 태아의 탯줄과 연결된다.

세포의 외층이 태반으로 전환되어 태아의 신장, 간, 장, 허파의 역할을 하며 태아를 기르고 보호하기 위한 준비를 하는 동안, 세포의 내층은 배아와 양막(amnion)이 되는데, 양막은 태아의 집과 같은 역할을 하며 무색투명한 양수로 가득 차 있다. 양수는 태아를 외부의 압력으로부터 보호하는 역할을 하고 태아의 체중을 일정하게 유지해 준다.

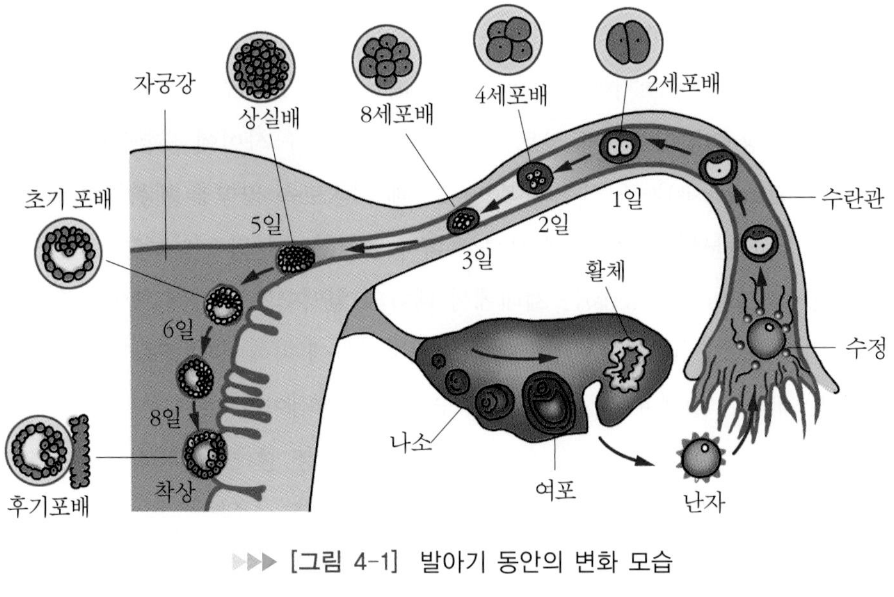

▶▶▶ [그림 4-1] 발아기 동안의 변화 모습

(2) 배아기

배아기는 수정 후 2주부터 약 8주까지를 의미한다. 이 시기가 되면 배아에게 중요한 신체 기관과 조직이 형성되며, 빠른 성장과 분화를 통해 구조적인 변화가 일

어난다. 배아기 동안 수정란은 외배엽 · 중배엽 · 내배엽의 세 개 층으로 분리된다. 외배엽은 감각세포 · 신경세포로, 중배엽은 근육 · 골격 · 순환기관 · 배설기관으로, 내배엽은 소화기관 · 호흡기관으로 발달한다.

초기에는 배아에게서 꼬리와 아가미를 닮은 원시적인 형태를 관찰할 수 있으나, 배아기가 끝날 무렵이 되면 머리, 몸통, 팔, 다리 등의 외부기관이 나타나고, 세부적으로는 눈, 귀, 손가락, 발가락도 분화되어 인간의 기본적인 신체기관을 볼 수 있다. 또한 내부기관도 분화하여 심장박동, 순환계의 활동, 간과 신장 기능 및 신경계통의 활동이 시작된다. 이때 배아의 크기는 약 2.5cm, 무게는 14g 정도가 된다.

이 시기는 빠른 성장과 발달을 통해 신체의 여러 기관이 형성되는 시기이기 때문에 태내환경의 영향에 가장 민감하다. 출생 시의 신체 결함이나 감각 결함과 같은 거의 모든 출생 결함은 임신 첫 3개월 이내에 일어나며, 이 시기에 태내환경이 좋지 못했다면 태아가 발달하면서 회복할 수 없는 큰 결함을 갖게 된다. 결함의 정도가 심한 배아는 대개 이 시기를 넘기지 못하고 자연적으로 유산된다(강문희, 박경, 정옥한, 2011).

(3) 태아기: 수정 후 8주~출생

태내기의 마지막 단계인 태아기는 수정 후 8주부터 출생까지를 말한다. 배아는 수정 후 8주 즈음에 뼈세포가 처음 나타나면서 태아(fetus)가 된다. 이 시기에는 급속한 성장이 이루어지고, 각 기관의 구조가 정교화되어 그 기능이 원활해지며, 태아의 성별 구분이 가능해진다.

▲ 3개월 태아 모습

임신 3개월이 되면 태아의 크기는 4.6cm, 무게는 28.4g 정도이며, 소화체계와 배설체계가 함께 작용하면서 태아는 삼키고 영양분을 소화하고 배설할 수 있게 된다. 또한 신경과 근육 체계의 조화로운 기능으로 태아는 양수 내에서 주먹을 쥐고, 몸을 뒤틀고, 발로 차는 등의 활동을 하게 된다.

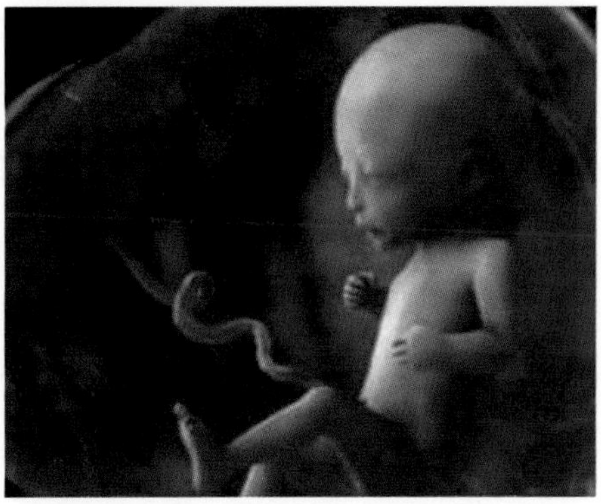
▲ 5개월 태아 모습

이 시기의 태아는 머리, 몸통, 팔다리의 구분이 분명해지고, 머리가 몸통의 약 1/3 정도를 차지하

며, 손톱, 입술, 귀, 코 등이 생겨난다. 또한 외부 성기가 나타나 성별을 알아볼 수 있으며 내부 생식기는 이미 미성숙한 난자 또는 정자세포를 가지고 있다.

임신 4~6개월이 되면 임신부가 태아의 움직임을 느낄 수 있을 만큼 강한 움직임들이 나타나고, 청진기를 통해 태아의 심장박동 소리를 들을 수 있게 된다. 임신 4개월이 되면 태아의 크기는 약 20.3~25.4cm, 무게는 170g 정도이며, 인간의 외형을 갖추게 되고, 뇌의 발달과 더불어 외부 자극에 대한 쾌, 불쾌 등의 감정을 느끼기 시작한다. 또한 하품을 하거나 기지개를 켜기도 하고, 근육과 뼈가 발달하며, 신장이 형성되어 양수로 소변을 내보내기도 한다.

임신 5개월이 되면 태아의 크기는 30.5cm, 무게는 340~453g 정도가 된다. 수면 습관이 분명해지고, 자궁 내에서 선호하는 자세가 나타나기도 하며, 더욱 활동적이 되어 차고 뻗고 꿈틀거리기도 하고 딸꾹질을 하기도 한다. 태아의 심장박동은 임신부의 배에 귀를 대면 들을 수 있을 정도로 강해지고, 호흡도 점차 규칙적으로 변화해 간다. 온몸에는 솜털이 나 있고, 눈썹과 속눈썹, 머리카락이 자라기 시작하며, 피부가 두꺼워지기 시작한다. 또한 청각이 완성되어 큰 소리에 놀라거나 부모의 목소리를 기억하기도 한다.

임신 6개월이 되면 태아의 성장 속도가 다소 늦춰져 크기는 약 35.6cm, 무게는 567g 정도가 되고, 피하지방이 쌓이게 되며, 눈을 감고 뜨는 것이 가능해진다. 이 시기의 태아들은 하루 내내 규칙적인 호흡을 유지할 수 있기 때문에 아직 미성숙하기는 하지만 자궁 밖에서도 생존할 가능성이 있는 것으로 알려져 있다. 태아는 울거나 강하게 손을 꼭 쥐는 행동을 하기도 하고, 손가락을 빨기 시작하며, 출생 후 모유를 먹기 위한 준비로 빨고 삼키는 동작을 하게 된다. 또한 태아의 뇌세포는 이 시기에 더욱 분화되어 정보처리 능력이 상당히 높아지고 급격한 온도 변화나 심리적 스트레스를 싫어하게 된다.

임신의 마지막 3개월인 7~9개월이 되면 태아의 모든 기관체계는 급격히 성숙하여 태어날 준비를 하게 되며, 생존 가능 연령에 도달하며 임신부가 조산을 하는 경우에도 생존할 가능성이 높아진다. 7개월이 되면 태아는 약 40.6cm의 신장에 1.4~2.3kg 정도의 무게를 갖게 된다. 이 시기의 태아는 반사행동이 완전히 발달하고, 밤과 낮을 구분하며, 각 내장기관이 발달하여 신진대사가 더욱 활발해진다.

임신 8개월이 되면 태아는 더 빨리 자라 약 45.7~50.8cm의 신장에 2.3~3.2kg 정도의 무게가 되어 자궁이 꽉 차게 되며, 자궁의 크기가 제한되어 있어 태아의 움

직임은 줄어들게 된다. 또한 태아는 일반적으로 머리를 아래로 하고, 엉덩이와 발을 위로 하여 일정한 자세와 위치를 갖는다. 또한 지방층이 몸 전체에 발달하여 자궁 밖의 온도 변화에 적응할 수 있는 준비를 하게 되며, 폐로 호흡하고 젖을 빨고 배설하는 것을 익히게 된다.

임신 9개월이 되면 평균적으로 태아는 약 50.8cm의 신장과 3.2kg의 몸무게에 도달하게 된다. 지방층 형성은 계속되고, 기관체계가 더욱 효율적으로 기능하며, 심장박동 속도가 빨라지고 노폐물은 더 많이 배출된다. 그러나 태아의 활동은 점차 느려지고 수면은 증가한다. 피부의 붉은색은 점차 흐려지고 소리, 냄새, 빛, 촉감에 반응할 수 있을 만큼 감각기능의 전 영역에 걸쳐 반사능력을 갖는다. 임신의 마지막 달에 임신부의 자궁은 불규칙적으로 수축하고 이완하면서 골반뼈 사이에 태아의 머리가 위치하도록 돕는 움직임이 나타난다. 자궁수축이 강해지고 빈번해지며 규칙적으로 나타나면서 임신부는 몇 시간의 진통 후에 출산을 하게 된다.

3. 태내 발달과 환경 요인

수정된 순간부터 출생에 이르기까지 발달하는 과정에서 태아는 수많은 태내 환경의 영향을 받게 된다. 태내 발달에 영향을 미치는 환경에는 모체의 영양, 모체의 질병, 환경오염, 약물, 어머니의 정서 등 다양한 요인이 포함되며, 이러한 환경은 손상의 시기와 강도에 따라 태아에게는 각기 다른 영향을 미치는 것으로 알려져 있다.

이 절에서는 태내 발달에 영향을 미치는 다양한 요인과 태아가 살고 있는 태내 환경의 중요성에 대해 살펴볼 것이다.

1) 모체의 영양

태아는 수정되는 순간부터 출생하기까지 어머니의 자궁 내에서 생활하며, 탯줄을 통해 어머니로부터 발달에 필요한 영양을 공급받기 때문에 태아가 성장함에 있어 어머니의 영양상태는 결정적인 역할을 한다. 과거에는 아기를 작게 놓아 크게 키우라고 하여 임신부들이 음식물을 적게 섭취하곤 했으나, 최근의 연구에서는 어

머니의 임신 전 체중과 임신 중의 체중 증가가 아동의 출생 시 체중에 영향을 미친다는 연구결과와 함께 임신 중 영양의 중요성을 강조하고 있다.

임신부의 하루 음식 섭취량은 임신 전에 비해 약 15~30% 정도 증가하는 것이 바람직한데, 특히 칼슘과 단백질, 철분, 비타민은 임신부의 건강뿐만 아니라 태아의 성장·발육에 필수적이기 때문에 충분히 섭취해야 한다(정옥분, 2004a). 임신 전부터 오랫동안 영양실조로 고통받아 오다가 임신 후에도 영양상태가 좋지 않은 임신부는 임신과 출산 과정에서 복합적인 문제로 고생할 가능성이 많고, 사산아 또는 출생 직후 사망하는 아기를 낳을 가능성이 높다(강문희 외, 2011). 태내기 동안 임신부가 태아에게 영양을 충분히 공급해 주지 못할 경우, 사산 및 유산의 가능성이 높고, 미숙아나 조산아가 태어날 가능성이 증가한다(정옥분, 2004a; Newman & Buka, 1993).

또한 태내기에 영양공급을 제대로 받지 못한 태아는 출생 후에도 감기, 기관지염, 폐렴 등의 호흡기 질환에 감염될 확률이 높고(정옥분, 2004a), 지적 결함, 뇌성마비, 일반적인 허약 증세 등을 보이기도 한다. 더불어 뇌세포가 급격하게 증가하는 시기이므로 부적절한 영양공급은 태아의 중추신경계 결함을 초래하여 이후 지적 발달에 영향을 미치게 된다(Morgane et al., 1993).

태아가 자신의 성장에 필요한 영양분을 모체로부터 빼앗아 가기 때문에 불충분한 영양공급은 모체의 건강을 더욱 악화시키는 부정적인 영향을 미친다. 임신부의 영양공급은 사회계층에 의해서도 영향을 받는데, 사회계층이 낮은 여성의 영양결핍은 다른 여러 가지 문제를 동시에 수반하기 때문에 더욱 심각한 문제를 야기할 수 있다(정옥분, 2004a). 출생 시 신생아의 체중은 이후의 지능이나 성취도와도 관련이 있다. 이때 임신부는 식사를 보충해 줌으로써 아기의 출생 시 체중을 증가시키고, 체중미달 영아의 발생률도 감소시킬 수 있다(강문희 외, 2011; Jacobson, 1980).

2) 모체의 질병

(1) 풍진

임신부의 질병은 태반을 통해 태아에게 감염되거나 전이될 수 있기 때문에 태내 결함을 유발하는 중요한 원인으로 알려져 있다. 가장 대표적인 질병인 풍진은 일반 성인에게는 가벼운 질병이지만, 임신 3개월 이내의 임신부가 이 질병을 앓는 경우에 태아는 시각장애, 청각장애, 지적장애 등의 심각한 장애를 갖게 될 가능성이 매

우 높다. 이러한 문제는 예방접종을 통해 해결할 수 있는데, 임신하기 수개월 전의 예방접종은 때때로 임신 후 태아에게 영향을 미치는 경우가 있으므로 결혼 후 임신을 원하는 여성은 결혼 전에 미리 예방접종을 하는 것이 바람직하다.

(2) 당뇨병

임신부가 당뇨병을 앓는 경우, 자궁 내 환경은 혈당이 높고 인슐린 분비 수준이 높기 때문에 태아의 성장을 자극하여 정상적인 태아의 크기보다 더 큰 아기를 낳을 가능성이 있으며, 이로 인해 정상분만을 하기 어렵거나 임신부의 산도가 손상되기 쉽다. 또한 유산 · 사산을 초래할 가능성이 높고, 신체적 이상이나 신경학적 결함을 가진 기형아가 태어날 가능성도 건강한 임신부에 비해 세 배나 높은 것으로 알려져 있다. 출산 후에는 자극에 대한 반응이 덜 민감하고 사람의 얼굴을 주시하는 데 어려움이 있으며 운동능력도 지체되는 것으로 나타났다(Clarke-Stewart, Friedman, & Koch, 1985).

(3) 성병

임신부가 임질이나 매독과 같은 성병에 감염된 경우에도 태아에게 치명적인 영향을 미친다. 성병에 감염된 태아의 30% 정도는 출생 전에 사망하고, 그렇지 않은 경우에는 기형아로 태어나거나 시각장애를 가질 수 있다.

임질은 임균이라는 미생물에 감염되어 걸리는 전염성 성병으로, 모체가 임질에 걸리면 출산 시 임질균이 태아의 눈에 들어가 시각장애를 초래할 가능성이 있으며, 매독에 걸린 임신부는 유산이나 사산의 가능성이 높고, 기형아나 지적장애아를 출산할 가능성이 높다. 또한 성기 부분에 헤르페스(herpes) 바이러스를 가진 임신부의 경우 산도를 통해 출산하는 과정이나 태반을 통해 태아가 감염되기도 하며, 심한 경우 사망할 가능성도 있다.

(4) 후천성 면역결핍증

최근 후천성 면역결핍증의 영향에 대해서도 많은 관심을 보이고 있는데, 후천성 면역결핍증(Acquired Immune Deficiency Syndrome: AIDS)은 태반을 통하거나 출산 시 모체의 혈액을 통해 또는 수유를 통해 감염되기도 한다. 감염된 태아는 비정상적으로 작은 두개골과 얼굴 기형을 보이며, 출생 후 사망률도 높은데, 특히 임신 초

기에 감염된 경우에 더 심하게 나타난다. 후천성 면역결핍증은 성인의 경우 5년 정도의 잠복기를 가지기 때문에 어떤 여성은 자신이 후천성 면역결핍증에 감염된 사실을 모른 채 임신을 하는 경우가 있으며, 태아는 대체로 4~6개월 사이에 후천성 면역결핍증의 증상을 나타내기 때문에 태아가 이 질병으로 진단받은 후에야 임신부는 자신이 보균자임을 알게 되는 경우도 있다.

3) 모체의 정서

우리나라에서는 과거부터 태교의 중요성을 강조하여 왔는데, 이는 임신부의 몸가짐과 마음가짐을 다스림으로써 건강한 아기를 출산하고자 하는 매우 과학적이고 진보된 사상이었다고 볼 수 있다. 태아는 태내에서도 모체의 감정상태를 감지하고 그것에 반응한다.

어머니가 경험하는 공포나 불안, 분노와 같은 정서적 스트레스는 자율신경계를 자극하여 아드레날린 분비를 촉진시키고, 이는 태반을 통해 태아에게 전달된다. 스트레스에 반응하기 위해 분비되는 호르몬은 혈관을 수축시키고, 혈액의 흐름을 어머니의 자궁에서 다른 기관으로 전환시키기 때문에, 모체의 태반 내 혈액량 감소는 태아에게 산소나 영양공급의 부족을 경험하게 한다. 또한 어머니의 스트레스 수준이 높을수록 태아의 심장박동은 매우 불규칙해진다.

임신기간에 어머니의 정서가 계속 불안정한 경우, 태아의 움직임이 임신기간 내내 높게 나타나며, 출생 후에도 잘 놀라고 잘 울며 지나치게 활동적인 경향을 보이거나, 잠을 잘 자지 않고 젖을 잘 먹지 않는 등의 다양한 부적응 문제를 보이기도 한다. 아기의 이러한 부적응적인 행동 특성들은 정서적으로 불안정한 어머니를 자극하여 자녀 양육을 더 힘들게 만들어 출산 후 자녀와의 관계에도 부정적인 영향을 미친다. 건강한 아기의 출산을 위해 임신부의 정서적인 안정은 매우 중요한데, 이는 임신부의 정서적인 성숙이나 임신에 대한 태도, 준비도, 동기에 따라 다를 수도 있고, 주변으로부터 얼마만큼 지지받는가에 따라서도 다를 수 있다. 그렇기 때문에 임신을 통해 많은 여성이 다양한 신체적·심리적 변화를 경험하는 동안 가족이 이를 인정하고 격려해 주는 것은 매우 중요하다.

특히 남편은 임신이 여성만의 경험이 아니라 함께 부모가 되기 위한 남편과 아내의 공통적이고 고유한 경험이라는 점을 받아들이고, 아내를 배려하고 태교에 동참

하는 등 부모가 되기 위한 준비를 아내와 함께하는 것이 필요하다. 실제로 이러한 남편의 노력은 아내에게 정서적인 안정과 심리적 만족을 주며, 그 결과 태아의 발달에 긍정적인 영향을 미치는 것으로 알려져 있다.

4) 모체의 연령

여성은 일반적으로 13세경에 초경을 시작하여 50대 전후에 폐경에 이르기까지 출산을 할 수 있다. 이 중에서 출산에 가장 이상적인 연령은 23~28세 정도로 알려져 있으며, 최근에는 18~35세 사이의 여성에게서 태어난 아기들이 건강한 발달을 하는 것으로도 알려져 있다.

최근 교육 기회의 확대나 여성의 취업 등으로 인해 여성의 초산 연령이 점차 늦어지고 있다. 모체의 연령이 35세를 넘어 출산하는 경우 노산으로 분류하는데, 노산의 경우 태아나 모체에게 위험한 요인이 많이 발생한다. 특히 노산의 임신부가 자연유산을 할 확률은 약 20% 정도로, 임신 초기 유산 확률이 12~15%임을 감안할 때 매우 높은 수준이라고 볼 수 있다. 또한 임신중독증, 난산, 미숙아 출산 및 다운증후군(Down syndrome)을 가진 아이를 출산할 가능성이 높아진다. 다운증후군은 모체의 에스트로겐 분비 부족 및 난세포 노화로 인해 태아의 21번째 염색체에 이상이 생기는 것으로, 35세 이상의 임신부의 경우 태아 및 모체의 상태에 대한 보다 세심한 진찰과 주의를 통해 임신과 출산을 준비해야 하며, 모체혈청 태아 당단백질(α-Fetoprotein: AFP)검사나 융모막검사를 통해 태아의 기형 여부를 임신 초기에 확인해야 한다.

또한 임신부의 연령이 20세 이하인 경우에는 호르몬 분비 부족이나 자궁의 미성숙 등으로 인해 조산하거나 미숙아를 출산할 가능성이 높으며, 특히 심리적으로 준비되지 않은 임신인 경우가 많아 정서적으로 불안정한 임신기간을 보낼 수도 있다.

▲ 영화 〈제8요일〉에서 다운증후군 환자 Georges

5) 모체의 약물복용

과거에는 임신기간에 어머니가 건강을 유지하기 위해 약물을 복용하고, 이러한 약물이 태아에게 큰 영향을 미칠 것이라고 생각하지 못하였다. 그러나 어머니가 복용한 약물은 모체에는 안전할지라도 태아에게는 치명적인 영향을 미치기도 한다.

1960년대 임신 초기 입덧을 진정시키기 위해 신경안정제인 탈리도마이드를 복용했던 임산부들에게서 팔다리가 없거나, 사지를 가지고 있어도 매우 작고 기형적인 형태를 가진 아기들이 태어났다. 이 아기들은 구개파열, 작은 귀, 골반탈구, 소화기나 심장, 비뇨기 등의 기형과 같은 신체적 결함을 가지고 있기도 했다.

또한 임신 초기에 임신한 사실을 모르고 피임약을 복용했거나 피임약 복용을 중단한 지 6개월 이내에 유산된 태아를 관찰한 결과, 어머니가 피임약을 복용하지 않았던 집단의 아기들에 비해 염색체 이상을 보인 비율이 매우 높았다. 그리고 질 좌약과 같은 피임약은 정자를 죽이는 기능을 하는데, 이러한 피임약을 계속 사용할 경우 출산 위험이나 유산의 비율이 높았다.

이 외에 흔히 복용하는 아스피린이나 항생제, 비타민 등도 태아에게 치명적인 영향을 미치기도 하는데, 임신부가 아스피린을 과다 복용할 경우 태아에게서 출혈이나 위장장애가 발생하기도 하며, 출생 시 저체중으로 태어나거나 이후 지능검사 점수가 낮고, 운동능력이 부족한 특성을 보이기도 한다. 항생제의 사용은 청각 결함이나 미숙아 출산, 골격 성장 이상을 야기하기도 한다. 비타민은 우리 몸에 필수적인 요소로 안전한 약물로 알려져 있으나 비타민도 과다 복용할 경우 구순열, 심장 기형과 같은 심각한 장애를 가진 태아를 출산할 가능성이 높아진다. 그리고 환각제나 마약류와 같은 습관성 약물은 미숙아나 저체중아를 출산할 가능성을 높이고, 태아도 이러한 약물에 중독되어 출생 후 구역질이나 발한 등의 금단현상을 보이기도 한다.

6) 카페인, 알코올, 흡연

(1) 카페인

일반적으로 임신부가 복용한 카페인은 장기적으로 볼 때 자녀에게 큰 발달 이상을 보이지는 않으나, 출생 시에 미숙아로 태어나거나 반사운동에 이상을 보이는 경

우가 있다. 이러한 결과는 임신부가 마신 차나 음료에 포함된 카페인의 양에 따라 다르게 나타나기도 하지만, 경미한 문제라도 미연에 방지하기 위해서는 카페인이 함유된 차나 음료는 임신기간에 가급적 삼가는 것이 안전하다.

(2) 알코올

임신부가 음주를 하는 경우에는 알코올이 빠른 속도로 태반에 침투하여 태아에게 장시간 영향을 미치게 된다. 태아는 성인에 비해 알코올 분해능력이 매우 떨어지기 때문에 소량의 알코올에도 민감하게 반응하고, 비정상적인 발달을 초래할 가능성이 있다. 습관적인 음주를 하는 임신부의 아기는 태아알코올증후군(fetal alcohol syndrome: FAS)[1)]을 보이는데, 이러한 아기들은 작은 머리, 비정상적인 두개

임신 중 음주는 태아알코올증후군을 유발하며, 유산과 사산, 저체중아 출산의 가능성을 높인다.

▶▶▶ [그림 4-2] 여성의 음주가 몸에 미치는 부작용

1) 태아알코올증후군(fetal alcohol syndrome)이란 임신부가 임신 중 음주를 함으로써 태아에게 신체적 기형과 정신적 장애가 나타나는 선천성 증후군을 말한다. 임신 중 임신부가 만성적으로 알코올을 섭취하는 경우, 신생아에게 성장지체 및 지적장애, 안면 기형, 신경계 기형 등이 발생하는 태아알코올증후군이 유발된다. 만성적으로 다량의 알코올을 섭취하는 것뿐만 아니라, 횟수는 적어도 폭음을 한다든지, 적은 양이라도 지속적으로 섭취하는 경우, 신생아에게 태아알코올증후군이 발생하거나 이와 유사한 양상을 보이는 비정상적 소견이 관찰될 수 있다.

골 모양, 눈이나 심장, 사지, 관절 결함, 출생 전후의 성장지체, 지적장애, 주의력 결핍, 과잉행동 등을 보이기도 한다.

이보다 적은 양의 음주를 하는 임산부의 아기의 경우에는 신체적인 기형은 나타나지 않지만 발달과정에서 충동적이고, 사고력에 결함을 보이거나, 기억력 · 주의력 · 판단력 등에 문제를 보이는 태아 알코올 효과(Fetal Alcohol Effect: FAE)를 나타내기도 한다. 모든 알코올은 태아에게 영향을 미칠 수 있으며, 태아에게 안전한 양을 가늠하기가 불가능하기 때문에 임신기간에는 술을 마시지 않는 것이 좋다.

(3) 흡연

흡연이 태아에게 심각한 선천성 기형을 야기하지는 않지만, 임신기간에 흡연을 한 임신부는 흡연을 하지 않은 임신부에 비해 자연유산을 할 가능성이 약 20~80% 정도 높은 것으로 알려져 있으며, 조산이나 신생아 사망을 야기하기도 한다. 이러한 유산의 위험성은 흡연량이 많을수록 더 높아지는 경향이 있다.

흡연을 하는 임신부에게서 태어난 아기의 가장 큰 특징은 태내 성장이 늦어져서 대체로 저체중이거나 미숙아로 태어난다는 것이다. 대체로 흡연 임신부가 비흡연 임신부에 비해 저체중아를 분만할 가능성이 2배나 많으며(강문희 외, 2011), 이러한 아기들은 출생 후에도 정상 아기들에 비해 성장이 늦거나 지적 수행능력이 떨어지는 것으로 알려져 있다.

어머니의 직접적인 흡연도 문제이지만, 임신부가 간접흡연을 경험한 경우에도 아기가 저체중으로 태어나는 경향이 있다. 더불어 외부적인 스트레스나 정서적인 불안도 임신부가 흡연을 하게 만들어 태아에게 부정적인 영향을 가중시킴을 추측해 볼 수 있다.

7) 환경오염

산업화의 결과로 현대사회는 각종 공해와 환경오염이 심각해지고 있다. 이러한 환경오염은 그 위험을 인식하지 못하는 사이에 태내의 태아에게 치명적인 영향을 미치고 있는 것으로 알려져 있다. 1950년대에 일본의 한 공장에서 많은 양의 수은을 포함한 폐기물을 대지와 식수원에 방출하였는데, 그 시기에 태어난 많은 영유아가 신체적인 기형, 지적장애, 비정상적인 언어, 씹고 삼키는 것의 어려움, 협응되지

않은 몸 움직임을 나타냈다.

오래된 빌딩의 벽에서 떨어진 페인트 조각 등에서는 또 다른 기형 발생물질인 납이 발견되기도 하였다. 태내기 동안 납에 오랫동안 노출된 경우 미숙아, 저체중, 뇌 손상, 다양한 신체 결함에 영향을 미친다. 납은 소량인 경우에도 매우 위험할 수 있는데, 납에 노출된 아기는 정신 및 운동 발달에 매우 뒤떨어진다.

전기 장비를 절연하기 위해 사용하던 폴리염화비페닐(polychlorinated biphenyl: PCBs)이 수은과 마찬가지로 수로를 따라 식량공급원에 흘러 들어가서 태내기 동안 높은 수준의 폴리염화비페닐에 노출된 태아는 저체중, 변색된 피부, 잇몸과 손톱의 변형, 뇌파 이상 그리고 인지 발달에서 지체를 나타난다. 지속적으로 낮은 수준의 폴리염화비페닐에 노출되는 것 또한 위험한데, 폴리염화비페닐에 오염된 물고기를 거의 먹지 않은 여성에 비해 오염된 물고기를 먹은 여성이 낳은 아기는 저체중, 작은 머리(소두), 스트레스에 강한 생리적 반응, 그리고 환경에 대한 낮은 관심을 보였다. 또한 1년 후 추후 연구에서 초기 아동기에 도달한 이 아기들은 기억을 지속하는 데 어려움을 보이고 지능검사에서 낮은 점수를 받은 것으로 밝혀졌다(Jacobson, 1981; Stewart & Pascual-Leone, 1992).

8) 기타 요인

어머니와 태아의 유전된 혈액형이 다른 경우에는 심각한 문제가 발생한다. 가장 흔히 문제가 발생하는 경우는 Rh 인자가 불일치하는 경우다. 아버지의 혈액형이 Rh+(단백질을 가진 경우)이고 어머니가 Rh-(단백질을 가지지 않은 경우)인 경우, Rh+ 인자가 우성이므로 태아는 Rh+ 인자를 갖게 된다. 이런 경우 어머니의 혈액과 태아의 혈액이 일치하지 않기 때문에 문제가 발생하게 된다.

만약 태아의 Rh+ 혈액이 태반을 통해 조금이라도 어머니의 Rh- 혈류 속으로 들어가게 되면, 어머니는 Rh 단백질에 대한 항체를 형성하기 시작한다. 이러한 항체가 태아의 체계 내로 들어가면 적혈구를 파괴시키는데, 보통 첫 임신 때는 큰 문제가 생기지 않지만, 두 번째 임신부터는 그 위험이 증가하여 출산 전에 사산이나 유산을 하거나 지적장애아를 출산할 가능성이 있다.

임신부의 운동도 태아에게 영향을 미칠 수 있다. 적절한 운동은 임신부와 태아의 건강에 좋은 영향을 미치고, 어머니의 자긍심을 높이며, 태아의 체중을 증가시

키고, 출산이 보다 원활하게 이루어질 수 있도록 도움을 준다. 그러나 임신 후기 동안 1주일에 4~5회 정도 30분 이상 땀을 흘리며 걷는 등 매우 자주 강한 운동을 한 임신부는 저체중아를 낳을 가능성이 있기 때문에 너무 심한 운동은 피하는 것이 좋다. 병원에서는 임신부들이 안정된 출산을 할 수 있도록 각종 교육 프로그램을 제시하거나 적절한 일과나 운동방법 등을 교육하고 있으므로, 이러한 다양한 교육을 참고하는 것도 도움이 될 것이다. 태내 환경에 영향을 미치는 여러 요인은 〈표 4-1〉과 같다.

〈표 4-1〉 태내 발달에 영향을 미치는 여러 요인

요인			가능한 영향
감염 질병	바이러스	풍진, 기타 홍역, 유행성 이하선염, 간장염, 수두, 독감, 성홍열	귀머거리, 백내장, 심장결함, 지적장애, 기형, 태아 사망, 심장질환
	성병	매독, 임질	장님, 귀머거리, 지적장애, 사망
	빈혈		빈혈증, 유산, 출혈
비감염 질병	당뇨병		유산, 사산, 태아 사망, 신진대사장애, 호흡장애
	납		빈혈증, 유산, 출혈
환경적 위험	방사선		소두증, 백혈병, 발육 부진, 암, 백내장, 유산, 사산
	메틸수은		뇌성마비
	스트레스		임신장애, 다운증후군
모체의 상태	영양 결핍		조산, 체중 미달, 사산, 성장 지체, 지적결함
	임신 연령		분만장애, 다운증후군, 불임
	고혈압, 과도한 긴장		유산
	모자 혈액 상반(Rh)		황달, 빈혈, 사망
	진통제		호흡 저하
약물 화학물질 호르몬	마취제		호흡 저하
	다량의 아스피린		호흡 저하, 출혈, 자연유산
	음주(알코올)		성장 지체, 심장장애, 발달 지체, 소두증
	항히스타민제		태아 사망, 기형
	마약, 모르핀		경련, 떨림, 호흡 저하, 사망, 성장 지체

키니네	귀머거리
스트렙토마이신	청각 상실
흡연	자연유산, 조산, 출산율 저하, 경련, 빠른 심장박동률, 언청이, 영아 돌연사, 머리 크기 감소
탈리도마이드	사지의 기형, 청각장애, 사망

출처: 최경숙, 송하나(2010, p. 62).

4. 신생아 맞이하기

임신 후 출산에 이르기까지 부모가 되기 위한 준비를 할 때 아기의 존재를 부부의 생활 속에 받아들이고 좋은 부모가 되기 위한 마음의 자세를 갖는 것이 중요하다. 일반적으로 부모가 되기 위한 준비는 다음의 세 가지로 나누어 볼 수 있다.

1) 임신과 출산에 관한 정보 찾기

임신부들은 임신과 출산에 관한 보다 좋은 정보를 얻기 위해 책을 읽고, 의사로부터 정보를 얻거나 친구나 친정엄마에게 물어보고, 인터넷 웹사이트를 살펴보고, 다양한 교육 프로그램에 참석하기도 한다. 많은 임신부는 정보를 많이 얻으면 얻을수록 자신이 좋은 엄마가 되기 위한 능력을 갖추었다고 느끼는 경향이 있다(Cowan & Cowan, 2000).

임신 초기에 임신부들은 다양한 정보를 얻기 위해 노력하지만, 아기를 낳는 것을 먼 미래의 일처럼 느낀다. 임신 사실을 잘 모르고 지낸 시기와 대부분의 여성이 첫 3개월간 경험하는 입덧을 제외하면 여성의 몸은 거의 변하지 않기 때문에, 아기를 낳고 아기가 자신의 생활에 어떤 영향을 미칠지에 대해서 쉽게 상상하지 못한다. 그러나 배가 불러 오고 태동이 느껴지면서 임신부들은 이제 아기를 한 인간으로 받아들이기 시작한다. 부모는 태아에게 태명을 지어 주고, 태아에게 이야기를 들려주면서 정서적인 애착을 형성해 나간다. 그리고 아기가 건강하게 잘 태어날 것인지, 이름은 무엇이라고 지을지, 어떤 부모-자녀 관계를 형성할 것인지, 어떤 아이로 성장시킬지 상상한다. 스웨덴의 한 연구에서는 태아에 대한 어머니와 아버지의 애착

이 강할수록 출산 이후에 아기와 그리고 부부간에 보다 긍정적인 관계를 갖게 되며, 생후 8개월경에 아기의 정서가 보다 낙천적이었다고 보고하였다(White et al., 1999).

2) 효율적인 부모 모델 찾기

임신과정이 진행되면서 아기를 가진 부모는 자신의 인생에서 중요한 부모 모델들에 관해 생각한다. 남편과 아내가 과거에 자신의 부모와 좋은 관계를 가졌을 때, 임신기간에 부모로서 자신에 대한 보다 긍정적인 이미지를 발달시키는 경향이 있으며, 이러한 이미지들은 영아기와 초기 아동기 동안 자녀들과 우호적인 관계를 맺는 데 중요한 요인이 된다(Fonagy, Steele, & Steele, 1991).

과거에 부모의 관계가 혼란스럽거나 부정적이었던 부부는 아기를 가지고 부모로서의 건강한 모습을 형성하는 것이 어려울 수도 있다. 그렇지만 자신이 아는 좋은 부모의 모습을 가진 다른 사람들을 찾아봄으로써 이러한 문제를 해결해 갈 수도 있다. 부부는 예비 부모를 위한 개입 프로그램 등에 참여함으로써 자신의 부부관계나 부모가 되는 것을 더 긍정적으로 받아들이고, 새로 태어날 아기를 돌보는 것에 대해 스트레스를 덜 받으며 가족문제가 발생했을때 보다 잘 대처해 나갈 수 있을 것이다.

3) 태내 교육

우리나라의 전통태교에서는 임신부들이 지켜야 할 태도에 대한 지침으로 아이를 낳을 달이 되면 머리를 감지 말고, 높은 마루나 바위 등에 오르지도 말고, 무거운 짐을 지지 말고, 험한 산길이나 냇물은 건너지 않도록 하여 가능한 한 힘든 일이나 거친 움직임을 피하도록 하였다. 또한 임신 중에는 금욕해야 하며, 산달에 부부관계를 하게 되면 아이가 병들거나 일찍 죽는다고 하여 임신 중 성생활을 절제하도록 하는 등 임신부의 태도나 행동을 매우 조심하도록 하였다. 하지만 전통적인 태교의 방법은 임신부의 행동을 너무 제약하기 때문에 특히 현대사회와 같이 여성들의 사회 진출이 많은 경우에는 이러한 방법을 따르기가 매우 어렵고, 한편으로는 국가·경제적 차원에서 볼 때 여성인력의 활용을 비효율적으로 만들어 여성고용을 꺼리

게 만드는 요인이 되는 것처럼 보일 수 있다. 이처럼 전통태교는 현대사회에서 따르기 어려운 부분이 많긴 하지만, 태아가 보다 건강하게 자랄 수 있도록 임산부가 자신의 몸과 마음을 보다 조심스럽게 다스리는 노력을 하는 것이 좋다는 의미로 받아들일 필요가 있다.

태교는 '임신부가 태아에게 좋은 영향을 주기 위해 하는 몸가짐과 마음가짐으로 마음, 언행, 감정을 정화시키는 행위'라고 할 수 있으며, 태교의 주체 및 시기에 따라 협의의 개념과 광의의 개념으로 나눌 수 있다. 협의의 개념은 그 주체를 임신부로 하고 태교의 시기를 수정 순간부터 출생까지 보는 관점으로, 태아에게 최선의 환경, 좋은 영양, 건강한 정서 등 임신부가 갖는 자세와 태도 및 금기행위로 태아가 건강한 인간으로 성장하도록 돕는 교육적인 노력이다(유안진, 1992). 광의의 개념은 그 주체로 임신부뿐만 아니라 남편과 주변 사람들인 가족까지 포함하고 있으며, 태교의 시기를 임신 이전으로 확대하고 출생 이후까지 태아의 올바른 성장 및 발달을 도모하여 태내 환경은 물론 수정 이전 환경과 출생 후의 환경, 양쪽 가족 및 주변 사람들이 함께 노력하는 태교 일체를 말한다.

태아의 생명권과 관련해서 배아와 태아가 기능적으로 부족한 인간이라는 점을 고려한다면, 「헌법」에서 생명권을 보장받을 수 있는 대상은 배아, 태아, 사망 이전의 인간임을 알 수 있다(황이남, 1993). 더구나 태아와 배아는 생존권을 스스로 지킬 수 없으므로 그 어떤 개체보다 우선적으로 생명을 보호받아야 한다. 애착은 모-아 상호작용에 대한 주요 개념으로 임신 사실을 알게 되는 순간부터 임신 전 기간을 통해 발달하며 지속된다(이미나, 2015).

5. 교육적 적용

태아는 자궁 속 10개월이라는 절대적 시간 속에서 매 순간 성장한다. 신체와 감각 기관의 발달은 물론이고, 뇌의 발달도 마찬가지다. 따라서 태아의 발달에 맞춘 적절한 자극과 영양 공급은 아이의 신체와 감각적 발달, 뇌 발달에 긍정적 영향을 미친다. 임신 기간에 태아에게 주어지는 다양한 감각적 자극은 뇌 형성과 뉴런의 연결에 영향을 준다. 태아의 뇌는 임신 18일 이후 신경판이 생기고부터 임신 전 기간에 걸쳐 끊임없이 분화하며, 출생 첫해에 대부분이 성장한다. 뉴런이라고 불리

는 대다수의 신경세포는 임신 중기에 집중적으로 생성되는데, 분당 50만 개씩 약 1,000억 개가 만들어진다. 뉴런은 특정 정보를 처리하는 자극을 주는 신호, 즉 경험이 자주 반복될수록 더욱 강력하게 자라나고 결속력이 강해지지만, 그렇지 않으면 절반 이상이 사라져 버린다(장은주, 김수연, 이진영, 2000; Lise, 2000; Michael & Mehmet, 2009).

임신 중 자궁 내 태아를 교육한다는 의미의 태교는 임산부가 태아에게 좋은 영향을 주기 위해 몸, 마음, 감정, 행동, 언어 등을 정화해 자궁 속의 아이에게 좋은 환경을 만들어 주며 끊임없이 사랑과 애정을 보여 주는 것으로, 태어난 아이가 전 생애에 걸쳐 성공적인 삶을 살아갈 수 있도록 부모와 가족 그리고 사회가 행하는 전인적 교육활동의 첫걸음이다. 임산부는 편안한 마음으로 아이와 교감하며 상호작용하는 것으로 태교를 완성할 수 있다.

토의 및 연구 문제

1. 생명의 시작과 태내기에 대한 내용을 정리해 보시오.
2. 태내기 발달과정인 발아기, 배아기, 태아기에 대해 설명해 보시오.
3. 태내 발달과 환경 요인에 대하여 설명해 보시오.

5장 영아기 발달

1. 영아기 신체 및 운동 발달

1) 신체 성장의 원리

영아기에는 신체 발달이 급속하게 이루어지는데, 출생 후 첫 1년간은 신체 발달이 빠르게 진행되어 신장은 출생 시보다 1.5배, 몸무게는 3배로 성장한다. 또한 뇌의 크기는 출생 시보다 1.3배로 성장한다.

영아기의 신체는 먼저 머리에서 발끝으로 발달하는 두미의 원리와 몸의 중심부에서 말초부로 발달하는 근원의 원리에 따라 성장한다(Bee, 1997).

2) 영아의 신체 및 운동 발달

인간은 대략 임신하고 280일이 되면 출생한다. 신체 성장은 태내기에 제일 빠른데, 출생 후 2년간 빨리 발달하다가 그 후에는 성장 속도가 느려지고 다시 사춘기가 되면 급속한 성장을 한다.

신체 발달은 신체기관에 따라 그 속도가 다르다. 일반적인 신체 성장곡선에 해당하는 기관은 신체 외부의 각 부분과 호흡기, 신장, 대동맥, 폐동맥, 근육, 혈액량, 골

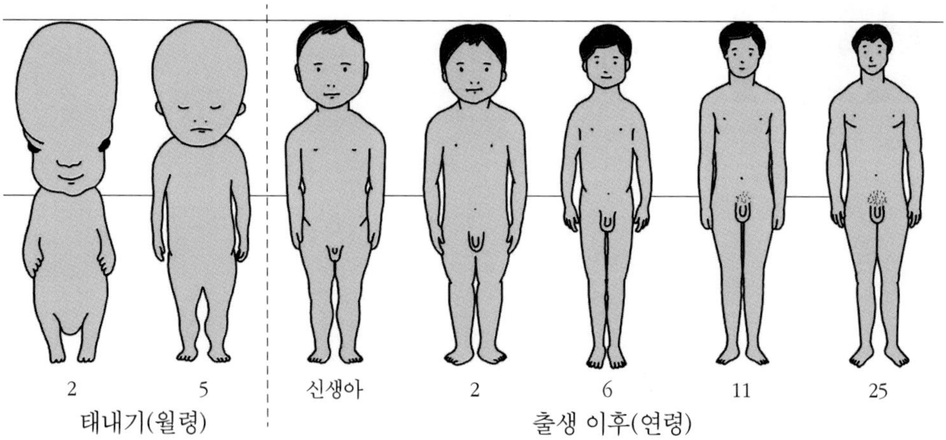

▶▶▶ [그림 5-1] 태내기부터 성인기까지 신체 비율의 변화

출처: Steinberg, Vandell, & Bornstein(2011, p. 96).

격 등이다. 이 기관들은 출생 직후 아주 급속하게 성장하여 4세가 되면 성인의 80% 수준에 이르고, 12세경이 되면 성인의 수준에 이른다.

(1) 초기 영아기

출생 후 0~12개월 동안의 영아기는 매우 발달적 변화가 급격하고 큰 시기다. 이 절에서는 초기 영아기를 신생아기(출생에서 1개월), 1~4개월, 4~8개월, 8~12개월의 4단계로 구분하여 영아가 보이는 전반적인 신체 발달의 특징을 살펴보고, 더불어 영아에게 나타나는 행동에 대해 구체적으로 알아보고자 한다.

① 신생아기

• 대근육 운동 발달

출생 후 첫 1개월 동안 신생아는 몸을 오그리고 엎드려 누워 있다. 이때 아기는 자궁 속 태아시기의 자세를 유지하듯이 몸 안쪽으로 팔과 다리를 구부린 채로 있다. 그러나 일반적으로 팔과 다리를 펼 수는 있다. 신생아는 태아 때의 자세로, 얼굴을 한쪽 옆으로 대고 다리를 위로 향하게 세우고 누워 있다.

• 신생아의 반사행동

신생아가 주변 환경에 적응할 수 있도록 갖고 있는 타고난 능력 중 하나는 반사행동이다. 생존을 위한 반사로는 섭식과 관련된 반사들이 있다. 젖 찾기 반사(rooting reflex), 빨기 반사(sucking reflex), 삼키기 반사(swallowing reflex)가 그것이다. 기침 반사(coughing reflex)와 재채기 반사(sneezing reflex)는 기도를 깨끗하게 하는 역할을 하며, 하품 반사는 갑작스럽게 요구되는 산소를 공급하는 역할을 한다. 또한 혐오적 자극에 대한 철회 반사(withdrawal reflex), 빛의 양을 조절하는 동공 반사(pupillary reflex), 갑작스러운 강한 자극에 대한 눈 깜박거리기 반사(blinking reflex) 등은 모두 아기의 생존에 관련된 중요한 반사다(장휘숙, 2001).

• 신장과 체중

출생 시 아기의 신장은 50cm, 체중은 약 3kg 정도이며, 생후 3~4일 정도 일시적인 체중 감소가 있으나 7~8일 정도 지나면 정상적으로 회복된다.

• 체온

신생아의 체온은 성인보다 높은 36.5~36.7도이며, 호흡과 맥박은 성인의 약 2배다.

• 머리 모양과 자세

신생아의 머리 모양이 간혹 표주박과 같이 길어지거나 일그러진 경우는 협소한 산도를 통과하는 과정 중에 생기는 것으로, 곧 둥근 모양이 된다. 자세는 엄마의 뱃속에 있었던 편안한 모습 그대로 팔과 다리는 구부리고 있고 몸도 쭉 똑바로 펴지지 않은 상태로 있는다.

• 피부

신생아의 피부는 성장의 지표가 된다. 영양이 좋은 신생아는 신체의 피하지방층이 잘 형성되어 체온을 조절하고 감염으로부터 보호하는 막이 된다. 피하지방의 결여는 조산이나 영양 불량을 나타낸다. 엉덩이 부위에서 볼 수 있는 몽고반점은 표피 기저층에 출생부터 나타나는 푸른색의 착색으로 아시아, 남부 유럽, 아프리카 지역의 아기들에게서 흔히 관찰된다. 이 반점은 별다른 치료 없이 학령기에 자연스

럽게 사라진다. 그리고 신생아의 전체 몸을 덮고 있는 가늘고 부드러운 솜털이 있는데 주로 어깨와 등에 많으며 이것도 성장하면서 자연스럽게 사라진다.

• 배설

신생아가 처음 보이는 변을 태변이라고 하며, 암녹색에서 검은 빛을 띠며 끈적끈적하고 냄새가 나지 않는다. 태변은 생후 3일 이내에 보게 되며, 그다음 변은 녹황색으로 생후 3~4일 이내에 보게 된다. 모유로 영양을 공급하는 경우에는 인공영양을 하는 아기보다 묽은 변을 보게 된다.

영아의 첫 소변은 12시간 이내에 보게 된다. 소변의 횟수를 관찰하는 것은 매우 중요한 일이다. 기저귀는 깨끗하게 하고 기저귀가 닿는 부위는 물기를 닦아 주어 기저귀 발진을 예방해야 한다. 잘 보살핌에도 불구하고 피부가 예민하여 발진이 생기면 낮 동안에 잠깐 공기에 노출시켜 주는 것이 바람직하다.

• 신생아 황달

아기의 간기능 미숙으로 생후 2~3일 정도에 아기 얼굴이 약간 노랗게 되는데, 이것을 신생아 황달이라고 한다. 빌리루빈이라는 색소를 분해하여 배출하지 못함으로 인해 일시적인 황달이 나타나는 것이다. 2주 정도가 지나면 자연히 없어지며 만약 모유로 인한 황달일 경우에는 모유 수유를 일시적으로 중단하는 것이 좋다.

신생아기는 아기가 태어난 후 1개월 동안 새로운 세상에 적응하기 위해 노력하는 시기다. 아기를 위해 편안하고 청결한 환경을 마련해 주고, 아기가 울거나 보챌 때 따뜻하게 안아 주고 보살핌으로써 자신이 부모로부터 사랑과 애정을 받고 있다는 것을 느낄 수 있게 해 주어야 한다. 즉, 이 시기에는 신체적으로 안정된 환경을 마련해 주는 것이 가장 중요하다.

② 1~4개월 신체 및 운동 발달

신체 발달이 급격하게 이루어지는 이 시기의 영아는 출생 시 반사운동을 출발로 하여 신체 여러 부분의 근육을 조절할 수 있게 된다. 영아는 머리와 목을 조절하기 시작하면서 점차 어깨, 등, 허리, 다리를 조절할 수 있게 된다. 또한 손과 손가락의 발달로 사물을 잡을 수 있게 되고, 보고, 듣고, 만지고, 냄새 맡고, 맛보는 변별력도

향상된다. 생후 한 달이면 엎드린 상태에서 머리를 들 수 있고, 3개월경이 되면 자신의 머리와 가슴을 일으키려고 팔로 바닥을 민다. 첫 3개월 동안 영아는 다리 활동이 빈번해지며 허공을 향하여 차고 미는 행동을 나타낸다. 영아는 이쪽저쪽으로 구르면서 발을 차고 점차 근육이 발달함에 따라 발로 차면서 구르기를 시도하다가 결국에 뒤집는 동작을 해낸다.

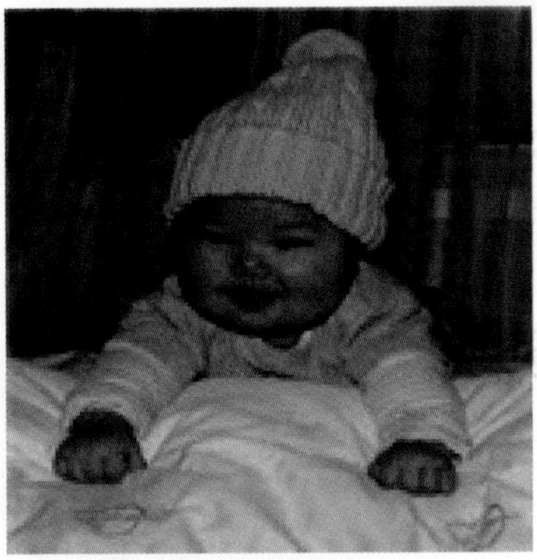
▲ 자신의 머리와 가슴을 일으키려고 팔로 바닥을 미는 행동

이 시기에는 대부분 하루 16~17시간 정도 수면을 한다. 그러다 점차 잠자는 시간이 줄어들면서 깨어 있는 시간이 많아지고, 이때 영아는 자신의 신체를 탐색하는 활동을 활발하게 한다. 따라서 유아교육기관에서 교사는 적절한 공간을 제공하여 영아가 원하는 곳으로 움직일 수 있도록 해야 한다. 영아의 다양한 움직임은 교사가 억지로 준비시켜서 가르쳐야 하는 것이 아니라 자연스러운 과정을 통해서 발전하는 것이다. 그러므로 교사는 영아가 마음껏 움직일 수 있는 환경을 마련하고 적절한 장난감을 제공하는 등의 동기를 부여함으로써 영아의 신체가 원활히 발달하도록 도와야 한다. 교사로서의 중요한 책임은 영아의 기저귀를 자주 갈아 주는 것, 배변의 시간과 상태를 기록하는 것이다. 먹는 스케줄은 영아가 변을 보는 시간에 영향을 미치므로 교사는 영아의 먹는 스케줄을 세우고 변을 잘 관찰하는 것이 중요하다. 영아의 배변상태는 건강을 반영한다. 따라서 변의 색깔, 모양, 빈번함이 정상적인지를 부모에게도 꼭 물어보아야 하며, 유아교육기관과 가정에서의 상태를 매일매일 기록해야 한다. 기록 시에는 색깔, 모양과 부모가 준 정보에서의 차이도 기록해야 한다. 기록에는 또한 영아가 머무는 곳의 청결상태도 중요하다. 영아를 다루기 전후에 손을 잘 씻는 것도 청결히 하는 방법이 될 수 있다.

③ 4~8개월 신체 및 운동 발달

영아는 4~8개월 동안에도 매우 빠르게 발달하며, 더 오래 깨어 있고 날쌔게 움직인다. 또한 영아는 이 시기에 더 잘 협응할 수 있게 된다. 영아는 혼자 앉을 수 있는 능력을 추진하고 앉을 수 있게 되었을 때 높은 의자에도 앉을 수 있다. 또한 이 시기의 영아는 뒤집을 수 있고 기어 다닐 수 있게 된다. 영아는 계획적으로 사물을 잡을 수 있고, 목적을 갖고 옮길 수도 있으며, '탁' 칠 수도 있다.

▲ 앉은 자세 유지하기

▲ 기어다니기

머리, 목, 팔, 가슴, 등 근육은 영아가 앉는 자세를 유지하는 데 사용되며, 영아가 앉을 수 있는 능력은 밀기, 당기기, 차기, 굴리기, 뒤집기 등을 통하여 발달한다. 6개월경의 영아는 다리로 설 수 있다. 머리, 목, 팔, 가슴, 등, 다리의 근육은 각각 제 기능을 발휘하지만 서로 간의 협응은 이루어지지 않는다. 영아는 주변 성인의 도움을 받거나 가구를 잡고서 설 수 있고 몇 발짝을 뗄 수도 있다. 점차 발목, 발, 발가락 근육이 발달하여 강해지면서 신체의 여러 부분과 협응할 수 있게 된다.

④ 8~12개월 신체 및 운동 발달

이 시기의 영아는 근육조절 능력이 급속도로 발달한다. 혼자 있는 것을 배우고, 기고, 잡고, 일어서고, 도움을 받아 걸을 수 있게 되며, 기는 것이 발달되어 두 손과 두 발을 교대로 이용하여 길 수 있다. 또한 영아는 손과 무릎을 이용하여 천천히 움직이는데, 조절능력이 향상되면서 기어서 매우 빠르고도 효과적으로 이동할 수 있으며, 점차 새로운 세계를 경험하게 된다. 영아는 걷기 위해 서기, 걷기, 휘청거리며 걷기, 앉기 또는 넘어지기, 일어서기 등의 행동을 여러 번 반복하는 과정을 거치게 된다. 그리고 모든 영아가 이러한 과정을 지나지만, 각 단계에 해당되는 연령은 개인차가 있다.

영아는 손가락으로 물건을 집는 활동을 자주 하는데, 이것은 손가락 근육 및 눈과 손의 협응력을 발달시킨다. 이 과정에서 집을 때 힘을 잘 조절하지 못해 친구를 꼬집는 등의 실수를 하기도 한다. 팔 근육에 조절능력이 생겨서 손뼉 치기도 할 수 있게 되며, 양손에 사물을 하나씩 쥐고 서로 맞부딪치는 동작도 할 수 있게 된다.

▲ 양손으로 장난감 잡기(12개월)

▲ 첫걸음 떼기(돌 전후)

또한 양손을 사용할 수 있는 단계에 이르게 된다. 이로써 한 손으로 장난감을 집어 다른 손으로 옮겨 들고 다른 손으로 또 다른 장난감을 집을 수 있다. 그리고 팔과 손의 운동 조절력이 발달하여 무언가를 집을 때 강약, 즉 힘을 조절할 수 있게 되어 사물을 부드럽게 만지며 탐색할 수 있고 사물의 표면을 만질 수 있다.

(2) 걸음마기

① 12~18개월 신체 및 운동 발달

영아의 움직임이 점차 확장됨에 따라 주변 세계에 대한 탐색의 영역이 넓어진다. 영아는 스스로 이동이 가능하며 걷고, 달리고, 넘어지고, 부딪히는 등 빠르게 그리고 끊임없이 움직인다. 하지만 아직 걷기가 불안정한 상태로, 시간이 지나면서 근육 조직이 성숙해지고 신체 협응력이 향상되면서 걸음걸이도 안정된다. 이 시기의 영아는 또한 조작능력이 발달하여 물건을 향해 팔을 뻗고 원하는 물건을 보다 능숙하게 잡고 조작할 수 있게 된다. 그러나 손 근육은 아직 덜 성숙한 상태이므로 물건을 자유자재로 쥐거나 펴기가 어려워 물건을 놓지 못하고 가끔 의도하지 않게 물건을 던지는 행동을 보인다.

② 18~24개월 신체 및 운동 발달

이 시기의 영아는 신체균형에 안정감을 갖게 되고, 신체기관 간의 협응력이 보다 향상된다. 따라서 혼자서 일어서고, 웅크려 앉고, 손을 뻗고, 똑바로 걸을 수 있

게 된다. 또한 몸의 균형을 유지하기 위해 난간이나 손을 잡고 계단을 오르내릴 수 있고, 빨리 걷고, 빨리 뛰고, 두 발로 뛰는 것이 가능하다. 공놀이를 좋아하며 공을 찰 수 있고 공뿐만 아니라 사물을 어떠한 목표점을 향해 던질 수도 있다. 하지만 정확하게 맞는 것은 아니다. 영아의 소근육 발달은 계속 향상되어 손가락과 손목 등을 정확하게 조절할 수 있어 사물을 탐색하기 위해 비틀어도 보고 돌려도 볼 수 있으며, 사물을 잡았다 쉽게 놓을 수 있게 된다. 그리고 이 시기에는 왼손이나 오른손 중 어느 한 손으로 집중하여 손을 사용하기 시작한다. 중요한 것은 부모나 교사는 각각의 영아가 어느 손을 사용하는 것을 편하게 여기는지 알아야 하고 편하게 사용하는 손을 사용하도록 허용하는 태도가 필요하다는 것이다. 이때 영아가 손을 사용하는 것에 대하여 강한 요구를 하는 등의 개입을 하여 억지로 바꾸려 하면 영아는 스트레스를 받게 된다.

(3) 후기 영아기

▲ 28개월 영아의 신체활동

① 24~30개월 신체 및 운동 발달

24개월에서 30개월의 영아는 걷고 구부리고 달리고 뛰어내릴 수 있고, 그 움직임이 이전보다 유연하고 안정성을 갖는다. 이 시기의 영아는 탈 수 있는 놀잇감을 좋아하고 뛰고 오르내리는 놀이에 적극적으로 활동한다. 또한 발을 바꾸어 가며 계단을 오를 수 있고, 점프하기, 뛰어내리기, 세발자전거 타기, 발로 차기 등 다양한 운동기술을 사용하여 발전한다. 눈과 손의 협응력은 더욱 정교해져서 사물을 조작할 수 있는 능력이 향상된다.

② 30~36개월 신체 및 운동 발달

30~36개월 영아는 빠르고 느린 움직임에 대하여 점차 안정성이 증가하게 된다. 빠르고 느리게 걸을 수 있고, 뒤로 걷기도 할 수 있다. 또한 빠르게 달리면서 균형감도 유지할 수 있게 된다. 이 시기에는 다리를 교차하여 계단을 오를 수 있으며, 세발자전거를 탈 수 있다. 또한 위아래로 점프할 수 있고, 뛰어내릴 수 있고, 앞으로 점프할 수도 있다. 옷을 입고 벗을 수 있고, 작은 근육을 사용하여 단추를 끼우

고, 똑딱 단추를 채우고, 지퍼 사용하기를 시도할 수 있다. 또한 이 시기에는 신체 기술을 연습하며, 많은 활동에서 양손을 사용하지만 오른손잡이나 왼손잡이로 안정이 되는 시기다.

이 연령의 영아는 잠자는 습관이 형성된다. 화장실에 갈 수 있고 손도 닦을 수 있으며, 침대에 앉을 수 있고, 신발을 벗을 수 있고, 침대 아래에 신발을 놓을 수도 있다. 머리를 어느 쪽에 두고 누워야 하는지도 알 수 있다. 일어났을 때 화장실에 갈 수 있고, 신발을 신을 수도 있다. 만약에 다른 친구들이 잠을 자고 있다면, 잠에서 깬 영아는 조용한 놀이를 할 수도 있다. 또한 책을 읽는다거나 이어폰을 대고 이야기나 음악을 들을 수도 있다. 이 시기는 화장실 가기 훈련이 완수되는 시기이기도 하다.

3) 영아의 감각운동 발달

(1) 뇌 발달

인간의 뇌는 만 3세 이전에 90% 이상이 완성된다고 한다. 특히 영아기는 두뇌의 대부분이 완성되는 시기로, 두뇌활동이 가장 활발하고 뇌 신경세포가 가장 많이 뻗어 나간다. 갓 태어난 아기의 뇌는 성인의 25% 정도인 350g 정도밖에 되지 않는다. 그러나 생후 1년 만에 1kg 정도로 성장하며, 성인이 되어서는 1,300~1,500g에 도달하게 된다.

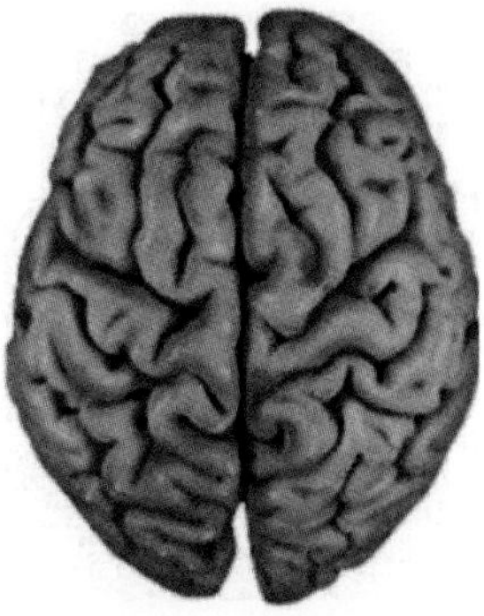
▲ 인간 뇌의 반구

과학자들은 수많은 방법으로 뇌의 영역을 분석하고 분류한다(Nelson, Adamson, Bakeman, 2008). 그중 우리가 가장 관심이 있는 부분은 척수에서 가장 멀리 떨어져 있고, 대뇌피질과 그 아래에 몇 가지 조직(structure)을 포함하고 있는 전뇌다. 전뇌를 덮고 있는 대뇌피질은 마치 주름진 모자 같은데, 이것은 두 개의 반구로 구성되어 있다. 과학자들은 뇌의 주름과 결의 위치에 기초하여, 각 반구에서 피질을 엽(lobes)이라고 부르는 네 가지 주요 영역으로 구분하였다. 보통은 네 개의 엽이 함께 기능하지만 각각은 다소 다른 주요한 기능을 가지고 있다.

• **전두엽**: 자발적인 운동, 사고, 성격, 기억, 감정, 지속적인 주의집중, 의도성 혹은 목적 등을 관장한다.

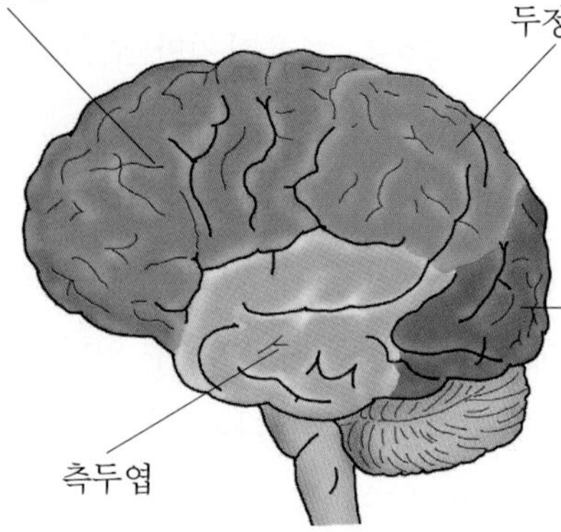

▶▶▶ [그림 5-2] 뇌의 네 가지 엽: 전두엽, 후두엽, 측두엽, 두정엽

- 후두엽: 시각을 관장한다.
- 측두엽: 청각, 언어과정, 기억에 관해 주도적인 역할을 한다.
- 두정엽: 공간 위치 등록, 주의집중 그리고 운동조절에 주요한 역할을 한다.

어느 정도 정보의 유형은 피질의 좌반구 혹은 우반구에 있는 신경세포의 위치에 따라 처리된다. 예를 들면, 말과 문법은 대부분 좌반구에서 처리하고, 유머와 은유법의 사용은 우반구에서 처리한다. 이처럼 대뇌피질의 한 반구에서 특정 기능이 전문화되어 처리되는 것을 편재화라고 한다. 그러나 대부분의 신경과학자는 읽기나 음악 연주와 같은 복잡한 기능들은 양쪽 반구에서 함께 관여한다는 사실에 동의한다. 논리적으로 사고하는 사람이기 때문에 '좌뇌적' 사람, 창의적인 사고를 하므로 '우뇌적' 사람이라고 명하는 것은 뇌의 반구기능이 작동하는 방식과 일치하지 않는다. 보통 사람들의 복잡한 사고는 뇌의 두 반구 간의 상호작용에 의한 결과다.

태어날 때 대뇌피질의 반구들은 이미 전문화되어 있다. 신생아가 음성을 들을 때, 우반구보다 좌반구에서 더 큰 전기두뇌 활동이 일어난다. 신생아와 영아의 뇌 영역은 성인과 어떻게 다른가? 그리고 왜 이런 차이점들이 중요한가? 이러한 중요한 차이점들은 세포와 구조 수준에서 제시되어 있다.

① 뉴런(신경세포)의 변화

뉴런은 정보를 처리하는 신경세포를 말한다. 뇌 안에서 이 뉴런은 다른 세포와 정보를 교환하는 전기적 · 화학적 신호를 보낸다. 뉴런의 세포체에서 뻗어 나온 것

은 축색돌기와 수상돌기라고 알려진 두 종류의 섬유다. 일반적으로 축색돌기는 세포체에서 신호를 받고, 수상돌기는 세포체로 신호를 운반한다. 지방세포의 층인 수초는 많은 축색돌기를 싸고 있다. 수초는 축색돌기를 보호하고 전류신호들을 더 빨리 전달하도록 돕는다. 수초화는 뉴런에 에너지를 제공하고 뉴런과 상호작용하는 것에도 관여할 수 있다.

축색돌기의 끝에 있는 말단 버튼은 신경전달물질이라고 부르는 화학물질을 신경섬유들 사이의 작은 공간인 시냅스로 방출한다. 시냅스에서의 화학적 상호작용은 축색돌기와 수상돌기를 연결하고 뉴런에서 뉴런으로 정보를 전달하도록 한다. 시냅스가 길을 막고 있는 강이라고 가정해 보자. 어떤 식료품 트럭이 강둑에 도착한 후 배로 강을 건넌다면, 그 트럭은 시장을 향해 계속 갈 수 있을 것이다. 식료품 트럭이 배로 강을 건너는 것처럼 신경전달물질이 시냅스를 건너며, 강의 다른 쪽 측면에 도착하면 화학물질을 함유한 정보를 방출한다.

뉴런은 생후 1년 동안 두 가지 중요한 방법으로 변화한다. 첫째는 수초화다. 이것은 지방세포로 축색돌기를 감싸는 과정을 말하는데 태아기부터 시작하여 생후, 심지어 청소년기에도 계속된다. 둘째는 뉴런 간의 접속 가능성이 증가하며 새로운 신경전달 경로를 만들어 내는 것이다([그림 5-4] 참조). 이 시기에는 새로운 수상돌기가 성장하고, 수상돌기 간의 접속이 증가하며, 축색돌기와 수상돌기 간의 시냅스의 접속이 급증한다. 수초가 신경전달을 가속화시키는 반면, 수상돌기 접촉의 확장은 영아 발달에서 신경경로의 확산을 촉진한다.

뇌 연구자들은 시냅스의 연결에서 흥미로운 측면을 발견하였다. 사용되지 않은 시냅스는 다른 경로로 대치되거나 사라지는 반면, 사용된 시냅스는 거의 2배로 연결되며 단단해지고 살아남는다는 점이다. 신경과학 용어에서는 '시냅스 가지치기'라고 한다(Nelson, Adamson, & Bakeman, 2008). 예를 들면, 아기가 신체활동이나 언어 사용을 많이 할수록 이러한 경로들은 더 많이 강화될 것이다.

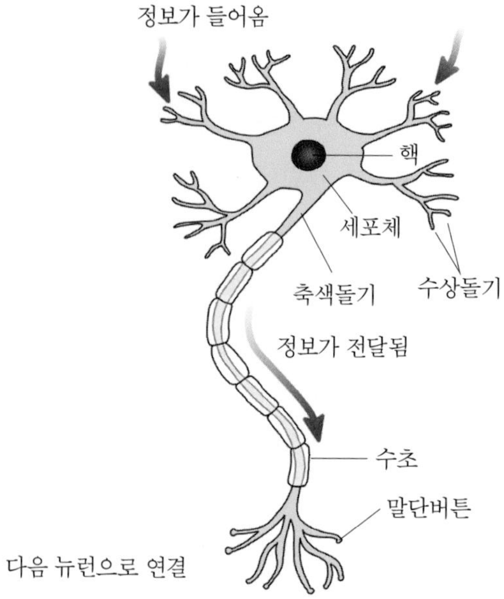

▶▶▶ [그림 5-3] 뉴런

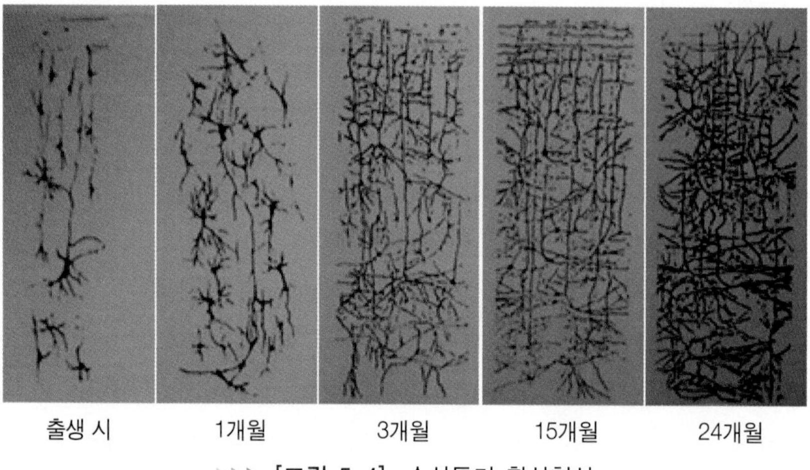

▶▶▶ [그림 5-4] 수상돌기 확산현상

② 뇌 영역의 변화

영아기에서 성인기까지 인간 뇌의 시냅스 밀도를 보면, 시각피질, 청각피질 그리고 전두피질에서 시냅스의 놀라운 성장과 후기의 가지치기를 생생하게 보여 준다. '번성한 후 가지치기'는 뇌 영역에 따라 매우 다르게 나타난다([그림 5-5] 참조). 예를 들면, 시각피질에서 시냅스가 최고로 가지를 치는 시점은 생후 4개월이고 유아기

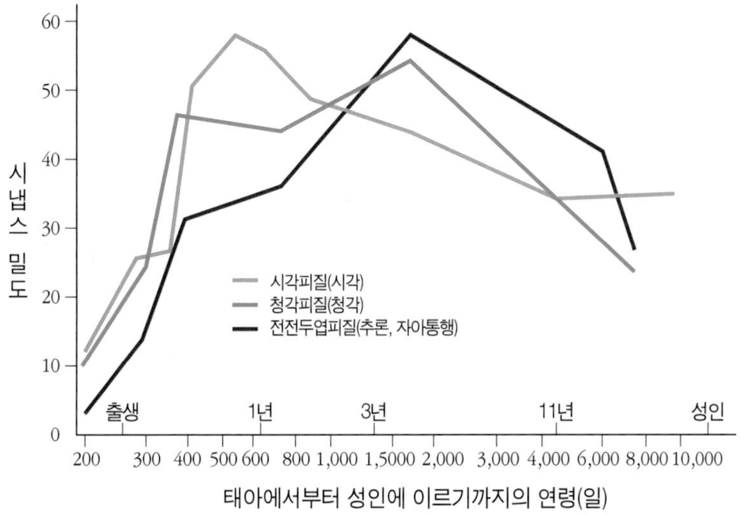

▶▶▶ [그림 5-5] 영아기에서 성인기까지 인간 뇌의 시냅스 밀도

중기부터 말기까지는 점진적으로 감소한다. 청각과 언어를 관장하는 뇌 영역에서는 비록 다소 느리지만 비슷한 과정이 나타난다. 그러나 높은 수준의 사고와 자아통제를 관장하는 뇌 영역인 전두엽 피질에서는 3세가 넘어서야 최고조에 달한다.

한편, 수초화의 속도도 뇌의 영역들마다 다양하다. 시각적 경로를 위한 수초화는 태어난 후 빨리 진행되고 생후 6개월 내에 완성된다. 하지만 청각 수초화는 4세 또는 5세가 될 때까지 완성되지 않는다.

일반적으로 초기 운동 영역과 같은 뇌의 영역은 초기 감각 영역과 같은 영역보다 더 빨리 발달한다. 신생아의 전두엽은 미성숙하다. 그러나 생후 1년 동안 전두엽의 뉴런이 수초화되고 상호 연결됨으로써 영아는 수면과 같은 생리적인 상태를 조절하는 능력이 발달하고, 반사를 좀 더 잘 통제하게 된다. 고의적인 사고를 요하는 인지기능은 생후 첫 1년 후반에도 나타나지 않는다. 실제로 전두엽의 전전두 부분은 뇌의 어떤 영역보다 가장 오랫동안 발달하는데, 최소한 성인기가 시작되어야만 변화가 나타난다(Steinberg, 2003).

③ 초기 경험과 뇌

영유아의 뇌는 불우한 환경에서 그 활동이 감소할 수 있다(Nelson, Adamson, & Bakeman, 2008). 자극과 반응이 결핍된 루마니아 고아원에서 성장한 유아는 일반

유아와 비교해서 뇌활동이 심각하게 감소함을 보여 주었다. 열악한 환경은 뇌에 심각한 영향을 주지만 열악한 환경일지라도 자극과 반응이 적절히 일어나도록 한다면 뇌는 재조직될 수 있다. 뇌는 융통성과 탄력성을 모두 가지고 있기 때문이다.

마이클 레베인이란 14세 남자아이가 있었다. 7세가 되었을 때 마이클은 하루에 400번이나 통제할 수 없는 발작이 시작되었다. 의사는 발작이 일어나는 뇌의 좌반구를 제거하는 것이 유일한 해결책이라고 말했다. 치료 후, 회복은 매우 더디었으나 그의 우반구가 재조직되기 시작하여 언어를 포함하여 보통 좌반구에서 관장하는 기능을 대신 처리하였다.

신경과학자들은 뇌가 경험을 반복하면 전선을 만들어 낸다는 사실을 믿는다. 아기가 매력적인 물건을 건드리거나 의도적으로 얼굴을 응시하려고 할 때마다 작게 분출된 전류가 뇌를 통과하고, 뉴런들은 전선을 함께 회로에 연결한다. 다시 말해서, 영아의 뇌는 경험에 달려 있다. 경험은 신경세포를 연결하는 방법을 결정하기 때문이다. 출생하기 전 유전자는 기본적인 전선 패턴을 대부분 지휘하는 것으로 나타난다. 뉴런은 성장하고 더 자세한 지시사항을 기다리며 먼 지역으로 여행을 떠난다. 출생 후에 다양한 시각, 소리, 냄새, 촉감, 언어의 유입과 눈 맞춤은 뇌 뉴런의 연결망을 만드는 데 도움을 준다.

(2) 영아기의 감각과 뇌 발달

앞서 언급했듯이 인간의 뇌는 만 3세 이전에 90% 이상이 완성된다. 특히 영아기는 두뇌의 대부분이 완성되는 시기로, 두뇌활동이 가장 활발하고 뇌 신경세포가 가장 많이 뻗어 나간다. 뇌 발달은 뇌의 신경세포가 얼마나 정교하게 많이 발달했느냐에 따라서 결정되며 신경세포 회로를 발달시키기 위해서는 감각을 이용하는 것이 가장 좋은 방법이다.

영아는 시각, 청각, 촉각, 후각 등의 감각기관을 활용하여 다양한 자극을 수용할 수 있게 된다. 이때 시각, 촉각, 미각, 청각, 후각의 오감각 자극을 통해 다양한 경험을 하게 되면 자연스럽게 신경회로도 자극을 받아 뇌활동도 활발해진다. 그리고 사람, 사물과의 감각활동이 많을수록 세상에 대해 더 잘 배울 수 있다고 이해하게 된다.

오감을 통해 두뇌를 자극할 때는 하나의 경험을 주되 다양한 방식으로 접근하고, 꾸준히 지속적으로 정보를 주어야 신경회로가 튼튼하고 치밀하게 자리를 잡는다. 예를 들어, 딸기에 대한 학습을 한다고 하면 딸기를 직접 보여 주고, 냄새를 맡게 하고, 잘라서 입에 넣어 주기도 하면서 오감을 통해 다양한 정보로 딸기를 저장·기억하도록 만들어야 한다. 따라서 영아기에는 시각, 촉각, 청각, 후각, 미각의 경험을 통한 학습이 이루어질 수 있도록 다양한 감각을 경험하는 놀잇감 및 환경과의 상호작용이 이루어져야 한다. 즉, 영아의 감각 특성은 학습을 하기 위한 기초 수단이며 도구라고 할 수 있다.

① 영아의 시각

시력을 측정하는 방법은 눈앞에 주어진 자극을 구별하게 하는 것과 뇌활동으로 나타나는 전기적 신호를 측정하는 것이다. 이러한 방법으로 영아의 시력을 측정한 바에 따르면, 생후 1개월째에는 50cm 떨어진 엄마의 얼굴을 단지 뭔가 있다는 정도로밖에 지각하지 못한다. 생후 3~4개월이 지나면 사람 얼굴의 윤곽을 알아보고 행복한 얼굴과 놀라거나 화난 또는 무표정한 얼굴을 구분할 수 있다. 사물이 움직이면 그것을 따라 시선을 옮길 수도 있다. 색채에 대한 지각도 이때 발달하여 빨강, 파랑, 노랑을 구별한다. 그러다가 시력은 생후 6~9개월에 걸쳐서 빠르게 좋아지고, 1년이 지나면 사물을 구별할 수 있을 정도가 된다.

뇌에서 시각을 담당하는 신경은 태어나면서부터 계속 성장하여 6세가 되면 완성된다. 두 눈에 의한 입체적인 시각은 조금 더 성숙이 필요하며 8세가 되어 완성된다. 고양이를 대상으로 한 실험에 의하면 한쪽 눈을 가리면 그 눈에 해당하는 뇌신경은 발달하지 못한다. 이 시기는 생후 4~10주이고, 일단 이 시기가 지나면 눈을 가리더라도 시력이 나빠지지 않는다. 즉, 4~10주 이전에 시각자극이 주어지지 않으면 시각을 담당하는 뇌가 발달하지 못하기 때문에 눈에 들어오는 이미지를 지각하지 못한다는 것이다. 이 시기는 동물마다 다른데, 원숭이는 이 시기가 좀 늦게 오는 편이므로 대략 생후 몇 개월에 시작하여 1년 이내에 끝난다. 인간은 이보다 더

▲ 두 가지 색깔을 바라보며 탐색하는 영아 (15개월)

늦게 온다. 인간에게는 눈을 가리는 실험을 할 수 없지만 사시나 근시 환자에 대한 연구를 통해서 간접적으로 알 수 있다. 사시나 근시가 있어서 망막과 신경에 자극이 제대로 전달되지 않으면 약시가 된다. 이처럼 사시가 있으면 약시가 되는 경우가 많아서 사시를 치료할 때 좋은 쪽 눈을 가리고 시력이 약한 눈으로 보게 하는데, 이는 시력이 약한 쪽 눈의 시력을 회복하기 위한 것이다. 이러한 치료는 시기가 빠를수록, 즉 나이가 어릴수록 효과가 크며, 시기가 늦으면 그 효과가 적고 시간도 많이 걸린다. 6~7세 이후에 이러한 치료가 행해질 때 거의 효과가 없는 것을 보아, 시각을 담당하는 뇌신경은 6~7세 이전에 발달이 끝나는 것으로 보인다.

② 영아의 청각

출생 후 1개월 이내의 신생아는 강한 소리자극을 주면 대개 깜짝 놀라는 반응을 보인다. 이때 심장박동과 호흡이 변한다. 출생 후 4개월에는 어떤 소리를 들려주면 소리에 집중하는 것처럼 조용해지고 친숙한 엄마의 음성에는 웃는 반응을 보인다. 그리고 4~6개월이 되면 고개를 돌려 소리가 나는 방향을 찾을 수 있다. 그러나 그보다 훨씬 이른 시기에 엄마의 목소리를 인식한다고 한다.

생후 한 달쯤 되면 진동수가 다른 음의 차이를 구별할 수 있고, 6개월이 되면 멜로디 윤곽의 변화에 반응한다. 이는 갓난아기도 음악을 들으면 좋아한다는 것을 통해 알 수 있다.

③ 영아의 후각

후각은 태어나면서 잘 발달되어 있어서 신생아의 경우 젖 냄새를 구별할 수 있다. 생후 4~5일이 지나면 냄새로 모유 방향을 감지할 수 있고, 1개월이 지나면 자기 엄마와 다른 사람을 모유의 냄새로 구별할 수 있다. 신생아는 다양한 후각자극에 몸놀림이나 표정으로 반응을 보인다.

④ 영아의 미각

신생아들은 이미 미각이 발달해 있지만 맛에 따라 다른 발달단계를 보인다. 신생아는 단맛, 신맛, 쓴맛이 나는 자극에는 반응을 하지만 짠맛에 대해서는 반응을 보이지 않는다. 짠맛에 대한 반응은 4~6개월이 지나야 나타난다. 태어나서 6개월이 지나면 보통 이유식을 시작하는데, 이 시기가 향후 음식 선호에 많은 영향을 미친다.

⑤ 영아의 평형감각

신생아를 팔에 안고 있다가 갑자기 떨어뜨리면 아기는 양팔을 벌렸다가 구부린다. 본능적인 반사행동인데, 이는 신생아에게 중력을 감지하는 능력이 있다는 것을 의미한다. 중력 감지는 평형감각의 한 종류로 전정기관에서 담당한다.

태아의 전정기관은 임신 22주면 성인과 거의 크기가 같아지고, 태아는 임신기간에 어머니의 움직임과 자신의 움직임을 통하여 전정신경에 지속적인 자극을 받으면서 성장한다. 중력감각은 태아가 출생을 위해 자세를 거꾸로 뒤집는 임신 마지막 두 달 동안 가장 강하게 자극을 받는다. 아이는 태어나면서부터 움직이고자 하고 흔들어 주면 좋아하는데, 이 모든 활동이 평형감각을 발달시키기 위한 반사적인 활동이다.

생후 1개월 된 영아는 엄마의 어깨에 머리를 기대어 안겨 있는 동안 종종 머리를 들어 올리려고 한다. 중력이 머리를 들어 올리도록 목 근육을 움직이는 뇌 부위를 자극했을 것이다. 더 지나면 이 적응 반응은 머리를 들어 올릴 수 있을 정도로 발달한다. 영아들은 안아 주거나 흔들어 주면 편안해하곤 한다. 그리고 공중으로 띄워 주거나 비행기 태워 주는 놀이도 매우 좋아한다. 이러한 놀이를 좋아하는 것은 영아들이 강한 중력감각을 즐긴다는 것을 의미한다.

성장과정의 아이들은 운동을 통해서 중력감각을 발달시킨다. 머리를 들어 올리면서 중력이 머리를 무겁게 한다는 것을 느끼고, 새로운 움직임을 시도할 때마다 중력의 작용은 절대 변화시킬 수 없음을 배운다. 지구상에서 중력을 피할 방법은 없으며 중력에 적응해야만 두 발로 설 수가 있고, 나무에도 오를 수 있으며, 공을 이용한 놀이를 할 수 있다는 것을 몸으로 느낀다.

이는 2세 이전까지는 전정기능이 아직 미숙하다는 것을 의미한다. 여덟 살이 되면 평형감각은 거의 완성된다. 이때 한 발로 균형을 잡을 수 있으며, 운동능력은 더욱 발달한다. 많은 아이는 놀이공원에 있는 미끄럼틀, 롤러코스터를 타는 것과 같은 전정신경을 자극하는 놀이를 즐긴다. 이러한 즐거움은 성인이 되면 비행, 공중다이빙, 자동차 경주 등과 같은 취미로 발전한다. 이러한 전정자극은 흔들의자에서 느끼는 안락함과는 다른 각성효과를 준다. 사람마다 전정자극에 대해 다른 반응을 보이는 것은 전정신경의 반응도와 관련된 것으로 보인다. 전정신경 자극에 대한 반응이 낮은 사람들은 롤러코스터가 주는 것과 같은 강도가 강한 감각자극을 즐긴다.

평형감각은 피부감각과 더불어 가장 원초적이고 가장 중요한 감각이다. 시각, 청

각, 후각, 미각은 없어도 살 수 있지만 평형감각이나 피부감각이 없으면 생존 자체가 위협받는다.

⑥ 영아기의 감각통합

영아기의 감각 발달을 연구하기 위해서는 각각의 감각을 분리해서 살펴봐야 하지만, 실제로 이런 감각은 따로따로 발달하는 것이 아니고 종합적으로 발달한다. 영아는 엄마와 놀 때 얼굴을 보면서 말소리도 듣고 손으로 만지기도 하면서 여러 감각 정보를 종합한다. 이러한 감각통합 능력은 태어나면서 바로 발휘된다.

영아는 시각 정보와 청각 정보를 통합할 수도 있다. 생후 3~5개월 된 영아는 엄마의 목소리가 들릴 때 엄마를 더 오랫동안 바라보고 아빠의 목소리가 들릴 때 아빠를 더 오래 바라본다. 또 영아는 소리가 들려오는 곳으로 눈과 고개를 돌린다. 그러나 소리가 나는 방향이 어디인지를 알아맞혀 그 소리를 내는 물체를 바라보는 행동은 어설프게 이루어진다. 청각과 시각을 더 정확하게 통합하려면 시각자극과 청각자극을 여러 번 경험하여 통합능력을 정교하게 다듬어야 한다.

신생아와 영아의 감각 발달은 서로 다른 감각끼리 영향을 주고받으며 이루어진다. 그뿐만 아니라 감각 발달은 운동능력과도 영향을 주고받는다. 아이는 운동이란 수단을 통해 주변 세계를 탐색하고 주변 대상에 대해 학습할 수 있다. 정확하게 보기 위해서는 고개나 눈을 움직여야 하고, 정확하게 듣기 위해서는 고개를 돌려봐야 한다. 인간은 움직이기 위해 지각하며 지각하기 위해 움직인다고 할 수 있다.

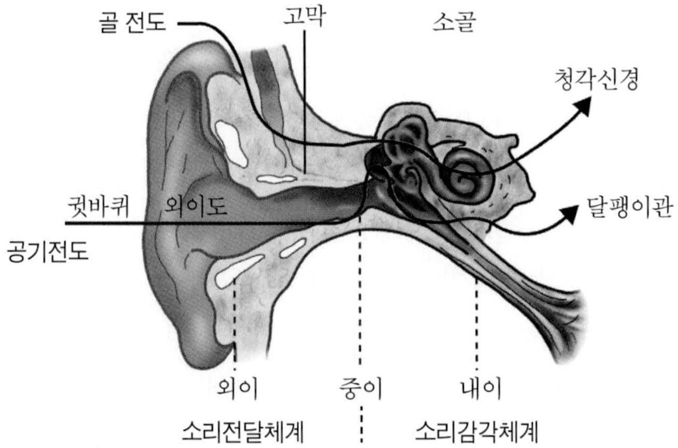

▶▶▶ [그림 5-6] 청각 정보 처리(공기와 골전도)

방 안에서 흥미로운 물건을 발견하면 영아는 가까이 다가가서 만져 본다. 물론 영아가 기어서 이동하기 위해서는 8개월의 훈련이 필요하다. 그러나 기어가는 능력은 부모가 가르쳐서 발달하는 것은 아니다. 아이에게 잘 기어가도록 시범을 보여주기 위해 부모가 무릎을 굽혀 기어 다닐 필요는 없다. 신경계가 정상이고 적당한 자극이 주어진다면 그렇게 발달하도록 유전자에 프로그램화되어 있기 때문이다.

(3) 영아기의 감각과 지각 발달

감각과 지각은 무엇인가? 신생아는 엄마의 피부가 거칠지 않고 부드럽다는 것을 어떻게 알게 될까? 5세 유아는 자신의 머리 색깔이 무슨 색깔인지 어떻게 알게 될까? 영유아는 감각을 통해 얻은 정보의 결과로서 이러한 것들을 '안다'. 시각, 청각, 촉각, 미각, 후각이 없다면 우리는 맛도 모르고, 색깔이 없고, 감정이 없는 짙은 암흑에서 살게 될지도 모르며, 세상으로부터 고립될지도 모른다.

감각(sensation)은 감각수용기를 통해 얻은 정보와 상호작용할 때 발생한다. 청각은 귀의 바깥 부분에 의해 모아진 공기의 진동이 귀 안 부분에 있는 골격을 통해서 청신경으로 전달될 때 발생한다. 시각은 빛이 눈에 전달될 때 망막에 집중되고 뇌의 시각 영역에 있는 시각신경에 의해서 전달될 때 발생한다.

지각(perception)은 감지한 것을 해석하는 것이다. 예를 들면, 귀로 전달된 공기의 진동은 소음이나 음악 소리로 해석될 수 있다. 눈의 망막에 전달된 물리적 에너지는 그것을 어떻게 받아들이느냐에 따라 특별한 색깔, 패턴, 모양 등으로 해석될 수 있다.

지난 수십 년 동안 이루어진 영아기의 지각 발달에 관한 많은 연구는 E. Gibson과 J. Gibson의 생태학적 관점을 바탕으로 이루어져 왔다(Gibson et al., 1960, 1969). 그들은 우리가 감각을 통해서 정보를 모으고, 그것을 통해 우리 마음속에 세상에 대한 표상을 만들 수 있는 것은 아니라고 주장했다. 대신에 우리의 지각체계는 환경이 제공하는 풍부한 정보를 선택할 수 있다.

E. Gibson과 J. Gibson의 생태학적 관점(ecological view)에 의하면 우리는 우리를 둘러싼 세상에 존재하는 정보를 직접 지각한다. 이렇게 우리는 지각을 통해 우리가 환경과 접촉함으로써 환경과 상호작용하고 환경에 적응한다. 지각은 행동을 위해 고안되었기에 사람들에게 언제 머리를 숙일지, 좁은 길을 빠져나오기 위해 언제 몸을 돌릴지, 물건을 잡기 위해서 언제 손을 뻗을지 등에 대한 정보를 제공한다.

또한 모든 물체는 행동가능성(affordances)을 지닌다. 행동가능성이란 행동을 수행하기 위해 우리의 능력 범위 내의 적합한 물체에 의해 제공되는 상호작용의 기회다. 냄비는 성인에게 음식을 할 수 있는 기회를 제공할 수도 있고, 아이들에게는 두드릴 수 있는 기회를 제공할 수도 있다. 성인은 보통 의자에 앉기에 적당한 순간, 바닥을 걷기에 안전한 시기, 물체를 잡을 수 있는 적당한 순간들을 안다. 우리는 환경에서 얻은 정보를 감지함으로써 이러한 행동가능성을 직접 정확하게 지각한다. 즉, 주변의 소리나 빛을 통해 얻은 정보가 자신의 근육수용기, 관절수용기, 피부수용기로 전달되어 정보를 얻는 것이다. 영아의 지각에 관한 연구가 쉬운 과제는 아니다. 그러나 영아 발달에 관한 연구들 사이에 낀 영아의 지각 연구는 연구자들이 영아기의 지각을 연구하는 독창적인 방법을 개발하게 했다.

① 신생아의 지각 연구

신생아는 미숙한 운동조절 능력을 가지고 있고 아주 어렵게 이동할 수 있을 뿐이다. 그러나 불편할 때는 울고 몇 가지의 음성을 사용한다. 사실 신생아는 많은 시간(약 하루에 16~17시간 정도) 동안 잠을 잔다.

우리는 신생아가 무엇을 할 수 있으며, 신생아가 볼 수 있는지 없는지, 우리가 그러한 것을 어떻게 알 수 있는지에 대해 궁금해할 것이다. 또한 우리는 신생아와 의사소통하는 데 어려움을 가질 수 있는데, 이때 신생아와 '말할 수 있는' 방법을 찾아야 할 것이다. 신생아를 대상으로 한 다양한 실험은 흥미로운 발견들을 제공한다. 예를 들면, 신생아 앞에서 물체를 수평으로 움직이면 신생아의 눈은 그 물체의 움직임을 추적한다. 이는 신생아가 머리의 움직임은 적어도 그들이 어떤 시각을 가지고 있음을 의미한다.

• 시각 선호방법

Robert Fantz(1963)는 영아의 시 · 지각 연구의 개척자다. 그는 연구자들이 영아의 시 · 지각을 조사하기 위한 능력을 발전시키는 데 매우 중요한 발견을 하였다. 그것은 영아는 각각 다른 물체를 다른 시간 동안 바라본다는 것이다.

> 영아를 관찰실에 눕혔는데 관찰실은 영아의 머리 위 천장에 두 개의 무늬를 붙여 둔 상태였다. 실험자는 영아의 눈을 작은 구멍을 통해서 볼 수 있게 해 놓았다.

만약 영아가 두 개의 무늬 중에서 하나의 무늬에 시선을 고정시키면, 실험자는 영아의 눈에 비친 그 무늬를 볼 수 있었다.

이런 방법으로 실험자는 영아가 각각의 무늬를 얼마나 오랫동안 응시하는지 확인할 수 있었다. Fantz(1963)는 생후 2일밖에 되지 않은 영아가 얼굴이나 동심원 같은 패턴화된 자극을 흰색, 빨간색, 노란색의 원형보다 더 오랫동안 응시한다는 것을 발견하였다. 그리고 2~3주 된 영아도 패턴(얼굴, 인쇄물, 황소의 눈과 같은 것)을 흰색, 빨간색, 노란색의 원형보다 더 선호하였다. Fantz의 연구방법은 영아가 각기 다른 자극에 응시하는 시간을 측정함으로써 영아가 하나의 자극을 다른 자극과 구별할 수 있는지를 연구하는 방법으로 영아의 시·지각 선호 연구법으로 활용된다.

• **습관화와 비습관화**

영아의 지각에 대해 연구하는 방법은 많은 자극(시각자극, 청각자극)을 제시하는 방법이다. 만약 자극을 몇 번 제시한 후에 자극에 대한 영아의 반응이 줄어들면 그것은 영아가 더 이상 자극을 받는 것에 관심이 없다는 것을 의미한다. 하지만 새로운 자극을 제시하면 영아는 반응을 회복할 것이다. 이러한 반응은 영아가 새로운 것과 오래된 자극을 구별할 수 있다는 것을 시사한다.

습관화(habituation)란 자극의 제시가 반복된 후에 반응이 줄어드는 것이고, 비습관화(dishabituation)란 자극의 변화 후에 관습화된 반응이 회복되는 것이다. 신생아는 시각, 청각, 후각, 촉각의 반복에 습관화될 수 있다.

• **고진폭 빨기**

소리에 대한 영아의 주의를 측정하기 위해서 '고진폭 빨기'라는 방법을 사용한다. 이 방법은 소리를 일으키는 시스템과 연결된 빈 젖꼭지를 영아에게 주는 것이다. 각각의 빨기 행동은 소음을 만들어 측정되고, 영아는 빨기가 이러한 소음을 일으킨다는 것을 바로 학습하게 된다. 처음에는 영아가 자주 빨기 때문에 소음이 자주 발생한다. 하지만 영아는 점차 비슷한 소리를 반복적으로 듣는 것에 흥미를 잃는다. 이때쯤 실험자는 빨기에 의해 발생하는 소리를 변화시킨다. 만약 영아가 활발하게 빨기를 한다면 영아가 소리의 변화를 인식하고 있고, 그 흥미로운 새로운 소리를 듣고 싶어 하기 때문에 빨기가 더 활발해졌다고 추론할 수 있다.

• 정향 반응과 추적

영아가 볼 수 있거나 들을 수 있는지를 알아내기 위해 시용할 수 있는 과학기술은 정향 반응으로, 이것은 영아가 소리나 볼거리를 향해 머리를 돌리는 것을 포함한다. 또 다른 기술은 추적(track)인데, 이것은 움직이는 대상을 따라가는 영아의 눈의 움직임을 통해 영아의 소리에 대한 반응을 확인하거나, 영아의 시각적 능력을 측정하기 위해 활용될 수 있다(Bendersky & Sullivan, 2007).

• 시 · 지각

신생아는 무엇을 볼 수 있는가? 영아기에 시각은 어떻게 발달하는가? 출생 시에도 신경과 근육, 눈동자는 여전히 발달하고 있다. 그 결과, 신생아는 멀리 떨어진 작은 물체는 볼 수 없다. 신생아의 시력 측정 결과를 보기 위해 시력검사에 사용되는 잘 알려진 스넬렌(Snellen) 차트를 보면, 신생아의 시력은 20/240에서 20/640까지로 다양하다. 이것은 신생아가 정상적인 성인이라면 240에서 640피트의 것을 볼 수 있는 수준에서 20피트 내의 것을 볼 수 있다는 것을 의미한다. 바꾸어 말하면, 신생아가 20피트 떨어진 물체를 볼 때의 선명도는 정상 시력을 가진 성인이 640피트 떨어진 물체를 보는 것과 같은 정도라는 것이다. 그러나 생후 6개월이 되면 평균 시력은 20/40이 된다(Aslin, 2007).

영아는 출생 후 사람의 얼굴에 빠르게 관심을 갖는다(Quinn et al., 2008; Slater, Field, & Hernandez-Rief, 2007). 출생 후 12시간 정도 지난 영아는 낯선 사람의 얼굴보다 엄마의 얼굴을 더 오랫동안 살펴본다(Bushnell, 2001). 그러다 3개월경이 되면 영아는 목소리와 얼굴을 짝지을 수 있고, 남성과 여성의 얼굴을 구분할 수 있으며, 자신의 민족과 다른 민족의 얼굴을 구분할 수 있다(Kelly, 2006).

심지어 아주 어린 영아도 사람의 얼굴을 포함한 시각적 세계에서 정보를 모으는 방법에 변화를 준다(Aslin, 2007). 생후 2개월 된 영아가 생후 1개월 된 영아보다 얼굴을 더 많이 쳐다보며 얼굴 내부의 세세한 면을 살피는 데 시간을 더 많이 보낸다는 것이 그 사실을 보여 준다. 그리고 이렇게 생후 2개월 된 영아가 생후 1개월 된 영아보다 세상에 대한 정보를 더 많이 얻는다.

• 색 식별

영아기에는 색 식별력이 향상된다(Aslin, 2007). 생후 8주가 지나면 영아는 색을

구별할 수 있게 된다. 그리고 생후 4개월이 되면 성인의 경우처럼 색에 대한 선호도를 보인다. 예를 들면, 옅은 파란색보다 진한 파란색을 더 좋아하는 것과 같다. 부분적으로 시각의 이러한 변화는 성숙이다. 그러므로 다양한 경험은 색 식별력을 정상적으로 발달시키는 데 매우 중요하다.

• 지각항상성

지각항상성은 감각적 자극은 변하지만 물리적 세계에 대한 영아의 지각은 지속성을 유지한다는 것을 의미한다. 만약 영아의 지각항상성이 발달되지 않는다면 영아는 어떤 물체를 다른 거리나 다른 방향에서 볼 때마다 그것을 서로 다른 물체로 인식하게 될 것이다. 그러므로 지각항상성의 발달은 영아가 그들이 사는 세상을 안정적으로 느끼도록 도와준다. 지각항상성의 두 가지 유형에는 크기항상성과 형태항상성이 있다.

크기항상성(size constancy)은 물체가 가까워지거나 멀어져서 망막에 맺힌 물체 이미지의 크기가 변하더라도 실제 물체의 크기는 항상 동일하게 유지된다는 것을 아는 것이다. 물체가 더 멀어지면 그 물체의 작은 상은 눈의 동공 안에 있다. 그러나 동공 안에 있는 물체의 크기는 물체의 실제 크기를 알려 주지 못한다. 예를 들면, 자신의 바로 앞에 자전거가 서 있고 길 건너편에 자동차가 서있다고 생각해 보자. 바로 앞에 있는 자전거의 상이 길 건너편에 있는 자동차보다 큰 상으로 맺혀져 있지만 자전거가 건너편의 자동차보다 작다고 인식한다. 또한 자전거로부터 멀어질 때 우리 눈동자에 맺힌 자전거의 상이 줄더라도 우리는 그것이 실제로 줄어들었다고 인식하지 않는다. 우리는 자전거의 크기가 항상 동일하다는 것을 알고 있기 때문이다. 생후 3개월이 된 영아도 크기항상성을 보인다. 그러나 생후 3개월에 이러한 능력이 완전히 성숙된 것은 아니며, 10~11세까지 계속해서 성숙한다.

형태항상성(shape constancy)은 물체가 우리를 향한 방향이 변하더라도 물체의 형태가 항상 동일하게 유지된다는 것을 아는 것이다. 우리는 주변에 있는 책상, 의자와 같은 여러 가지 형태의 물건들을 볼 때 다른 각도와 방향에서 볼 수 있다. 그리고 주변의 물건들이 움직여서 물체의 상이 다르게 보이더라도 그 물체들은 같은 형태임을 지각한다. 생후 3개월 된 영아도 크기항상성처럼 형태항상성을 보인다. 그러나 기울어진 비행기처럼 형태가 규칙적이지 않은 물체에 대해서는 형태항상성을 보이지 않는다.

• 가려진 물체의 지각

주변 공간을 살펴볼 때, 의자 뒤에 있는 책상, 컴퓨터 뒤에 있는 책, 또는 나무 뒤에 세워진 차와 같이 앞에 있는 다른 물체에 의해 부분적으로 가려진 또 다른 물체들을 보게 된다. 출생 후 첫 두 달 동안 영아는 가려진 물체를 완전하게 지각하지는 못하지만, 대신 보이는 부분은 지각한다(Johnson & Slater, 2007). 그러다 생후 2개월 초반에는 완전히 가려진 물체를 인식하는 능력을 발달시킨다(Slater, Field, & Hemandez-Rief, 2007). Scott(2009)의 연구에 따르면, 학습, 경험, 눈 움직임에 의한 자기주도적 탐색은 영아기 초기의 지각 발달에 매우 중요한 역할을 한다.

우리가 길을 걸어갈 때 차가 움직이거나 내 몸이 움직이기 때문에 건물 뒤에서 차가 나타나거나 사라지는 것을 보는 것처럼, 세상의 많은 물체는 인접한 물체에 의해 부분적으로 가려지거나 보이지 않게 된다. 영아는 약 3~5개월경에 가려지거나 움직이는 물체를 분명하게 추적하는 능력이 발달한다.

최근 5~9개월 된 영아가 움직이는 물체를 추적하는 능력이 있는지에 대해 연구하였는데, 이때 가리는 물체(파티션) 뒤에 점차 사라지거나, 갑자기 사라지거나, 안으로 폭발하는 것(사이즈가 순간 줄어듦)처럼 보이는 물체들을 제시하였다. 그리고 이 연구에서 영아는 물체가 갑자기 사라지거나 순간적으로 폭발할 때보다 점차 사라지면서 움직이는 물체를 더욱 정확하게 예측하는 것으로 나타났다.

• 깊이 지각

수십 년 전에 E. Gibson은 그랜드캐니언의 가장자리에서 점심을 먹었을 때의 경험에서 영감을 얻어 고전적 실험을 고안했다. 그녀는 그랜드캐니언의 가장자리를 둘러본 영아가 떨어지거나 뒷걸음치는 것의 위험성을 지각하는지 알고 싶어 했다. 그리하여 그녀의 어린아이가 그랜드캐니언의 가장자리에 너무 가깝게 가서 떨어지는 것에 대해 걱정을 하였다. 과연 영아는 깊이를 지각하는가?

이러한 의문을 조사하기 위해 E. Gibson과 Walk은 [그림 5-7]에 제시된 것과 같이 실험실에 유리를 깐 미니절벽을 만들었다. 그들은 생후 6~12개월 된 영아를 시각 절벽의 끝에 놓아두고 어머니에게 영아가 유리 위를 기어서 건너오도록 유혹하게 하였다. 대부분의 영아는 원래 있던 좁은 가장자리(즉, 영아가 깊이를 인식한다고 판단되는 지표)에 계속 남아 있으려고 하면서 유리 위를 건너오려고 하지 않았다. 그러나 이 시각 절벽 실험에 참여한 생후 6~12개월 된 영아는 광범위한 시각적 경험

▶▶▶ [그림 5-7] 시각 절벽 위 영아의 깊이 지각 실험

을 가졌다. 그렇다면 이러한 경험 없이도 어린 영아가 깊이를 인지할 수 있을까? 더 어린 영아는 기지 못하기 때문에 이러한 질문에 답하기는 어렵다. 그러나 2~4개월 된 영아를 시각 절벽의 깊은 지점과 낮은 지점에 각각 올려놓았을 때 심장박동에서 차이가 나타났다(Campos, Langer, & Krowiz, 1970). 그러나 이러한 차이는 영아가 깊이에 대한 실제적 지식이 없이 깊은 절벽과 낮은 절벽의 시각적 특징의 차이에 반응한다는 것을 의미할 수도 있다. 비록 연구자들은 초기 영아가 깊이를 어떻게 인지하는지 정확하게 알아내지는 못했지만, 우리는 영아가 3~4개월까지 깊이에 대해 두 눈의 단서를 사용하는 능력을 발달시킨다는 것을 알게 되었다.

• **그 외 감각**

영아기 동안에는 시각 외에 다른 감각체계도 발달한다. 청각, 촉각, 통각, 후각, 미각의 발달에 대해 살펴보자.

- 청각

갓 출생한 신생아도 사람의 음성에 특히 민감하며 단순한 음향보다는 인간의 목소리를 더 선호한다(Saffran, Werker, & Werner, 2006). 심리학자 DeCasper와 Spence(1986)는 '모자 속의 고양이 연구'를 통해 영아가 태내에서 경험한 사건도 기

억할 수 있는지 알아보았다. 그들은 이 연구를 위해 열여섯 명의 산모가 태아에게 임신 마지막 6주 동안 매일 두 차례 소리 내어 『모자 속의 고양이(The Cat in the Hat)』라는 동화책을 읽어 주게 하였다. 그리고 영아가 출생한 지 얼마 지나지 않아 엄마들은 『모자 속의 고양이』와 리듬과 속도가 다른 동화책(태아에게 읽어 주지 않은 책)을 읽어 주었다. 그 결과, 영아들은 출생 이전에 어머니 뱃속에서 들었던 이야기와 듣지 않았던 이야기를 읽어 줄 때 다른 방법으로 젖꼭지를 빠는 결과를 나타냈다. 이것은 영아가 『모자 속의 고양이』의 패턴과 음조를 인지하였다는 것을 말해 준다.

다음의 연구는 태아가 들을 수 있을 뿐만 아니라, 출생 전에도 학습할 수 있는 탁월한 능력이 있음을 설명해 준다. 60명의 태아(평균 연령 38.4주)에게 엄마가 읽어 주는 녹음테이프와 낯선 여성이 읽어 주는 녹음테이프를 들려주었다. 녹음테이프의 소리는 엄마의 배 위에 장착된 큰 스피커로 들려줬다. 태아의 심장박동은 어머니의 목소리에는 반응이 증가하는 반면, 낯선 사람의 목소리에는 반응이 감소했다.

영아기에 청각은 어떤 변화가 일어날까? 변화는 소리의 크기, 고저, 방향의 지각을 포함한다.

크기 출생 직후 영아는 성인이 들을 수 있는 만큼 작은 소리를 잘 듣지 못하기 때문에 신생아가 잘 듣게 하기 위해서 성인보다 더 큰소리로 자극을 주어야 한다. 예를 들면, 성인은 약 4~5피트 떨어진 곳에서 속삭여도 들을 수 있으나 신생아는 그 정도 떨어진 거리의 소리를 듣기 위해서는 정상적인 대화 수준에 가까운 소리의 크기를 말해야 한다.

고저 영아는 성인보다 소리의 고저(음조)에 덜 민감하다. 음조는 소리의 진동수에 대한 지각이다. 소프라노 목소리는 고음이고 베이스 목소리는 저음이다. 영아는 저음에 덜 민감하고 고음을 듣는 것을 더 좋아한다. 그러다 생후 2년이 되면 고저가 다른 소리를 구별하는 능력이 상당히 향상된다.

방향 신생아도 소리가 어느 방향에서 나는지 일반적 방향을 인지할 수 있지만, 생후 6개월이 되면 소리가 나는 방향을 더 잘 알게 되며 소리의 근원을 찾아낸다. 소리의 방향을 아는 영아의 능력은 생후 2년까지 계속 발달한다(Saffran, Werker, & Werner, 2006).

- 촉각 및 통각

신생아는 촉각에 반응할까? 신생아는 고통을 느낄 수 있을까? 신생아는 촉각에 반응한다. 따라서 볼을 만지면 머리를 돌리고, 입술을 만지면 빨기 반응을 보인다. 신생아들 또한 고통을 느낄 수 있다. 만약 자신에게 아들이 있고 아들의 포경수술 여부를 고려해야 한다면 영아의 고통 지각에 관한 이슈는 매우 중요해질 것이다. 포경수술은 보통 생후 약 3일경에 한다. 만약 아들이 생후 3일째에 포경수술을 한다면 아들은 고통을 느낄까? Gunnar와 그의 동료들의 연구에 의하면, 남아인 신생아는 포경수술을 하는 동안 아주 많이 운다. 포경수술을 한 영아는 놀라운 회복력을 보인다. 수술 후 몇 분 안에 그들은 회복될 수도 있고 어머니와 상호작용할 수 있다. 그리고 만약 허락된다면 포경수술을 한 신생아는 깊은 잠에 빠져들게 될 것이고, 이때 신생아는 회복을 한다.

수년 동안 의사들은 마취 없이 신생아 포경수술을 시행해 왔다. 이러한 의학적 수술의 관행은 마취제의 위험성과 신생아는 고통을 느끼지 못한다는 가정 때문에 받아들여졌다. 하지만 연구자들이 신생아가 고통을 느낄 수 있다는 것을 증명했기 때문에 마취제 없이 신생아를 수술하는 것은 도전이 되었다.

촉각에 대한 정보와 시각에 대한 정보를 관련짓는 중요한 능력은 영아기에 발달한다고 증명되고 있다. 시각과 촉각의 협응은 6개월경에 가능하다는 증거가 많으나(Rose et al., 1990), 한 연구에서는 2~3개월 된 영아에게서도 시각과 촉각의 협응이 나타난다고 밝히고 있다.

- 후각

신생아는 냄새를 구분할 수 있다. 그들의 얼굴 표정은 바닐라향과 딸기향은 좋아하고 썩은 계란이나 생선 냄새는 좋아하지 않는다는 것을 알려 준다(Steiner, 1979). 한 실험에서 모유 수유를 하는 생후 6일 된 영아는 어머니의 젖을 묻힌 솜의 냄새를 아무것도 묻히지 않은 솜의 냄새보다 분명히 더 선호하는 것으로 나타났다(Porter, Makin, Davis, & Christensen, 1992). 그러나 생후 2일 된 신생아는 이러한 선호도를 보이지 않았는데, 이것은 향을 인식하기 위해서는 며칠간의 경험이 필요하다는 것을 말해 준다.

- 미각

미각에 대한 민감함은 태어나기 전부터 나타난다(Doty & Shah, 2008). 출산예정

일이 거의 다 된 산모의 양수 안에 사카린을 투여하였더니 태아의 삼키기 행동은 증가하였다. 또 다른 연구에서는 출생한지 2시간 정도 된 신생아에게 단맛, 신맛, 쓴맛이 나는 음료를 맛보게 하였을 때 얼굴 표정이 다르게 나타났다. 생후 4개월경이 되면 영아는 짠맛을 더 좋아하기 시작하는데, 그것은 신생아기에 싫어했던 맛으로 밝혀졌다(Doty & Shah, 2008: Santrock, 2010에서 재인용).

감각 간 지각

농구를 하거나 테니스를 치는 모습을 상상해 보자. 왔다 갔다 하는 공, 이리저리 움직이는 선수와 같은 많은 시각적 입력을 경험할 것이다. 동시에 공이 튕기면서 내는 소리, 공을 치는 소리, 선수의 헉헉거리는 소리와 같은 청각적 입력도 경험하게 될 것이다. 수많은 시각적 정보와 청각적 정보는 대응된다. 공이 튀어 오르는 것을 볼 때 공이 튀어 오르는 소리도 들을 수 있고, 선수가 공을 치려고 팔을 힘껏 뻗을 때는 선수가 지르는 소리를 들을 수 있는 등 무슨 일이 일어났는지 보거나 들을 때 청각적 또는 시각적 경험만을 하지는 않으며, 모든 것을 같이 경험한다. 하나의 사건을 경험할 때 감각 간 지각능력은 시각과 청각과 같은 두 개 이상의 감각양식을 통해 얻은 정보를 통합하는 능력을 포함한다.

초기에 감각 간 지각능력은 신생아에게도 존재한다. 예를 들어, 신생아는 몇 초 동안 유지되는 딸랑이 소리나 목소리가 들리면 소리가 나는 방향으로 눈이나 고개를 돌리지만, 소리의 방향을 결정하고 그 물체를 바라보는 행동은 매우 세련되지 못하다. 이러한 초기 감각 간 지각능력은 생후 1년 동안 경험을 통해서 정교해진다(Hollich & Huston, 2007). 한 연구에서도 생후 3개월 반밖에 안 된 어린 영아가 어머니의 목소리를 들었을 때 어머니를 더 오랫동안 응시하며, 아버지의 목소리를 들을 때 아버지를 더 오랫동안 응시한다는 것으로 밝혀졌다. 이렇게 심지어 어린 영아도 사람을 포함한 시각적 정보와 청각적 정보를 통합할 수 있다.

초기 6개월 동안 영아는 다른 양식으로부터 받은 감각적 입력을 관련짓는 데 어려움을 겪지만, 이 시기가 지나면 정신적으로 이러한 정보를 연결 짓는 향상된 능력을 보인다. 이렇게 아기는 감각기관 사이에서 그 관련성을 지각하는 초기 능

력을 가지고 세상에 태어나지만 감각 간 지각능력은 경험을 통해서 향상된다. 또한 발달의 모든 측면처럼 지각 발달 또한 천성과 교육이 상호작용하고 협력한다(Banks, 2005: Santrock, 2010에서 재인용).

② 유전과 환경, 지각 발달

지금까지 우리는 지각 발달의 많은 측면에 대해서 논의해 왔는데, 지각 발달과 관련된 발달심리학의 중요한 논쟁거리 중의 하나는 유전과 환경이다. 영아기의 지각능력이 유전과 환경에 의해 어떻게 영향을 받는가에 대한 관심은 오랫동안 지속되었다(Aslin, 2007; Johnson & Slater, 2007), 지각 발달 분야에서 양육을 지지하는 사람들은 천성론자로 불리고, 학습과 경험을 강조하는 사람들은 경험론자로 불린다.

천성론적 관점에서 보면 세상을 완벽하게 지각하는 능력은 생득적이고 선천적으로 조직된다. 이러한 관점은 지각 발달에서 경험론적 설명에 반대되는 입장을 취한다. 왜냐하면 경험론자들은 영아가 영아기 초기에 3차원인 세계에서 크기와 형태의 항상성을 깨닫고, 감각 간 통합을 하기 위해 많은 시간을 필요로 한다고 주장하기 때문이다. 그러나 Gibson의 생태학적 관점은 지각 발달에서 각기 다른 연령에서 발견되는 뚜렷한 특징을 포함해야 한다고 강조하기 때문에 완전한 천성론은 아니다(Slater & others, 2007).

E. Gibson과 J. Gibson의 생태학적 관점은 Piaget의 구성주의와는 매우 다르다. Piaget의 구성주의는 지각 발달을 설명하기 위해 경험론적 접근을 취한다. Piaget에 의하면 영아기의 많은 지각 발달은 영아가 좀 더 복잡한 지각적 과업을 구성하기 위해 연속적인 인지발달단계에 따라 기다려야만 한다고 주장한다. 그러므로 Piaget는 영아기에 크기와 형태의 항상성을 지각하고 3차원 세계에서 감각 간 지각을 하는 능력은 Gibson의 견해보다 늦게 발달한다고 생각했다.

2. 영아기 인지 발달

Piaget에 따르면, 사람은 궁금한 것을 못 참는 호기심이 많은 존재다. 사람들의 여러 인지적 활동은 호기심을 해소하기 위한 내적 동기에서부터 나타나는 것이고, 영아 또한 환경에 대한 적극적·능동적인 탐색자다(Flavell, Miller, & Miller, 2001). 영아의 인지 발달은 감각운동기로, 처음 태어나면서부터 나타나는 빨기, 잡기, 뻗기 등의 반사기능이 환경과의 상호작용을 통하여 도식(schema)을 만들며, 이러한 반사도식은 영아와 환경 간 상호작용의 틀을 제공해 준다(Piaget, 1960).

도식이란 사물이나 사건에 대한 전체적인 윤곽으로 사고의 기본 단위를 말한다. 영아의 초기 감각운동 도식은 환경과의 상호작용을 통하여 수정되고 확장되며 감각운동 지능의 토대가 된다. 이러한 인지구조의 변화는 독립적이지만 상호 관련된 하위 6단계를 포함한다.

감각운동기 동안 영아들은 **대상영속성**(object permanence)의 개념을 이해하게 된다. **대상영속성**이란 사물이 눈앞에 보이지 않거나 만질 수 없을 때에도 여전히 존재한다는 것을 아는 것으로, 감각운동기의 3단계 말기에 이르면 대상영속성 개념 획득을 위한 전조가 나타난다. 이 단계 이전까지의 영아는 가지고 있던 장난감이 눈앞에서 사라져도 찾으려고 애쓰지 않는다. 눈에 보이지 않는 것을 영원히 사라진 것으로 생각하는 영아는 물건을 찾기 위한 어떠한 행동도 하지 않는다.

그러나 영아는 감각운동기의 3단계에서부터 사라진 물건에 관심을 보이기 시작한다. 감각운동기의 4단계에서는 숨기는 것을 보면 찾을 수 있고, 5단계에서는 물건의 이동과정을 목격하면 이동된 장소에서 물건을 찾아낼 수 있다. 대상영속성의 개념을 완전히 획득한 6단계의 영아는 물건의 이동을 보지 않고도 물건이 있을 것으로 예상되는 장소에서 물건을 찾아냄으로써 정신적 추적이 가능함을 보여 준다. 대상영속성의 개념 획득이 중요한 이유는 이 개념을 획득한 영아는 어떤 사물이나 사람이 눈앞에 보이지 않으면 상실감을 느끼고, 그것이 되돌아오게 하기 위해 노력한다는 것이다. 그리고 대상영속성 개념을 바탕으로 영아는 세계에 대한 기대와 계획을 세우고 상징을 사용할 수 있게 된다. 게다가 이때 영아는 물체의 이미지를 마음속에 그릴 수 있기 때문에 표상적 사고를 하기 시작한다.

〈표 5-1〉 감각운동 능력의 발달과 대상영속성 개념 획득의 관계

영아의 연령 (개월)	감각운동기의 하위 단계	대상영속성의 발달을 나타내는 영아의 행동
0~1	1단계 반사기	바라보고 있던 물체가 갑자기 사라져도 아무런 반응을 보이지 않으며 다른 곳만을 응시한다.
1~4	2단계 1차 순환반응기	바라보고 있던 물체가 사라지면 단지 물체가 있었던 자리만을 응시한다.
4~8	3단계 2차 순환반응기	떨어뜨린 물건을 향해 팔을 뻗치고 부분적으로 덮여 있는 물체를 찾아낼 수 있다. 만약 공을 던져 올리면 떨어질 지점을 예상하고 그 지점에서 공을 찾는다.
8~12	4단계 2차 반응의 협응기	다른 사람이 숨기는 것을 보았을 경우, 그 물건이 완전히 덮여 있다고 할지라도 찾아낼 수 있다. 그러나 그 물건을 다시 영아가 보는 앞에서 다른 장소에 옮겨도 여전히 처음 숨긴 장소에서 물건을 찾는다.
12~18	5단계 3차 순환반응기	한 장소에서 다른 장소로 물건이 이동되는 것을 관찰한 후, 그 물건을 정확하게 찾아낼 수 있다. 그러나 물건의 이동과정을 보지 못하면 찾지 못한다. 물건의 이동을 시각적으로 추적하는 것은 가능하나, 정신적으로 추적하지는 못한다.
18~24	6단계 내적 표상기	대상영속성의 개념이 완전히 획득된다. 물건의 이동을 보지 않고도 물건이 숨겨져 있을 것으로 예상되는 장소를 탐색한다. 쉽게 물건을 찾을 수 없다고 할지라도 영아는 그것이 어딘가에 있다는 확신을 가지고 계속해서 탐색한다.

출처: 장휘숙(2001, p. 204)

앞서 말한 Piaget의 영아기에 해당하는 감각운동기는 하위 6단계로 나누어져 있고, 전 단계의 자극에 대한 반응이 다음 단계로 이어지는 기초가 되고 있음을 볼 수 있다. 다시 말해, 인지 발달의 과정 속에는 특정한 발달을 돕는 최적의 시기가 있으며, 그 시기에 충분히 발달하지 못하면 후에도 학습하는 데 큰 어려움이 따른다는 것이다.

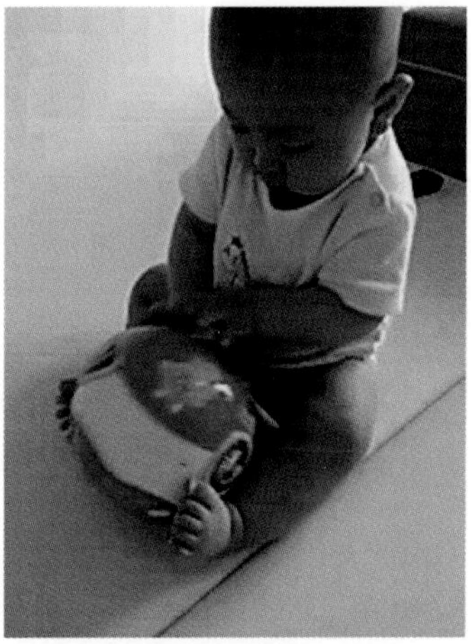

▲ 원인과 결과를 이해하기 위해 보기, 잡기 등을 하며 탐색할 수 있다.

3. 영아기 언어 발달

영아가 말을 배우는 일은 참으로 신기하다. 유아가 모국어를 불과 몇 년 내에 거의 완전히 터득하게 되는 과정도 신기하기 그지없다. 이런 의미에서 유아가 모국어를 배우는 것은 학습이 아닌 획득(acquisition)이라 부른다. 영유아가 언어를 획득하는 과정을 간단히 살펴보면 다음과 같다.

1) 언어 이전의 시기

갓난아기는 태어나면서부터 울음 소리를 내고, 곧이어 2~3주 후에는 목을 굴리는 듯한 소리를 내기 시작한다. 그리고 6개월 정도 되면 옹알이(babbling)를 시작한다. 어른들은 아기가 내는 소리, 울음소리나 옹알이를 듣고 아기가 어떤 상태인지, 즐거운지, 무엇이 불편한지를 알아차릴 수 있다. 그리고 이런 판단에 따라서 아기를 돌본다. 자기가 내는 소리를 들을 수 없는 아기가 옹알이를 한다는 사실로 미루어 보아 이 시기의 옹알이가 의사소통을 위한 것이라고 볼 수는 없다. 아기가 자연적으로 소리를 만들어 내는 것일 뿐이다. 그러나 정상적인 아기는 이내 자신의 옹알이에 사회적인 자질을 붙이기 시작한다. 아기는 어른이 자신의 소리에 응답해 줄 때, 옹알이를 더 많이 하게 된다. 그러나 청각장애의 소인을 가진 아기인 경우, 이러한 사회적 자질 부여의 기회가 없고 따라서 옹알이는 별 의미가 없는 것이 되어서 점차 옹알이를 하지 않게 된다.

이렇게 해서 갓 태어났을 때는 그냥 재미로 내던 소리는 다른 사람과 만나 자신의 정서상태를 전달하기 위해서 내는 소리로 바뀌어 간다. 부모는 아기와 놀면서 끊임없이 눈길을 주고받으며, 아기를 어르며 쓰다듬고 말을 해 준다.

부모와의 이러한 상호작용을 통해 영아는 언어적으로 사회화된다. 예컨대, 이 상호작용에서 영아는 '차례로 반응하기'를 배운다. 즉, 영아는 상대방의 동작이 끝나기를 기다렸다가 자신도 같은 동작을 되풀이한다. 공을 주고받거나 눈길을 주고받는 장면을 생각하면 쉽게 알 수 있다.

언어 이전(prelinguistic)의 의사소통에서 보다 중요한 것은 영아와 어른이 눈앞의 사물이나 사건을 함께 참조하는 것이다. 어른은 영아와 같이 하나의 대상을 보고

있거나, 움직여 보면서, 또 손가락으로 가리키면서 참조의 상호관계를 깨달아 간다. 예를 들면, 6개월 정도의 영아는 원하는 장난감을 자신의 힘으로는 가질 수 없으니 장난감을 쳐다보면서 울기만 한다. 그러나 좀 더 자란 9~10개월 정도의 영아라면 어른의 주의를 끈 다음, 원하는 장난감과 어른을 번갈아 보면서 운다든지 소리를 질러 자신이 원하는 바를 좀 더 분명히 표현할 것이다. 진정한 언어란 이런 종류의 몸짓이 점차 분화되고 분명해질 때 시작된다. 다른 사람과 자신의 의사를 소통하고 싶어 한다는 것은 같은 세계에서 서로를 지각하면서 살고 있는 자신과 똑같은 사람을 의식하는 행위다.

상호작용하는 몸짓과 언어의 출현이 서로 관련되어 있다는 사실에는 많은 의미가 있다. 영아가 어떤 물건을 가리키거나 들고 흔들면 어른은 그 물건의 이름을 말해 주거나 그때의 상황을 말해 준다. 어른의 말을 듣고 아이는 지금 자신이 보고 있는 대상의 이름이 무엇인지, 자신의 동작은 무엇이라 하는지 알아차린다. 하지만 그렇다 할지라도 우리는 영아가 어떤 단어가 특정한 사물이나 동작을 가리킨다는 사실을 알고 있다고 말할 수 없다. 좀 더 지나서 첫돌이 다가올 때쯤, 영아는 언어가 인간의 의사소통을 위한 매개체(세상에 대해서 언급하거나 자신의 의사를 전달하기 위하여 다른 사람의 주의를 끌기 위한 수단)임을 깨닫게 된다.

(1) 울음

출생 직후 호흡 시작의 신호인 울음은 아기의 최초 발성으로, 주변 환경과 의사소통하는 유일한 방법이다. 그러나 출생 시의 첫 울음에서 생후 1개월까지의 울음소리는 분화되지 않은 것으로, 반사적인 울음이다. 이러한 초기의 울음소리는 다른 청각자극보다 더 반사적이어서 신생아 집단에서 한 아기가 울면 다른 아기들도 같이 따라 우는 경향이 있다. 생후 1개월이 지나면 영아의 울음소리가 분화되면서 배고픔이나 고통과 같은 좀 더 구체적인 욕구의 표현으로 나타나며, 이러한 욕구에 따라 울음소리에 차이가 생긴다.

(2) 목울음

출생 후 7주경이 되면 영아는 수유 후에 또는 자기가 애호하는 대상물이나 양육자의 얼굴을 바라보면서 목울음(cooing)을 내기 시작한다. 이때 영아의 발성은 기쁨이나 즐거움의 표현으로 간주된다. 최초의 목 울리는 소리는 모음과 비슷하나 성

장함에 따라 자음이 삽입된다.

(3) 옹알이

생후 2개월경부터 성대로 공기를 내보내는 신경 근육이 발달하기 시작하면서 나타나는 영아의 음성놀이(vocal play) 또는 연습을 옹알이라고 한다. 옹알이는 언어 발달의 기초가 되기 때문에 매우 중요하며, 농아나 부모가 청각장애인인 경우에는 옹알이가 나타나지 않는다. 또한 옹알이는 영아가 모국어의 음소를 획득하는 시기가 되었음을 의미하는 것으로, 성인과 대화하는 시간이 늘어나면서 상당히 증가하게 된다.

발달과정을 보면, 3~4개월이 되면 혼자 소리로 옹알거리며, 주로 모음이 여러 가지 형태로 표현된다. 이러한 경로를 통해 영아가 내는 소리는 점차 다양해지면서 인간이 내는 소리를 거의 다 낼 수 있을 정도로 음소의 확장현상이 나타난다(Bornstein, Tamis-LeMonda, Haynes, 1999). 그리고 5~6개월부터는 제법 자주 옹알거리며 음마, 마마, 나나 등의 옹알이를 자신의 귀로 듣고 몸을 움직이면서 한다. 8개월이 되면 옹알이는 절정에 이르게 되며, 9~11개월이 되면 성인들이 말하듯이 중얼거리고, 옹알이와 함께 엄마, 빠빠, 다다 등의 의미 있는 말을 하기 시작한다.

(4) 몸짓말

영아는 옹알이와 함께 자신의 욕구와 정서를 몸짓으로 대신하거나 보충하게 된다. 그 예로 손을 벌리고 웃는 것은 안아 달라는 의사표시이고, 수저나 그릇을 밀어내는 것은 먹기 싫다는 의사표시다. 불완전한 언어능력을 보완하기 위한 이런 몸짓말(gesture language)은 월령이 증가함에 따라 다양해지며, 어휘력이 발달할 때까지 단어와 몸짓을 함께 사용하면서 어느 정도 어른과의 의사소통도 가능해진다. 영아는 언어로서 의사소통을 하기 전에 타인의 말을 이해하고 듣는 것이 먼저 발달한다. 즉, 타인의 표정, 음성, 몸짓에 의해 그 말뜻을 짐작하고 그에 반응하게 된다. 이때 만일 영아의 울음이나 몸짓말에 주위 사람들이 말을 하지 않거나 대응하지 않는 경우에는 언어 발달이 지연될 수 있다. 그러므로 어머니 또는 양육자는 영아와의 대화에서 매번 말로 응답을 하여 영아의 언어능력을 촉진시켜야 한다.

(5) 소리 모방하기

영아 스스로 소리를 만들어 반복해 내는 자기 소리 모방은 생후 6개월경부터 시작하여, 8~9개월에 절정을 이루다가 사라진다. 자음과 모음이 결합하면서 '마마' '바바' 같은 소리의 재복제(reduplication)가 빈번해지고 억양 패턴이 독특해진다. 발음의 강약으로 자신의 감정을 표현하며, 이러한 발음의 강세는 영아의 단어 식별에 첫 번째 단서가 된다(Bornstein, Tamis-LeMonda, & Haynes, 1999).

생후 9개월부터 영아는 성인의 목소리를 모방하기 시작한다. 특히 성인의 소리를 메아리처럼 그대로 모방하기 때문에 이 시기를 반향음 시기라고 한다. 이때 영아는 자신이 들었던 단어들을 선별적으로 사용함으로써 단어를 구분하기 시작한다. 영아의 이러한 성인 소리 모방은 단어가 증가하기 시작하는 영아 말기와 유아 초기의 언어 발달에 매우 중요한 역할을 한다.

2) 언어 획득 이후의 시기

(1) 일어문(一語文)

10~13개월이 되면 대부분의 영아는 한 개의 단어로 의사소통을 하기 시작한다. 엄마, 아빠, 맘마와 같은 단어들이 최초로 획득되는 의사소통 수단의 언어다. 이 시기의 영아는 한 개 단어를 한 단어 문장으로 사용하는 경향이 있으며, 이때 영아가 사용하는 하나의 낱말은 한 단어가 아닌 의미 있는 문장이 된다. 따라서 듣는 사람은 말하는 영아의 억양, 몸짓, 표정과 같은 신체언어를 참조하여 의미를 이해해야 한다.

또한 이 시기의 영아는 하나의 단어를 과잉확대(overextention) 및 과잉축소(underextention)해서 사용한다. 그 예로, 개를 '멍멍이'라고 알고 그 말을 사용할 경우, 다리가 네 개 있고 개와 비슷하게 생긴 동물 모두에게 적용한다. 또는 아빠와 비슷하게 보이는 남자에게 모두 '아빠'라고 부르기도 한다. 과잉축소는 과잉확대와 반대로 일반적인 의미와 범위를 축소해서 특수한 경우에만 새 단어를 적용해서 사용하는 경우다. 그 예로, '자신의 집에서 기르는 개'에게만 '개'라고 부르거나 또는 '자신의 동생'에게만 '아기'라는 말을 사용하는 것이다. Kay와 Anglin(1982)은 일반적으로 알고 있는 것과는 다르게 영아의 언어에서 단어의 과잉축소가 과잉확대보다 더 많이 나타난다고 주장했다.

영아기 초기 언어에서는 대명사, 동사, 명사가 절반을 차지하며, 이 중에서도 명사를 가장 많이 사용하여 의미 있는 첫 문장을 말한다. 그리고 여아가 남아보다 빠르게 습득한다. 2세경이 되면 주격조사(은, 는, 이, 가)를 배우고, 또한 1~2개의 단어를 습득하기 시작하면서 영아의 언어 발달은 가속화되어 약 200개의 단어를 구사하게 된다. 따라서 이때를 언어의 폭발적 시기라고 한다(김정희, 김현주, 정현주, 1998).

(2) 이어문(二語文)

일반적으로 영아는 18~20개월경이 되면 두 단어를 결합하여 말을 하게 된다. 이때 두 개의 단어는 같은 의미와 내용의 연속적인 표현으로 단일 단어의 의미로 구성된 두 마디 말의 형태인 것이다(Bloom, 1970). 두 단어의 결합은 보편적으로 50개 정도의 단어를 사용할 수 있을 때 가능하다. 이때 사용하는 첫 번째 단어는 호칭이거나 감탄사, 지시어인 경우가 대부분이기 때문에, 의미로 보았을 때는 한 단어의 시기와 별 차이가 없다. 그러나 점차적으로 성인의 문장을 반복하거나 영아 스스로 대상과 행위를 구별해서 문장을 만들고, 또한 주어와 술어의 관계를 이해하게 되면서 '엄마 까까' '아빠 빠방' 등 상황에 따라 비교적 구체적으로 표현하게 된다.

우리나라 영아가 월령별로 가장 많이 사용하는 어휘는, 17~20개월까지는 감탄사이고, 21~24개월에는 명사다. 이를 구체적으로 보면 명사, 부사, 감탄사는 9~12개월부터 사용하기 시작하고, 수사, 대명사, 동사는 13~16개월, 형용사는 17~20개월에 사용하기 시작하며, 조사는 21~24개월로 가장 늦게 사용하는 것으로 나타났다(김경희, 1999).

영아기의 월령별 언어 발달을 요약하면 〈표 5-2〉와 같다.

〈표 5-2〉 영아기 월령별 언어 발달

수행시기	발성과 언어
3개월	울음이 감소되며, 말을 걸거나 고개를 끄덕여 주면 미소 짓고 꾸르륵 소리를 내며 좋아한다. 꾸르륵 소리는 모음과 비슷하며, 15~20초 동안 지속된다.
4개월	사람의 소리에 대해 보다 분명한 반응을 나타낸다. 머리를 돌리고 말하는 사람을 찾는 것처럼 행동하며, 가끔 웃음소리를 낸다.

5개월	모음과 같은 꾸르륵 소리 속에 자음의 소리가 삽입된다. 주로 마찰음과 비음을 많이 낸다. 그러나 이러한 영아의 발성은 음성학적으로 언어 소리와는 전혀 다른 것이다.
6개월	꾸르륵 소리 내기는 한 음절의 소리와 흡사한 옹알이로 변한다. '마' '다' '나'와 유사한 소리를 가장 많이 낸다.
8개월	모음과 자음의 반복이 빈번하게 나타난다. 억양이 명확해지고, 발음의 강약으로 감정을 표현하게 된다.
10개월	영아의 발성 속에 꼬록꼬록하는 소리나 거품을 부는 것과 같은 장난이 섞인 소리가 나오게 된다. 소리 변별이 부분적으로 가능해짐에 따라 단어 간의 구별이 시작되고, 소리를 모방하려는 시도가 나타난다.
12개월	'맘마'나 '나나'와 같은 소리를 반복하며, 영아는 몇 개의 단어와 간단한 명령을 이해할 수 있다.
18개월	3개 이상, 50개 미만의 단어를 말할 수 있다. 아직도 옹알이는 많이 하는 편이며, 비교적 복잡한 억양 패턴의 여러 음절을 사용한다. 이해력은 빠른 속도로 진전되나 아직까지 의사소통의 의도는 없으며, 두 개 단어를 사용해서 말을 하지만, 완전하게 결합 또는 조직하지는 못한다.

출처: Lenneberg(1967).

(3) 영아기 초기 문해 개념의 발달

Lamme과 Packer(1986)는 3~15개월 시기의 영아에게 책을 읽어 줄 때 영아가 제시하는 언어적·비언어적 반응을 시각적 반응, 동작행동, 언어적 행동, 정서적 표현 영역으로 분류하여 제시하였다.

시각적 반응으로 3개월 영아는 단순히 책을 응시하고, 5개월에는 어머니가 손으로 지적하는 것을 추적하기 시작하며, 9~15개월에는 부모가 손가락으로 지적해 주지 않아도 읽거나 설명하는 것과 일치하는 그림을 바라본다.

동작행동으로 8개월 이전에는 책을 입에 넣으려고 하거나 손으로 가볍게 두드리거나 손에 모아 구겨 쥐려는 행동 등이 나타나며, 8개월경에 이러한 행동이 책장 넘기기 행동으로 전환된다. 부모가 뒤에서 책을 잡고 있으면서 영아가 잡을 수 있도록 책장 하나는 그대로 남겨 두면 영아는 그 남겨 둔 책장을 잡아 넘긴다. 그리고 책장이 넘어가는 것에 매료되어 한동안 책의 내용에 흥미를 느끼지 않는다. 12개월경에는 영아 스스로 그림을 지적하고 부모는 영아가 지적한 것이 무엇이든 이름을 대면서 반응한다. 두꺼운 종이로 된 책일 경우 쉽게 한 장씩 넘긴다.

언어적 행동으로 6개월경이면 소리 내어 웃거나 싱긋 웃는 등 책 읽기에 언어적

으로 반응하기 시작하며, 12개월경이면 언어적 반응은 보다 명료해진다. 책 읽어 주기에 함께 '아-' '어-' '음-' 등으로 반응하는 영아도 있다. 동물 소리를 낼 경우 흉내를 내기도 한다. 15개월경이면 친근한 이야기에 나오는 단어를 말하거나 "뭐야?" 또는 "이거?" 하는 물음으로 언어적 명명을 요청하기도 한다.

정서적 표현으로 3~15개월 영아는 부모가 책을 읽어 주거나 책에 관하여 말하는 동안 안정되고 만족스러워한다. 11개월과 12개월에 이르면 영아의 정서적 표현이 보다 외형적으로 나타나며, 이야기 읽어 주기가 끝나면 부모를 껴안거나 다른 책을 읽어 달라는 요청을 한다.

9개월에 영아의 능동적 책 읽기가 시작되며, 12개월부터는 부모와 함께 책을 읽는 경향이 나타난다. 영아기(3~15개월) 동안 책 읽기과정은 아주 짧아 한번 읽을 때 평균 시간은 약 3분 정도이며, 하루 동안의 책 읽기활동 총 시간은 30분에서 1시간 정도다(Lamme & Packer, 1986).

이영자와 이종숙(1997)에 의하면 1~2세 영아의 책 읽기는 주로 그림에 대하여 반응하는 형태이며, 2세 후반부터 글씨에 대한 인식이 나타난다. 만 1세 영아가 책을 보며 하는 반응은 말 없이 그림만 쳐다보기 외에 단순 소리 내기, 손으로 책의 그림을 지적하기, 부모가 하는 대로 따라서 명명하기 등 음성적 · 행동적 표현이다. 만 2세에는 책 옹알이, 그림 보고 마음대로 이야기 만들기, 그림 보고 이야기 꾸며 말하기 등의 행동이 새롭게 나타난다. 그러나 글자에 대한 인식은 없어서 글자에는 시선을 주지 않으며, 그림이 없는 페이지를 읽을 때는 시선이 다른 곳을 향한다. 또 좋아하는 책과 좋아하는 페이지를 찾아서 반복하여 보려고 한다. 만 2세경이면 친숙한 책의 앞 장이 어디인지 인식하기 시작하며, 책의 위와 아래를 구분할 수 있는 행동을 보인다. 그러나 아직 어디부터 읽어야 하는지, 어느 방향으로 읽어야 하는지 이해하지 못하고, 글자와 소리를 연결시키지 못한다.

영아가 "못 읽어요." 하는 반응을 보이면서도 "무슨 이야기가 있어?" 하고 부모가 물으면 '그림을 보고 책의 내용과 비슷하게 이야기 꾸며 말하기' 행동을 보이거나 '부분적으로 기억하여 이야기 말하기' 행동을 보이는 경우, 그 영아는 책에 고유의 내용이 있고, 일단 글자로 기재된 내용들은 바뀌지 않으며, 글자에는 고유의 소리가 있다는 개념이 형성되었다고 할 수 있다. 이러한 개념은 만 2세에는 형성된다. 책에 고유의 내용이 있다는 개념이 형성된 만 2~3세 영아의 경우, 부모가 책을 읽어 줄 때 그림을 지적하며 "뭐야?" 또는 "여기 뭐라고 했어?" 하고 질문하거나

(Durkin, 1966), 책장을 넘기며 맨 끝 부분에서는 "끝." 하고 말하는 등 책 읽기에 좀 더 적극적인 반응을 보인다.

책 읽기 행동이 발달함에 따라 책을 다루는 방법에 대한 이해에도 차이가 나타난다. 책에 대한 이해가 별로 없는 만 1세 영아의 경우, 스스로 책장을 차례로 넘겨야 한다는 개념이 없고 책을 조작적 놀이 도구로 생각한다. 즉, 책을 손에 잡고 흔들다가 책의 모서리 부분을 입에 갖다 대고 빨거나, 책을 바닥에 떨어뜨렸다가 줍는 행동을 반복하거나, 책을 들고 이리저리 이동하여 다니며, 아코디언 식으로 된 책은 길게 늘어뜨려 끌고 다닌다. 하지만 만 1세 영아에게도 읽어 주는 시늉을 하며 "어느 쪽부터 읽어?" 하고 물으면 영아가 책의 앞 장을 지적한다. 그렇지만 글자를 보아야 읽을 수 있다는 것에 대한 인식이 없어 아직 안 읽었다고 하는데도 책장을 넘겨 버리는 행동을 보인다.

부모가 정기적으로 책을 읽어 주는 경우, 만 2세에는 책 다루는 방법에 대한 아이디어가 어느 정도 형성되며 부모의 책 읽기 모델을 그대로 모방한다. 친숙한 책은 앞 장이 어디인지 인식하기 시작하며, 책의 위와 아래를 구분하는 행동을 보인다. 자신이 손으로 글자가 있는 곳을 가리고 있어 읽을 수 없다는 것에 대한 인식은 만 2세 후반에야 나타난다. 만 2세 후반에는 얇은 책장도 한 장씩 넘기며 마지막 장까지 다 넘긴 후에야 책을 덮는다. 그러나 아직 읽기 방향에 대해서는 생각하지 못하여 그림-글자 카드를 제시할 경우 눈은 그림-글자 카드의 그림을 보면서 손으로는 글자를 오른쪽에서 왼쪽으로 짚는다. 방향성이 있는 경우에도 한 자씩 지적하여 읽지 못하고 그림으로 파악한 어휘를 말하면서 낱자를 손가락으로 지적하기 때문에 파악한 어휘와 쓰인 글자의 수가 달라 글자가 남으나 개의치 않는다.

4. 영아기 정서 및 사회성 발달

1) 정서 및 사회성 발달과 뇌

생후 2년 동안 뇌 발달은 대뇌피질 전 부위에서 일어나기 때문에 뇌 발달의 첫 단계로 꼽는다. 또한 뇌의 가소성이 가장 유연하게 이루어지는 시기로, 정보처리에 필요한 시냅스가 가장 많이 형성되는 시기라고 한다. 시냅스란 뇌 신경세포가 활동

하기 위한 회로를 말하며, 많은 시냅스는 정보처리의 용량, 정확성, 신속성을 의미하기 때문에 다양한 자극을 주면 뇌 발달에 영향을 미친다. 예를 들어, 사과를 처음 본 영아에게 눈으로만 사과를 경험하게 하는 것보다는 만져 보고, 먹어 보고, 냄새를 맡게 하는 것이 사과를 이해하는 데 도움이 된다는 것이다. 특히 영아기는 뇌의 정서를 담당하는 부분이 일생 중에서 가장 빠르게 그리고 예민하게 발달한다(서유헌, 2010).

정서에 의해 활성화되는 뇌 부위들 중 하나는 본능적이고 원초적인 감정을 일으키는 변연계이며, 다른 하나는 본능적이고 원초적인 감정을 보다 세련되고 사회화된 감정으로 바꾸어 주는 전두엽이다.

변연계는 다시 해마(hippocampus)와 편도체(amygdala)로 나뉘며, 뇌를 연구하는 과학자들은 해마가 뇌의 다른 부위에 비해 성숙 속도가 느려 약 4세 정도가 되어야만 완전히 성숙하여 제 역할을 할 수 있다고 한다. 따라서 만 3세나 4세 이전의 일은 의식적인 장기기억으로 형성되기 어렵다.

해마는 보통 3세 전후로 발달하고 편도체는 해마체보다 빨리 구성되어 무의식적인 정서적 기억을 형성한다. 그렇기 때문에 이후에도 무의식적인 경험을 일으킨 자극에 대해 편도체가 반응을 하게 되고, 기억은 잘 안 나지만 감정적으로 큰 경험들을 기억해 낸다. 특정한 감정적 반응(특히 공포) 등을 동반한 사건에 대한 기억을 감정적 기억이라고 하는데, 예를 들어 어렸을 때 캄캄한 밤에 아무리 울어도 반응해 주는 사람이 없어 공포를 느꼈다면, 그와 비슷한 상황을 보면 그때의 기억이 떠올라 저녁에 불을 끄고 자는 것도 꺼리게 되는 것이다.

2) 정서 발달의 순서

신생아가 처음 느끼는 정서는 고통이다. 사람의 목소리나 얼굴에 반응하는 사회적 미소는 6주경에 나타난다. 또 다른 정서는 즐거움, 놀람, 두려움, 분노, 혐오, 슬픔 그리고 호기심인데, 매우 어린 영아에게도 이러한 것이 있다는 것을 확인하였다(Izard, 1991).

1.5세에 영아는 낯선 사람에 대한 불안(stranger anxiety)과 분리불안(separation anxiety)이라는 새로운 정서를 경험한다. 낯선 사람에 대한 불안은 생후 6개월경에 두려움을 통해 표현된다. 이러한 불안은 기질과 낯선 사람과 엄마의 근접성에 의해

좌우된다(Berger, 2003). 분리불안은 엄마나 다른 성인에 의해 두려움이 남아 있는 상태다. 분리불안의 한 요인은 기억이 발달한 것이고 또한 그것이 분노로 표현된 것이다.

3) 정서 및 사회성 발달과 기질

생후 2개월 정도면 영아의 개성이 보다 뚜렷하게 나타나 동일한 자극에 대해서도 다르게 반응한다. 이러한 정서 반응의 개인차는 기질의 차이에 의해 설명되었다. Tomas와 Chess(1992)는 이러한 영아의 기질을 다음과 같이 나누었다.

- 순한 아이(easy child): 새로운 사건에 긍정적으로 접근한다. 생리적인 작용도 규칙적이어서 먹고 자는 주기가 규칙적이며, 대체로 행복하고 변화에 쉽게 적응한다.
- 까다로운 아이(difficult child): 신체기능이 덜 규칙적이며, 규칙적인 수면 및 수유 주기가 늦게 발달한다. 새로운 것에 격렬하고 부정적인 반응을 보이며 짜증을 더 많이 내고 많이 운다.
- 더딘 아이(slow-to-warm-up child): 새로운 것이나 사람에 대해 부정적이지는 않지만 수동적으로 저항하는 반응을 보인다. 즉, 더 먹이려는 시도에 대해 음식을 뱉어 내고, 우는 대신 음식이 흘러나오도록 내버려 두며 약하게 저항한다. 이런 영아는 일단 뭔가 새로운 것에 적응이 되면 그 태도는 비교적 긍정적이기는 하지만, 긍정적이든 부정적이든 간에 격렬한 반응을 보이는 일은 거의 없다.

그러나 어떤 아이는 이러한 일정한 유형에 들어맞지 않고 오히려 기질 특성이 혼합되어 나타나기도 한다. 이러한 기질은 발달적 기간을 넘어서면 변화할 수 있으며, 기질에는 유전적 영향도 작용하지만 환경도 작용한다.

4) 애착 발달

많은 영아는 생후 5~8개월 사이에 친숙한 사람과 낯선 사람을 구별할 수 있게 되면서 낯가림 행동을 경험하게 된다. 영아의 심한 낯가림은 양육자는 물론 영아

자신에게도 많은 스트레스를 제공한다. 하지만 영아의 낯가림은 양육자에 대한 애착 형성의 결과로 나타나는 현상임을 이해하며, 영아와 보다 신뢰할 수 있는 관계를 형성할 수 있도록 노력해야 한다.

애착이란 영아와 1차 양육자의 관계에서 형성되는 특별한 애정관계를 말한다. 양육환경의 질, 부모와 영아 관계의 질은 영아가 자라면서 점차 넓어지는 사회적 관계를 안정되게 이해하고 유지하는 데 매우 중요한 요인이 된다.

Bowlby는 어머니와 아이의 강한 정서적 애착관계가 영아의 정서 발달에 끼치는 영향에 대해 집중적으로 연구하였다. 그의 이론에 의하면 아이는 태어나면서부터 생존기능으로 유전적인 애착체계를 가지고 태어나는데, 이 체계는 아이에게 동기를 유발하고 행동하게 하는 체계로 아이는 불안해지면 어머니와 가까이 있음으로써 안정감을 느끼고 보호를 받아 안심한다. 생존을 위해 아이는 어머니의 보호가 필요하기 때문에 어머니를 눈으로 확인하고, 특히 어머니와의 신체적 접촉을 통해 어머니와 함께 있을 때 안정감을 느끼게 된다. 따라서 아이는 이런 욕구를 충족시키기 위해 매우 적극적으로 어머니와 신체적으로 가까이 있고자 행동하고, 어머니에게 이러한 욕구를 신호로 전달한다. 이때 부모가 아이의 신호에 맞추어 적절하게 보호해 주어야 아이는 안정된 심리상태를 유지할 수 있다. 아이의 이런 욕구에 대해 부모가 제대로 채워 주지 않거나, 일관성이 없거나, 지나치게 반응하거나, 지나치게 놀라거나, 지나치게 적극적으로 채워 주거나, 지나치게 자극하거나, 반대로 부인하거나, 거부하거나, 무시하면 아이는 좌절감을 느끼고, 이로 인해 불안정한 애착관계를 형성하게 된다. 애착관계의 경험은 어머니와 아이의 관계양식을 결정지으며, 이러한 관계양식은 평생 유지된다. 즉, 안정된 관계를 경험한 아이는 다른 사람들과도 안정된 관계를 형성하고, 과잉의 또는 불안하고 애매모호한 관계를 경험한 아이는 지나치게 상대방에게 매달리거나, 처음에는 매달리다가 공격적으로 행동한다. 어머니와 아이가 관계를 맺지 못한 경우에 아이는 다른 사람을 무시하거나 회피하는 행동을 한다. 그 외에 혼란스러운 관계 양상을 경험하게 되면 성장해서도 혼란스러운 인간관계를 유지하게 된다.

이와 같이 출생 이후 1년 동안 어머니가 아이의 애착 욕구에 적절하게 반응하는 것이 아이가 정서적으로 안정되고 건강한 인간관계를 맺을 수 있는 기본 틀을 마련하는 것이다. 애착의 유형 및 반응 등에 대해서 보다 자세히 살펴보면 다음과 같다.

(1) 애착 유형

애착의 유형은 안정된 애착, 불안정한 회피애착, 불안정한 저항애착, 불안정한 혼란애착으로 나눌 수 있다.

① 안정된 애착 유형

이 유형의 영아는 낯선 상황에서 낯선 이보다는 어머니를 뚜렷하게 선호하여 어머니에게 접근해 이따금 몸을 대 보거나 어머니가 나가면 울기도 하나, 다시 돌아오면 즉각 울음을 멈추고 반갑게 맞이하며 쉽게 편안해진다. 어머니를 안전기지로 삼아 낯선 상황을 탐색하고, 낯선 장난감을 가지고 논다. 어머니와 떨어져 있을 때에도 어떤 방법으로든지 능동적으로 위안을 찾고 다시 탐색과정으로 나아간다.

② 불안정한 회피애착 유형

이 유형의 영아는 어머니가 떠나도 거의 울지 않고 불안해하지 않으며, 다시 돌아와도 회피하며 어머니가 안아 주어도 신체적인 접촉을 저항하며 거부한다. 즉, 어머니와의 관계에서 친밀감을 추구하지 않고, 낯선 이와 어머니에게 비슷한 반응을 보인다.

③ 불안정한 저항애착 유형

이 유형의 영아는 어머니가 함께 있어도 잘 울고, 방을 떠나기 전부터 불안해하며, 떠나면 극심한 불안을 보이면서 돌아온 어머니에게 화를 낸다. 회피애착 유형과는 달리 어머니 곁에 머물러 있으려고 하면서도 안아 주어도 어머니로부터 안정감을 얻지 못하고, 이내 화난 듯이 내려 달라고 소리 지르거나 어머니를 밀어내며 분노를 표현한다.

④ 불안정한 혼란애착 유형

불안정한 애착의 심한 형태로 회피애착과 저항애착이 결합된 최근에 발견된 유형이며, 분리되는 경우에 반응이 없거나 심한 불안을 보인다. 어머니와 다시 만나도 얼어붙은 표정으로 다가가거나 어머니가 안아 줘도 먼 곳을 쳐다본다.

(2) 애착 반응

영아는 자라면서 친숙한 사람에게 애착을 형성하는데, 이러한 애착 형성의 증가로 나타나는 현상이 낯가림과 분리불안이다.

① 낯가림

영아가 어머니와 애착을 형성하게 되면, 낯선 이를 두려워하며 우는 반응을 보이는 낯가림을 보인다. 낯가림은 낯선 이 자체에 대한 반응이 아니고, 영아가 익숙해하는 얼굴과 낯선 얼굴의 불일치에 대해 보이는 반응이다. 낯가림의 정도도 영아의 기질이나 환경 요인에 따라 다르게 나타난다.

부모와 친숙한 성인과 함께 있는 상황에서는 낯가림이 덜 나타나고, 순한 기질의 영아는 까다로운 기질의 영아보다 낯가림이 덜한 편이다. 그러나 낯가림을 전혀 하지 않는 것이 바람직한 것은 아니다. 낯가림을 전혀 하지 않는 영아의 경우, 낯선 이에 대한 변별력이 없어서 애착 형성이 잘되지 않는 경향을 보인다.

② 분리불안

영아가 애착대상인 어머니와 분리될 때 느끼는 불안을 의미한다. 생후 1년이 지나면서 어머니 이외의 여러 사람과 자주 접촉을 하게 되면, 낯선 이에 대한 두려움이 없어지고, 어머니와의 일시적인 격리도 고통 없이 받아들인다. 2세 말경에는 언어와 인지 발달이 가속화되면서 어머니가 언제 돌아올지를 예측하게 되어 격리불안이 급격히 감소한다.

③ 애착 발달에 영향을 미치는 요인

- 양육행동: 애착관계의 안정성을 결정하는 중요 요인으로, 애착대상의 반응성과 민감성은 매우 중요한 요소다. 부모가 아이가 보내는 신호를 빨리 알아차려 민감하게 반응할 때 아이는 안정적인 애착관계를 형성하는 것으로 나타났다.
- 영아의 기질: 영아의 적응성은 안정애착과 정적 상관이 있고, 영아의 활동성은 불안정애착과 정적 상관이 있는 것으로 나타났다. 즉, 영아의 적응력이 낮고 활동적일수록 어머니는 영아를 까다로운 것으로 인식하며, 어머니가 까다롭다고 인식하는 영아는 불안정한 애착 유형을 보일 가능성이 높다. 그런데 한편으로는 영아의 기질이 애착 유형과 큰 상관이 없는 것으로 나타나기도 하는데, 그

이유는 '조화의 적합성'으로 설명할 수 있다. 부모가 까다로운 기질의 영아를 적극적이라고 긍정적으로 볼 때 부모-자녀 관계는 달라질 수 있다. 반면에 부모가 순한 기질의 영아를 소극적이고 나약하다고 볼 때 부모-자녀 관계는 부정적일 수 있다. 즉, 어떤 영아라도 부모가 영아의 기질에 적합한 양육을 하면 영아는 안정된 애착을 형성할 수 있다.

- 부모의 특성: 최근에는 생태학적 맥락에서 부모의 성격 특성과 결혼생활, 사회적 지지도가 애착 유형과 관련 있다고 보고하고 있다. 아버지와 생후 10개월된 영아 126명을 대상으로 한 연구에서 안정애착 영아의 아버지는 불안정애착 영아의 아버지보다 성격이 명랑하고 사교적이며, 부부관계도 좋았고, 일과 가족에 대한 긍정적인 생각을 가진 것으로 보고되었으며, 일과 가족 간에 균형을 잘 유지하는 것으로 나타났다.
- 애착의 영향: 안정애착 유형의 영아는 유아기의 인지 발달, 성격 및 사회성 발달에도 긍정적인 영향을 받는다. 애착이론에 의하면, 아동은 어렸을 때 주된 양육자와의 경험을 통해 부모나 타인에 대한 이해와 기대, 대인관계의 지침이나 각본이 되는 내적 실행 모델을 형성한다. 이러한 내적 실행 모델에 따라 영아는 어떤 상황에 처했을 때 어떻게 반응할지를 결정한다. 따라서 부모와의 긍정적인 상호작용 경험으로 나타나는 안정된 애착관계는 영아가 어머니를 탐색을 위한 안전기지로 삼아 자유롭게 환경을 탐색할 수 있게 하며, 두려운 상황이 되면 어머니에게 돌아와 위안을 구하도록 한다. 그러나 불안정애착 영아는 어머니 곁을 떠나 환경을 탐색할 수 없으므로 학습의 기회가 제한되고, 성취감을 느낄 기회가 적어지며, 환경에 대한 통제력을 갖지 못한다.

애착 유형은 장기적인 스트레스나 어머니의 취업, 양육환경의 변화 등 생활의 변화에 의해, 또는 양육자의 양육행동의 변화에 의해 불안정애착에서 안정애착으로 또는 안정애착에서 불안정애착으로 변화하기도 한다.

5. 교육적 적용

1) 신체 발달 및 뇌 발달을 돕는 부모 및 교사의 역할

영아기 동안 신체 발달은 급속하게 이루어진다. 영아기의 신체 발달은 걷기를 시작하여 세상을 탐색하는 등의 인지 발달과 같이 다른 부문의 발달과 많은 관련이 있다. 영아의 신체 및 뇌 발달을 돕기 위한 부모 및 교사의 역할은 다음과 같다.

첫째, 영아기의 대근육 및 소근육 발달을 위해 상호작용 활동을 기반으로 신체활동을 계획하여야 한다. 이때 부모와 교사는 영아가 안전하게 탐색할 수 있도록 미끄럼 방지 장치나 보호대 등을 구비하여야 한다.

둘째, 미성숙한 조산아, 저체중아, 출생 시 문제를 갖거나 발달에 지연이 있는 영아의 경우에 정상적인 발달을 위한 치료와 개입을 계획하여야 한다.

셋째, 수유기와 이유기에 영양이 편중되지 않도록 섭식을 계획하는 것이 필요하다.

영아기에 뇌 발달은 결정적 시기이며, 인간관계에서 중요한 역할을 담당한다. 영아에게 필요한 것은 소속되어 사랑받을 수 있는 풍요로운 사회적 환경과 다른 사람과 어울리고 관계를 맺으며 갈등에 대처하고 복잡한 사회적 질서와 협상하는 방법을 배울 기회를 제공받는 것이다. 아이에게는 교사가 교육자이자 양육자로서 아이들을 사랑으로 꼭 안아 주는 건강한 신체 접촉이 꼭 필요하다.

2) 언어 발달을 돕는 부모 및 교사의 역할

첫째, 영아기 언어 발달을 도와주기 위해서는 부모 및 교사와 영아 간의 상호작용이 중요하다. 한 연구(Goldstein & Schwade, 2008)에서는 한 그룹의 엄마들에게 10분 동안 영아가 옹알이를 할 때 웃어 주거나 말을 해 주고 만져 주는 반응을 하도록 하였다. 그리고 다른 그룹의 엄마들에게는 10분 동안 영아가 옹알이를 할 때 반응을 하지 않도록 하였다. 결과에서는 반응을 해 준 엄마들의 영아들은 좀 더 알아들을 수 있는 음정과 자음, 모음을 내는 등 보다 성숙한 옹알이를 하는 것을 알 수 있었다.

둘째, 아이가 한 말에 살을 붙여서 확장하거나 부연하여 어휘 발달을 돕는다. 예를 들면, 아이가 "공."이라고 이야기할 때, 교사는 아이의 말을 확장하여 "그래, 그건 파란 공이야."라고 말하는 것이 중요하다.

셋째, 영아가 말을 하기 시작한 뒤에는 영아로 하여금 새로운 어휘를 배울 수 있도록 많은 말을 들려주고, 영아가 관심을 보이는 사물이나 상황에 대해 이야기해 주는 것이 필요하다. 특히 책을 읽어 주는 것이 도움이 되는데, 그림책을 보면서 그림을 자세히 이야기해 주고 영아의 질문에 답해 주거나 반응해 주는 것이 효과적이다.

또 다른 연구에서는 15~21개월 된 영아와 그들의 어머니 간의 언어적 상호작용을 분석한 결과 어머니가 영아가 가지고 노는 장난감 같은 것에 대하여 언급을 많이 한 경우 영아의 어휘 발달 수준이 높은 것으로 나타났다(Tomasello & Farrar, 1986).

초기 언어 발달을 증진시키기 위한 최고의 방법은 아기에게 자연스럽게 말을 하는 것이다. 아기가 마치 모든 단어를 듣고 있는 것처럼 물체를 명확하게 말해 주고, 아기와 함께하는 활동에 대해 이야기한다. 또한 아기의 옹알이 소리를 유사한 소리 단어와 구문으로 반응해 주거나, 짧은 구문과 신호로 첫 번째 의미 있는 단어에 반응해 준다. 하지만 아기의 발음과 문법을 수정하려 하지 않아야 한다(정영숙, 김명희, 박범혁, 2002).

3) 인지 발달을 돕는 부모 및 교사의 역할

영아기는 Piaget가 말한 감각운동기에 해당하는 시기이기 때문에 이 시기의 인지 발달을 위해서는 영아의 오감과 그들의 운동기능을 자극할 수 있는 활동을 하는 것이 좋다. 다음에 그 몇 가지 방법을 제시해 본다.

첫째, 영아가 자신의 감각과 운동 기능을 적극 활용할 수 있는 다양한 환경을 제공해 준다. 예를 들면, 영아가 쉽게 접할 수 있도록 인형, 모빌, 소리가 나는 인형 등을 주변에 놓아두고, 마음껏 환경을 탐색해 볼 수 있게 한다. 그리고 영아가 걸을 수 있게 되면 공원에 데리고 나가 맨발로 걸어 보게 하는 것과 같은 여러 활동을 통해 감각운동 능력을 향상시킨다.

둘째, 모방은 학습의 중요한 방식이다. 교사는 영아의 모방을 증진시킬 수 있다.

예를 들면, 영아가 관심을 보일 만한 움직임과 소리를 이용하고, 가능한 한 짧은 시간 동안 행동해서 보여 주며, 영아가 모델링하면 좋아하고 칭찬하면서 게임방식으로 모방할 수 있게 한다(정영숙 외, 2002).

셋째, 부모가 아이와 함께 있을 때 책을 많이 읽어 주거나, 아이를 데리고 자주 산이나 공원에 가는 것이 좋다. 공원에 가면서 아이에게 노래를 들려주기도 하고, 아이가 글자를 읽을 수는 없지만 그림이 많은 그림책을 자주 보여 주어 상상력 및 사고력을 발달시킬 수 있는 경험을 자주 제공한다.

넷째, 감각운동기의 인지 발달을 위해서 영아의 인지 갈등을 유도할 수 있는 다양한 놀잇감을 제공한다. 특히 다양한 색과 모양, 촉감, 소리를 탐색할 수 있는 환경을 마련해 주는 것이 필요할 것이다. 그리고 자극과 더불어 충분한 휴식이 필요하기도 하다. 집 안이나 자연물 등의 환경을 적극 활용하고, 사람들과의 상호작용이 충분히 일어나는 환경을 마련해 주는 것이 적절하다.

4) 사회성 발달을 돕는 부모 및 교사의 역할

영아기의 애착은 인간 발달에 중요한 요소다. 주 양육자 및 교사와의 편안한 상호작용, 함께 시선을 마주 보며 미소 짓고 반응하는 것이야말로 평생 정신건강의 기초가 된다고 할 것이다. 영아의 사회성 발달을 위한 부모 및 교사의 역할은 다음과 같다.

첫째, 영아는 부모와 일차적으로 애착을 형성한다. 또한 영아를 따뜻하고 일관성 있게 보살피며 요구에 신속하게 반응하는 것이야말로 영아가 세상을 안정되게 인식하는 토대가 될 것이다.

둘째, 부모가 아닌 주 양육자가 영아를 보살피더라도 일관성 있고 예측 가능한 육아환경이 될 수 있도록 하여야 한다. 또한 영아의 요구에 대한 반응이 즉시 이루어지는 환경이 되도록 잘 살펴야 한다.

셋째, 영아는 신체적 욕구에 민감하므로 신체 접촉을 매개로 하는 상호작용적인 활동을 계획하는 것이 중요하다. 접촉 위안은 이 시기의 사회성 발달에 중요한 요소다.

토의 및 연구 문제

1. 영아의 연령(개월)별로 신체 및 운동 발달의 내용을 정리해 보시오.
2. 언어 사용기 이전의 영아의 언어활동에 대해 설명해 보시오.
3. 영아의 기질 및 애착 유형과 그 특징에 대해 설명해 보시오.
4. 영아는 성장하면서 애착을 형성하게 되는데, 애착 발달에 영향을 미치는 요인에 대해 자신의 견해를 제시해 보시오.

6장
유아기 신체 및 운동 발달

영아기의 급격한 신체 발달에 비해 유아기에는 비교적 완만한 발달이 이루어진다. 유아기 시작인 만 2세에는 신체 비율상 아직 머리의 비중이 크고 사지가 짧으나, 유아기가 끝나가는 5~6세가 되면 사춘기 아동과 비슷한 신체 모습을 보인다. 이 시기에는 대체로 남아가 여아보다 키가 좀 더 크고 몸무게도 많이 나가는 경향이 있다. 운동 발달에서는 남녀 간에 큰 차이가 없다.

1. 유아기 신체 발달

1) 신체 성장 및 비율

영아기에 비해 유아기의 신체 발달은 성장 속도가 느린 편이지만 꾸준한 성장을 보인다. 유아기(幼兒期)의 초기에 해당하는 유아기(乳兒基)는 걸음마기(toddlerhood)라고도 불리며 많은 변화가 일어난다. 이 시기에 유아는 키와 몸무게가 증가하며, 뇌와 신경체계도 중요한 발달을 계속해 가는데, 만 2세경 때 신장은 출생 시의 1.7배쯤 된다. 2세 이후 유아의 신장 증가 속도는 매년 5~7cm 정도이며, 체중도 신장에 비례하여 2~3kg씩 증가한다. 그러나 유아기에는 체중의 개인

차가 크게 나타나며 키와 비례하기보다는 환경 요인에 더 영향을 받는다. 대체로 남아가 여아보다 키와 몸무게의 수치가 높은 편이다(〈표 6-1〉 참조). 유아기의 신장은 성인기의 신장이 얼마 정도인지를 예측해 볼 수 있는 하나의 지표가 될 수 있다.

유아의 신체 비율은 영아기 때처럼 머리가 몸에 비해 상대적으로 크기는 하지만, 점차 팔다리가 길어지고 체지방 또한 계속 감소하면서 몸통이 가늘어진다. 유아기 말에 이르면 전체 신체 비율이 어른과 흡사하게 균형이 잡히며, 머리는 전체 몸길이의 1/5, 1/6 정도가 된다. 몸은 손발과 비교해서 길어지고 가슴과 배 둘레가 커진다. 또한 유아의 목은 점점 더 길어지고 가늘어지며 어깨도 점점 더 넓어지고 편평해진다. 그러나 어깨 근육이 아직 발달하지 않았으므로 남아는 성인과 같은 V자 모양이 아니며, 여아도 성인처럼 몸의 곡선이 뚜렷하지 않다. 또 남아와 여아의 신체적 외형이 서로 다르지 않고 비슷하다.

〈표 6-1〉 소아 발육 표준치

연령	신장(cm)		체중(kg)	
	남아	여아	남아	여아
2~2.5세	89.38	88.21	13.14	12.40
2.5~3세	93.13	91.93	14.04	13.42
3~3.5세	96.70	95.65	14.92	14.32
3.5~4세	100.30	99.20	15.91	15.28
4~4.5세	103.80	102.73	16.97	16.30
4.5~5세	107.47	106.14	18.07	17.35
5~5.5세	110.47	109.40	19.22	18.44
5.5~6세	113.62	112.50	20.39	19.57

출처: 질병관리본부(2007, p. 124).

2) 두뇌 발달

두뇌 발달은 태아기에 그 성장 속도가 가장 빠르게 일어나고, 태어난 후부터 5세까지도 엄청난 속도로 자란다. 3세가 되면 뇌는 대략 성인 무게의 75%에 이르고, 5세가 되면 성인 크기의 약 90%에 이르게 된다. 뇌의 핵심 신경망도 대부분 이 시기에 완성된다. 이렇게 두뇌는 다른 어떤 신체 부위보다도 빠르게 성장한다. [그

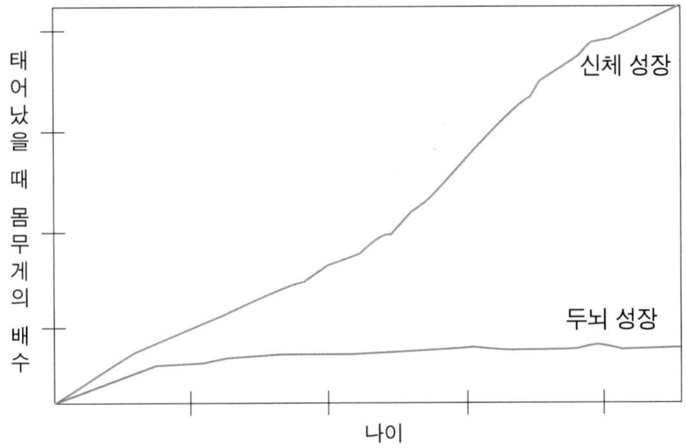

▶▶▶ [그림 6-1] 두뇌 성장 대 신체 성장

출처: Perry & Szalavitz(2006)

림 6-1]은 두뇌 성장이 신체 성장보다 빠르게 발전함을 보여 준다(Perry & Szalavitz, 2006).

유아기에는 소뇌 발달이 주로 이루어진다. 소뇌는 뇌 뒤쪽 아래에 있으며, 신체 동작의 균형과 조절에 중요한 역할을 한다. 소뇌의 크기는 두뇌 전체의 1/10에 불과하지만 소뇌는 두뇌에 있는 모든 뉴런의 반 이상을 차지한다. 또한 이 시기에는 종합적인 사고를 담당하는 전두엽과 과제를 전체적으로 처리하고 리듬, 동작 및 정서를 담당하는 우반구의 발달이 주로 이루어진다(곽노의 외, 2013). 따라서 이 시기에 외국어 교육이나 문자 지도를 무리하게 도입하거나 유아의 뇌 발달과 무관하게 학습 지도를 서두르는 것은 부적절하다(심성경 외, 2011).

뇌기능은 좌반구와 우반구의 분화로 이루어지는데, 일반적으로 좌반구는 과학, 수학, 논리, 언어에 관한 정보를 처리하는 반면, 우반구는 음악, 미술, 공간지각, 창의력에 관한 정보를 처리한다. 또한 좌반구는 신체 오른쪽의 근육운동을 통제하고 우반구는 신체 왼쪽의 근육운동을 통제한다(Kinsbourne & Hiscock, 1983). 대뇌의 좌반구가 사고나 질병에 의해 손상되면 실어증이 일어날 수 있다. 흥미롭게도, 좌반구의 손상이 3세 이전에 일어나면 실어증은 일시적으로만 나타날 뿐, 이내 정상적인 언어능력을 회복하게 된다고 한다. 그러나 아동기가 끝날 무렵에 손상이 발생하면 회복 속도가 느려서 완전한 언어능력을 갖지 못하게 되며, 특히 사춘기 이후의 손상은 영구적 실어증을 초래한다고 한다. 이러한 사실은 좌반구와 우반구의 뇌

기능 분화는 어렸을 때 일어나지만, 3세 이전의 어린 뇌는 특정 부위에 손상을 입었을 때 그것을 보완하기 위하여 자체 내에서 재조직하는 생리적 적응능력을 지니고 있음을 시사한다. 그러나 연령이 증가함에 따라 생리적 적응능력이 감소되기 때문에 성장한 이후의 대뇌 손상은 회복되기 어렵다(강경미 외, 2003).

뇌 속에서 벌어지는 일과 사람의 행동이나 증상 사이에는 분명 연관성이 있다. 어차피 뇌는 모든 본능과 생각, 행동을 중재하는 기관이다. 특정 기능만을 수행하는 심장, 폐, 췌장 같은 장기와 달리 뇌는 수천 가지 복잡한 기능을 수행한다. 좋은 아이디어가 떠올랐을 때, 사랑에 빠졌을 때, 계단에서 넘어졌을 때, 계단을 오르며 헉헉거릴 때, 아이들 미소에 녹아내릴 때, 농담에 낄낄대며 웃을 때, 배고프거나 배부를 때 등의 모든 경험과 그에 대한 반응은 바로 뇌가 조절한다. 이러한 뇌기능 발달은 유아기 경험에 가장 민감하게 영향을 받는다. 좋은 경험이든 나쁜 경험이든 마찬가지다. 유아기에는 뇌가 아직 발달단계에 있기 때문에, 안전하고 예측 가능하게 양육하며 반복적 경험을 부여하면 유전된 능력을 최대 한도로 끌어낼 수 있다. 하지만 불행히도 활발하게 발달하고 있는 뇌는 위협・방임이나 트라우마의 파괴적인 영향에도 마찬가지로 대단히 취약하다. 미성숙한 뇌는 사랑의 감정이나 언어 등의 습득에 기적과도 같은 적응력을 보이지만, 부정적인 경험에 대해서도 대단히 쉽게 영향을 받는다. 3개월 된 태아가 특정 독소에 매우 취약한 것처럼 어린 시절에 겪은 외상(trauma)은 영구적 손상을 남길 가능성이 높다(Perry & Szalavitz, 2006).

3) 골격 및 치아 발달

유아기의 신체 골격은 유전, 영양, 건강 관리 등의 영향을 받으며 계속 변화하는데, 연골 조직이 영아기보다 더 단단해지고 외관도 튼튼해진다. 그러나 유아의 연골은 뼈 성분 중 무기질 밀도가 낮은 연골질이어서 골격 조직이 성인에 비해 부드럽고 유연하여 같은 충격이 가해졌을 때 회복이 보다 빠른 편이다. 반면, 유아는 뼈의 접골상태가 성인보다 유연하여 인대와 근육이 더욱 얇게 접착되어 있어, 센 압박이나 끌어당기는 것은 유아에게 해를 줄 수 있다. 또 유아는 뼈와 골격이 계속 성장하는 시기에 있기 때문에 골절로 인해 성장판이 손상될 우려가 있다. 성장판은 신체의 뼈 중 관절과 직접 연결되어 있는 긴 끝 부분으로, 뼈가 자라는 장소이기에 중요하다(조형숙 외, 2013; 한은숙, 2010). 골격의 성숙은 골격의 두께, 수, 형태로 알

수 있는데, 신체 부위에 따라 성숙도는 각각 다르며 개인 내에서도 약간씩 차이가 있다. 일반적으로 여아가 남아보다 골격 발달 속도가 더 빠른 편이다. 예를 들어, 초등학생 때 여아가 남아보다 키가 빠른 속도로 성장하는 것을 볼 수 있다. 뼈의 성숙은 운동 발달과 몸의 균형에도 중요한 역할을 한다.

유아기에는 외모에도 많은 변화가 일어나, 배가 나오고 살이 통통하게 찌고 다리가 짧았던 몸매는 6세경이 되면 배가 들어가고 살이 빠지며 근육이 발달함으로써 성인의 몸매와 비슷해진다. 그러나 아직 어깨와 골반의 근육이 충분히 발달되지 않았기 때문에 남성적 · 여성적 체격 특성이 현저하게 나타나지 않고 남녀 모두 비슷하게 직선적이고 평면적인 체격을 가진다(권민균 외, 2013). 유아의 피부색도 점차 짙어지고, 안공이 밝아지며, 머리카락의 양, 색, 모양, 결 등에도 변화가 생긴다(강경미 외, 2013).

유아는 2~3세가 되면 상하 20개의 유치가 전부 형성되어 음식을 잘 먹을 수 있으며, 마음대로 씹을 수 있게 된다(김익균, 김혜금 정원주, 최정선, 2005). 그리고 5~6세가 되면 유치를 갈기 시작하고, 최초의 유치이자 영구치는 6세에 이르러 어금니부터 나오기 시작한다. 영구치가 나오면 부모나 교사는 치아 건강에 더욱 신경을 써야 하며, 이 시기에 유아가 손가락을 빠는 버릇을 가졌을 경우 치열이 고르지 않는 등 치아 발달에 좋지 않은 영향을 주므로 주의가 필요하다.

2. 유아기 운동 발달

유아의 운동 발달이란 성장과 성숙의 복합적 개념으로, 신체 발달과 함께 유아의 내적 발달까지 모두 포함한다(최종문, 김계중, 김정숙, 문수영, 조영주, 2014). 운동 발달은 두 범주로 나누어 생각할 수 있는데, 하나는 운동 형태(motor patten)의 발달이고, 다른 하나는 운동기술(motor skill)의 발달이다. 운동 형태란 어떤 행위를 수행할 때에 형성되는 일련의 기본적인 움직임을 말하며, 운동기술이란 여기에 정확성과 속도의 개념을 포함한 것이다(이옥형, 1997). 유아기에 들어서면서 유아는 여러 신체기능이 분화 · 발달함에 따라 영아기 때 획득한 걷기, 달리기 외에도 뛰기, 던지기 등의 새로운 운동 형태를 계속 획득함은 물론 많은 운동기술을 터득하게 된다.

유아의 운동 발달은 감각 발달과 신체 발달에 기초하여 이루어지는 특성이 있다(김두범, 김현희, 안수정, 2009). 영유아는 주변 세계를 탐색하고 정보를 수집할 때 기본적으로 감각을 활용하게 되는데, 감각의 활용이 오감의 발달을 돕고 오감의 발달은 영유아의 운동 발달에 기초로 활용된다. 또한 유아기의 운동 발달은 기본적인 신체 발달과 함께 이루어진다. 영아기 때의 급격한 신체 발달을 기반으로 이 시기의 유아는 다양한 기초적 이동, 조작, 안정감 등의 능력을 발전시키며, 이러한 능력을 통해 대·소근육을 자유롭게 활용할 수 있는 능력을 기르고, 다양한 운동능력을 발전시켜 나가게 된다.

▲ 공을 활용한 유아 운동놀이(4, 5세)

▲ 유아 대근육 활동(5세)

1) 대근육 운동 발달

유아기는 상당히 운동적이다. 3세경의 유아는 단순히 움직이는 것을 좋아한다. 이들은 텔레비전을 볼 때에도 가만히 있지 못하고 식사 시간에도 식탁에 앉아 가만히 있지를 못하고 움직인다. 이들은 걷기, 뛰기를 더욱 숙달하면서 움직임의 폭을 넓히고 오르거나 미끄러지기, 앞뒤로 달리기 등의 반복적인 활동을 통해서 즐거움을 얻는다. 특히 이 시기 남아의 경우 높은 곳을 뛰어올라 갈 수 있다는 것을 다른 사람에게 보여 주기를 좋아한다. 그리고 이러한 활동을 통해 자신감과 성취감을 얻는다. 운동능력의 향상은 유아의 자아인식을 발달시키는 데 결정적인 역할을 한다. 즉, 몸의 움직임을 통해 자신의 신체적인 이미지를 형성하므로 이 시기의 정상적인 운동 발달은 매우 중요하다(권민균 외, 2013).

Gallahue와 Ozmun(2006)은 인간의 운동능력에 따른 발달단계를 4단계로 구분

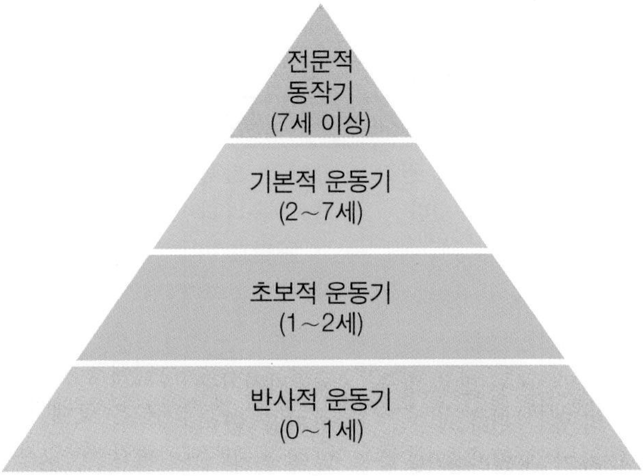

▶▶▶ **[그림 6-2]** Gallahue와 Ozmun의 운동발달단계

하였는데, 유아기는 3단계인 기본적 운동기(2~7세)에 속한다. 이 시기에는 달리기, 점프하기, 한 발 뛰기 등 기본적인 능력이 시작되어 미숙한 기능들이 점차 향상된다. [그림 6-2]는 Gallahue와 Ozmun의 운동발달단계를 보여 준다.

유아기의 대근육 운동 발달 특성을 연령별로 살펴보면 다음과 같다(강인언 외, 2013; 심성경 외, 2011; 정옥분, 2011; 조복희, 2006; 현정환, 2006).

18개월이 되면 넘어지기도 하나 뛸 수 있으며, 24개월이 되면 한 계단에 두 발을 딛으면서 올라가고 내려갈 수 있다. 36개월 정도 되면 한 발로 서고, 발뒤꿈치를 들고 걸을 뿐만 아니라 발을 바꾸어서 계단을 오를 수 있다. 또 세발자전거를 탈 수 있고, 3세 유아 50% 이상이 40~60cm 정도 점프할 수 있다. 4세에는 능숙하게 한 발로 뛸 수 있고 깡충 뛰기와 깨금발을 할 수 있으며, 한쪽 팔로 공을 던지고 거의 실수 없이 공을 잡을 수 있다. 5세에는 한 발씩 교대로 깡충 뛰기와 줄넘기, 멀리뛰기를 할 수 있으며, 스케이트와 수영을 시작할 수 있다. 우리나라는 5세 유아의 약 40%가 두발자전거를 탈 수 있는 것으로 나타났다(조복희, 2006). 6~7세 이후에는 이전에 획득된 운동기술이 정교해지면서 여러 가지 스포츠와 관련된 전문적인 운동기술을 배우는 단계가 된다.

〈표 6-2〉 연령에 따른 유아의 대근육 운동 발달 특성

연령	걷기	달리기	뛰기 · 점프	페달 밟기	오르기	던지기
2세	• 안정된 걷기 자세를 보인다.	• 달리기는 하지만 몸을 뻣뻣하게 세우고 달려 불안정하다.	• 두 발로 잠깐 뛸 수 있다.	• 장난감 자동차에 올라타고 두 발로 민다.	• 계단을 오를 때 한쪽 발을 먼저 올려놓고 그다음 다른 쪽 발을 그 옆에 놓는다. • 높은 곳에 올라갈 수 있지만 내려오지는 못한다.	• 목표물을 향해 공을 던지는데 팔꿈치만 굽히고 두 팔을 사용하여 던진다. 발이나 몸은 움직이지 못한다.
3세	• 팔을 앞뒤로 흔들며 걷는다. • 직선 위를 잘 걷는다.	• 잘 달리지만 방향을 바꾸거나 갑자기 멈추는 것이 어렵다.	• 두 발로 깡충 뛴다. • 멀리뛰기를 할 때 착지 시 뒤로 넘어진다.	• 세발자전거를 어려움 없이 탈 수 있다.		
4세	• 곡선 위를 잘 걷는다.	• 유연하게 잘 달리고 출발과 정지를 잘 한다.	• 두 발로 높이 뛰어오른다. • 한 발로 장애물을 뛰어넘는다.	• 세발자전거를 혼자서 능숙하게 탈 수 있다.	• 계단을 오를 때는 한 발로 차례차례 오르지만 내려올 때는 두 발을 모아서 내려온다.	• 몸통을 돌리며 한 발을 앞으로 내딛으며 어깨, 중심, 몸통을 사용하여 한쪽 팔로 공을 던진다.
5세	• 평균대 위를 걷는다.	• 빨리 잘 달리고, 달리면서 방향을 바꿀 수 있다.	• 두 발을 교대로 깡충깡충 뛴다. • 멀리 뛰기를 할 때 착지 시 앞으로 떨어진다.	• 두발자전거를 탈 수도 있다.	• 발을 번갈아 가면서 계단을 오르내린다. • 사다리, 정글짐, 미끄럼틀, 나무 등을 타고 오르내린다.	
6세	–	• 탄력적으로 달리면서 속도 조절이 가능하다.	–	–	• 성인처럼 오르내린다.	• 팔과 반대쪽 다리를 앞으로 내밀고 허리와 어깨까지 사용하여 공을 던진다.

출처: 정옥분(2011), 조형숙 외(2013), 현정환(2006)에서 일부 재구성.

2) 소근육 운동 및 조작 기능의 발달

소근육 운동이란 눈과 손을 협응하여 손기술을 정확히 구사하는 능력(Williams, 1983)으로, 미세운동이라고도 한다. 근육 발달이 머리 쪽에서 아래쪽으로, 신체 중심에서 주변부로 발달하는 발달의 원리에 따라, 소근육 발달도 대근육 발달과 협응이 이루어진 후에 이루어지며 대근육보다 느리게 발달한다. 그러나 유아기에 들어서면 눈과 손, 오른손과 왼손, 손가락과 손가락 등의 협응성 운동이 두드러지면서, 미분화된 동작에서 매끄럽고 정확한 운동으로 분화되어 고도의 통합된 운동이 가능해지고, 활동기능이나 근육 협응이 정교해진다. 즉, 대근육 운동능력 발달과 함께 작은 근육을 사용하는 조작기능이 급격히 증진되면서 일상생활에 필요한 조작기능, 예를 들면 그림 그리기, 블록 쌓기, 젓가락질하기, 오리고 붙이기, 옷 입고 벗기, 단추 사용하기 등이 가능해진다. 운동 발달에서 성별을 비교해 보면 사춘기 이전까지는 큰 차이는 없다. 그러나 엄격히 따지자면 여아가 남아보다 운동 발달이 빠르다. 이것은 여아가 남아보다 키는 작지만 신체 근육이 빨리 성숙하기 때문이다. 대체로 팔다리와 같은 대근육을 사용하는 운동능력이나 운동기술은 남아가 여아보다 우세하지만 소근육 운동기술은 여아가 남아보다 우세하다(조복희, 2006).

유아의 연령별 소근육 운동 및 조작 기능의 발달 특성을 살펴보면 다음과 같다(강인언 외, 2013; 권민균 외, 2013; 김미영, 2013; 조형숙 외, 2013).

2세의 유아는 간단한 물체를 끼우고, 책장을 넘길 수 있으며 크레용으로 직선을 그릴 수 있으나, 아직 손의 사용이 미숙하여 어른처럼 엄지와 검지를 사용하지 못한다.

3세에는 원을 그릴 수 있고, 블록으로 탑을 쌓을 수 있지만 똑바로 세우지는 못하고 삐뚤삐뚤하게 쌓는다. 때때로 엄지와 검지를 사용하여 작은 물건을 집을 수 있는 능력은 있어도 아직 서투르고, 조각 그림 맞추기를 할 때도 조각을 억지로 쑤셔 넣으려 한다.

4세가 되면 소근육 운동기술이 상당히 발달하여 실로 구슬을 꿸 수 있고, 블록으로 탑을 높이 쌓을 수 있으며, 혼자 옷을 입고 벗을 수 있다. 하지만 복잡한 형태의 옷은 잘 입지 못한다. 또 가위를 갖고 종이에 그려진 선을 따라 자를 수 있다. 3~4세에는 손 사용의 선호가 확립되어 90% 이상의 유아가 오른손잡이로 확립된다. 유아의 왼손잡이 문제로 걱정하는 부모가 있는데, 이 시기 동안 지나치게 유아가 오른손

만을 사용하도록 훈련시키는 것은 바람직하지 않으며, 유아가 편하게 사용하는 손을 사용하도록 지도하는 것이 필요하다.

5세가 되면 사각형과 삼각형을 그리며, 자신의 이름을 쓸 수 있고, 1에서 5까지의 숫자를 모방해서 그리는 등 소근육 협응이 훨씬 향상된다. 손, 팔 그리고 몸 모두가 눈의 명령에 따라 함께 움직이며, 이제 블록으로 집을 짓거나 단순히 탑을 높게 쌓는 것은 더 이상 재미가 없다. 6세경에는 글자를 쓸 수 있게 되고, 20까지의 숫자를 쓰며, 여러 가지 형태의 도형을 모방해서 그릴 수 있게 된다.

우리나라 유아의 경우 2.5~3세 정도에 남아의 20%와 여아의 33%가 젓가락을 사용할 수 있다. 5세 유아의 경우, 75% 정도만이 젓가락을 사용하는 것으로 나타났다(한국아동학회, 2001).

유아의 그리기도 중요한 소근육 운동능력이다. 그리기 능력은 소근육 발달과 인지적 표상능력과도 관계가 깊다. Kellogg(1970)는 〈표 6-3〉과 같이 유아의 그리기 과정을 네 개의 발달단계로 구분하여 제시하였다.

유아기에는 다양한 자조기술(self-help skill)이 발달한다. 먹기, 옷 입기, 씻기, 잠자기 등 일상생활에 필요한 기본적인 기술을 수행하는 자조기술을 획득하는 시기가 바로 유아기다. 이러한 자조기술이 획득되기 위해서는 유아가 먼저 사물을 인식해야 하고, 그다음 반복적인 감각 경험을 쌓아야 한다. 이 시기에는 무엇이든지 스스로 할 수 있는 힘을 내보이고 싶어 하고, 또한 그렇게 할 수 있는 힘이 생기므로 과도하게 못하게 막거나 실패한 행동에 대해 비난하지 않도록 주의해야 한다. 즉, 유아가 서투른 숟가락질 때문에 음식을 흘리고 식사 시간이 오래 걸려도, 혹은 단

〈표 6-3〉 Kellogg의 유아의 그리기 능력 발달 단계

단계 및 연령	특성
제1단계(1.5~2세) 긁적거리기 단계	뚜렷한 형태가 없는 점이나 선을 그린다. 초기에는 직선을 반복하여 그리나 곧 이것은 곡선과 나선형으로 변하여 원 모양으로 발달한다.
제2단계(2~3세) 단순한 형태 단계	원, 삼각형, 사각형 등의 단순한 기하학적 형태를 그리기 시작한다.
제3단계(3~4세) 무늬 단계	직선이나 곡선, 단순한 형태를 조합하여 무늬를 그린다. 원 속에 ×를 그려 넣거나 큰 원 안에 작은 원을 그려 넣는다.
제4단계(5~7세) 실제 사물 단계	간단한 원이나 네모에서 실제의 사물, 얼굴이나 집으로 변형시키기 시작한다. 또한 자동차, 나무 등 실제 사물을 그리고, 사람의 세부적인 부분도 자세히 그린다.

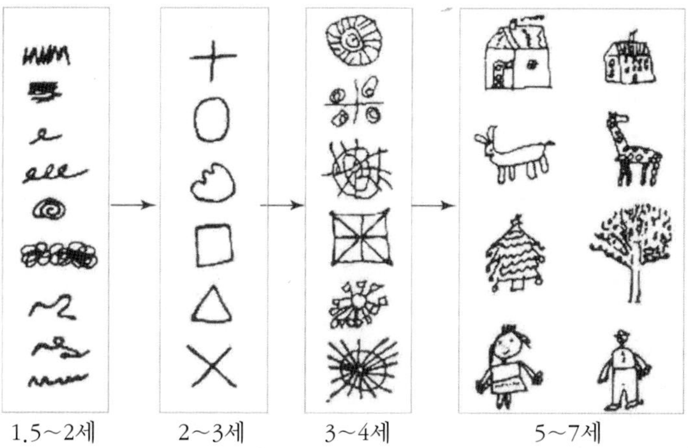

[그림 6-3] Kellogg의 그리기 능력 발달단계에 따른 예

추를 잘못 끼워 옷을 입는 행동이 답답하더라도 부모나 교사가 그들이 스스로 할 수 있는 기회를 주어야 미세 운동기능이 더 세련되게 발달될 수 있다. 자조기술이 발달함에 따라 유아는 개인적 욕구 충족을 위한 행동을 보다 많이 수행할 수 있기 때문에 능력감과 자신감을 갖게 된다(강경미 외, 2003; Newman & Newman, 1995). 〈표 6-4〉는 유아기의 연령에 따른 소근육 운동 발달의 대표적인 예다.

〈표 6-4〉 연령에 따른 유아의 소근육 운동 발달

연령	소근육 운동 발달
2세	• 손잡이를 돌려 문을 연다. • 책을 한 장씩 넘긴다. • 6~7개의 블록을 쌓는다. • 원을 모방하여 그린다. • 옷을 혼자 벗는다.
3세	• 블록을 8개 이상 쌓는다. • 손과 손가락 협응이 잘된다. • 크레용을 손가락으로 잡는다. • 장난감을 밀고 당긴다. • 도움을 받아 옷을 입는다.
4세	• 가위로 그어진 선을 따라 자른다. • 큰 구슬을 실에 꿴다. • 네모를 보고 그린다. • 혼자 옷을 입는다.

5세	• 사각형과 삼각형을 모사한다. • 단추를 채운다. • 이름을 쓸 수 있다. • 신발 끈을 맨다. • 가위나 간단한 도구를 사용한다.

3. 교육적 적용

신체 발달과 밀접한 관련이 있는 요인으로는 유전, 환경, 영양을 들 수 있다. 또한 유아의 운동 발달은 뇌의 성숙, 근육과 골격의 발달, 유아의 지각적 경험, 환경 등 여러 요인이 복합적으로 작용하여 이루어진다.

유아교육기관에서 유아기 유아의 적절한 신체 및 운동 발달을 돕기 위해서 행해야 할 것을 중심으로 교육적 적용을 살펴보면 다음과 같다(조복희, 2006; 조형숙 외, 2013; 한은숙, 2010).

첫째, 개별 유아의 필요를 충족시켜 준다. 유아는 배가 고프거나, 피곤하거나, 어디가 아플 때 매우 날카로운 상태가 되고 공격적으로 되기 쉽다. 즉, 유아는 자신의 기본적인 신체 필요와 욕구가 제대로 충족되지 못하면 유아교육기관에서의 전반적인 행동이 영향을 받는다. 특히 휴식과 수면은 뇌 발달에 있어서도 중요하다. 휴식과 수면에 대한 기본적인 요구나 식습관, 음식의 선호도 등은 유아 개개인마다 다 다를 수 있다. 그러므로 교사는 이러한 개인차를 고려하여 개별 유아의 기본적인 필요와 욕구에 따라 휴식을 취하고 적절한 시간 동안 낮잠을 잘 수 있도록 편안한 이불과 침대, 휴식공간 등 안정적이고 심미적인 환경을 구성해야 하며, 이와 함께 융통성 있는 하루 일과를 진행해 나가야 할 것이다.

둘째, 질 좋은 간식과 음식을 제공하고 균형 잡힌 영양을 섭취하도록 지도한다. 신체 발달은 성장기 유아의 영양 섭취와 밀접한 관계가 있다. 필수 영양소들이 결핍되거나 과잉 공급되는 경우 신체 발달에 이상이 생긴다(Tanner, 1978). 2~6세 유아의 위 크기는 평균 성인 위의 반 정도도 안 되어서 한꺼번에 많이 먹을 수가 없다. 하지만 유아기에는 활동량이 많아 단위 체중당 소요되는 영양소의 필요량이나 열량이 성인에 비해서 훨씬 높다. 그러므로 간식으로 필요한 영양을 보충해 주

되, 음식은 단백질, 탄수화물, 지방, 비타민, 무기질 등이 포함된 균형식이어야 한다. 유아에게 필요한 음식의 양은 각기 다르므로 무리하게 먹이려고 지도하기보다는 음식을 스스로 먹을 수 있도록 허용하고, 식사 시간은 즐거운 일이라는 것을 인식하도록 하는 것이 바람직하므로 교사가 이러한 식습관의 모델이 되도록 한다.

셋째, 두뇌 발달을 위해 유아들을 사랑으로 꼭 안아 주며 건강한 신체 접촉을 자주 해 준다. 뇌는 개인의 과거 이력을 반영하는 역사적 기관이다. 뇌가 정상적으로 발달하려면 무엇보다 적절한 시기에, 적절한 경험을, 적절한 양만큼 받아야 한다. 뇌는 또한 사용 의존적으로 발달한다. 즉, 사용하면 발달하고 사용하지 않으면 퇴화된다. 유아가 다른 사람과 어울리고 관계를 맺으며 갈등에 대처하고 복잡한 사회적 질서와 협상하는 방법을 배울 시간이 없으면, 그에 해당하는 뇌 영역의 발달이 지체된다. 아기 때 말을 걸어 주거나 쓰다듬어 주거나 사랑해 주는 사람이 별로 없으면 아기의 뇌가 변할 수 있고, 적절한 신체자극이 없으면 극단적인 경우 목숨을 잃을 수도 있다(Perry & Szalavitz, 2006). 따라서 발달단계에 있는 영유아는 말을 걸고 쓰다듬어 주는 등 사람 사이의 상호관계로 뇌에 자극을 주는 것이 대단히 중요하며, 특히 신체 접촉을 통해 뇌의 신경막을 자극해 줄 필요가 있다.

넷째, 실외에서뿐만 아니라 교실 안에서도 신체운동 활동을 규칙적으로 행하며, 유아의 발달단계에 적합한 운동 프로그램을 일과에 통합된 활동 형태로 구성하여 제공한다. 유아는 기본적으로 움직임으로써 학습한다. 영유아의 초기 학습은 감각과 운동 발달을 기초로 이루어진다(Piaget, 1952)는 것을 교사는 늘 기억해야 한다. 또 잘 움직이는 능력은 유아의 자신감을 증진시키며 사회적 · 정서적 · 신체적으로도 유익하다(Bunker, 1991; Goodway & Rudisill, 1996). 특히 유아기 유아들의 운동능력 발달은 친구관계와 자아개념 형성에 중요한 영향을 미친다. 운동능력이 발달한 유아는 운동이나 놀이를 통하여 쉽게 친구와 사귈 수 있고, 친구 사이에서 인정을 얻게 되며, 자주 리더가 되기 때문이다. 이렇듯 유아의 신체운동 발달은 사회, 정서, 인지 등 타 영역의 발달과 밀접하게 관련된다.

그런데 유아들이 부단히 움직이기를 좋아함에도 불구하고, 오늘날의 유아들은 텔레비전, 컴퓨터, 스마트폰 등의 사용으로 예전에 비해 앉아서 생활하는 비율이 높아졌다. Bar-Or 등(1998)의 연구에서도 7세 미만의 아동이 신체활동에서 세계보건기구(WHO)가 권장하는 수준보다 20~30% 낮은 에너지를 소비하는 것으로 나타났다.

이렇게 최근 생활 형태의 변화로 유아의 신체운동 기회가 점차 줄어들어 기초체력이 저하되고 더 나아가 비만 등의 문제가 발생하고 있으므로(최종문 외, 2014), 교사는 실내 · 외에서 충분한 신체활동이 즐겁게 이루어질 수 있도록 해야 한다. 유아기에 신체적으로 활동하면 성인기에 이르러서도 신체적인 활동을 활발하게 할 가능성이 높다(Pica, 2010). 또 유아기의 체육활동에 대한 태도는 평생 지속되므로(유상석, 2001) 유아교육기관에서 유아의 대근육 발달과 소근육 발달을 돕는 활동을 구체적으로 계획하여 일과에 통합된 활동 프로그램으로 제공하는 것이 매우 중요하다. 그러므로 보다 연령이 어린 유아에게는 자발적인 놀이활동이 가능한 비구조화된 신체 및 운동 발달 활동을, 좀 더 나이든 유아에게는 운동기술이 발달될 수 있는 보다 구조화된 활동과 함께 유아 자신이 선택할 수 있는 시간, 자료, 소도구, 공간 등을 다양하게 제공한다면 유아는 보다 즐겁게 대 · 소근육 활동을 할 수 있고, 교사도 의도한 활동의 목표를 효과적으로 달성할 수 있을 것이다.

토의 및 연구 문제

1. 유아기에 나타나는 주요 신체적 변화에 대해 설명해 보시오.
2. 유아기 운동발달단계에 대해 설명해 보시오.
3. 3, 4, 5세 유아를 각각 1시간 정도 관찰하고, 연령별 각 유아의 대근육 운동 및 소근육 운동 발달에 대하여 설명해 보시오.

7장
유아기 언어 및 인지 발달

1. 유아기 언어 발달

태어나고 1년 후 유아는 단어를 사용하여 의사소통할 수 있게 되므로, 이 시기부터를 언어시기라 한다. 유아기의 언어 발달을 음성언어의 발달, 의사소통 기술의 발달, 읽기 발달, 쓰기 발달로 나누어 살펴보고자 한다.

1) 음성언어의 발달

언어는 음소(phoneme), 형태소(morpheme), 단어(word), 문장(sentence)의 4요소로 구분할 수 있다. 유아기가 되면 사용하는 단어 수가 점차 늘고 문장에서도 사용하는 단어 수가 증가하며 완전한 문법적 문장을 형성하는 것을 학습한다. 이 시기에 유아는 문법적 규칙에 대한 지식을 구성한다. 따라서 어순은 다르나 같은 의미를 갖는 문장을 이해하고 사용할 수 있다. 또한 최소의 의미 단위인 형태소 규칙(morphological rules)을 이해하고, 이 규칙을 단어나 문장의 의미를 바꾸기 위하여 적용할 줄 알게 되며, 이러한 규칙 적용으로 많은 문법적 문장을 말할 수 있게 된다. 3세경이면 대부분의 정상 유아는 모국어의 기본 형태론과 통사론 구조를 습득한다(Brown, 1973).

문법적 범주에서 가장 기초적인 것은 품사다. 이 시기에 사용하는 품사로는 명사, 동사, 형용사, 부사, 후치사(조사), 접속사 등이 있다(이영자, 이종숙, 이정욱, 1997; Kim, 1987).

3~4세에 유아는 대명사, 조사, 형용사, 부사를 포함하는 복합 문장을 사용하게 되고, 4~5세가 되면 대부분의 기본 언어 규칙을 터득하여 문법적으로 정확한 문장을 사용하며, 다어문(多語文)을 쉽게 말할 수 있다. 뿐만 아니라 말의 의미, 문장, 발음 등을 이해할 수 있기 때문에 단어의 발음, 의미, 문장구조의 애매모호성에 기초한 농담과 수수께끼 놀이를 할 수 있게 된다. 3세 후반기 내지 4세가 되면 여러 유형의 조사를 올바르게 사용할 수 있게 된다. 주격 조사 '-가'는 3세에 습득되고, 대격조사 '-을(를)'은 4세에 습득된다(배소영, 1997). 연결어미의 경우, 3세에는 '-고' '-서' '-면서' '-다' '-가' 등의 어미를 주로 사용하고, 5세가 되면 이보다는 '-지만' '-ㄴ데' 등의 어미 사용이 증가한다. 그리고 유아의 사고능력의 발달과 함께 어미 사용이 보다 바르게 이루어진다.

3세 초반에는 존재하지 않음, 금지, 거절, 부인, 할 수 없음(무능력), 무지 등을 표현하는 부정문을 사용한다. 그러나 아직도 부정형태소의 위치를 잘못 배치하는 오류를 범한다. 유아는 1인칭 단수대명사(예: 나)와 2인칭 단수대명사(예: 너)를 이해하고 사용한다. 그리고 1인칭 복수대명사 '우리'를 사용한다. 그러나 3인칭 대명사는 구어에서 사용하지 않기 때문에 이해하거나 산출하지 못한다. 대신 3인칭 대명사의 위치에 '그 사람' 또는 '그 아이'를 사용하여 표현한다. 4세경에는 어휘로서 '자기'와 같은 재귀대명사의 의미를 이해한다(Kim, 1992).

3~6세 유아는 동사의 어근에 피·사동어미 '-이' '-히' '-리' '-기' '-우' 등을 붙여서 피동사나 사동사를 파생시키는 음운론적 사동 구문을 주로 사용한다. 피동문은 3세에서 6세 사이의 유아가 가장 많이 사용하는 유형이며, 5세 이전에는 피동·능동을 혼돈하여 사용하는 경우가 많다.

5~6세 유아는 관계화 구문 사용에서 주어를 생략하거나(예: "지나가는 차 봤어요."), 문장의 뒤에 두거나(예: "아까랑 똑같은 거다, 소방차가."), 문장의 첫머리에 두어(예: "우리 아빠요, 튜브 살 돈도 없는데요.") 사용하는 경향이 있다. 또한 5세에서 7세 사이의 유아는 관계절을 따로 떼어 놓으려는 경향을 보인다. 따라서 다음과 같은 불완전한 관계문을 빈번하게 사용한다(이영옥, 1979, p. 22).

- "기어다는 거요. 그게 와 가지고요."
- "우리 노는데, 거기요. 악기요. 있는데요."
- "그게 없어졌어요. 벌레 같은 거요."
- "배도 탔어요. 빵빵 도는 배요."
- "피 빨아먹어요. 목에서 나온 거요."

2) 의사소통 기술의 발달

4~5세 유아의 언어적 표현은 사회적 상황에 민감하다(Pellegrini, 1981). 하지만 자신을 향한 개인적인 언어의 대화구조와 다른 사람을 향한 사회적인 언어의 대화구조가 같으며, 보통 술부로만 구성되어 있다.

유아는 사과하기, 약속하기, 계약하기, 거짓말하기, 공손한 요청하기 등과 같은 화행(speech act)을 효과적으로 하는 방법을 습득한다. 또한 이야기 나누기 또는 언어의 사용에서는 다른 사람과 협동하는 기초적 의사소통 기술도 습득한다. 그러나 유아의 화행에서는 자기중심적인 발화가 나타난다(Piaget, 1974). 유아기 동안 유아의 발화는 좀 더 분명해지며, 다른 사람의 발화가 불분명한 경우 명확히 하기 위해 명료한 설명을 요청하는 의사소통 기술도 발달한다. 예를 들어, 다른 사람의 발화가 분명하지 않을 때 "무엇을 했니?" "누가 갔니?" "어디로 갔니?" 등의 질문을 하여 내용을 분명히 할 수 있다.

Mueller(1972)는 3~5세 유아들을 동성끼리 짝지어 의사소통의 상호작용을 조사한 결과, 62%는 화자의 말에 적당하게 성공적인 상호작용을 하였고, 15%는 의사소통 상호작용에 실패했으며, 23%는 중간으로 화자에게 시각적으로 집중하기만 하는 것을 발견하였다. 연령 사이의 뚜렷한 차이는 없었으나 의사소통 상호작용의 성공과 실패를 좌우하는 요소로 말의 명확성, 말의 구조적 완성, 참조의 명확성, 상황에 대한 관계, 말의 형태(명령문, 의문문, 서술문), 집중의 요구 및 유지, 화자 간의 거리 등을 들 수 있다고 하였다.

다른 청자의 의사소통 요구에 말을 맞추는 능력의 경우, 4세 유아가 2세 영아에게 이야기할 때는 말의 반복, 주의적인 단어를 사용하고, 성인이나 또래에게 이야기할 때는 2세 영아에게 이야기할 때보다 더 길고 복잡한 문장을 사용하는 것으로 보고되고 있다(Shatz & Gelman, 1973). 보통 3~4세에 의사소통 기술 발달이 대부분

이루어지는데, 의사소통 능력이 발달된 유아의 특징은 다음과 같다(Shields, 1979).

- 상대편의 주목을 끌 수 있으며, 일단 주목한 바를 유지하기 위해 대화 교환의 차례를 잘 지켜 나간다.
- 자신이 목적한 바와 행동의 중심이 되는 것을 타인의 마음에 분명하게 떠올리기 위해서 대인 간의 영역을 조직화하고 결정할 수 있게 한다.
- 상호교환성의 기대에서 언어적 · 비언어적 행위를 주도할 수 있으며, 타인 주도에 대한 반응으로 상호교환성을 잘 처리할 수 있다.
- 불필요한 중복을 피하기 위해 이미 행한 것과 말한 것을 충분히 고려할 수 있다.

(1) 개인적 내러티브 발달

유아가 자신의 경험을 다른 사람과 공유하면서 의사소통하기 위해서는 개인적 경험을 기억하여 말하는 개인적 내러티브가 발달해야 한다. 개인적 내러티브는 과거 경험을 이야기하는 것으로, 청자와 공유하는 정보와 공유하지 않은 정보를 고려하여 말하는 것이다. 개인적 내러티브는 진행 중인 주제와 연결된 과거의 경험에서 개인이 행한 행위, 사고, 느낌을 사건의 시간적 순서와 논리적 순서를 고려하여 이야기하는 것이다.

유아의 개인적 내러티브의 구조 발달을 분석하는 바람직한 방법으로 정점분석(high point analysis)이 제안되었다(McCabe, 1997; Peterson & McCabe, 1983). 이는 내러티브를 정보(행동 또는 배경 설명)와 평가(감정표현)로 구분하고 이러한 정보의 상대적인 위치를 고려하는 분석방식이다. 가장 낮은 수준의 내러티브는 한 가지의 사건으로 구성되는 하나의 절로 된 내러티브로서, 약 2세경에 내러티브를 시작하는 유아에게서 관찰되는 형태다. 3세경의 유아는 한 사건에 대하여 두 가지 진술을 하거나(예: "언니 학교에 갔는데, 흰 토끼가 있었어.") 또는 두 가지 사건을 이야기하는 내러티브를 나타낸다(예: "멍멍이가 내 발을 핥았어. 나를 좇아 다녔어."). 이런 내러티브는 3세 반경에 가장 흔하게 나타난다. 4세 정도가 되면 유아는 두 가지 이상의 사건을 이야기하는데, 그 안의 사건들은 순서가 뒤죽박죽이고 때로는 사건이 생략되기도 하여 듣는 사람이 이해하기 어렵다. 5세경의 유아는 개인적 경험을 이야기할 때 사건을 순서대로 말할 수 있지만, 결말이 없이 이야기의 정점에 다다랐을 때 성급하게 이야기를 끝내는 특징을 나타낸다. 따라서 이러한 내러티브에서는 사건에 대한

평가나 그것이 화자에게 어떤 의미를 갖는지에 대한 설명이 나타나지 않는다. 6세 정도의 유아에게서는 그 사회에서 선호하는 전형적인 내러티브의 구조가 나타나는데, 자신이 무엇을 이야기하려는지를 알리는 개요 또는 배경을 제시함으로써 내러티브를 시작하고, 일련의 사건들은 화자의 평가가 포함되는 정점으로 이어지며, 사건의 결말이 제시되고, 그것이 현재와 어떻게 연결되는지를 알리는 종결로 끝맺음을 한다.

이영자와 이지현(2005)에 의하면 우리나라 유아의 경우, 3~4세에는 두세 가지 사건을 단순 나열하는 수준이나 사건 건너뛰기 내러티브 수준이 많이 나타났고, 5세에는 두세 가지 사건 나열 내러티브, 사건 건너뛰기, 정점이나 종결 없이 사건의 순서적 나열, 정점 없고 종결만 있는 사건의 순서적 나열 수준에서 머무는 경향 등의 수준이 나타났다. 그리고 6세에는 정점과 종결 없이 사건의 순서적 나열 수준의 내러티브를 많이 산출하였다.

(2) 가상적 내러티브 발달

가상적 상황을 상상하여 이야기하는 가상적 내러티브에서는 이야기하는 사람이 이야기에서 일어나는 사건에 대한 지식을 기반으로 내러티브를 이끌어 내야 한다. 그리고 이야기 줄거리를 전개하려면 해결될 문제를 포함시켜야 한다. 그 문제는 개별적으로 경험한 에피소드나 다른 이야기 줄거리에서 이끌어 낼 수도 있지만, 사회적 상호작용에 비추어 특별히 전개될 수 있는 상황에 대한 일반적 지식에서 이끌어 낼 수도 있다. 가상적 내러티브는 즉흥적으로 줄거리를 만드는 기술을 요하며 생생한 행동 진술, 보고하는 말, 소리효과 등으로 긴장과 흥미를 창조하는 능력도 요구된다.

가상적 내러티브는 단순 이야기 구조와 복잡한 이야기 구조로 구분된다. 단순 이야기 구조는 하나의 에피소드로 구성된 이야기이고, 복잡한 이야기 구조는 두 개 이상의 에피소드로 구성된 이야기다(Stein & Glenn, 1979).

일반적으로 단순 이야기는 형식적 시작(예: 옛날 옛날에)과 배경과 주인공을 소개하는 오리엔테이션, 계기가 되는 사건(즉, 목표지향적 행위), 문제 또는 의도한 목표 달성의 방해 요인, 문제의 해결, 그리고 형식적 종결을 포함한다(Stein, 1988; Stein & Glenn, 1982). 가상적 내러티브 구조 발달단계는 여러 학자가 제시한 바 있다. Stein(1988)은 구조가 형성되지 않는 단계, 서술적인 이야기 순서 제시, 장애물

과 결말이 없는 목표지향적 에피소드, 장애물은 없지만 결말이 포함되는 목표지향적 에피소드, 장애물이 포함되지만 결말이 없는 목표지향적 에피소드, 장애물과 결말이 모두 포함되는 목표지향적 에피소드의 단계로 제시하였다. 우리나라 유아의 경우, 3세에는 이야기 구조가 형성되지 않은 내러티브, 사건의 병렬적 나열 수준이 나타났고, 4세에는 사건의 병렬적 나열 수준, 행동의 순서적 제시 수준, 반응의 순서적 제시 수준이 나타났다. 그리고 5세에는 4세에 나타난 수준에 더하여 장애물이 포함되지만 결말이 없는 목표지향적 에피소드 수준이 나타났고, 6세에는 소수이나 장애물과 결말이 모두 포함되는 목표지향적 에피소드도 나타났다(이영자, 이지현, 2005).

3~4세 유아는 가상적 내러티브 산출에 가상적 내러티브 구조의 일부 요소를 포함시키기 시작하며, 과거시제의 사용, 가상적 주인공, 시작과 종결의 사용 등을 포함한다. 연령의 증가와 함께 이야기에 보다 많은 에피소드 구성 요소가 포함되며, 5세경이면 적절한 배경 정보를 포함하고, 계기가 되는 행동과 줄거리 전개를 위한 시도가 나타난다(Stein, 1988). 그러나 내적 목표, 동기, 반응 등은 아직 포함되지 않으며(Yang, 1983), 8세경이 되어야 전반적 가상적 내러티브 구성 요소가 나타난다(Stein & Glenn, 1982).

3) 읽기 발달

다른 행동 발달에서와 마찬가지로, 유아는 성인 기준의 관례적 읽기 행동 이전에 발달 수준에 따른 여러 유형의 읽기 행동을 보인다. 이들은 관례적인 의미의 읽기를 할 수 있기 전에도 읽기활동을 즐기며 능동적으로 참여하는 것으로 나타났다(Schickedanz, 1999; Sulzby & Teale, 1991). 연령이 증가할수록 영유아는 오랜 시간 동안 책 읽기에 주의를 집중할 수 있게 되며, 동시에 읽기과정을 즐기게 된다(Senechal, Cornell, & Broda, 1995).

(1) 유아기의 초기 문해 개념 및 읽기 발달단계

Clay(1972)는 유아의 초기 읽기에 대하여 연구한 결과, 유아의 초기 읽기 단계를 다음과 같이 구분하였다.

- 제1단계: 글자는 이야기로 전환될 수 있는 것임을 이해하는 단계다. 이 단계에서는 책의 그림을 보고 이야기 내용과 관계없이 꾸며서 읽는다.
- 제2단계: 구어에서는 잘 사용되지 않는 특별한 형태의 문어체 이야기를 만들어 내는 단계다(예: "여기는 ~입니다." "엄마가 ~라고 말했습니다.").
- 제3단계: 그림을 보고 적절한 문장을 생각해 내는 단계다. 이 단계에서는 그림이 이야기 내용의 단서가 됨을 이해한다.
- 제4단계: 책에 써 있는 문장의 대부분을 기억하는 단계다. 이 단계에서는 자신이 기억한 이야기 내용과 그림의 도움을 받아서 책을 읽는다.
- 제5단계: 단어의 시각적 단서를 사용하여 문장을 재구성하며 읽는 단계다. 이 단계에서는 글자를 손가락으로 짚으며 읽기도 하고 특정한 단어가 어디 있는지 질문하기도 한다.

이영자와 이종숙(1985)은 Clay(1972), Sulzby(1985), Schickedanz(1999) 등이 제시한 발달단계를 기초로 유아의 글자와 관련된 규칙의 이해 발달과정과 상징적 기능의 이해에 초점을 두어 읽기 발달단계를 다음과 같이 나누었다.

- 1단계: 읽기 이해 전 단계
  - 하위 1단계: 말 없이 그림만 쳐다보기
  - 하위 2단계: 그림을 지적하기
  - 하위 3단계: 그림의 명칭을 이야기하기
  - 하위 4단계: 그림에 대해 질문하기
- 2단계: 이야기 구성능력이 없어 "난 못 읽어요."와 같은 의사를 표현하는 단계
- 3단계: 그림을 보고 마음대로 이야기를 만드는 단계
- 4단계: 의미가 비슷하게 꾸며 말하는 단계
- 5단계: 단어나 구절을 암기하여 이야기하는 단계
  - 하위 1단계: 책에 나온 글자의 암기를 통해 50% 이하의 단어나 구절을 사용하여 이야기하기
  - 하위 2단계: 책에 나온 글자의 암기를 통해 50% 이상의 단어나 구절을 사용하여 이야기하기
- 6단계: 글자를 읽어야 한다는 것은 이해하지만, 글자를 읽을 줄 몰라 "난 못 읽

어요."와 같은 의사를 표현하는 단계

• 7단계: 글자를 읽는 단계
 - 하위 1단계: 글자를 보고 한 문장을 기준으로 25% 이하로 똑바로 읽기
 - 하위 2단계: 글자를 보고 한 문장을 기준으로 50% 이하로 똑바로 읽기
 - 하위 3단계: 글자를 보고 한 문장을 기준으로 75% 이하로 똑바로 읽기
 - 하위 4단계: 글자를 보고 한 문장을 기준으로 75~100% 똑바로 읽기

(2) 유아기 읽기 발달

3세가 되면 유아는 글자에 대한 인식이 발달한다. 1~2세에 보였던 읽기 전 단계의 행동은 거의 사라지고 책 옹알이, 그림 보고 마음대로 이야기 만들기, 그림 보고 비슷하게 꾸며 말하기, 일부 단어나 구절을 기억하여 이야기하기, 문자 인식에 기초한 읽기 거부하기 등의 행동이 나타난다. 이 시기 초반에 이미 책 표지의 제목을 읽을 때 글자에 시선을 주며 손으로 읽은 글자를 지적하나, 아직 지적하는 글자와 소리는 일치하지 않고 글자의 수보다 소리의 수가 더 많거나 적어도 개의치 않는다(이영자, 이종숙, 1997). 4~5세의 경우 개인차가 있으나 글자를 읽을 수 있게 되는 단계에 이르는 유아들이 많아진다.

Hiebert(1981)의 연구에서는 3세경에 인쇄 글자에 대해 인식하고 초등학교 1학년에 이르기 전에 이러한 인식이 현저하게 증가한다고 제시한다. Hiebert는 3세 유아가 알파벳 글자의 절반 이상을 식별할 수 있다는 것을 발견했다. Mason(1985)의 연구에서는 4세 유아 대부분이 20자 이상을 인식할 수 있었다. 그러나 이들 연구에서 유아가 어떻게 글자를 알게 되었는지에 대해서는 연구되지 않았다.

앞서 제시하였듯이 이영자와 이종숙(1985)의 유아 읽기 발달단계 연구에서 3~5세 유아의 경우, 비지시적인 이야기책 읽어 주기를 통해 '그림을 보고 마음대로 이야기 만들기' '의미가 비슷하게 꾸며 만들기' '단어와 구절을 암기하여 이야기하기' '글자 읽기'의 순서로 읽기 발달이 이루어지며, 전이단계로 글자를 읽어야 함을 이해하나 읽을 수 없어서 "난 못 읽어요."와 같은 반응을 나타내는 단계가 관찰되었다. 같은 방법에 의한 Lee(1993)의 연구에서는 3세에는 '읽기에 대한 아무런 이해가 없는 단계' '그림을 보고 마음대로 이야기 만들기 단계'가 관찰되었고, 4세에는 '읽기에 대한 아무런 이해가 없는 단계'에서 '부분적 글자 읽기 단계'까지 관찰되었으며, 5세에는 '글자를 읽어야 함을 이해하나 읽을 수 없어 못 읽는다고 반응하는 단계'

에서 '부분적으로 글자 읽기 단계'까지의 행동이 관찰되었다.

4세경이 되면 유아는 주변 환경의 인쇄 글자를 읽기 시작하고, 이름과 같은 인쇄 글자의 그래픽 신호에 흥미를 갖게 된다. 5세 유아는 흔히 몇 가지는 읽을 수 있고, 읽기 과제를 논의하고 성취하는 방법을 학습한다. 그리고 이러한 모든 능력은 이후 유아의 읽기학습에서의 성공에 공헌한다.

이영자와 이종숙(1990b)의 연구에서는 유아의 구어적 읽기와 문어적 읽기를 구분하는 조건으로 휴지, 억양, 개인의 습관어 사용, 문법적 구조, 문장의 복잡도, 어순, 탈상황화 정도와 같은 다양한 준거를 제시하고 있다. 그중에서도 탈상황화 정도가 구어와 문어를 구별해 주는 중요한 준거가 된다고 볼 수 있다.

탈상황화는 유아가 어느 정도 시간적 · 공간적으로 현재와 여기로부터 떠나서 가정된 상황하에서 적절히 표현할 수 있는가를 뜻한다. 예를 들어, 이야기나 어떤 사건을 설명할 때 그 자리에 없었던 제3자에게는 그것을 같이 보고 들은 사람과는 다른 표현으로 전달해야만 제3자가 더 잘 이해할 수 있는데, 탈상황화 언어는 이러한 제3자를 위한 표현이다. 문어는 대개 그 자리에 동참하지 않은 사람들에게 시간과 공간을 초월하여 의사소통하기 위하여 많이 사용되므로 탈상황화 언어가 많이 나타난다. 유아가 이러한 문어의 특성을 이해하는지를 알아보기 위하여 구어와 문어의 구별능력의 하나로 탈상황화 정도를 준거로 삼을 수 있다.

'누가'와 '무엇을'에 대한 말은 3세에도 잘 나타나고, '어디서'와 '어떻게'의 언급은 4세 이후 제대로 나타나며, '언제' '왜'에 대한 언급은 5세에나 나타난다.

Morrow(1990)에 의하면 유아가 책 읽기활동에 많이 참여하면 점차 이야기 구조 개념이 발달하여 문어 이야기 회상에서 이야기 구조가 보다 잘 형성된 문어 이야기를 제시한다. 4~6세 유아가 구성하거나 회상한 문어 이야기 속에는 대개 '배경' '도입' '결과'가 포함된다고 보고된다. 또한 초등학교 유아는 '반응'과 '시도' 그리고 '종결'이 모두 포함된 문어 이야기를 구성하거나 회상한다고 보고되고 있다.

4) 쓰기 발달

초기 쓰기는 초기 문해의 한 영역으로 흔히 외현적 쓰기의 형태로 설명된다(Sulzby, 1990). 많은 유아교육자가 유아의 초기 쓰기 행동에 관심을 가지고 연구하였으며 유아는 일련의 기초 쓰기과정을 거쳐 관례적 쓰기에 이르게 된다고 보고하

였다. 쓰기에는 철자를 관례적으로 쓰는 것뿐만 아니라 문어적이고 가상적 이야기 구성에도 포함되며, 유아기에 발달과정을 거쳐 단순 이야기 구조를 갖추게 된다.

(1) 쓰기 발달단계

쓰기 발달은 단순히 긋는 자국으로 표시된 신호로 시작하여 상징화된 자국과 긁적거리기로 대치되고, 마지막에는 누구나 알아볼 수 있는 약정된 상징단계에 이른다. Hildreth(1936)는 3세에서 6세 사이의 이름 쓰기 샘플을 통해 초보 쓰기를 다음과 같이 단계적으로 구분하였다.

- 제1단계: 목적 없이 긁적거린다.
- 제2단계: 긁적거리기에서 지그재그 모양으로 비교적 규칙적으로 나타난다.
- 제3단계: 간단한 형태의 문자는 알아볼 수 있을 정도로 모방하여 쓰나, 대부분은 알아보기 어렵다.
- 제4단계: 알파벳 글자를 빼놓고 쓰기도 하고 반복하여 쓰기도 한다. 이 단계에서 쓰는 이름은 실제의 이름과 많은 차이가 나타난다.
- 제5단계: 이름을 비교적 정확하게 쓰나 때로는 글자를 거꾸로 쓰기도 한다. 이 단계에서는 쓰는 행동에 즐거움을 느낀다.
- 제6단계: 때로는 글자를 거꾸로 쓸 때가 있으나 제5단계에 비해 각 글자를 쓴 것이 보다 규칙적이다.
- 제7단계: 이름을 쓰는 속도가 매우 빠르다. 성인이 쓴 것처럼 능숙하게 잘 쓰며, 이 단계에 이르면 자신의 이름을 완전하게 쓴다.

▶▶▶ [그림 7-1] 만 3세 유아의 첫 이름 쓰기

Sulzby(1990)는 유아가 관례적 쓰기를 할 수 있기까지 정해진 위계적 순서를 거치는 것은 아니나, 유아의 쓰기는 '긁적거리기' '그림 · 글자 모양의 글자줄' '발명적 철자' '관례적 철자'의 순으로 발달한다고 주장한다.

(2) 유아기 쓰기 발달

Schickedanz(1999)는 사례연구에서 나타난 유아기 쓰기 발달을 다음과 같이 제시하였다.

- 32~42개월: 자신의 이름이 어떤 글자로 구성되는지 말로는 알고 있으나 쓸 수는 없다. 단어 쓰기에서의 시각적 창조 전략이 사용되어 유사 글자가 나타난다.
- 3세 6개월~4세 6개월: 단어처럼 보이게 하는 것으로 단어를 구성하지는 못한다는 것을 발견하기 시작한다. 이 시기 처음에는 "이 단어가 무슨 단어지?" 하고 묻기 시작하다가 질문의 방향을 바꾸어 "이게 단어야?" 하고 묻는다. 때로는 "'사랑하는 엄마에게'라고 어떻게 쓰지?" 하고 묻고는 편지의 내용은 그림으로 그리는 현상도 나타난다. 이 시기 말쯤에는 실제 단어를 쓰기 시작한다(글자 형태가 나타남).
- 5세 6개월: 단어를 말할 때 소리 나는 대로 쓰면 단어의 철자가 된다고 생각한다. 어떤 단어가 자신이 쓴 것과 다른 사람이 쓴 것이 다르다는 것을 알아차리기 시작하고, 단어를 쓰는 것은 아주 어려운 것이라는 생각을 갖게 된다. 그리하여 한동안 쓰지 않는 현상이 생긴다.
- 6세~6세 6개월: 철자 속에 소리가 나지 않는 묵음이 있다는 것을 알고 발견한다. 철자를 바르게 쓸 수 없기 때문에 쓰기 싫어하는 현상이 나타난다.
- 6세 6개월: 관례적인 철자 표기가 나타난다.

우리나라 유아를 대상으로 한 이영자와 이종숙(1985)의 연구에서는 유아의 쓰기 발달이 '긁적거리기 단계' '한두 개의 자형이 우연히 나타나는 단계' '자형이 의도적으로 한두 개 나타나는 단계' '글자의 형태가 나타나고 가끔 자모음의 방향이 틀리는 단계' '단어 쓰기 단계(부분적으로 틀린 단계, 틀린 글자 없이 완전한 단계)'로 진전됨이 밝혀졌다. 쓰기 진전에 따라 사용한 유아의 쓰기 행동 전략은 Schickedanz(1993)가 제시한 쓰기 전략과 유사하다.

쓰기에 나타난 유아의 행동 특성 몇 가지를 들어 보면 다음과 같다.

긁적거리기의 가로선이 나타난 다음, 실제 자형은 나타나지 않으나 글자가 하나씩 떨어져 있다는 것을 의식하여 가로선이 따로따로 떨어진 긁적거리기를 반복하는 행동과 자그마한 네모 칸이 쳐 있는 종이를 골라 칸칸이 점을 찍거나 긁적거리는 행동을 하는 유아도 있었다. 긁적거리기 단계의 유아는 대부분 연필 쥐기가 똑바르지 않았으나 이 단계에서도 바르게 연필 쥐기를 하는 유아들을 볼 수 있었다.

글자 쓰기 단계(단어 쓰기)에 있는 유아들은 쓰면서 자신이 쓰려고 하는 글자를 어떻게 쓰는지 잘 모를 때, 옆에 있는 성인에게 그 글자를 어떻게 쓰는지 물어 성인이 다른 종이에 써 준 것을 그대로 베껴 쓰는 행동이 나타났다. 이름을 쓸 경우, 좌우 방향을 제대로 썼다가 다시 거꾸로 쓰는 현상도 나타나며, 이때 유아에게 "이게 무슨 글자니?" 하고 물어보면 글자를 들여다보면서도 바로 쓴 글자와의 시각적 차이를 인식하지 못했다. 또한 '이'를 '10'으로 썼을 때 다른 사람이 "십." 하고 읽으면

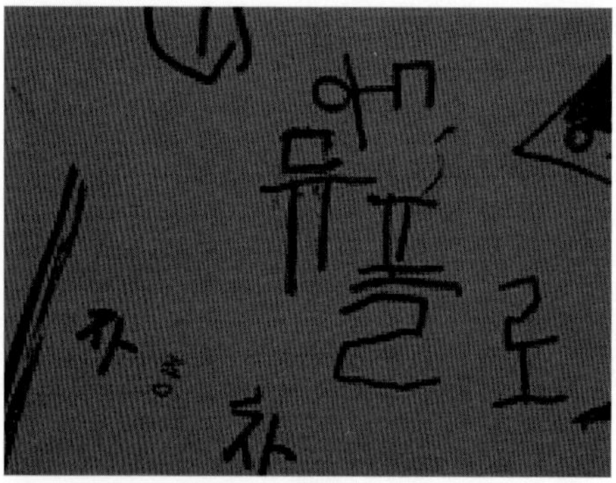
▲ '자동차'의 '동'자를 쓸 때 공간을 이동하여 씀

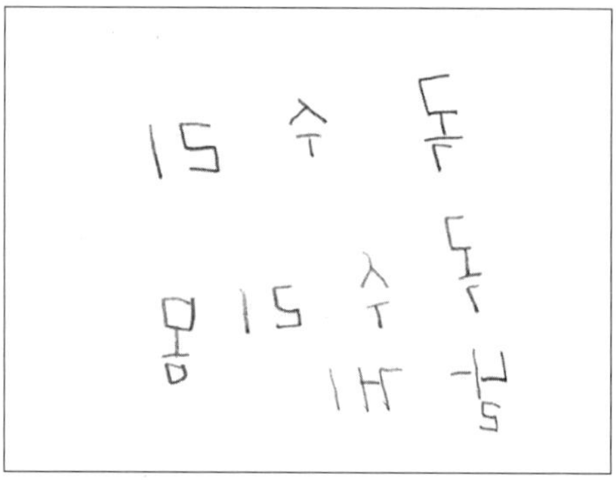
▲ 방향이 틀린 글자/발명적 철자 쓰기

▲ '사람'이라는 글자를 공간을 이동하며 씀

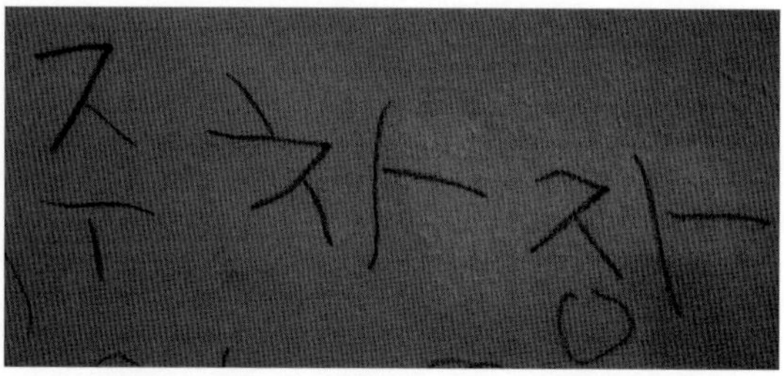

▲ 관례적 철자법에 의한 단어 쓰기

▶▶▶ [그림 7-2] 5단계: 글자 쓰기 단계

"아니야, 이." 하고 정정하여 말해 주면서도 쓴 글자의 좌우 방향이 틀린 것에 대해서는 인식하지 못했다.

글자의 좌우 방향뿐만 아니라 글을 쓸 때 내용을 전달하려면 왼쪽에서 오른쪽으로 써야 한다는 인식이 없는 경우도 많았다. 그리고 초기 쓰기 단계에서는 종이를 마음대로 회전시키며 쓰는 현상도 나타났다.

문장 쓰기 단계에서는 말하면서 쓰는 유아들이 많았으며, 소리 나는 대로 글자를 써서 철자를 틀리게 쓰는 경우도 나타났다(예: 달님 → 달림, 곰돌이 → 곰도리). 또한 모르는 글자는 빼먹고 쓰거나 그 글자를 어떻게 쓰는지 써 달라고 표현하는 경우도 있었고, 받침을 어떻게 쓰는지 묻는 경우도 있었다. 그리고 쓰면서 또는 쓴 것을 읽으면서 잘못 쓴 글자를 수정하는 현상도 나타났다. 문장 쓰기 단계 초기에는 띄어쓰기가 나타나지 않았지만 구두점을 찍는 것을 볼 수 있었다.

3세 말이나 4세가 되면 긁적거리기, 그림, 글자줄 등이 자주 나타나며 음운 인식이나 발명적 철자도 간혹 나타난다(Sulzby, 1990).

Clay(1977)에 의하면 3세에서 5세 사이의 대부분의 유아는 사람들이 종이에 목적을 가지고 표시한다는 것을 인식하게 되고, 쓰는 것을 모방하게 된다. Clay는 유아가 이 모방과정에서 긁적거리기 단계의 글씨와 유사 글자를 보인다고 관찰 · 보고하고 있다. Lavine(1977)의 연구에 의하면 유아의 긁적거리기, 글자를 변별하는 능력, 활자의 특수 형태 변별능력은 3세에서 6세 6개월 사이에 증진된다.

유아가 실제 글자를 쓰는 초기 단계에서는 알파벳 글자 이름과 소리의 일치점을 찾아 자신이 들을 때 가까운 것을 사용한다. 따라서 철자법이 미숙하게 나타난다. 그러다 초기의 음운적 철자법 단계에서 읽기 자료의 쓰기 경험을 통해 철자법에 대한 분명한 인식이 생기게 된다(Moffett, 1983).

3세 유아의 경우, 긁적거리기가 나타나면 가로선이 나타나는 쓰기를 가장 많이 보이나, 쓰기 발달 정도가 아주 다양하여 쓰기 발달의 개인차가 심하다. 4세의 경우, 긁적거리기는 거의 나타나지 않고 단어 쓰기가 가장 많이 나타난다. 5세와 6세에는 단어 쓰기 이상의 발달 수준을 보이며, 6세에 이르면 문장 형태의 쓰기가 많이 나타난다.

▲ 부분적으로 발명적 철자가 나타남

▲ 마침표가 나타나지 않은 문장 쓰기

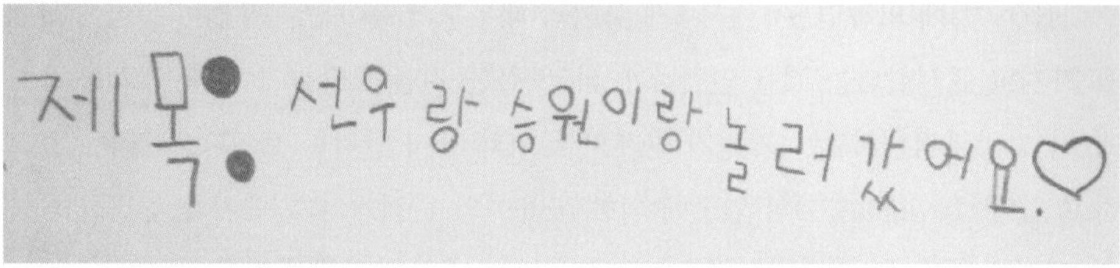

▲ 마침표가 나타난 문장 쓰기

▶▶▶ [그림 7-3] 6단계: 문장 쓰기 단계

2. 유아기 인지 발달

1) Piaget의 전조작기 유아 인지 발달

Piaget의 인지발달이론에 따르면 성인과 아동은 지식의 양에서 차이가 있는 것이 아니라, 지식을 얻는 방식에서 질적인 차이가 있다. 지적 발달은 서로 다른 구조이면서 점차 안정적 적응구조로 이루어지는 네 개의 단계를 거쳐 이루어진다. 네 개의 단계는 감각운동기(0~2세), 전조작기(2~7세), 구체적 조작기(7~11세) 그리고 형식적 조작기(11세 이후)다.

각 단계에 도달하는 연령은 개인에 따라 다를 수 있지만, 개인이 일생을 통해서 발달해 가는 발달단계의 순서는 일정하다. 이 단계들의 순서가 일정하다고 해서 단계가 유전적으로 결정되어 해당 나이가 되면 저절로 나타나는 것은 아니다. 아동이 계속해서 환경을 탐색하고 저장하는 과정에서 아동은 환경에 더 잘 적응하기 위해 새롭고 더 정교한 구조들을 능동적으로 구성해 간다. 그러므로 개인에 따라서는 마지막 단계인 형식적 조작기에 도달하지 못할 수도 있다.

Piaget는 조작(operation)을 내면화된 가역적 정신활동이라고 했다. 이 조작은 출생 때부터 가능하지 않고 일생 동안 네 단계를 거쳐 점차로 구성되고 확장되는 것이다. 이 시기는 유아의 사고가 신체적인 행동도식을 이용하던 감각운동기에서 정신적인 능력의 추리가 가능한 조작기로 넘어가는 중간 시기다. 유아는 언어와 같은 도식을 갖게 되면서 자신의 주변에서 일어나는 일들에 대해 사고할 수 있게 된다. 그러나 그 사고가 가역적이지 못하기 때문에 전조작기(preoperational period)라고 하며, 연령상으로는 2~7세에 해당한다. 전조작기 유아의 사고의 특징은 상징적 사고의 출현, 자아중심적 사고, 물활론적 사고, 직관적 사고 등으로 나타난다. 유아기에 해당하는 전조작기 유아의 인지 발달 특성을 살펴보면 다음과 같다.

(1) 상징적 사고의 출현

이 시기의 특징은 상징적 사고(symbolic thinking)의 출현이다. 영아는 더 이상 자신의 행동이나 감각에 의존하지 않고, 대신 획득한 행동도식이 내적으로 표상됨에 따라 표상, 지연 모방, 상징놀이와 같은 정신능력이 발달한다. 이러한 능력들은 유아의 어휘가 확장되고 상상력이 풍부해지면서 더욱 발달한다.

상징의 사용은 문제해결의 속도를 증가시키고, 시행착오를 감소시키면서 '지금 여기'의 한계에서 벗어나 정신적으로 과거와 미래를 왔다 갔다 할 수 있게 한다. 상징적 사고의 발달은 가상놀이를 통해 살펴볼 수 있다. 가상놀이는 가상적인 사물이나 상황을 실제 사물이나 상황으로 상징화하는 놀이다. 예를 들어, 2세경에 이르면 유아는 실제 물건이 없어도 블록을 전화 수신기로 이용하고, 막대기를 칼로 상상하는 것과 같은 가상놀이를 할 수 있다. 3세경이 되면 실제 사물의 지원 없어도 대상물이나 사건을 가장할 수 있다. 이러한 가상놀이는 점점 빈번해지고, 연령이 증가하면서 점점 복잡해진다.

(2) 자아중심적 사고

자아중심성(egocentrism)은 유아가 우주의 모든 현상을 자기중심적으로 생각하는 것이다. 그래서 유아는 타인도 자신과 동일한 방식으로 지각한다고 생각한다. 자신이 느끼는 것을 다른 사람도 느끼며, 자신이 알고 있는 것을 다른 사람도 알고 있다고 생각하는 것이다. 그래서 숨바꼭질 놀이를 할 때 자신이 술래를 볼 수 없기 때문에 술래도 자신을 보지 못한다고 생각하여 몸은 드러내고 얼굴만 가린 채 숨었다고 생각한다.

이러한 자아중심적 사고는 유아가 이기적이거나 타인의 입장을 배려하지 않은 것이 아니라, 단지 타인의 관점을 이해하지 못하기 때문에 생기는 것이다. Piaget와 Inhelder(1971)의 '세 개의 산 실험(three mountain experiment)'은 유아들의 자아중심성을 잘 표현해 주고 있다. [그림 7-4]에서와 같이 세 개의 산 모형이 있는 책상의 좌석 A에 4세 유아를 앉히고 좌석 D에 인형을 앉힌 후, 유아에게 "만일 네가 인

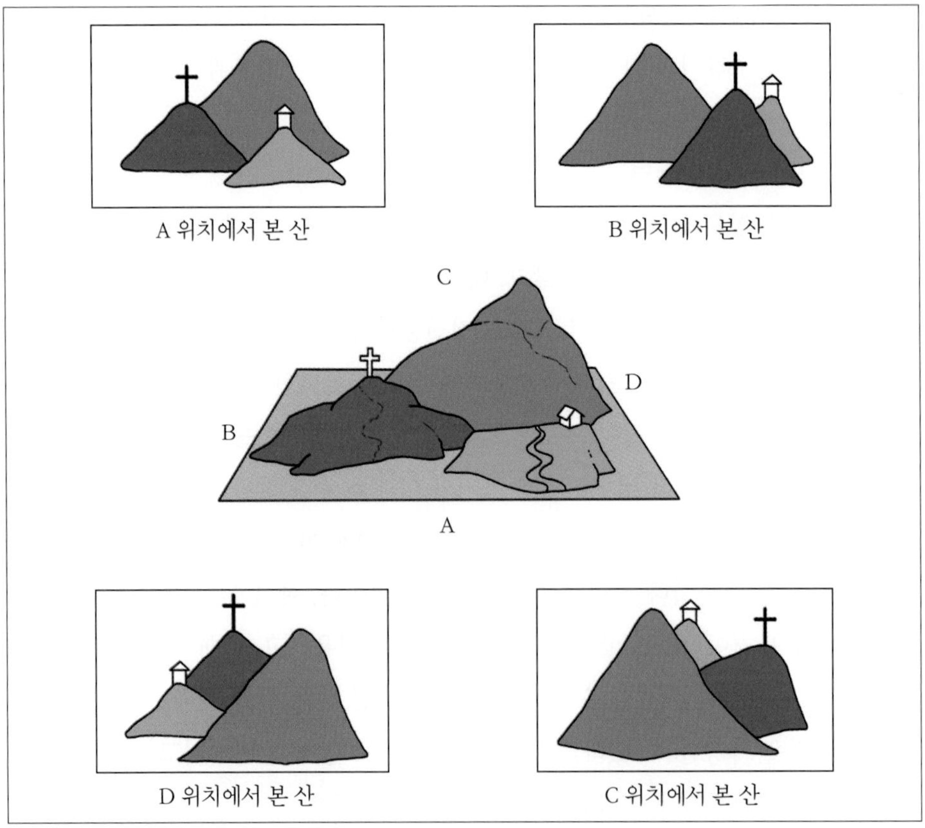

▶▶▶ [그림 7-4] Piaget의 세 개의 산 실험

형이 있는 자리에서 산을 보면 산이 어떻게 보일까?"라고 물었을 때, 대부분의 유아는 조망 D를 선택하지 못하고 조망 A를 선택한다.

이처럼 Piaget는 세 개의 산 실험을 통해 전조작기 유아는 다른 위치에서 보이는 조망이 자신의 위치에서 보이는 조망과 동일할 것으로 생각함으로써 자신의 위치에서만 사물을 이해할 뿐 타인의 위치에서 보이는 사물의 모습은 추론하지 못하는 사고의 한계를 지님을 보여 주고 있다. Piaget에 의하면 이런 결과는 유아가 다른 사람들이 그들 나름의 관점을 갖고 있다는 사실을 알지 못하기 때문에 타인의 입장에 자신을 놓을 수 없어서 일어나는 것이다.

(3) 물활론적 사고

물활론(animism)은 무생물이 살아 있고 우리처럼 감정이나 의도를 가지고 있다고 생각하는 것으로, 어떤 의미에서는 자기중심성의 특별한 형태라고 할 수 있다. 예를 들어, 물활론적 사고는 유아기 초기에 현저한 특성으로, 4~6세의 유아는 활동하는 모든 대상물을 살아 있다고 여기지만, 6~8세의 아동은 움직이는 것에만 생명을 부여하며, 곧 스스로 움직이는 대상물만을 살아 있다고 생각한다. 8세가 지나면 아동은 생물과 무생물을 완전히 구별할 수 있다.

(4) 직관적 사고

전조작기 유아는 상징적 표상에 의한 사고가 가능하나 조작능력이 부족하여 자신들이 보고 들은 것에 의해서만 사고한다. 이러한 사고의 방식을 직관적 사고(intuitive thinking)라고 한다. 이는 보존 개념과 유목화 능력의 부족으로 생긴다. 직관적 사고의 특성은 다음과 같다.

① 보존 개념의 결여

보존(conservation)이란 사물의 외형이 변한다고 할지라도 그것의 속성은 변하지 않는다는 것을 이해하는 능력이다. Piaget에 의하면 전조작기 아동들은 하나의 특성에 초점을 맞추는 중심화 경향 때문에 보존의 개념이 획득되지 않는다.

이 시기에는 아직 논리적인 판단을 하지 못하고 지각을 근거로 직관적인 판단을 한다. 가장 유명한 예는 Piaget의 양의 보존 개념에 관한 실험이다. 유아가 보는 앞에서 두 개의 동일한 컵에 동일한 양의 주스를 부은 후, 두 컵의 주스가 동일한 양

이라는 것을 확인하게 한다. 그리고 유아가 보는 앞에서 그중 하나를 지름이 더 넓고 컵의 높이가 낮은 컵에 옮겨 붓는다. 그다음 처음에 담은 컵의 주스와 옮겨 담은 컵의 주스 중 어느 컵의 주스가 더 많은지, 같은지, 혹은 적은지를 물어본다. 4~5세 된 유아는 대개 모양이 다른 컵에 주스를 옮겨 부으면 주스의 양이 적어지거나 많아진다고 믿는다. 즉, 이들은 컵의 모양이 다르지만 주스의 양이 같다는 것을 알지 못한다. 이 시기의 유아는 양에 대한 보존 개념이 형성되지 않기 때문에 컵의 높낮이에만 관심을 두고 판단을 하기 때문이다([그림 7-5 참조]).

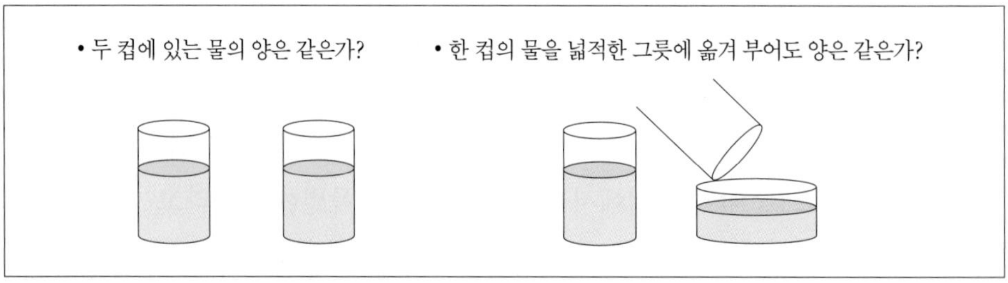

▶▶▶ [그림 7-5] 양의 보존에 관한 실험

수, 길이, 무게, 부피 등의 보존 개념에 대한 실험에서도 이와 유사한 결과가 나타난다. Piaget와 Inhelder(1971)는 실험을 통해 어떻게 유아들이 보존 개념을 획득하는지 살펴보았다. 예를 들어, 유아에게 동일한 양의 진흙으로 만들어진 두 개의 진흙 공을 보여 주었을 때 똑같다고 대답을 하면, 그중 하나의 진흙 공을 길게 만들어서 보여 준다. 그다음 마찬가지로 어느 쪽이 많은지 질문했을 때 연령에 따라 유아들의 반응은 달랐다. 4~5세의 유아들은 길게 만든 것의 양이 더 많다고 대답하였다. 이들은 길이의 차원에만 초점을 맞추었기 때문에 가늘게 만들어진 것을 이해하지 못하고, 다시 진흙 공으로 될 수 있다는 것을 이해하지 못했기 때문이다. 반면, 5~6세 유아들은 길이가 짧으면 진흙 양이 같다고 이야기하고, 길면 진흙 양이

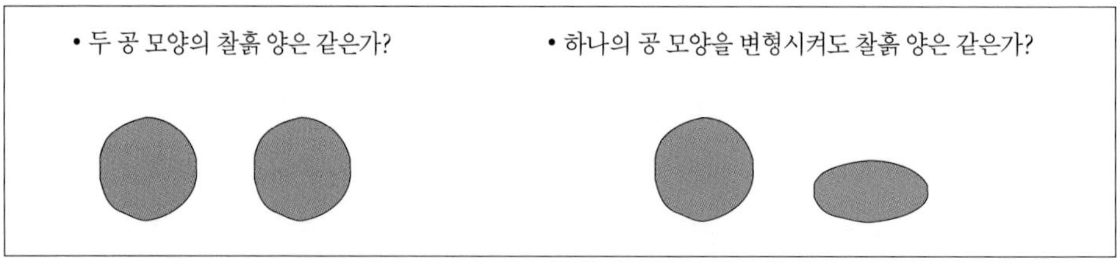

▶▶▶ [그림 7-6] 진흙 양에 대한 비교실험

더 많다고 이야기했다. 이 반응은 이 시기의 유아는 사물의 외형에 의해 아직도 강하게 영향을 받지만 양의 변화가 일어나지 않을 수 있다고 생각하기 시작한다는 것을 보여 준다. 반면, 6~7세의 유아들은 아무리 길게 빚어 놓아도 진흙의 양은 동일하며, 이것은 진흙 공으로 다시 가역될 수 있다는 것을 이해한다([그림 7-6] 참조).

② 불완전한 유목화 능력

유목포함(class inclusion)은 상위 유목과 하위 유목 간의 관계, 즉 전체와 부분의 관계를 이해하는 능력으로, Piaget는 7세 이전의 유아는 분류나 범주에 대한 이해가 불완전하다고 검증하였다. 유아에게 열 송이의 빨간 장미와 다섯 송이의 노란 장미를 보여 주고, "빨간 장미가 더 많니? 장미가 더 많니?"라고 질문하면 유아는 빨간 장미가 더 많다고 대답한다. 이때 유아는 빨간 장미와 노란 장미가 모두 장미라는 상위 유목에 포함된다는 사실을 이해하지 못하고, 장미꽃의 색이라는 지각된 특성에만 주의를 집중한다. 이 시기의 유아는 전체와 부분의 논리적인 관계를 이해하지 못하기 때문이다.

앞서 언급한 내용과 더불어 이 시기 유아의 사고 특징을 요약하면 다음과 같다.

- 상징적 활동이 많아진다. 막대기를 인형이라고 생각할 수 있고, 총이라고 생각하고 놀이를 할 수도 있다.
- 자아중심적(egocentric)이다. 다른 상황에 있는 사람도 자기와 똑같이 보고 느끼고 생각한다고 믿는다.

빨간 장미

노란 장미

▶▶▶ [그림 7-7] 유목포함 조작실험

- 물활론적 사고를 한다. 생물과 무생물을 구별하는 기준이 성인과 달라서 움직이는 것은 모두 생명이 있다고 믿는다.
- 직관적인 판단을 한다. 앞의 양의 보존 실험에서와 같이 눈에 보이는 대로 판단하고 추리하여 정확한 판단을 하지 못한다.
- 4세 무렵에는 꿈을 현실로 여긴다. 차차 나이가 들면서 꿈과 현실을 구별할 수 있게 되지만, 이 시기의 유아는 꿈이 다른 사람에게도 보이며 창이나 하늘에서 들어온 것이라고 생각한다.
- 도덕적 판단이 사실적이다(moral realism). 이 단계의 아동은 규칙은 지키지 않으면 벌을 받기 때문에 꼭 지켜야 한다고 생각한다. 또한 규칙은 권위적인 인물(부모)이 요구하기 때문에 복종해야 한다고 믿는다. 즉, 타율적인 도덕성이다. 과실의 정도를 판단하게 하면 행위의 의도를 고려하지 않고 행위의 결과를 근거로 하여 판단한다.

Piaget는 이러한 특징들이 모두 가역적인 사고활동, 즉 조작이 불가능하기 때문에 나타나는 현상이라고 하였다.

3. 교육적 적용

1) 유아기 언어 발달을 촉진하는 교육의 역할

유아기 언어 발달을 촉진하는 교육의 역할을 살펴보면 다음과 같다.

첫째, 교사와 부모는 유아가 모국어를 모방하는 가장 가까운 통로다. 부모와 교사는 항상 정확한 발음을 해야 하며, 언어표현에 주의를 기울여야 한다.

둘째, 유아교육기관에서는 언어의 네 가지 영역인 듣기, 말하기, 읽기, 쓰기가 모두 포함되도록 교육활동을 계획하여야 한다.

셋째, 유아는 실수에 대한 두려움 없이 자신의 생각이나 느낌을 거침없이 표현할 수 있는 환경에서 언어 발달이 촉진된다. 유아의 문자언어 활동 중에 유아의 읽기나 쓰기가 표준철자의 측면에서 틀리더라도 격려하여야 한다. 유아의 문해는 발달해 가고 있는 과정에서 오류를 잠시 보이는 것이며 실수에 대한 교정을 자주 받

으면 망설임 없이 읽고 쓰는 행위에 부담을 느끼게 되어 문해활동에 흥미를 보이지 않기도 한다.

넷째, 영유아 시기에 모국어의 문장과 어휘를 배울 수 있는 가장 좋은 기회는 성인들이 이야기를 들려주는 것이다. 특히 휴식을 취하는 저녁시간에 부모는 영유아에게 이야기를 들려주고 그림책을 보여 주며 그 시간을 즐겁게 보낼 수 있도록 하는 것이 좋다.

2) 유아기 인지 발달을 촉진하는 교육의 역할

유아기 인지 발달을 촉진하는 교육의 역할을 살펴보면 다음과 같다.

유아의 경우에는 Piaget가 말한 전조작기에 해당하는 시기이기 때문에, 이 시기 유아의 사고 특성을 충분히 활용할 수 있는 활동을 통해 유아의 상상력과 사고력을 충분히 발달시켜야 한다.

첫째, 유아 스스로 문제를 해결할 수 있는 기회를 제공해야 한다. 스스로 인지구조를 구성해 갈 수 있도록 발견의 기회를 주는 탐색적 환경을 제공하는 것이 성인의 역할이다. 유아의 발달 수준을 고려하고, 유아의 질문에 성실하게 답해 주며, 놀이를 할 수 있도록 적절한 환경을 제공해 주어야 한다. 또한 부모와 함께 다양한 생활환경(예: 백화점이나 시장, 박물관, 미술관, 동물원, 식물원 등)을 경험하는 것도 유아의 인지 발달에 큰 영향을 미친다.

둘째, 이 시기 유아는 놀이를 통해 많은 것을 배운다. 따라서 유아가 충분히 놀 수 있는 놀이환경을 제공해 주는 것이 중요하다. 유아에게는 내적인 호기심과 탐색의 열의를 인정해 주고 지지하는 인물이 필요하며, 놀이를 위한 장소와 탐험을 위한 충분한 시간도 필요하다.

셋째, 놀이 소재를 다양하게 제공해야 한다. 유아기의 상상력 발달에 도움을 줄 수 있는 원천은 부모가 읽어 주는 이야기가 될 수 있다. 부모나 주 양육자는 유아에게 책을 많이 읽어 주어야 하며, 또한 자유로운 놀이를 자극하는 장난감, 예를 들면 진흙, 블록, 소꿉놀이 등 구조화되어 있지 않은 장난감을 제공해 줄 필요가 있다. 구조화되어 있지 않은 장난감은 그것을 다루는 유아 자신의 능력에 따라 다양하고 창의적인 모습으로 변화가 가능하다.

토의 및 연구 문제

1. 이영자와 이종숙(1985)의 연구에서 제시한 준거에 따라 유아의 읽기 발달 사례를 하위 단계별로 제시해 보시오.
2. 이영자와 이종숙(1985)의 연구에서 제시한 준거에 따라 유아의 쓰기 발달 사례를 하위 단계별로 제시해 보시오.
3. Piaget 이론에 따른 전조작기 유아의 특징 중 자아중심성의 특성을 사례에 따라 설명해 보시오.
4. 언어 발달을 촉진하기 위한 유아교육기관의 역할을 논의해 보시오.

8장 유아기 정서 및 사회성 발달

1. 유아기 정서지능 발달

정서(emotion)의 어원을 살펴보면, 라틴어인 'emovere'에서 유래되었다. 접두어인 'e'는 'out'의 의미로 '~로부터'라는 뜻을 나타내고, 'movere'는 오늘날 '움직인다'를 뜻하는 'move'를 의미한다. 즉, 정서는 어원상 '움직여 나간다'라는 의미다. 따라서 정서는 인간이 그가 처한 환경이나 분위기 또는 주변 사람과의 관계와 같은 요인으로 인해 자연스럽고 당연하게 움직이는 개인의 마음상태라고 해석할 수 있다(김상림 외, 2014).

학문적 관점에서 정서는 인간의 내적·외적 사건에 의해 발생하는 다양한 요소를 포함한 일련의 행동으로 정의된다. 첫째, 호흡의 변화 또는 심장박동이나 혈압의 증가와 같은 생리적 요소의 변화, 둘째, 웃거나 우는 것, 입을 앙다물고 찡그리는 것, 주먹을 질끈 쥐고 눈을 감는 것 등의 표현적 요소, 셋째, 개인의 주관적 해석과 인지적 판단에 따라 달라지는 경험적 요소를 포함한다. 이러한 관점에서 보면 정서는 사건을 지각하여 생긴 신체적 변화와 이에 대한 지각을 의미하며, 선천적·생래적 정서 반응뿐만 아니라 이전의 경험에 비추어 학습되고 강화되는 정서행동 모두를 포함한다.

정서지능(emotional intelligence) 혹은 감성지능은 일반지능(intelligence)에 대

비되는 말로서 감정과 느낌을 통제하고 조정할 줄 아는 능력을 말한다. 이 용어는 1990년 미국의 뉴햄프셔 대학교의 Mayer 교수와 예일 대학교의 Salovey 교수가 처음으로 사용하였다. 이들은 정서지능을 "자신과 타인의 정서를 평가하고 표현할 줄 아는 능력, 자신과 타인의 정서를 효과적으로 조절하는 능력, 그리고 자신의 삶을 계획하고 성취하기 위해 정서를 활용하는 능력"이라고 정의하였다.

Mayer와 Salovey(1990)는 정서지능의 구성 요소를 네 가지 영역으로 나누어 보다 구체적으로 설명하고 있다.

- 자신과 타인의 정서를 평가하고 표현하는 능력: 자신과 타인의 정서를 인식하고 표현할 수 있는 능력으로, 가장 낮은 수준의 정서지능
- 정서에 의한 사고 촉진능력: 정서가 사고에 영향을 미치고 사고를 촉진하는 능력
- 정서의 이해와 분석 능력: 정서를 이해하고 정서가 전달하는 의미를 해석할 수 있으며 활용할 수 있는 능력
- 정서의 조절능력: 자신과 타인의 정서를 인지하고, 분석한 것을 통제하고 조절할 수 있는 능력으로 가장 높은 수준의 정서지능

Goleman(1995)은 Mayer와 Salovey의 4영역을 〈표 8-1〉과 같이 다섯 가지 구성

〈표 8-1〉 정서지능의 구성 요소

구성 요소	내용
자신의 정서를 인식하는 능력 (자기인식, self-awareness)	자신이 느끼는 감정을 재빨리 인식하고 알아차리는 능력으로, 정서지능의 초석이 된다.
자신의 정서를 조절할 줄 아는 능력 (자기조절, self-management)	인식된 자신의 감정을 적절하게 처리하고 변화시킬 수 있는 능력이다.
자기동기화(self-motivating)	어려움을 참아 내어 자신의 성취를 위해 노력할 수 있는 능력이다. 예를 들어, 만족지연과 낙관성 등을 말한다.
타인의 정서를 인식하는 능력 (감정이입, empathy)	타인이 느끼는 감정을 자신의 것처럼 느끼고, 타인의 감정을 읽어 내는 능력이다.
다른 사람과 원만한 인간관계를 유지하는 능력 (대인관계 기술, social skill)	인식한 타인의 감정에 적절하게 대처할 수 있는 능력을 말하며, 적절한 정서표현력을 말한다.

요소로 정리하였다. 앞의 세 가지 요인이 개인 자신의 정서적 발달을 묘사한다면, 뒤의 두 가지 요인은 타인과의 관계로 확장된 정서적 발달을 의미한다.

유아기 초기에는 자신의 내부 상태에 따라 감정상태가 결정되다가 점차 성장하면서 정서가 분화되기 시작한다. 자율성이 발달하면서 사랑, 분노, 공포, 좌절감 등의 여러 가지 감정을 느끼고 이를 표현하며, 충동과 사회적 요구 간의 균형을 유지할 수 있는 방법을 습득하게 된다. 이 시기에는 호기심이 많이 발달하는데, 이를 제지할 경우 죄책감이 형성되고 특정 대상이나 상황에 대한 공포감으로 발전되는 경향이 있다.

1) 정서의 표현

신생아는 미분화된 흥분상태의 정서를 가지고 출생한다. 생후 2개월이 되면 정서는 쾌와 불쾌로 분화하여 2세경까지 생존을 위해 필요한 기쁨, 슬픔, 흥미, 분노, 놀람, 혐오 등의 정서가 모든 문화권의 정상 영아에게서 나타난다. 이를 기본 정서 또는 일차 정서라고 한다. 생후 24개월경부터는 당황, 수치, 부러움, 질투, 자부심, 자아인식, 자기행동 평가 등의 다양한 이차 정서가 나타나게 된다.

유아기의 정서는 영아기 정서와 별 차이가 없으며, 2세 이전에 분화된 정서가 그대로 유지된다. 걸음마기와 취학 전 유아는 정서가 한 번에 한 가지만 발생한다. 그래서 유아가 화를 내면 정말로 화가 난 것이고, 즐거울 때는 정말로 즐거운 것이다(Harter, 1998). 5~6세 유아는 같은 정서군에서 비롯된 감정은 한 번에 한 가지 이상을 느낄 수 있다. 따라서 생일파티에 가는 것은 행복하면서도 흥분을 느끼게 한다고 말할 수 있다(Wintre & Vallance, 1994).

유아기가 되면 유아는 정서표현에 대해 많은 것을 이해하게 된다. 즉, 정서를 표현하는 단어를 사용하거나 이해하는 능력이 급속도로 증가하는데, 부정적 정서보다 긍정적 정서를 더 쉽게 이해한다. 6세가 되면 더 복잡한 정서 개념도 이해한다. 하지만 유아는 사람들이 진짜로 느끼는 정서와 표현하는 정서를 잘 구별하지 못한다.

(1) 기쁨

기쁨은 인간이 생애 초기부터 느낄 수 있는 기본 정서 중의 하나다. 기쁨은 주로 미소나 웃음과 같은 얼굴 표정이나 깡충깡충 뛰기나 박수 치기와 같은 행동으로 표

현된다. 유아기가 되어 언어가 발달함에 따라 유아는 기쁨을 언어로 표현한다. 유아기에는 자아의식이 형성되고 인지능력이 발달하면서 사회적인 인간관계나 사건에 의해 기쁨을 느낀다. 유아는 익살맞은 행동이나 동작을 보면서 신기함에 흥미를 느껴 기뻐하기도 하고, 우스운 표현이나 유머를 이해하게 되면서 기쁨을 느낀다.

기쁨의 정서는 생리적 기능을 원활하게 하여 유아의 정신적 · 신체적 건강을 증진시키는 역할을 한다. 또한 원만한 사회적 관계를 맺고 친사회성을 기르는 데 도움이 된다. 따라서 유아기에 즐거움과 기쁨을 느끼는 경험과 기회를 많이 제공하여 긍정적이고 명랑한 생활태도를 갖도록 한다.

(2) 공포와 불안

인간은 누구나 공포를 느끼며 살고 있고, 어느 시기보다도 어린 시기에 공포를 많이 갖는다. 유아의 발달단계에서 하나 또는 그 이상의 공포를 나타내는 것은 정상적이며 일반적인 일이고, 공포는 가끔 과거의 나쁜 경험에 의해 생긴 것으로 잠재적으로 위험한 상황을 피하도록 경고해 주거나 특별한 주의를 갖게 한다. 그러나 유아가 경험한 무서운 사건이나 위험에 대한 강한 공포 반응은 유아로 하여금 연령에 적합한 정상적인 활동을 회피하게 하기도 하고 성인기까지 지속되게 하기도 한다(김규수, 안영경, 2006).

유아는 어둠이나 큰 소리, 새로운 상황에 대해 공포를 느낀다. 또한 상상력이 발달하여 자신이 직접 경험하지 않는 사건에 대해서도 공포감을 보인다. 일반적으로 불안은 부모와 떨어지거나 낯선 장소에서 느낄 수 있으나, 영아기와는 달리 유아기에는 상상을 통해서 불안을 느낄 수 있다. 동생이 새로 태어났을 때도 엄마의 사랑을 빼앗길까 생각하여 불안감을 느낀다. 분리불안장애는 애착대상과 분리되거나 분리가 예상될 때 반복적으로 심한 고통을 보이는 것이다. 분리불안장애인 유아는 애착대상을 잃거나 그에게 해로운 일이 일어날 거라고 지속적으로 심하게 걱정하며, 분리에 대한 불안 때문에 지속적으로 유치원이나 그 외의 장소에 가기 싫어하거나 거부한다.

(3) 분노

유아가 하고자 하는 일을 못하게 하거나, 어떤 일을 강요하거나, 부모가 관심을 주지 않는 것 등은 분노를 유발하는 요인이 된다. 분노는 떼쓰기, 고집 부리기, 말

안 듣기, 폭발행동 등으로 표출된다.

유아기에는 질투심이 공격성으로 표출되기도 한다. 도구적 공격성은 장난감이나 원하는 물건을 얻기 위해 나타나며, 점차 연령이 증가하면서 신체적 · 언어적으로 타인에게 해를 입히기 위한 적대적 공격성이 많이 나타나게 된다. 정신분석이론에서 공격성은 인간의 본능에 따라 일어나며, 유아 자신의 활동을 방해받는 좌절상황에서 유발된다고 한다. 사회학습이론의 관점에서는 공격성이 모방이나 강화를 통해 학습되며, 그 외에도 소외나 방임되었다는 느낌이 공격성을 유발한다고 한다.

▲ 자신의 요구가 받아들여지지 않자 소리 지르며 떼를 쓰고 있다.

(4) 호기심

호기심은 어떤 사물이나 현상에 관심이 생긴 것으로 자발적인 활동을 하게 되는 원동력이 되어 주체적인 삶을 살아가게 해 준다.

유아기는 주변 사람이나 사물에 대해 호기심이 가장 왕성하게 나타나는 시기이며, 눈에 띄는 것마다 "왜?"라는 질문을 끊임없이 한다. "물고기는 물에서 사는데 숨은 어떻게 쉬나요?" "꿈은 왜 꿔요?" "무지개는 왜 생기는 거예요?" 등 눈에 띄는 것마다 "왜?"라는 질문을 끊임없이 한다.

특히 이 시기에는 성에 대한 호기심이 많아 자신의 생식기에 대해 호기심을 보이며 다른 성과 관련된 것에 관심을 갖는다.

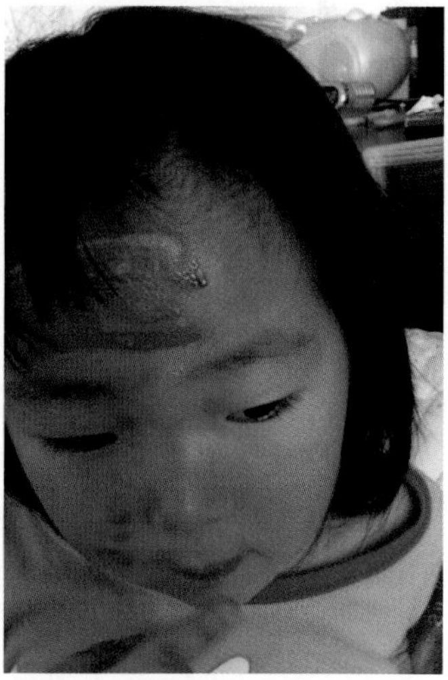
▲ 엄마의 화장품에 호기심을 보이며 얼굴에 발라 보고 있다.

유아는 다양한 상호작용과 생활 속 경험, 놀이 등을 통해 전인적으로 성장하는데, 이를 가능하게 해 주는 것이 호기심이다. 유아는 호기심을 통해 주체적으로 자기 주변 사회를 알아 가고 적응해 간다.

2) 정서적 이해능력

유아의 정서적 이해능력은 빨리 시작된다고 하나 언제부터 이해하기 시작하는지

에 대해 정확하게 알기는 어렵다. 다만, 유아가 성장하고 다른 발달능력이 발달하면서 정서이해 능력도 발달하게 된다(이명조, 2013). 2~3개월 된 영아도 성인의 표정 변화에 정서적 반응을 보인다. 특히 친숙한 양육자의 정서표현에 대해 양육자와 유사한 반응을 보인다. 유아기가 되면 정서표현에 대해 많은 것을 이해하게 된다. 즉, 정서를 표현하는 단어를 사용하거나 이해하는 능력이 급속도로 증가한다. 유아는 슬픔과 같은 부정적 정서보다 행복과 같은 긍정적 정서를 더 쉽게 이해한다.

유아는 사용할 수 있는 정서표현 어휘가 증가하여 자신과 다른 사람의 행동을 표현하는 정서표현 어휘를 능숙하게 사용하기 시작하며, 표상이나 언어, 자아개념 발달과 더불어 정서이해 능력도 발달하게 된다(김이영 외, 2014). 따라서 4~5세경 유아는 친구가 왜 화가 났고 행복하고 슬픈지를 설명할 수 있다. 그러나 그 이유를 욕구, 기분, 동기와 같은 내적 요인보다 외적 요인 때문인 것으로 해석한다. 또한 유아는 사람들이 진짜로 느끼는 정서와 표현하는 정서를 잘 구별하지 못한다. 유아는 행복한 표정과 슬픈 표정을 구별할 수 있지만, 슬픔을 느끼는 사람이 행복한 표정을 짓고 있거나 기쁜 상황에서 기쁜 표정을 짓지 않으면 혼란을 느낀다.

7~9세 아동은 한 개인이 동시에 하나 이상의 정서를 경험할 수 있다는 것을 알게 된다(Arsenio & Kramer, 1992). 즉, 상반된 얼굴 표정과 행동 또는 상황적 단서들을 통합하여 다른 사람의 정서를 해석하는 능력을 보이기도 한다(Friend & Davis, 1993).

앞서 언급한 내용과 더불어 유아의 정서이해 능력의 발달 특징을 요약하면 다음과 같다(정옥분, 2013)

첫째, 유아는 슬픔과 같은 부정적 정서보다 행복과 같은 긍정적 정서를 더 쉽게 이해한다. 유아는 타인의 긍정적 정서를 이해하는 데는 성인과 거의 유사한 수준을 보이지만, 부정적 정서를 이해하는 능력은 아직 부족하다.

둘째, 유아는 기쁨, 슬픔, 분노, 놀람 등과 같은 단순한 정서를 유발시키는 원인이나 상황에 대해 이해할 수 있다. 꾸중을 들었을 때, 게임에 졌을 때, 자신이 원하던 선물이 아닐 때와 같은 상황의 정서를 이해할 수 있다.

셋째, 유아는 정서와 행동 간의 관련성을 이해할 수 있다. 즉, 상황과 맥락에 따라 타인이 어떤 정서적 경험을 할 것인지도 예측할 수 있으며, 상대방이 특정 정서를 명확히 표현한 다음 어떤 행동을 할 것인지도 예측할 수 있다.

넷째, 부정적 정서를 완화시켜 주는 방법을 생각하고 시도할 수 있다. 슬퍼하거

나 속상해하는 타인의 모습을 보고 부정적 정서를 없애 주는 방법을 모색하거나 행동으로 표현할 수 있다. 어머니가 슬퍼하고 있을 때, 유아는 어머니가 좋아하는 바람직한 행동을 함으로써 자신의 기분을 좋게 할 방법을 시도한다.

다섯째, 타인의 내재적 정서와 외재적 정서를 구별하기 어려워한다. 유아는 실제 모습과 겉으로 보이는 모습의 차이를 이해하지 못하기 때문에 진짜로 느끼는 정서와 말로 표현하는 정서를 잘 구분하지 못한다.

3) 정서 조절

정서 조절은 자극에 대해 발생한 정서적 반응을 스스로 적절한 방식으로 조절하고 변화시킬 수 있는 능력을 의미한다.

정서조절 능력은 정신건강뿐만 아니라 원만한 인간관계를 유지하며 사회 속에서 목표를 성취하고 적응하는 데 필수적이다. 높은 정서조절 능력은 또래 간 인기도 및 리더십과 상관을 보이므로 또래 상호작용과 사회성 발달에 중요한 기초가 된다.

유아는 자신의 정서를 조절하기보다 직접적인 방법으로 표현하려는 경향이 크다. 정서표현과 정서 통제라는 양극단 사이에서 조화를 이루는 것은 아주 중요한 정서 발달 과업이라 할 수 있다. 정서조절 능력은 나이 어린 영아의 경우 아직 신경계통이 충분히 성숙되지 않아 거의 불가능하나 나이가 많아지면서 점진적이지는 않지만 서서히 발달한다. 유아의 정서조절 능력은 가정 내 부모의 기대와 공공장소에서의 감정 통제와 같이 사회적 · 문화적 기대에 부응하는 경향이 크다(이명조, 2013).

유아는 연령이 증가하면서 상황에 맞게 정서표현을 조절하기 위해 다양한 인지전략을 사용한다. 정서 조절의 중요한 측면으로 '좌절상황을 참는 능력'은 2세경에 나타나기 시작하여 유아기에 점차 증가한다. 예를 들면, 만들기를 멈추고 정리해야 하거나 대그룹 활동시간에 친구들의 의견을 조용히 들어야 하는 상황에서 자신의 정서를 조절하고 상황에 적응할 수 있게 된다(김상림 외, 2014).

3~5세에는 실행기능과 언어능력의 발달로 주의력을 보다 유연하고 효율적으로 사용할 수 있게 된다. 또한 충동과 감정을 억제하고 소속된 문화와 도덕적 규범에 따라 사회에 적응하고 문제를 해결하는 것도 가능해진다. 흔히 만족지연이 외

적 조건에 의해서나 강제로 부과되면 좌절이라 하고, 스스로 부과되면 자기조절이라 한다.

정서조절 능력이 유아의 사회, 인지, 언어 발달 등 전반적 발달에 어떤 영향을 미치는지 구체적으로 살펴보면 다음과 같다.

(1) 정서조절 능력과 또래관계

정서조절 능력이 우수한 유아는 활동이나 게임에 참여할 때 또래관계에서 발생하는 사건에 대해 자신의 감정을 잘 조절하여 화내지 않고 참고 기다리는 태도를 보이며, 또래 사이에서 인기도 높았다. 정서 조절 수준이 높은 유아는 자신의 충동을 잘 조절하고 환경적 요구에 맞추어 자신의 행동을 잘 조절할 수 있어서 또래관계에 긍정적 영향을 미치는 것이다. 반면, 정서 조절 정도가 낮은 유아는 충동적이고 파괴적인 행동을 보이고 대인관계를 맺는 과정에서 융통성이 부족하고 고립적인 행동을 많이 보였다.

또한 정서 조절을 잘하는 유아는 교사로부터 사회적 기술이 높은 것으로 평가되었고 또래들로부터 선호되는 정도가 높았으며, 정서 조절을 잘하지 못하는 유아는 공격성과 과잉행동을 보이거나 불안, 우울감, 사회적 위축성과 같은 부적응 문제를 보였다.

(2) 정서조절 능력과 친사회성

정서조절 능력이 높은 유아는 타인의 정서에 대한 공감 정도가 높으며, 타인이 경험하는 어려운 상황에 대해 민감하게 반응하므로 타인의 입장에 초점을 두는 친사회적 성향과 관련이 있다. 또한 사회적으로 적절한 행동을 하며 덜 공격적이고 친구들 사이에도 인기가 높다.

(3) 정서조절 능력과 학업성취도

정서조절 능력은 자신의 능력에 적합한 학습 전략을 세우는 데 지대한 영향을 미친다. 정서 조절을 잘하지 못하는 유아는 부모나 교사로부터 자기규제 능력을 손상시키는 말을 자주 듣게 되고, 이러한 부정적 피드백이 자아존중감에 영향을 미쳐 낮은 학업 성취 결과를 초래하는 악순환을 겪게 된다. 정서조절 능력이 높은 유아는 학습 장애물에 부딪히게 되었을 때 목적을 성취하기 위해 적극적으로 해결

해 나가는 데 있어 효과적으로 자기조절을 하며 도전적인 과제를 성공적으로 수행해 냄으로써 학업성취도가 높아진다.

(4) 정서조절 능력과 의사소통 능력

유아가 갈등상황에서 상대방의 의도를 정확히 파악하지 못하거나 흥분하여 화를 내거나 분노하는 등 정서 조절을 하지 못한다면 놀이를 지속하거나 현상하기, 관계 맺기 같은 과정에서 성공적인 경험을 갖기 어렵다. 반면, 타인과의 상호작용에서 자신의 정서를 정확히 이해하고 타인의 정서를 명명하며 자신의 행동에 대한 이유를 구체적으로 설명하고 자신의 정서를 정확히 표현할 줄 아는 유아는 갈등상황에서 적절한 의사소통 기술을 사용함으로써 놀이를 흥미롭게 진행한다.

4) 정서적 유대

부모 등 양육자가 유아와 정서적 유대를 발달시키면 유아는 정서적 안정 기반을 얻게 된다. 이러한 정서적 안정 기반을 통해 유아는 주변 환경을 탐색하게 되고 다른 사람과 사회적 관계를 확장시킬 수 있게 되는데, 이는 인지 및 사회성 발달의 기반이 될 수 있다(이명조, 2013).

정서적 유대인 애착은 사랑과 의존심을 포함하여 아기와 종족의 생존과 적응에 중요한 가치를 갖는다. 애착은 부모가 영아에게 필요한 자극을 주고, 영아가 울거나 신호를 보낼 때 신속하게 반응함으로써 길러지는 것이다. 이때 부모가 자극을 부적절하게 주거나 따뜻하게 대해 주지 못하면 애착이 형성되는 시간이 오래 걸리고 그 강도가 약할 뿐만 아니라, 때로는 애착 형성에 장애를 가져오게 된다. 애착 행동은 부모가 영아를 대하는 시간이나 양이 아닌 그 질에 달려 있다(김영옥, 2013).

애착을 통해 형성된 정서적 유대는 성장함에 따라 성인뿐만 아니라 형제, 자매, 또래들과도 형성된다.

5) 마음이론의 발달

유아가 마음을 이해하고 행동하는 것은 사회적 상호작용이나 대인관계에 긍정적인 영향을 미친다. 자신과 다른 사람을 수용하고 이해하는 능력은 공감과 추론의

중요한 구성 요소로서 다른 사람에 대한 관심이나 도덕적 행동과도 연관된다(백미애, 2002).

마음이론은 타인의 감정을 이해하는 인지적 측면, 타인과 같은 감정을 공유하는 정의적 측면을 포함한다. 마음의 인지적 측면은 역할수용 또는 조망수용이라는 용어로, 정의적 측면은 공감이나 감정이입, 조망수용 능력, 정서 식별이라는 용어로 표현된다. 다른 사람의 입장에서 그 사람의 생각과 감정을 상상할 수 있는 능력은 조망수용 능력이다. 역할수용은 타인의 시각적 관점을 추론하는 공간적 조망, 타인의 감정상태나 느낌 등을 추론하여 평가하는 감정적 조망, 타인의 사고과정을 추론하여 이해하는 인지적 조망 능력으로 구분한다. 타인의 입장에서 타인이 느끼는 정서를 자신도 느끼는 상태를 감정이입이라고 한다. 대인지각 능력은 사람에 대한 생김새, 성격, 능력, 감정 등을 파악하는 인상 형성과 행동에 대한 이유와 의도 등을 추리하는 과정을 알아내는 귀인이 포함된다.

Piaget는 유아의 마음, 정신에 관한 연구를 통해 6세 이전의 유아는 정신이나 마음에 관한 인식을 할 수 없다고 하였다. 즉, 어린 유아는 자아중심적 사고를 하기 때문에 타인의 의도나 생각을 이해하기 어렵다고 보았다. 그러나 오늘날 많은 연구자는 Piaget가 생각한 것보다 마음이론을 습득하게 되는 연령이 훨씬 더 빠르다고 주장한다. 유아의 마음을 이해하는 역할수용이론에서 Selman은 사회적 갈등상황에 대한 아동의 반응을 근거로 사회적 역할수용 능력의 발달을 다음과 같이 다섯 가지 수준으로 구분하였다(박성연, 2006).

- 0수준(3~6세) 미분화된 조망수용: 자신의 입장과 타인의 입장을 구분하지 못한다. 타인의 생각이나 감정을 어느 정도 인식하기는 하나 혼란을 느낀다.
- 1수준(4~9세) 사회정보적 조망수용: 다른 사람들은 다른 생각을 가질 수도 있다고 깨닫기 시작하지만 왜 그런지는 이해하지 못한다. 다른 사람의 의도, 감정, 사고를 추론할 수 있으나 눈에 보이는 사실에 근거해서 결론을 내린다.
- 2수준(7~12세) 자기반영적 조망수용: 타인의 입장에서 자신의 생각이나 감정, 행동 등을 볼 수 있다. 다른 사람의 관점도 자신의 관점과 마찬가지로 옳을 수 있다는 것을 이해하게 된다.
- 3수준(10~15세) 객관적 조망수용: 자신과 상대방의 관점을 벗어나 제3자의 입장에서 자기와 다른 사람이 어떻게 보이는지를 생각할 수 있다.

- 4수준(14세~성인) 사회관습적 조망수용: 모든 사람이 공유하는 사회적 · 관습적 · 법적 · 도덕적 관점의 복합적 · 상호적 역할수용이 필요하다는 것을 깨닫게 된다. 즉, 사회적 가치에 기초한 제3자 입장에서 조망수용을 이해한다.

최근에 이루어진 연구 결과, 어린 유아도 타인의 행동으로부터 마음을 추론하는 초보적 능력이 있는 것으로 밝혀졌다. 마음이론을 형성하기 위해서는 자신이나 타인의 욕구, 의도, 믿음, 지식 등의 정신적 상태에 대한 이해를 할 수 있어야 한다.

유아의 연령에 따라 나타나는 마음이론의 발달과정은 다음과 같다(박찬옥, 서동미, 엄은나, 2013).

- 생후 6개월 전후
  - 사람의 행동이 특정 대상을 지향하는 것임을 이해할 수 있다.
  - 성인의 감정표현에 반응한다.
- 1세 전후
  - 상대방의 눈길과 표정을 보고 자신의 행동을 조절할 수 있다.
  - 대상영속성의 획득에 따라 자신과 타인의 구별이 가능해진다.
- 1세 반~2세
  - 욕구와 관련된 용어를 사용하기 시작한다.
  - 대화에서 감정표현 어휘를 언급하기 시작한다.
- 2세
  - 사물이나 상황을 가상적으로 상징화하는 행동을 나타내기 시작한다.
  - 자신과 타인의 욕구 사이에 명백한 구분을 할 수 있다.
- 2~3세
  - 사람의 행동이 바람, 생각 등에 의해 결정된다는 것을 이해한다.
  - 타인의 감정이 자신의 감정과 같지 않다는 감정조망을 하기 시작한다.
- 3세경
  - 욕구, 결과, 정서와 행동 간의 단순한 인과적 관계를 파악할 수 있다.
  - 사람이 원하는 것을 얻으면 기분이 좋고 그렇지 못하면 기분이 나쁠 것이라는 것을 인식하고, 사람이 찾고 있던 대상을 발견하면 찾는 것을 멈출 것이고 그렇지 않으면 계속 찾을 것이라는 것을 이해한다.

- 의도적인 행동, 반사행동, 실수와 같은 비의도적인 행동을 구별할 수 있다.
- 부모, 형제, 또래와의 대화에서 사고나 믿음, 지식을 의미하는 용어인 '안다' '생각하다' '기억하다' 등을 빈번하게 사용한다.
- 타인의 생각이나 신념을 표상하고 이해할 수 있게 된다.
- 아직까지 거짓 믿음 과제에 실패하는 경향이 높다.

• 3~4세
- 언어 발달과 함께 가까운 대상에게 감정이입을 할 수 있다.
- 정신상태 용어의 사용 빈도가 급증한다.
- 틀린 믿음에 대한 이해능력이 높아진다.

• 4세
- 마음이 표상임을 이해하여 특정 사실을 직접 보거나 듣지 않았을 경우에는 사실과 다른 틀린 믿음을 가질 수 있다는 것을 이해한다.
- 정신적 표상에 대한 지식이 계속 증가한다.

• 4~5세
- 타인과의 대화에서 정신상태를 나타내는 동사가 포함된 문장 형태를 능숙하게 사용한다.
- 욕구와 의도적 행동의 결과를 구분할 수 있다.

• 6세 이후
- 정신상태를 추론하여 가정을 이해할 수 있는 능력이 생긴다.
- 실제와 다른 믿음을 기초로 하여 타인의 행동을 정확하게 예측하는 능력이 나타난다.

이상의 내용으로 보아 4세는 마음이론 발달의 중요한 분기점이 된다는 것을 알 수 있다. 그러나 상대의 성격을 추론하는 것이나 미래의 행동을 예측하는 것 등 애매한 상황에서 마음 읽기는 6세 이후에 더 정교해지는 것으로 알려져 있다. 특히 숨겨진 말의 뜻을 알아채는 것이나 다른 사람이 고의가 아닌 실수로 마음을 상하게 했을 때 그것을 이해하는 능력은 11세 정도가 되어야 발달하는 것으로 나타났다(구재선, 김혜리, 이수미, 고숙남, 최현욱, 2006).

2. 유아기 자아개념 발달

1) 자아개념의 발달

자아개념(self-concept)이란 한 개인이 자신에 대해 갖는 인식, 감정, 신념 등의 총체로, 개인의 행동 특성을 형성하는 데 지속적으로 영향을 미친다.

자아개념은 인지적 요소와 정의적 요소를 포함한다. 자아개념의 인지적 요소는 자신의 내재적 특성에 대한 이해를 의미하며, 자아인식 또는 자아인지를 통해 나타난다. 자신의 신체적 특징이나 성향에서부터 역할, 집단 내에서의 자아에 대한 인지적 표상이 여기에 포함된다. 자아개념의 정의적 요소는 자아존중감 또는 자아에 대한 태도를 의미하는 것으로 자신의 가치와 중요성에 대한 평가적 측면이다.

자아개념은 전생애에 걸쳐 개인의 인식과 행동양식, 적응 정도에 지속적으로 영향을 미치며, 유아기는 자아개념의 토대가 형성되는 시기다. 자아개념의 발달은 신체적 자아인식 단계, 외적 특성에 의한 자아인식 단계, 심리적 자아인식 단계, 사회적 자아인식 단계를 거쳐 발달한다. 12개월 미만의 영아는 거울을 보면서 자기 코를 만지는 반응을 보이지 않았으나, 18~24개월 영아 대부분은 신체적 자아를 인식한다. 그리고 3~5세 유아는 성별이나 나이와 같은 범주에 따라 자신과 타인을 구분할 수 있다.

유아기 초기 자아개념은 자신에 대한 아주 제한된 인식이라고 볼 수 있으나, 성장하면서 자아개념도 확장되어 좀 더 세분화되고 복잡해진다. 유아는 자신을 정의할 때 자신을 전체 범주 속에 놓는 형태를 취하는데, 자기와 다른 면, 특히 연령(나이가 많다/어리다), 크기(크다/작다), 성(남자/여자)에 초점을 맞추어 자신을 대략 한 범주에 놓는다. 유아는 2세 정도가 되면 자아인식이 형성되기 시작하여 3~4세가 되면 내 것에 대한 소유 개념을 나타내며 자아에 대한 개념을 자신에게 속한 물건까지 확대시킨다.

4세 유아의 자아인식은 내재적 특성까지 인식하는 수준에 미치지는 못한다. 이 시기는 자아인식이 외현적인 물리적 자아에서 내재적인 심리적 자아로 발달하는 과정에 있는 시기다. 5~7세경에 유아는 체격, 연령, 성을 포함해서 전체적인 범위에서 매우 구체적으로 자신을 설명할 수 있다. 그러나 이때에도 유아는 자신의 내

적인 특질보다 외모에 주의를 기울이듯 시각적 특징에 관련지어 설명한다.

자아개념은 유아의 발달단계에 따라 지속적으로 변화해 가며, 유아의 성장과정에서 어떤 사회적 경험을 하느냐가 자아개념 형성에 지속적인 영향을 준다. 이러한 자아개념은 이후 학업 성취, 수용력, 정신건강, 대인관계 등 각 개인의 행동 전반에 영향을 미치며 성격의 형성과 발달에 중요한 결정 요인이 된다(곽노의 외, 2013).

2) 자아존중감의 발달

자아존중감(self-esteem)이란 자기 자신의 가치, 능력, 특성에 대한 스스로의 판단이나 감정을 의미한다. 자아에 대한 평가적 신념으로서 개인의 심리와 인성, 행동과 적응, 나아가 자아실현의 모든 측면에 영향을 미치므로 자아 발달의 가장 중요한 부분이다.

유아는 성장하면서 자신에 대해 더 잘 이해하고 더 나아가 자신을 평가하기 시작한다. 자신이 기대하는 기준에 비추어 자아평가가 긍정적일 때 자아존중감과 긍정적 자아개념을 갖게 되며, 그렇지 못할 때는 부정적 자아개념을 갖게 된다.

Coopersmith는 자아존중감의 네 가지 기준을 다음과 같이 제시하였다.

- 중요도: 자기가 중요하다고 생각하는 사람에게 사랑받고 있으며 인정받고 있다고 느끼는 정도
- 능력: 자신이 중요하다고 여기는 작업을 수행함에 있어서 성취 의욕을 만족시킬 수 있는 실력의 정도
- 미덕: 도덕과 윤리적인 규범을 달성한 정도
- 힘: 다른 사람에게 영향을 미치고 통제할 수 있는 능력의 정도

자아존중감은 인간의 기본 욕구로서 그것의 충족 여부는 생사를 가늠할 정도로 중요한 문제이며, 한 개인의 심리적 적응을 알기 위해서는 개인의 자아존중감을 알아야 한다.

유아의 자아존중감 발달은 2세경부터 나타나는 자조기술의 발달과 더불어 시작된다. 밥 먹기, 옷 입기, 세수하기, 대소변 가리기 등의 과업들을 성공적으로 수행하면서 유아는 자신의 기본적인 능력에 대해 신뢰감을 갖게 되며, 이러한 신뢰감은

자아존중감의 중요한 기초가 된다. 3~4세에는 스스로 하고자 하는 것을 설정하고 다양한 시도를 통해 문제를 해결해 가면서 자신에 대한 성취감을 갖는다. 유아 자신에 대한 신뢰감과 성취감이 자아존중감으로 발달한다. 3~4세경 유아가 형성한 숙달감과 자아존중감은 전생애에 걸쳐 자신이 수행하는 일에 대한 유능성과 자신감에 지속적인 영향을 미친다(Elkind & Weiner, 1978).

자아존중감이 높은 유아는 자신을 중요하고 가치 있는 사람으로 생각하여 자신이 하고 있는 일에 자신감을 가지고, 적극적이며 능동적으로 참여하고, 친구들과 잘 어울려 놀며, 유치원 생활에도 잘 적응한다(정선희, 1984). 반면, 자아존중감이 낮은 유아는 매사에 자신감이 부족하고 부정적인 상호작용을 나타내므로 바람직한 사회관계를 형성하는 데 어려움을 겪는다.

3. 유아기 성 역할 발달

성 역할에 대한 생물학적 관점에서는 남성과 여성이 타고난 신체구조와 같은 생물학적인 자아에 초점을 두지만, 성 역할은 남자 또는 여자로 특징지을 수 있는 행동, 태도, 가치, 특성의 기대치를 의미한다. 성에 대한 개념과 가치관의 발달은 유아가 신체적으로 자신이 남자 또는 여자라는 것을 분별하는 순간부터 시작되지만, 성 역할은 타고난 것이 아니라 학습된 것이라고 본다. 개인이 속한 남녀에 대한 가치 및 인식에 따라 고정된 성 역할 개념이 형성된다. 즉, 남성적 혹은 여성적 자질로서 무엇이 적합한 것인가의 성 역할에 대한 사회적인 기대치는 사회화 과정을 통해 유아에게 학습된다(박명숙, 김영임, 박연환, 1996).

1) 성 역할 발달이론

(1) 정신분석이론

정신분석이론에서는 유아의 성 역할 개념이 부모와의 동일시를 통해 습득된다고 본다.

Freud는 남자와 여자의 근원적 차이는 심리성적 발달단계에서 남근기에 오이디푸스 콤플렉스(oedipus complex)와 엘렉트라 콤플렉스(electra complex)를 해결하기 위

한 수단으로 성 역할을 동일시하면서 생긴다고 한다.

남근기의 남아는 아버지와의 오이디푸스 콤플렉스를 극복하는 과정에서 아버지와 동일시하게 되며, 이러한 동일시 과정에서 남아는 남성적 성 역할을 발달시켜 나간다. 여아는 엘렉트라 콤플렉스를 극복하는 과정에서 어머니와 동일시하게 된다. 즉, 남근기의 유아는 이성 부모를 동경하는 과정에서 갈등을 겪게 되고, 갈등을 극복하는 과정에서 동성 부모의 행동과 태도를 동일시하면서 성 역할을 습득한다.

(2) 사회학습이론

Bandura 등 사회학습이론가들은 성 역할 행동의 발달은 강화, 벌, 모방 등에 의해서 이루어지며, 성 유형화 행동도 관찰과 조작적 조건화에 의해 학습된다고 본다. 즉, 사회학습이론에서는 유아가 자신이 속한 사회와 문화가 기대하는 역할 특성과 일치하는 행동을 할 때 칭찬해 주고 기대하지 않은 행동을 할 경우 억압하는 사회화 과정에서 성 역할 행동이 습득된다고 본다. 또한 유아는 동성 부모를 관찰하고 모방하면서 성 역할을 학습한다.

(3) 인지발달이론

인지발달이론에서는 유아가 성 역할 개념을 이해하면서 성 역할을 발달해 간다고 본다. 즉, 성 역할은 인지발달단계에 따라 변화하며 발달한다. 따라서 성 역할 개념은 인지발달단계에 따라 성 동일시, 성 안정성, 성 항상성의 순서로 발달한다.

2) 성 역할 개념의 발달

성 역할 개념의 발달은 일반적으로 자아정체감과 타인에 대한 이해가 생겨나는 2세를 전후하여 시작된다. 연령이 높아질수록 성 동일시에서 성 안정성을 거쳐 성 항상성에 대한 인식이 발달하게 된다.

(1) 성 동일시

성 동일시(gender identification)는 자신의 성을 여자 또는 남자로 명명할 수 있고, 다른 사람도 남녀로 정확히 구분할 수 있는 능력이다. 유아는 외모나 옷을 보고 남녀를 구별한다. 2세경 유아는 두 성별이 있다는 것과 자기가 그중 하나에 속해 있

다는 것을 알게 된다. 이때 자아정체감이 형성되고 양성 식별 및 주변 사물에 대한 성 유형화가 가능해지며, 남자와 여자의 일을 구분하기 시작한다. 4~5세가 되면 자신과 자기 가족 이외의 사람들에게까지 남녀 명칭 붙이기를 거의 정확하게 적용할 수 있게 되고, 6~7세가 되면 자기와 타인이 어느 성에 속하는지를 확실하게 말할 수 있게 된다.

▲ 외출할 때 양산을 쓰며 엄마와 성 동일시를 하는 모습

(2) 성 안정성

4세경 유아는 성 안정성을 이해하게 된다. 성 안정성(gender stability)은 일생 동안 같은 성을 갖게 되는 것을 이해하는 것이다. 남아는 아빠가 되고 할아버지가 되며, 여아는 엄마가 되고 할머니가 된다는 것을 안다. 그러나 머리, 옷, 활동이 바뀌면 성도 바뀐다고 생각한다.

(3) 성 항상성

성 항상성(gender constancy)은 복장이나 헤어스타일, 놀이의 종류에 상관없이 성이 생물학적 특성에 의해 변하지 않는다는 개념을 이해하는 것이다. 6~7세경 유아는 시간이 지나도, 외모가 변해도, 행동이 달라져도 여전히 같은 성으로 남아 있는 것을 경험을 통해 알게 된다. 유아는 놀이 경험을 통해 반대 성의 장난감을 갖고 놀아도 자신의 성이 변하지 않는다는 것을 알게 된다.

4. 유아기 친사회적 행동 발달

친사회적 행동이란 돕기, 나누기, 협력하기, 위로하기, 격려하기, 친절하게 대해 주기, 방어해 주기, 기부하기, 동정하기, 이타주의 등으로 구분되며 근간이 되는 기본 요소는 감정이입과 역할 담당으로 설명될 수 있다. 친사회적 행동은 인간 행동의 긍정적인 측면으로, 대인관계에서 남을 이롭게 하는 행동이다. 즉, 다른 사람을 이롭게 하기 위하여 보상을 기대하지 않고 자발적으로 행하는 행동이다. 친사회적

행동은 이기심, 공격성과 같은 반사회적 행동의 반대 개념으로 다른 사람의 안녕에 대한 반응으로 일어난다.

이타성이란 타인의 행복에 대해 관심을 갖고 배려하는 내재적인 심리적 특성이다. 이타성은 아동기 또래집단뿐 아니라 성인이 된 후의 사회적 관계에서 개인이 얼마나 집단의 성원으로부터 존경받고 수용되는가를 결정하는 주요한 특성이다.

1) 친사회적 행동의 발달과정

유아는 연령이 높아질수록 폭넓고 다양한 친사회적 행동을 보여 준다.

친사회적 행동이 일정 수준의 인지 및 정의적 능력의 발달을 필수적으로 요구한다면 영아기에는 친사회적 행동을 기대하기 어렵다. 그러나 2세 이전의 영아도 다른 아기가 아파하면 함께 울고, 위로하며, 나누어 갖는 등 여러 형태의 친사회적 행동 특성을 보인다. 예를 들어, 일상생활에서 어머니가 다쳤다든가 몹시 화가 났을 때 아이가 어머니에게 보이는 반응을 분석해 보면, 2세 이전의 어린 영아는 함께 우는 것 같은 공감적 반응을 보이며, 2세 전후에는 위로하고 도와주려는 행동이 나타난다. 이처럼 일찍부터 친사회적 행동이 나타나는 것은 친사회적 행동이 인간 본성의 일부임을 보여 주는 것이다. 유아는 연령이 증가함에 따라 친화적 행동도 증가하는 경향이 있다. 2~3세경의 유아도 곤경에 처한 또래에 대해 이타적 행동을 보인다. 그러나 자기만 먹기에도 부족하다고 느끼는 과자를 나누어 먹는 것과 같은 자발적인 자기희생적 친사회적 행동은 드물게 나타난다. 이타적 행동은 4~6세경부터 증가하기 시작하여, 9~10세경에 가장 높은 수준을 보인다. 실험실에서 아동의 행동을 관찰한 연구들도 대체로 나이 든 아동이 나이 어린 아동에 비해 나누거나 돕는 친사회적 행동의 빈도가 높다고 보고하고 있다. 이처럼 실험실에서나 일상의 관찰에서나 친사회적 행동이 명백히 연령과 함께 증가하는 것은 아동이 성장함에 따라 협조의 가치와 필요성 및 방법을 이해하는 인지적 능력이 발달하기 때문인 것으로 보인다.

감정이입 및 역할수용과 친사회적 행동과의 관계를 연구한 결과, 상호 관련이 있는 것으로 나타났다(정옥분, 2011).

2) 친사회적 행동의 형성이론

기질론적 입장에서는 성격과 지속적인 관계가 있다고 보기 때문에 친사회적 행동 또한 기질이나 성격에 따라 다르게 형성된다고 본다.

생물학적 입장에서는 친사회적 행동이 생존과 관계 있다고 본다. 사냥을 위주로 살아가는 고대사회나 농경사회에서는 교류, 교환, 협력, 신뢰, 정직과 같은 친사회적 행동이 살아가는 데 필요했다.

정신분석학적 입장에서는 초자아가 발달해야 친사회적 행동이 형성된다고 본다. 초자아가 발달하기 전까지 유아는 원초아의 쾌락의 원리에 의해 자기중심적 쾌락을 추구하기 때문에 친사회적 행동을 하기가 어렵다. 유아는 성장하면서 양심의 원리에 따라 죄를 인식하여 벌을 피하려 하기 때문에 초자아가 유아의 행동을 지배한다. 유아는 초자아가 발달하면서 사회적 · 도덕적 가치를 따르게 되며 친사회적 행동을 학습하게 된다.

사회학습이론 입장에서 친사회적 행동은 인간의 모든 행동 습득과 같이 자극에 대한 반응의 결과로서 외적 보상과 자기만족감 등의 내적 보상에 따른 강화에 의해 학습된다.

인지발달이론의 입장에서 친사회적 행동은 유아가 사회인지 능력이 정교해짐에 따라 발달한다. 구체적 조작기 이전의 유아는 자기중심적 사고를 하기 때문에 타인의 관점을 이해하기 어려워 친사회적 행동을 하기 어렵다. 하지만 연령이 증가함에 따라 유아는 사회인지 능력이 발달하여 타인에 대한 이해와 정서에 대한 공감능력이 발달하고 조망수용 능력이 발달하면서 친사회적 행동이 형성된다.

5. 유아기 도덕성 발달

도덕성이란 옳고 그름에 대한 판단능력이다. 도덕성 발달은 자신이 속한 사회의 문화규범에 따라 행동하도록 배우고 그것을 자신의 것으로 받아들이는 과정에서 이루어진다. 도덕성 발달은 인간 내면의 차원(가치관, 자아감)과 인간관계의 차원(타인과의 상호작용 시 당연히 해야 하는 것)이 있다(Warlker & Pitts, 1998).

1) 도덕성의 영역

도덕성 발달의 영역은 주로 다음과 같은 세 가지 측면에서 언급된다.

- 도덕적 사고(인지): 어떤 행동의 옳고 그름에 대한 평가
- 도덕적 감정(정서): 옳고 그름에 대한 사고나 행동에 대한 정서적 반응
- 도덕적 행동(실천): 옳은 행동을 알고 있으나 실제로 행동을 실천하는 정도

2) 도덕성 발달이론

도덕성 발달이론에 대하여 인지발달이론에서는 도덕적 판단에 대한 연구를, 사회학습이론에서는 도덕적 행동에 대한 학습과정을, 그리고 정신분석이론에서는 도덕적 감정의 발달과정을 설명하고 있다.

(1) 인지발달이론

도덕성의 인지적 측면을 중시하는 관점에서 인지발달이론가들은 유아의 인지 발달 특성과 발달 수준에 따라 도덕성이 발달한다고 보았다.

Piaget는 유아의 도덕성 발달을 **타율적 도덕성 단계**(4~7세)와 **자율적 도덕성 단계**(10세 이후)로 설명한다.

타율적 도덕성 단계는 성인들이 만든 규칙은 절대적이고 수정 불가능한 것이라고 생각하는 도덕적 실재론의 특성을 나타낸다. 이 시기 유아는 도덕적 행동을 평가하는 데 있어서 규칙 위배 여부를 가리는 객관적 규준에만 관심을 가질 뿐, 개인의 동기나 의도를 고려하는 주관적인 판단은 하지 못한다.

- 유아기의 도덕성 특징
  - 성인 권위에 복종하며 권위에 동조하여 판단함
  - 규칙은 외적 · 고정적 · 절대적인 것으로 봄
  - 객관적 책임의 개념만 있음
  - 응보적 · 분배적으로 판단함

자율적 도덕성 단계는 다른 사람에게는 다른 규칙이 있다는 것을 이해하게 되는 상대적 도덕성의 특성을 보인다. 이 시기에는 도덕적 행동을 하게 된 동기나 의도를 고려하게 된다. 유아는 인지구조가 발달할수록 타율적 도덕성 단계에서 자율적 도덕성 단계로 넘어간다.

〈표 8-2〉 Piaget의 도덕성 발달단계

단계	설명
전도덕성 단계 (Pre-moral stage) 4세 이전	• 규칙에 관심이 거의 없거나 규칙이 있다는 것조차 인지하지 못하는 단계 • 규칙이 어떻게 해야 하는지에 대한 합의라는 사실을 알지 못하는 단계
타율적 도덕성 단계 (Heteronomous morality) 4~7세	• 규칙은 절대적이며 불변한다고 인식(절대적 도덕성) • 규칙은 반드시 지켜야 하며, 어기면 반드시 처벌된다고 믿음 • 행동의 결과에 따라 옳고 그름을 판단
자율적 도덕성 단계 (Autonomous morality) 7~10세	• 규칙이나 법은 사회적 합의와 승인에 의해 만들어진 것이므로 합의를 거쳐 변경될 수 있다고 생각 • 옳고 그름에 대한 절대적 기준보다 공평성에 기준을 둠
10세 이후	• 도덕적 상대론의 단계 • 행동의 결과와 함께 의도를 고려해서 판단

(2) 사회학습이론

사회학습이론가들은 도덕적 행동을 하도록 하기 위한 방법으로 강화, 처벌, 모방을 중시한다. 사회 관습에 맞는 행동이 보상을 받으면 아동은 그 행동을 계속하고, 도덕적으로 행동하는 모델에 노출되면 유아도 도덕적 행동을 한다. 반면, 바람직하지 못한 행동으로 벌을 받게 되거나 그러한 모델링을 보면 그런 행동을 하지 않는다.

(3) 정신분석이론

Freud는 인간의 성격구조는 원초아와 자아, 초자아로 구성되어 있는데, 도덕성 발달은 초자아의 발현을 통해서 이루어진다고 보았다. 초자아는 남근기에 발생하는 오이디푸스 콤플렉스를 해결하는 과정에서 형성된다. 오이디푸스 콤플렉스의 해결책으로 같은 성의 부모와 동일시하게 되면 초자아를 통해서 부모의 행동이나 가치 기준을 내면화하게 된다.

유아는 인생의 초기 단계에 부모의 기준이나 사회의 규범에 적응하면서 도덕성이 발달한다. 도덕성이 발달함에 따라 유아는 사회규범을 내면화해서 반사회적 행동을 억제하고, 위반했을 시 불안감이나 죄책감을 느낀다. 유아는 죄책감에서 벗어나기 위해 더욱더 사회규범에 순응하고 그에 따라 도덕성도 발달한다.

도덕적 감정은 주로 죄책감을 통해서 측정된다. 일탈하고자 하는 유혹에 직면했을 때 죄책감을 느끼는 유아는 불안감을 피하기 위해 유혹에 저항하게 되지만, 죄책감을 별로 느끼지 않는 유아는 유혹에 쉽게 넘어간다. 그러나 실제로 죄책감과 실제 행동 간의 관계는 미약하다.

6. 교육적 적용

1) 정서 발달을 돕는 교사의 역할

유아가 정서를 이해하고 정서적 유능감을 향상하기 위해서는 공감, 온정, 존중, 수용, 진정성 등이 필요하다. 그러므로 교사는 이러한 요소를 적극적으로 지원해야 한다.

공감은 타인의 사고와 감정과 같은 내적 심리상태에 대해 이해하는 조망수용 과정이 포함되는 정서로, 다른 사람이 자신과 다른 생각이나 관점을 지녔다 하더라도 이를 인정해 주고 존중해 주는 행동이다. 온정은 유아에 대한 친근한 관심과 반응이다. 온정적 마음을 지닌 교사는 유아가 편안하고 지지받고 귀하게 여겨지고 있다는 느낌을 갖도록 한다. 유아를 존중하기 위해서 교사는 유아가 스스로 배우고 판단할 수 있는 능력이 있다는 믿음을 지니고 있어야 한다. 유아를 존중하는 교사는 유아가 스스로 생각하고 결정하고 해결책을 찾아갈 수 있는 분위기를 제공한다. 수용은 타인에게 자기확신을 받고자 하는 욕구다. 교사가 유아를 수용하기 위해서는 유아를 판단하지 않고 가치 있게 받아들여야 한다. 교사는 유아의 개인적 속성, 가정 배경이나 행동에 상관없이 유아를 수용하고 유아에게 관심을 기울여야 한다. 그러나 유아의 반사회적 행동까지 수용하라는 것은 아니다. 진정성이 있는 교사와 부모는 유아에게 솔직하다. 교사는 유아에게 진실된 말과 합리적인 격려를 해 주어야 한다. 진실한 교사는 유아와 신뢰할 수 있는 관계를 형성한다.

유아의 건강한 정서 발달을 돕는 교사의 가장 중요한 역할은 다음과 같다. 첫째, 유아의 정서를 있는 그대로 받아들여 주고 인정해 주는 것이다(박찬옥 외, 2013). 유아가 느끼는 정서를 무조건 이해하고 수용해 줄 때, 유아는 자신이 느끼는 정서가 정당하다고 느낀다. 따라서 교사는 유아들이 나타내는 정서가 부정적이든 긍정적이든 비판 없이 수용하고 존중하는 태도로 받아들여 주어야 한다. 예를 들어, 등원 시간에 엄마와 헤어지는 것이 싫어 우는 아이에게 "아기처럼 울면 안 되지? 자꾸 울면 엄마가 더 늦게 오실거야."라고 말하며 유아의 정서를 부정하기보다는 유아의 슬퍼하는 마음을 이해하고 부드럽게 안아 주거나 어깨를 토닥여 주는 것이 더 적절하다.

둘째, 유아의 정서를 명확하게 읽어 주고 언어로 표현해 준다. 정서의 표현과 조절은 자신의 정서를 바르게 이해하는 것을 바탕으로 한다. 현재 자신이 느끼고 있는 정서가 무엇인지 명확하게 이해하는 것은 적절한 수준으로 정서를 조절하고 표현하도록 돕는 기초라고 할 수 있다. 교사는 유아의 정서를 민감하게 인식하고 그 의미를 제대로 해석하여 언어로 표현해 줌으로써 유아가 자기 정서를 이해할 수 있도록 도와야 한다. 자신의 정서를 말로 표현할 수 있는 유아는 타인의 지원도 받기 쉬운데, 감정을 다양하게 표현할 수 있는 유아는 또래와의 갈등에 보다 효과적으로 대처할 수 있다. 따라서 교사는 다양한 기회를 통해 유아가 느끼고 있는 정서를 표현하는 데 사용할 수 있는 감정표현 어휘를 가르쳐 줘야 한다.

셋째, 유아와 함께 정서에 관해 이야기 나눈다. 교사는 자신의 일상적인 상황이나 사건에서 느끼는 정서에 대해 유아와 이야기를 나누어야 한다. 교사는 자신의 일상적인 상황이나 사건에서 느끼는 정서, 날씨에 대한 정서, 어떤 일이 사람에게 주는 감정, 놀이상황에서 유아가 느끼는 감정, 동화를 듣고 주인공이 경험한 느낌 등을 통해 유아와 정서에 대한 다양한 이야기를 나눌 수 있다. 만약 유아가 부정적 정서를 느꼈다면 교사는 모델링을 통해 대처방법을 안내하고 유아가 자신과 타인의 정서에 주의를 기울이도록 한다.

넷째, 정서조절 능력을 향상하도록 지원한다. 교사는 유아가 느끼는 정서를 수용하되, 부적절한 방법으로 정서를 표현하는 것은 허용하지 않음을 알려 준다. 예를 들어, 유아가 아무리 화가 나도 다른 사람을 공격하거나 방해하는 행동을 해서는 안 된다는 것을 이해할 수 있도록 지도한다. 유아의 부정적 정서가 높아지면 유아와 무리해서 대화하기보다는 정서적으로 안정을 찾을 수 있도록 조용한 공간으로

데려가 마음을 가라앉히고 기다려 준다. 다시 이야기를 나눌 때에는 부정적 정서를 건전하게 표출할 수 있는 대안을 알려 주고 활용하도록 안내한다(박찬옥 외, 2013).

다섯째, 또래와의 상호작용을 격려한다. 또래와의 상호작용 경험은 타인의 의도와 믿음, 생각, 정서와 같은 다양한 마음의 상태를 통찰해 보는 기회가 되어 마음을 이해하는 능력의 발달을 돕는다(Peterson & Siegel, 2002). 특히 친구 사이에서 발생하는 갈등과 논쟁 등을 효과적으로 조절해 보는 긍정적인 친구관계의 경험은 타인의 마음을 이해하는 능력의 발달에 영향을 줄 수 있다.

유아의 정서 발달을 도와주는 기술은 다음과 같다(Kostelnik, Whiren, Soderman, & Gregory, 2008).

- 말하기 전에 유아를 주의 깊게 관찰하기: 의미를 알기 위해 말뿐 아니라 표정, 목소리 톤, 자세에 각별한 주의를 기울인다.
- 유아에게 나타난 정서표현에 민감하게 반응하기: 유아가 표현하는 긍정적인 정서표현뿐만 아니라 모든 종류의 정서를 인정해 주면 이야기할 때 더 넓은 관점을 갖게 된다.
- 유아가 경험하는 정서를 무비판적으로 평가하기: 유아가 왜 그렇게 느끼는지에 대해 교사 나름대로 결론을 내리기보다 확실한 근거에 따라 해석해야 한다.
- 정서적 반영은 간단하게 짧은 문장으로 하기: 유아의 정서상태에 대해 모든 것을 한번에 말하려 해선 안 된다. 어른이 너무 말을 많이 하면 유아는 분위기에 압도되어 화를 낼 수도 있다.
- 다양한 감정 단어 사용하기: 유아의 정서를 기술하기 위해 여러 가지 감정 단어를 사용하면 유아의 감정을 나타내는 어휘를 늘려 주고 교사의 반응을 더 흥미롭게 만들어 준다. 감정 단어를 말해 줄 때에는 우선 기본 정서를 말해 주고 점차 다른 단어를 포함시킨다.
- 유아의 정서를 받아들일 수 없더라도 이해하기: 교사가 볼 때 이해할 수 없고 설명할 수 없는 정서를 유아가 표현할 때도 방어적으로 대하지 않아야 한다. 유아는 교사를 신뢰하지 않을 때 자신의 정서를 전달하기 위해 더 극단적인 방법을 사용하게 된다.

2) 자아개념 발달을 돕는 교사의 역할

유아가 사회적 유능성을 성취하는 데 필요한 기술들을 습득하도록 돕는 교사는 유아의 긍정적인 자아존중감 발달에 기여한다. 교사는 유아의 행동과 노력에 대해서 의미 있고 현실적인 기대를 하고, 유아는 교사가 유아를 수용해 주고 한계를 설정해 줄 때 유능성, 가치, 통제감을 발달시킨다(Deci & Flaste, 1995; Lamborn, Mounts, Steinberg, & Dornbusch, 1991). 유아의 자아존중감 발달은 2세경부터 나타나는 자조기술의 발달, 자신의 기본적인 능력에 대한 신뢰감과 더불어 시작되므로 교사가 유아에게 주도성을 갖도록 조장해 주고, 요청에 대해 합리적인 설명을 해 주며, 통제하는 언어를 적게 사용하면 유아의 자율성은 발달한다(Deci & Ryan, 2000). 또한 교사도 유아의 자율성을 지지해 주는 교수방법을 사용할 때 학습에 대한 내적 동기를 더 많이 가지게 된다(Lepper & Henderlong, 2000).

반면, 교사가 유아의 유능성을 높여 주기 위해 별로 노력하지도 않고, 엄격하고 불합리한 규칙을 적용하거나 전혀 규칙을 강요하지 않으면 유아는 자신에 대해 부정적인 판단을 하게 된다(Curry & Johnson, 1990). 하지만 교사가 외적 보상이나 경쟁, 아이들 간의 비교를 하지 않으면 유아는 동기부여가 되고 전반적으로 긍정적인 사회정서가 발달하게 될 것이다(Midgley, 2002).

3) 성 역할 개념 발달을 돕는 교사의 역할

교육기관에서의 경험은 유아가 성 역할 지식을 습득하는 데 중요한 영향을 미친다. 교사는 조화로운 성 역할 개념에 대한 올바른 인식을 토대로 유아가 다양한 학습 경험을 통해 건강한 성 역할 개념을 발달시키도록 도와야 한다. 교사는 학급을 운영할 때 다음과 같은 점을 주의해야 한다. 첫째, 성별에 관계없이 유아가 다양한 놀이를 선택하도록 격려한다. 또한 유아가 다양한 놀이에 참여할 수 있도록 놀이 아이디어를 제안하거나 필요한 소품을 지원한다. 둘째, 남성과 여성이 함께 종사하는 다양한 직업 사례를 탐색하고 유아와 의견을 나눔으로써 유아가 자신이 지니고 있는 양성성에 대한 관심을 가지도록 안내한다. 셋째, 남녀 유아의 신체적 차이와 성 정체성에 대한 이해를 도울 수 있는 활동을 제공한다. 넷째, 양성성을 바탕으로 한 성 역할 동화 및 극화활동을 한다. 다섯째, 성 역할에 대한 다양성을 반영하여 환경

을 구성한다. 예를 들면, 다양한 직업을 가진 가족 구성원을 초청하여 유아들과 토론하는 기회를 가진다.

4) 친사회성 발달을 돕는 교사의 역할

교사는 유아에게 친사회적 욕구를 불러일으킬 수 있도록 따뜻하고 안정된 분위기를 조성해 친사회적 환경을 제공해 주어야 한다. 즉, 충분한 놀이공간과 놀잇감을 제공함으로써 교사, 유아, 교구 간의 상호작용이 원활하게 이루어질 수 있도록 해야 한다. 교사가 유아에게 친사회적 행동에 대한 모델링을 제시하면, 유아는 이 친사회적 행동 모델을 통해 바람직한 친사회적 행동을 더 많이 학습할 수 있다. 유아교육기관에서도 친사회적 행동을 수행할 기회를 제공해야 한다. 유아가 친사회적 행동을 보일 때마다 칭찬, 인정, 격려를 하고 미소를 짓거나 어깨를 두드려 주면 유아의 친사회적 행동은 증가한다. 또한 유아의 잘못된 행동을 설명 없이 금지시키기보다 행위의 결과를 알도록 하는 귀납적 추론 지도방법은 원인과 결과를 이해하고 상대방의 입장을 이해시키는 데 유용하다.

교실에서 일어나는 여러 가지 놀이활동에 협동이나 공유 등 친사회적 행동이 일어나는 활동을 반영하여 친사회적 기술을 형성하는 방법도 있다. 학령 전기의 아이는 또래에게 주의를 기울이고 그를 인정하기도 하지만 또래에게 라이벌 의식을 느끼면서 다툼을 벌이기도 한다. 이 과정에서 아이는 점차 타인의 관점을 이해하기 시작한다. 하지만 가장 낮은 수준의 사회적 조망능력을 가지고 있기 때문에 이 시기의 아이는 다른 사람의 기분을 인지할 수는 있으나, 모든 행위자가 자신과 동일한 방식으로 그 상황을 이해한다고 생각한다. 이러한 갈등상황을 해결하는 과정을 통해 유아가 감정이입과 역할수용 능력을 증진할 수 있도록 해야 한다.

5) 도덕성 발달을 돕는 교사의 역할

도덕성의 기초는 생애 초기에 형성된다. 그러므로 유아의 도덕적 성숙을 돕기 위해 교사는 유아의 도덕적 정서와 도덕적 사고, 도덕적 행동의 발달이 균형 있게 이루어지도록 지원해 주어야 한다. 유아기 도덕성 발달을 위한 교사의 역할을 정리해 보면 다음과 같다.

첫째, 생활 속에서 도덕적 행동이 습관화될 수 있도록 꾸준히 가르쳐야 한다. 유아가 도덕적으로 바람직하지 않은 행동을 반복하는 것은 고의로 하는 것이 아니라 제한된 기억력, 행동과 결과의 인과관계에 대한 이해 부족, 자기중심성과 같은 발달적 한계로 인한 결과일 가능성이 높다. 교사가 엄격한 지도보다는 수용적이고 감정이입적인 태도를 바탕으로 도덕적으로 바람직한 생각과 행동을 가르쳐 줄 때, 유아는 타인에 대한 생각이 증가하며 양심 발달에 긍정적인 영향을 받을 수 있다. 유아를 위한 도덕교육은 강압적인 주입식 교육보다 옳고 그름에 대한 분명한 메시지를 전달하되 친절한 표정과 언어로 유아의 생각을 존중하는 차원에서 이루어져야 한다.

둘째, 도덕적으로 바람직한 모델링을 제공한다. 부모나 교사, 또래, 이야기나 텔레비전 프로그램의 주인공 등은 유아의 도덕성 발달에 영향을 미치는 중요한 인적 환경이다. 특히 교사의 도덕적 가치나 태도, 행동은 잠재적인 도덕교육의 주요 자원이 된다.

셋째, 도덕 관련 주제에 대해 이야기를 나눈다. 일상생활에서 일어나는 도덕적 갈등상황이나 이야기 속 딜레마에 대해 이야기를 나누는 경험은 도덕적 문제상황에 대한 추론 및 판단, 도덕적 감성, 문제해결 능력 발달에 긍정적인 영향을 미친다. 도덕적 주제와 문제상황이 담긴 이야기를 중심으로 주인공의 도덕적 가치와 태도, 행동을 살펴보고 토의하는 활동은 유아의 사고를 자극하여 높은 수준의 도덕적 추론을 경험할 수 있는 기회가 된다.

토의 및 연구 문제

1. 유아기 정서발달이론과 마음이론을 비교해 보고 어떤 점이 유사하고 차이가 있는지 설명해 보시오.
2. 유아기 성 역할 발달과정에 대해 설명하고 우리가 성에 대한 편견을 갖고 있는 부분이 무엇인지 찾아 설명해 보시오.
3. 도덕적 사고와 도덕적 행동의 발달이 일치하지 않을 때가 많다. 어떤 상황에서 일치하지 않는지 찾아보고 도덕적 사고 수준과 도덕적 행동이 일치되도록 하기 위해 어떠한 교육이 필요하다고 생각하는지 자신의 견해를 제시해 보시오.

9장 놀이와 발달

영유아는 깨어 있는 대부분의 시간에 놀이를 하며 지내고, 이러한 놀이 경험은 영유아의 발달에 결정적이기 때문에 놀이는 매우 중요하다. 놀이의 과정과 결과는 발달적 변화가 일어날 수 있으며 놀이와 학습, 놀이와 발달은 상호 불가분의 관계라 할 수 있다. 놀이 영역에서 발달의 주제를 다룰 때도 놀이와 영유아 발달 영역의 관계, 영유아의 발달 변화에 따라 나타나는 놀이 발달의 특징, 그리고 놀이 형태별 발달과정을 다룬다. 그러므로 이 장은 놀이의 경험이 영유아의 각 발달 영역에 영향을 미치기도 하고, 영유아 발달단계가 그들이 하는 놀이를 제한하기도 한다는 관점을 갖는다.

놀이는 영유아기 발달에 많은 영향을 끼친다. 놀이가 가지고 있는 고유한 특성뿐만 아니라 놀이상황에서 자연스럽게 이루어지는 사회・정서적 발달, 언어적 의사소통, 신체활동, 창의적 문제해결력, 또래와의 협력 및 사회적 기술 등은 유아에게 다양한 경험을 제공하기에 유아의 발달에 매우 중요하다. 이 장에서는 놀이와 발달을 놀이와 신체 및 운동 발달, 놀이와 언어 발달, 놀이와 인지 발달, 놀이와 정서 발달, 놀이와 사회성 발달로 구분하여 놀이와 발달 영역의 관계를 살펴보고자 한다.

놀이와 발달 영역의 관계에서 살펴볼 때, 영유아기의 삶의 대부분을 차지하는 놀이는 급격한 발달적 변화를 보이는 영유아 발달과 깊은 관계가 있다고 할 수 있다. 예를 들어, 영유아기에 가장 흔하게 하는 놀이 중 술래잡기 놀이는 술래와 쫓고 쫓

기면서 단어와 아이디어를 가지고 놀이를 하게 되므로 신체운동과 언어적 표현의 증진을 돕는다. 또한 놀이를 통해 규칙을 결정하면서 사회적 기술과 도덕적 규칙을 배운다. 영유아들은 상징놀이에서도 역할을 극화하는 과정을 통해 다양한 사회적 역할과 욕구를 배운다. 이렇듯 영유아기에 있어서 놀이는 영유아의 신체, 언어, 인지, 사회성, 정서 발달에 도움을 주므로 영유아의 전인 발달을 위해 놀이는 매우 중요하고 필요한 경험이다.

▲ 유아 모래놀이 활동(4~5세)

1. 놀이와 신체 및 운동 발달

신체 발달은 인간의 발달단계에 따라 급속한 성장기, 완만한 성장기, 성장이 안정되는 성숙기를 가진다. 인간은 출생 후 6세까지 급속한 성장을 하며, 20세 전후부터는 성장이나 체중이 거의 발달하지 않다가 노년기에 접어들면 쇠퇴의 경향을 나타낸다. 신체 발달은 행동 면에서는 미분화된 행동에서 분화된 행동으로, 형태 면에서는 두부(頭部)에서 각부(脚部)로, 몸의 중추부에서 말초부로, 기능 면에서는 일반적인 것에서 특수한 것으로 이루어진다. 또한 신체 발달은 유전적 요인과 환경적 요인의 영향을 받으며, 특수하게는 지리적 여건이나 기후, 풍토, 문화 등의 영향도 받는다. 신체 발달에는 개인차가 있지만 아동기에는 비교적 일반적인 규칙성을 갖고 있다.

신체 발달과 놀이의 연관성을 살펴볼 때, 대부분의 놀이는 신체적 움직임을 동반

한다. 온몸을 움직이기도 하고 손이나 입 등 신체의 일부분을 움직이기도 한다. 그러므로 놀이는 영유아의 신체 발달과 밀접한 관계가 있으며 다음의 몇 가지 측면에서 놀이는 신체 발달에 중요한 영향을 미친다.

우선, 놀이는 신체 영역 중 두뇌 발달에 중요한 영향을 미친다. 영유아가 놀고 탐구하는 과정에서 시냅스의 연결이 풍부하게 일어나고, 이는 이후 두뇌 발달의 기초를 형성한다. Sutton-Smith는 인생 초기 단계에서의 놀이는 두뇌와 행동의 변이성을 돕는 두뇌 발달을 중개한다고 말한다(Fantuzzo, Coolahan, Mendez, McDermott, & Sutton-Smith, 1998). 놀이는 두뇌 활동과 성장을 최적으로 자극할 수 있고, 두뇌에 해부학적으로 긍정적인 변화를 가져올 수 있다. 또한 놀잇감을 보고, 만지고, 두드리는 등 놀이를 탐색하는 활동은 감각 및 지각 능력의 발달을 도와준다.

놀이는 많은 신체적 동작을 포함하고 있기 때문에 놀이를 통해 자연스럽게 신체적 성장이 일어난다. 놀이과정에서 대·소근육을 움직여 운동을 하게 되므로 신장, 체중, 신체 비율, 근육과 지방 조직 등이 양적으로 성장하는 것은 물론 심장, 혈압, 배설, 수면 등의 생리기능의 발달도 일어난다. 한편, 놀이과정에 포함된 많은 신체적 동작을 통하여 기본적인 운동능력도 증진된다. 영아는 놀잇감을 가지고 신체의 각 부분으로 밀고, 당기고, 두드리며, 구멍에 손가락을 넣거나 다른 물체를 넣으려고도 한다. 그리고 이러한 신체적 동작을 통해 대·소근육의 운동능력이 발달하고 눈과 손의 협응력도 길러진다. 실외에서 뛰고, 점프하고, 매달리고, 기어오르고, 던지고 받고 하는 등의 운동놀이나 술래잡기 놀이, 자전거 놀이 등은 대근육 운동능

▲ 유아 블록놀이 활동(5세)

력을 증진시킨다. 그리고 이처럼 반복되는 놀이활동에서 영유아는 놀이기술이 숙달될 때까지 반복하는 경향이 있다. 반면, 블록 쌓기, 조각 맞추기, 가위질하기, 그림 그리기, 구슬 꿰기, 종이 접기 등의 놀이활동을 반복하는 것은 소근육을 발달시키며 눈과 손의 협응력이 길러 준다. 즉, 신체를 통한 운동능력의 발달은 놀이를 통해 더욱 증진된다고 할 수 있다.

Hurlock(1978)은 유아는 신체가 유연하고 새로운 기술을 잘 받아들이고 모험심이 많아 새로운 동작을 반복해서 시도하고자 하는 열의가 대단하여 유아기가 기본적인 운동기술을 학습하기에 가장 이상적인 시기라고 하였다.

2. 놀이와 언어 발달

▲ 영아에게 소리 내어 책 읽어 주기

놀이는 여러 측면에서 음성언어의 획득과 관계가 있다. 영아는 소리, 음성의 다양한 측면을 가지고 놀이를 한다. 즉, 영아는 소리의 특징에 집중하고 그 소리의 특징을 가지고 놀이의 형태로 흉내를 내거나 모방을 한다. 또한 재미를 목적으로 하는 언어놀이를 통해 언어적 기술을 습득하고 언어규칙을 의식적으로 인식한다. 또 이러한 놀이는 영유아에게 많은 언어적 요구를 하여 언어적 요소를 제외시키면 놀이가 진행되기 어려울 정도다. 이와 같이 놀이와 언어는 서로 관련되어 일어나므로 놀이는 영유아의 언어 발달에 기여한다. 영유아의 언어능력을 향상시키기 위해서는 말 연습 놀이를 많이 해야 한다. 예를 들면, 동일한 문장구조에 한두 어휘만 수정하여 반복하는 놀이(예: "컵은 어디 있어?" "개는 어디 있어?")를 한다. 이러한 언어놀이는 특별한 의미는 없지만, 다양한 어휘를 습득하고 정확한 발음을 연습하며 올바른 문장 구성력을 증진시킬 수 있다.

놀이는 영유아의 문해 발달(literacy development)에도 중요한 역할을 한다. 극놀이 상황에서 영유아는 구입할 물건의 목록을 작성하고, 통화 중 메모를 하고, 편지를 보내고, 약을 처방하기 위해 쓰기활동을 하고, 편지 · 신문 · 처방전을 읽기 위해 읽기활동을 하게 된다. 이러한 극놀이는 실제 쓰기와 읽기의 이해 발달에 영향을

준다. 또한 역할놀이, 극놀이에서 사용하는 정교화된 언어는 성장 후의 문해 발달과 관계가 있다(Roskos & Neuman, 1993). 이것은 놀이상황이 명백하고 정교화된 언어를 생산하도록 동기 유발되어 있기 때문이다. 즉, 놀이는 영유아의 언어 연습장 역할을 한다. 유아는 놀이를 통해 끊임없이 언어능력을 획득하고 연습한다.

3. 놀이와 인지 발달

인지 발달은 영유아가 성장 · 발달해 감에 따라 일어나는 인지기능(cognitive function)의 변화를 말한다. 인지발달이론 중 대표적인 것은 Piaget의 이론이다. Piaget는 단순한 영유아기의 성장 · 발달이 아닌 지식의 본질, 즉 지식의 구조와 과정의 발달에 관해 연구하는 발생론적 인식론에 관심을 두었다. 따라서 지식이 마음속에 표상되는 방법과 표상된 지식이 성장함에 따라 변해 가는 방법을 경험적으로 연구하였다.

영유아의 인지는 중추신경계의 발달로 주의집중 시간과 이를 유지하는 데 필요한 능력들이 증가하면서 그 기능이 활발해지기 시작한다. 이 시기의 지각능력은 주변의 사물, 예를 들어 컵, 포트, 꽃, 나무 등과 같은 정적인 사물에 대한 지각, 시간의 흐름에 따른 사건에 대한 지각, 글자나 수와 같은 기초화된 상징에 대한 지각 순으로 발달하게 된다. 이러한 지각능력의 발달은 유아의 인지 발달과 관계가 있다.

놀이는 인지 발달과 학습에 필수적인 활동으로 받아들여지고 있다(Ellis, 1973). 놀이과정은 사고과정을 포함하고 있고 사회적 상호작용을 반복한다. 그렇기 때문에 놀이활동은 지적 학습의 기초가 된다. 가장놀이(pretend play)를 하면서 영유아는 추리능력이 발달하고, 물체로부터 의미를 분리시키며, 그들 나름대로의 의미를 다루는 경험을 한다. 또한 가장놀이를 즐기던 영유아는 상상력검사에서 높은 점수를 보이고, 발명적으로 사고하는 능력이 증진되었다고 한다(Freyberg, 1973; Pepler & Ross, 1981).

▲ 영아의 그림책 탐색

Vygotsky(1967)는 인지 발달에 중요한 공헌을 한 사

람으로서 Piaget보다 인지 발달에 있어서 놀이의 중요성을 더욱 강조하였다. 그에 따르면 특히 가장놀이는 추리를 위한 인지활동의 중요한 발달적 기능을 한다. 영유아는 가장놀이에서 구체적 사물 없이도 자신이 나타내고자 하는 사물에 의미를 부여할 수 있다. 즉, 실제적인 컵 대신 상자를, 총 대신 나무 막대기를 이용하면서 사물로부터 의미를 분리시킬 수 있고, 이때 놀이는 물체로부터 사고를 분리시키는 전환적 단계로서 역할을 하게 된다. 이렇듯 가장놀이는 영유아의 추상적 사고 발달에 중요한 역할을 한다.

영아는 자신의 신체나 주변의 물건, 놀잇감을 가지고 놀면서 탐색의 기회를 갖게 되고, 이를 통해 지적 발달이 이루어진다. 성장함에 따라 또래집단과 함께 다양한 놀이에 능동적으로 참여하면서 인지 발달은 더욱 촉진된다. 즉, 여러 가지 놀잇감, 사물, 자연물을 가지고 놀면서 색깔, 크기, 무게, 모양 등의 물리적 지식을 습득할 뿐 아니라 여러 가지 논리적·수학적 지식도 학습한다. 놀이활동, 특히 사회극 놀이(sociodramatic play)는 개념 발달을 촉진시킨다. Smilansky(1968)는 사회극 놀이가 처음에는 영유아의 관계 없는 경험들을 통합(예: 식당놀이에서 메뉴를 선택하는 행동, 돈을 지불하는 행동의 통합)할 수 있다고 하였고, Saltz와 Johnson(1974)도 사회극 놀이가 서로 분리된 사건들을 연결시키도록 돕는다고 하였다.

최근에 Gmitrova와 Gmitrova(2003)는 교사가 안내하는 놀이(teacher-guided play)와 영유아의 개념 발달 간의 관계를 연구하였다. 연구 결과, 소집단을 안내하는 놀이과정에서 교사는 영유아를 부드럽고 자연스럽게 놀이활동으로 이끌 수 있었고, 이에 속한 영유아는 인지적 행동이 더욱 높은 수준에 도달하였다는 것을 발견하였다. 반면, 교사가 전체 집단의 영유아를 이끄는 놀이(teacher-directed play)는 인지적 행동에 대한 자극이 덜 효과적이었다. 이는 아마도 교사가 이끄는 전체 집단, 대집단의 놀이는 개인차에 대한 집중과 동료관계가 최소화되어 인지적 행동을 자극하지 못하기 때문일 수 있다(Johnson, Christie, & Wardle, 2005).

4. 놀이와 정서 발달

성인에 비해 영유아는 자신이 느끼는 것을 언어로 표현하는 능력이 부족하다. 그래서 자신의 생각과 감정을 언어가 아닌 놀이를 통해 간접적으로 표현하곤 한다.

즉, 영유아는 놀이상황에서 안전감을 느끼기 때문에 놀이를 즐기며 모든 감정을 나타내 보인다(Landreth & Hohmeyer, 1998). Freud는 놀이를 통해 영유아들이 경험한 부정적 감정을 정화할 수 있다고 제안하였다. 불유쾌한 경험은 놀이를 통해 반복하여 재생산하면 부정적 감정의 강도가 감소된다고 하였다. 영유아는 공격적이고 불안한 감정뿐만 아니라 긍정적 감정, 즉 즐거움, 만족 등을 표현하는 데도 놀이를 사용한다. 영유아는 놀이를 통해 그들의 감정을 외부로 표출하면서 숙달감과 통제감을 발달시킨다. 그리고 놀이를 통해 공포와 공격성 같은 부정적인 감정을 표현하고 나면 다른 감정으로 이동할 수 있다(Landreth & Hohmeyer, 1998).

놀이는 영유아에게 자신이 원하는 것을 얻을 수 있는 안전한 심리적 맥락을 제공한다. 식사시간 직전이라 어머니가 과자 먹는 것을 허락하지 않는다면 영유아는 파티놀이를 하면서 과자를 먹는 척할 수 있다. 놀이는 환상의 형태로 통제권 밖에 있는 세계를 다루려는 영유아의 노력을 포함한다. 놀이상황에서는 현실 세계에서 미처 피할 수 없는 모든 것을 피할 수 있고, 많은 사람을 이끄는 대장 역할도 할 수 있으며, 원하는 것을 모두 구입할 수도 있고, 현실에서는 성인이 통제하는 그 모든 것을 영유아 스스로 통제할 수 있다(예: 자고 일어나는 시간 등). 또한 놀이는 영유아가 그들의 관점에서 현실을 다루는 것을 허용한다. 즉, 자신에게 가장 중요한 현실의 측면을 놀이과정에서 다루는 것이다(Singer & Singer, 1988).

놀이는 기본적으로 기쁨의 정서와 관련된 경험이다. 놀이(예: 퍼즐 맞추기)를 완성하였을 때 완성감이나 성취감을 맛볼 수 있고 술래잡기를 하면서 어느 정도의 스릴도 맛볼 수 있다. 그러므로 놀이는 정서적 발달과 감정표현을 증진시키고 행복감, 자신에 대한 긍정적 감정을 이끈다.

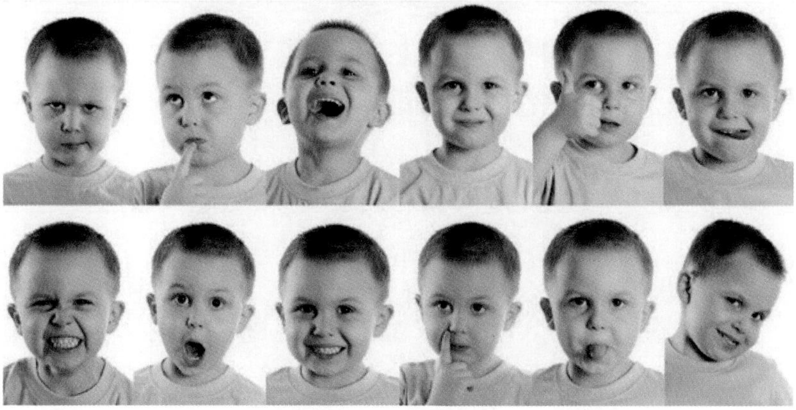

▲ 다양한 감정표정

5. 놀이와 사회성 발달

놀이와 사회성 발달 사이의 관계는 두 가지 측면을 포함하고 있다. 하나는 사회적 환경이 영유아의 놀이에 영향을 미친다는 것이며, 다른 하나는 놀이가 영유아의 사회적 기술과 지식을 획득하는 데 중요한 맥락이 된다는 것이다. 집단게임은 높은 수준의 사회적 능력을 요구하는 활동인데, 영유아는 이러한 놀이와 관련된 태도와 기술을 부모, 교사, 또래들로부터 배운다. 반면, 놀이는 중요한 사회적 기술(예: 타인의 사고, 지각, 정서 등을 이해하는 능력 외에 순서를 지키는 것, 공유하기, 협동하기, 나누기 등)을 획득할 수 있는 맥락을 제공함으로써 사회성 발달에 중요한 역할을 한다. 영유아는 놀이를 하면서 조망수용 능력이 발달한다. 이 능력은 사회성과 도덕성 발달에 중요한 역할을 한다. 이와 관련하여 Piaget(1962)는 영유아가 자기중심적 본성에 기인해 있기 때문에 모든 형태의 조망수용에 어려움을 갖는데, 놀이과정을 통해 또래들과 사회적 상호작용을 하면서 다른 놀이 참여자가 자신과 다른 관점 또는 조망을 가지고 있다는 것을 이해해 나가게 된다고 하였다. 특히 사회극 놀이에서 영유아는 상황에 따라 다양한 역할을 맡아 연기하는 과정에서 자기중심성에서 벗어나 맡고 있는 역할의 입장이 되어 그 역할을 묘사하여야 한다. 이러한 경험은

▲ 또래와의 협동 작업

사회성 발달에 중요한 조망수용 능력을 촉진한다. 따라서 놀이는 사회적 상호작용을 통하여 영유아의 사회적 능력을 발달시키는 기회를 제공한다.

또한 사회적 놀이는 영아가 양육자 존재에 대한 반응으로 사회적 미소를 사용할 수 있을 때부터 시작된다. 영아 생애 최초의 놀이 파트너는 주 양육자인 어머니다. 영아는 주 양육자와 사회적 게임(예: 까꿍놀이)을 하면서 사회적 규칙을 연습하고 획득한다. 그들은 사회적 게임 안에서 순서 주고받기(turn-taking), 역할 반복을 배운다(Bruner & Sherwood, 1976). 양육자와의 사회적 게임은 상대방의 행동에 주의를 기울여 지켜보아야 하기 때문에 다른 사람을 인식하는 능력을 강화한다. 이러한 주 양육자와 영아의 놀이는 둘 모두에게 즐거운 경험이므로 부모와 영아 간의 안정적 애착 형성을 용이하게 한다.

6. 교육적 적용

영유아기의 놀이와 발달을 살펴볼 때, 놀이가 가지고 있는 고유한 특성뿐만 아니라 놀이상황에서 자연스럽게 이루어지는 사회 · 정서적 발달, 언어적 의사소통, 신체활동, 창의적 문제해결력, 또래와의 협력 및 사회적 기술 등의 다양한 경험으로 놀이는 유아기의 발달에 매우 중요하다. 또한 영유아는 놀이를 통해 성장하면서 접하게 되는 복잡한 사회를 계속 반복하면서 이해하게 된다. 그러므로 인생 초기 발달에서도 발달단계별 쉬운 놀이에서부터 좀 더 복잡한 놀이로 전환하는 것을 볼 수 있다.

토의 및 연구 문제

1. 영유아기에 놀이를 통해 나타나는 발달의 내용 및 개념에 대해 설명해 보시오.
2. 영유아기 인지 발달을 촉진하는 놀이에 대해 설명해 보시오.
3. 영유아기 사회성 발달을 위한 놀이의 종류를 살펴보고 연령별 단계에 대하여 기술하시오.

3부

아동기 발달의 이해

아동기(兒童期, childhood)는 6세에서 11세까지로 흔히 학령기라고 부른다. 아동기는 성장잠재기로서 유아기나 성인기에 비해 성장 속도가 느린 편이다. 그러나 아동기 동안에도 2차 성징을 비롯하여 여러 결정적인 변화가 일어나며, 이루어야 할 주요 과업이 있다.

이 시기의 아동은 초등학교 입학과 더불어 더 넓은 사회와의 접촉이 시도되고 새로운 사회집단에 속하게 되어, 아동의 세계에 커다란 변화와 이에 관한 적응이 시작된다. 아동기에는 운동능력의 발달과 급격한 지적 성장 및 지적 기술의 습득과 함께 일에 대한 관심이 증대된다. 또한 부모와 가족 구성원의 영향뿐만 아니라 교사, 친구, 책, 텔레비전 등의 영향을 받으며 그들이 속한 문화를 배우고 또래집단을 비롯한 사회적 관계를 형성하게 되며 사회인의 기초를 닦고, 심리적 · 사회적 발달을 이루게 된다.

3부에서는 아동기의 발달을 신체 및 운동 발달, 언어 및 인지 발달, 정서 및 사회성 발달로 나누어 살펴보고자 한다.

10장 아동기 신체 및 운동 발달

1. 아동기 신체 발달

아동기는 유아기에 비해 신체 성장 속도는 다소 느리지만 성장은 꾸준히 계속된다. 아동은 연령이 증가할수록 신장과 체중의 현저한 증가를 보이는데, 이 시기의 아동은 1년에 평균 5.5cm씩 키가 자란다. 키의 증가는 대부분 뼈와 근육의 크기가 증가하면서 일어나며, 장기의 크기도 커진다. 근육이 커지고 강해지면서 포동포동하던 젖살이 빠지게 된다. 또한 다리는 점차 길어지고 몸통은 가늘어지면서 전체적인 모습이 성인과 유사해진다. 이 시기의 완만한 신체 발달 덕분에 운동기능의 발달이 용이해진다. 아동이 신체 크기나 비율의 급속한 발달에 적응할 필요가 없기 때문이다(Craig, 1992).

아동기 말기가 되면 제2차 성장급등기라 할 수 있는 사춘기로 인해 신장이 급격히 증가한다. 아동기 동안의 평균 키는 남아가 여아보다 크나, 10~12세에는 여아가 남아의 성장을 앞지르게 된다([그림 10-1] 참조). 그 이유는 여아의 사춘기 성장 고조가 남아보다 2~3년 일찍 시작되기 때문이다. 따라서 여아가 성장 고조를 시작하는 10세 무렵부터 몇 년 동안은 여아가 남아보다 신장이 더 크고 체중이 더 나가게 된다(Lefrancois, 1986: 곽노의 외, 2013에서 재인용).

그러나 12~13세 무렵 남아의 성장 고조가 시작되면, 이러한 경향은 역전되기 시

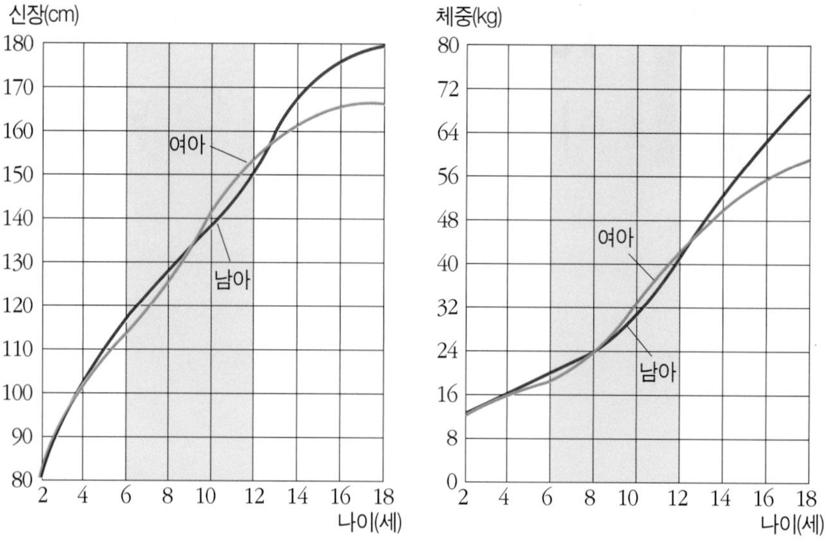

▶▶▶ [그림 10-1] 아동기의 신장과 체중 증가

출처: 곽노의 외(2013).

작한다. 교육인적자원부가 2001년에 우리나라 초 · 중 · 고등학교 학생을 대상으로 체력검사를 실시한 결과, 이들의 신체 발육 상황이 지속적으로 향상되어 온 것으로 나타났다. 또한 최근의 통계 연보에 근거하여 6~11세 아동의 신체 · 체중 발달 상황을 1981년부터 2011년까지 10년 단위로 분석해 본 결과, 시간이 흐를수록 그 증가폭은 커졌고, 지난 30년간 남아는 평균 8.0cm, 여아는 7.7cm가 더 자란 것으로 나타났다(〈표 10-1〉〈표 10-2〉참조). 이는 경제 수준이 향상되어 식생활, 보건위생 등 생활 여건이 개선되면서 아동기 아동의 체격이 향상되었음을 나타내 주고 있다(곽노의 외, 2013; 여성가족부, 2013).

〈표 10-1〉 아동의 성별 · 연령별 신체 발달 상황 대비표 (단위: cm)

연령	성별	2011년	2010년		2001년		1991년		1981년	
			(1년간)	차이	(10년간)	차이	(20년간)	차이	(30년간)	차이
6세	남	121.7	121.8	-0.1	120.3	1.4	118.5	3.2	115.4	6.3
	여	120.5	120.6	-0.1	118.8	1.7	117.3	3.2	114.5	6.0
7세	남	127.8	127.7	0.1	126.2	1.6	124.0	3.8	120.9	6.9
	여	126.4	126.4	0	124.8	1.6	122.9	3.5	119.9	6.5
8세	남	133.5	133.1	0.4	131.4	2.1	129.2	4.3	126.0	7.5

	여	132.3	132.0	0.3	130.3	2.0	128.4	3.9	124.9	7.4
9세	남	138.7	138.4	0.3	136.8	1.9	134.2	4.5	130.8	7.9
	여	138.4	138.1	0.3	136.2	2.2	133.7	4.7	130.1	8.3
10세	남	143.9	144.0	-0.1	142.2	1.7	139.2	4.7	135.2	8.7
	여	144.8	144.6	0.2	142.5	2.3	139.6	5.2	135.9	8.9
11세	남	150.4	150.2	0.2	148.2	2.2	144.4	6.0	139.9	10.5
	여	151.1	151.2	-0.1	149.1	2.0	145.9	5.2	141.9	9.2
평균	남	136	135.9	0.1	134.2	1.8	131.6	4.4	28.0	8.0
	여	135.6	135.5	0.1	133.6	2.0	131.3	4.3	127.9	7.7

〈표 10-2〉 아동의 성별 · 연령별 체중 발달 상황 대비표 (단위: kg)

연령	성별	2011년	2010년		2001년		1991년		1981년	
			(1년간)	차이	(10년간)	차이	(20년간)	차이	(30년간)	차이
6세	남	24.8	24.9	-0.1	23.5	1.3	22.1	2.7	20.3	4.5
	여	23.6	23.7	-0.1	22.4	1.2	21.2	2.4	19.4	4.2
7세	남	28.5	28.4	0.1	26.9	1.6	24.6	3.9	22.4	6.1
	여	26.8	26.9	-0.1	25.5	1.3	23.7	3.1	21.5	5.3
8세	남	32.4	32.1	0.3	30.3	2.1	27.5	4.9	24.8	7.6
	여	30.5	30.3	0.2	28.7	1.8	26.6	3.9	24.1	6.4
9세	남	36.3	35.9	0.4	34.1	2.2	30.4	5.9	27.2	9.1
	여	34.3	34.2	0.1	32.5	1.8	29.8	4.5	26.4	7.9
10세	남	40.6	41.1	-0.5	38.1	2.5	33.9	6.7	29.7	10.9
	여	39.4	39.2	0.2	36.8	2.6	33.7	5.7	29.6	9.8
11세	남	46.0	46.1	-0.1	42.7	3.3	37.6	8.4	32.5	13.5
	여	44.4	44.4	0.0	41.8	2.6	38.3	6.1	33.8	10.6
평균	남	34.8	34.8	0.0	32.6	2.2	29.4	5.4	26.2	8.6
	여	33.2	33.1	0.1	31.3	2.1	28.9	4.3	25.8	7.4

출처: 교육부, 한국교육개발원, 교육통계연보(각 연도): 여성가족부(2013)에서 재구성.

이와 관련하여 최근 한 연구결과에 대한 연합뉴스 보도(티브이데일리, 2016. 7. 27.)가 주목된다. 이 보도에 의하면, 세계보건과학자 네트워크인 NCD-RisC가 세계보건기구(WHO)와 협력해 200개국의 만 19세 남녀 1,830만 명을 대상으로 1914년

부터 2014년까지 평균 신장의 변화를 연구하여 그 결과를 공개했는데, 한국 여성의 평균 신장은 142.2cm에서 162.3cm로 100년 사이 20.1cm 증가해 세계 200개국 여성 중 1위로 폭풍 성장한 것으로 나타났다. 한국 남성도 같은 기간 159.8cm에서 174.9cm로 평균 15.1cm 성장해 세 번째로 큰 폭풍 성장을 보였다.

아동기는 근육이 성장하는 시기이므로 지방보다는 근육의 증가로 체중이 늘어난다. 이 시기 동안 성장하는 신체에 적응하는 과정에서 근육이 당기는 듯한 느낌의 통증을 흔히 경험하게 되는데, 이를 성장통(growing pains)이라고 한다(Sheiman & Slomin, 1988: 강경미 외, 2003에서 재인용). 성장기 아동의 약 10~20%가 경험하는 이 성장통은 보통 밤에는 심하지만 아침이 되면 없어진다. 성장통의 원인은 확실하지 않지만 성장하면서 뼈를 둘러싸고 있는 골막이 늘어나 주위의 신경을 자극하거나 뼈의 성장 속도에 비해 근육이 늦게 자라기 때문이라는 주장이 있다. 일종의 근육통으로 간주되며, 스트레스도 성장통 원인의 하나로 주목되고 있다(정옥분, 2011).

그러나 아동은 각기 독특한 성장곡선을 따른다. 이를 보면 아동에게는 마치 자기의 신체가 도달하려는 목표 신장이 있는 것처럼 보인다(McDevitt & Ormrod, 2002). 그러면서도 신체 성장의 속도는 개인차가 있어서 아동기에 키와 몸무게의 성장이 빠르게 이루어지는 아동이 있는가 하면, 아동기에는 더디게 성장하다가 청소년기에 부쩍 크는 아동도 있다.

아동기는 사춘기(puberty)가 시작되는 시기이기도 하다. 사춘기는 호르몬의 변화로 인해 급격한 신체적 · 성적 성숙이 이루어지는 기간을 의미한다. 과거와는 달리 최근에는 성적으로 성숙하는 연령이 점차 낮아져서 아동기 말에 사춘기가 되는 경우가 많다. 개인차가 있으나 여아는 9세부터 16세 사이에, 남아는 10세부터 18세 사이에 성적 성숙이 이루어지고, 호르몬의 변화로 인하여 신체적인 변화는 물론 인지 및 정서적 측면에서도 변화를 겪으며 2차 성징이 나타난다. 아동기 초기에는 외양에서 성별의 차이가 별로 보이지 않으나, 사춘기가 되어 성적 성숙이 이루어지면 외모에서 남녀의 차이가 뚜렷하게 나타나는데, 이는 생식기관의 발달로 인해 난소와 고환이 발달함에 따라 성 호르몬이 활발하게 분비되기 때문이다. 1차 성징이란 출생 시의 생식기에 의한 신체 형태상의 성차 특징을 의미하며, 2차 성징이란 사춘기에 나타나는 신체상의 성차 특징을 의미한다.

사춘기에 나타나는 특징을 보면, 남자는 남성 호르몬의 역할로 고환에서 정자가

만들어지기 시작하고, 가슴과 어깨가 벌어지며, 근육이 발달하고, 턱수염이 나며, 생식기와 겨드랑이에 털이 나고 음성이 변한다. 여자는 여성 호르몬의 분비가 증가하여 유방이 발육하고, 생식기관이 발달하여 골반이 넓어지면서 자태도 풍만해지고 초경이 시작된다(정옥분, 2011). 또 성적 성숙과 함께 생리적 성욕이 강하게 나타나 성에 대한 관심과 성적 충동이 높아지고, 여러 가지의 성적 행동을 알기 시작하면서 육체적 변화와 함께 감수성도 고조된다. 또한 자아의식도 높아지고, 주위에 대한 부정적 태도도 강해지며, 구속이나 간섭을 싫어하여 반항적인 경향으로 치닫는 일이 많고, 정서와 감정이 불안해진다. 그러나 심신 양면으로 소년기에서 어른이 되는 과도기에 지나지 않으므로 심신 발달상 완성의 단계는 아니다(강인언 외, 2013).

신체 발달은 유전적 요인에 의해 크게 좌우되나 환경적 요인에 의해서도 영향을 받는다. 다양한 영양을 섭취하고 적절한 의료시설을 이용하며 운동을 하는 아동은 그렇지 않은 아동보다 키가 크고 강인한 체격을 가질 수 있다. 신체적 특징은 아동기 아동에게 매우 중요하게 작용한다. 왜냐하면 신체의 크기나 골격은 운동이나 친구와의 놀이에 중요하기 때문이다. 예를 들어, 주변의 어른이나 친구들은 작고 약한 아동을 대할 때는 조심스럽게 대하므로 운동과 같은 경쟁적인 행동을 피하게 된다(조복희, 2006).

따라서 2차 성징으로 성인이 되기 위한 준비를 시작하는 이 시기는 아동에 대한 세심한 배려가 요구되며, 적절한 성교육을 통해 긍정적 자아개념을 형성하도록 도와주어야 할 것이다.

2. 아동기 운동 발달

아동기에는 운동기술이나 근육의 협응이 세련되고 정교화되어 운동의 힘이나 기능이 증대된다. 유아기 때의 신체적 의존상태를 벗어난 아동은 보다 다양하고 역동적인 활동을 통해 힘, 균형감각, 민첩성 및 신체조절 능력이 발달하게 된다. 이 시기는 유아기에 배운 운동기능을 더욱 발달시키면서 장난감이나 기구를 사용하는 것보다 자신의 신체를 사용하는 것에 더 흥미를 가지며, 여러 가지 운동기술을 요하는 복잡한 동작들도 잘할 수 있다. 친구들과 하는 운동은 단순히 달리고 던지는 등의

신체적 움직임이 아니라 규칙을 정하고 하는 경기방식으로 발전한다. 초등학교 3학년 무렵에는 대근육 운동기능이 성인과 유사한 수준으로 발달하여 기본적인 운동기능이 더 신속하고 정교화되고 소근육 운동기능도 상당한 수준에 이른다(Lefrancios, 1986). 〈표 10-3〉은 아동기의 운동 발달을 연령에 따라 기술한 것이다.

이러한 운동능력의 발달에는 유전적 요인 및 환경적 요인으로 인해 개인차와 성차가 크게 나타난다. 먼저 개인차의 경우, 스포츠와 관련된 운동기술은 학습을 통해 습득하지만 힘, 스피드, 유연성 등의 운동능력은 선천적으로 타고난 특성이 강해서 아동의 운동능력에 개인차가 크게 존재한다. 개인차를 결정하는 신체조정 능력은 특히 유아기 신경 발달과 밀접하게 관련되므로 유아기 동안 신체운동을 얼마나 다양하고 지속적으로 경험하느냐에 따라 아동기의 신체조정력과 운동능력이 영향을 받는다(박대근, 2004).

〈표 10-3〉 아동기의 운동 발달

연령	가능한 행동
6세	• 여아는 동작을 정확하게 할 수 있으며, 남아는 힘이 세다. • 줄넘기를 할 수 있다. • 적절하게 몸과 발을 움직이면서 공을 던질 수 있다.
7세	• 한 발로 균형을 잡는 것이 가능해진다. • 5cm 너비의 평형대 위를 걸을 수 있다. • 작은 네모 칸 안으로 정확하게 뛸 수 있다. • 깡충뛰기 운동을 정확하게 할 수 있다.
8세	• 남 · 여아 모두 5kg 정도의 무게를 들 수 있다. • 남 · 여아 모두 게임을 가장 많이 하는 시기다. • 2-2, 2-3, 3-3의 패턴에 맞추어 리듬뛰기를 할 수 있다. • 여아는 작은 공을 약 12cm 정도까지 던질 수 있다.
9세	• 여아는 22cm, 남아는 25cm까지 머리 위로 깡충 뛰어서 닿을 수 있다. • 남아는 1초에 5m를 달릴 수 있다. • 남아는 작은 공을 21m까지 던질 수 있다.
10세	• 작은 공이 멀리서 날아오는 것을 판단할 수 있고 인지할 수 있다. • 여아는 1초에 5m 정도를 달릴 수 있다.
11세	• 남아는 1.8m 정도 멀리뛰기를 할 수 있고, 여아는 남아보다 조금 덜 뛴다.
12세	• 1.5m 정도의 높이뛰기가 가능하다.

출처: 이영, 조연순(1997, p. 405): 김연진, 이경화, 송주미, 장미경(2012, p. 287)에서 재인용.

▲ 6~8세 아동의 대근육 활동(높은 곳에 오르기)

성차의 경우, 전반적으로 큰 근육을 포함하는 대근육 운동능력에서는 남아가 여아보다 앞선다(Santrock, 2004). 남아가 여아보다 더 빨리 달리고, 더 높이 뛰며, 더 멀리 던지고, 더 힘이 세다. 남아는 운동기능의 발달에 필요한 신체활동을 더 많이 하여 성장기 동안 계속해서 운동기능이 발달하는 반면, 여아는 13세경에 최고조에 이르고 이후에는 조금씩 쇠퇴하거나 기존 능력을 유지하게 된다. 남아는 여아에 비해 힘과 공 등을 조작하는 운동기능이 더 발달하고, 여아는 남아보다 유연성과 소근육 운동기능이 더 발달한다. 그래서 남아는 축구나 야구와 같이 대근육을 사용하는 스포츠에서 우세하고, 여아는 체조나 종이접기 또는 뜨개질과 같이 소근육을 사

▲ 초등학교 남학생의 축구경기 활동

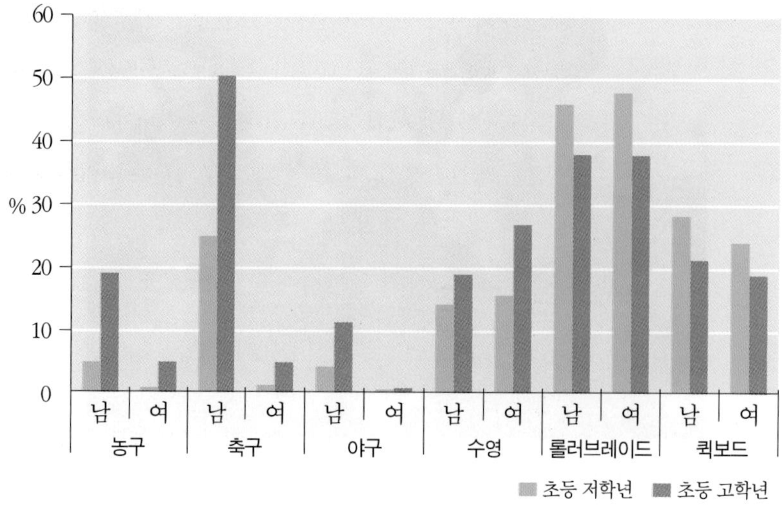

▶▶▶ [그림 10-2] 초등학생이 좋아하는 운동의 종류

출처: 한국아동학회(2001, p. 92).

용하는 활동에서 우세하다(곽노의 외, 2013). [그림 10-2]는 우리나라 초등학생 1만 여 명을 대상으로 좋아하는 운동을 조사한 결과를 보여 준다(한국아동학회, 2001). 남아는 축구를 선호하고 여아는 수영을 선호하는 경향이 뚜렷하다.

운동능력에서의 이러한 성차는 사춘기 이전까지는 큰 차이를 보이지 않는다. 그러나 여아는 사춘기가 시작되면서 달리기나 멀리뛰기 능력이 뚜렷이 떨어진다([그림 10-3] 참조). 이것은 남아가 근육이 발달하고 지방질이 적다는 생물학적인 요인으로 설명하기도 하나, 요즈음에는 운동기능에서 나타나는 성차가 성별에 따른 사회문화적 기대 및 참여 정도의 차이에서 비롯된다고 보는 경향이 있다(Schaffer, 1993). 이러한 사실은 유사한 활동에 참여하는 사춘기 이전의 남아와 여아가 보인 운동기능의 정도에 관한 Hall과 Lee의 연구를 통해 알 수 있다(박성연, 도현심, 1999에서 재인용). Hall과 Lee는 적어도 1년 동안의 남녀 합반으로 체육시간을 잘 보낸 3~5학년 남녀 아동들이 윗몸 일으키기, 달리기, 멀리뛰기 등에서 보인 점수들을 비교한 결과, 남녀 모두 연령이 증가함에 따라 점수가 향상되었으며, 여아와 남아의 점수가 거의 대부분 비슷한 수준임을 발견하였다. 또한 이 프로그램의 3년째에 조사된 여아들은 여러 종목에서 남아들보다 오히려 더 높은 점수를 받기도 하였다. 이를 통해 보면, 초등학교 4~5학년까지의 아동기에는 일반적인 신체활동을 할 때 성별에 따라 의도적으로 구분해서 운동하게 할 필요는 없을 것으로 보인다(곽노의 외, 2013). 그러나 초

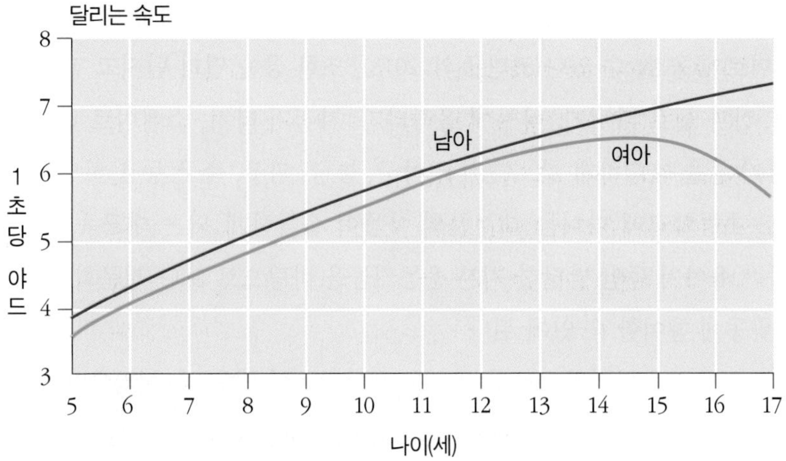

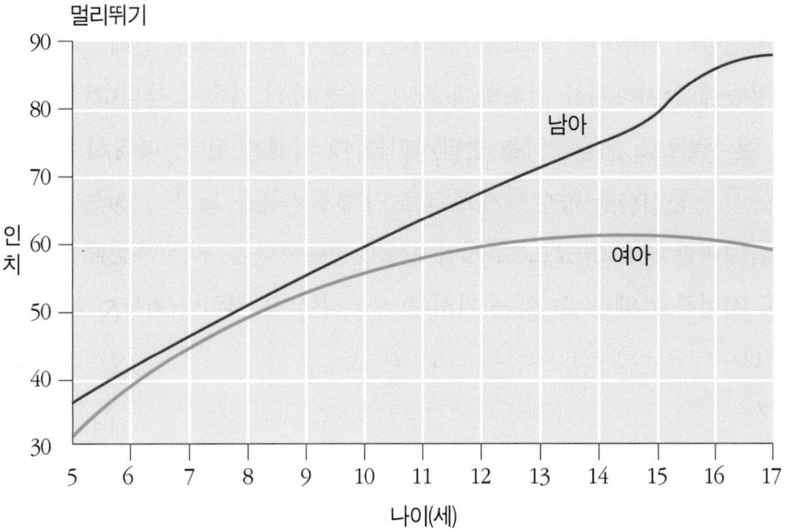

▶▶▶ [그림 10-3] 근육운동에 대한 성별과 연령 차이

출처: David & Shaffer (1993, p. 175): 조복희(2006)에서 재인용.

등학교 고학년으로 올라가면 여아는 운동보다 다른 데로 관심을 두게 되어 남녀 간 운동경기 능력의 차이는 크게 벌어지게 된다(조복희, 2006).

1) 대근육 운동의 발달

아동기의 아동은 유아기에 잘하지 못했던 여러 가지 대근육 운동기능을 익힐 수 있고 기존에 습득한 운동능력은 더 정교화된다. 예를 들어, 3세 유아는 테니스공을

그물 너머로 치는 것을 거의 하지 못하지만, 10세나 11세가 되면 대부분의 아동은 그물 너머로 공을 찰 수 있다(권민균 외, 2013). 또한 공을 멀리 던지고 잘 받을 수 있게 되며, 산과 들로 다니기, 나무에 올라타기, 자전거 타기, 스케이트 타기, 수영하기, 줄넘기 등을 능숙하게 할 수 있다. 야구, 농구, 피구, 축구 등을 하면서 하는 운동활동도 초등학교에 다니는 대부분의 아동이 습득하게 되는 대근육 운동기능이다. 아동은 유아기 동안 발달한 기본 운동기능을 바탕으로 보다 전문화된 게임이나 스포츠 활동에 참여할 수 있게 된다.

아동은 스포츠에 참여함으로써 새로운 운동기능이 더욱 발달할 뿐만 아니라, 교우관계를 형성하고 규칙을 준수하며 팀으로 협동하는 법을 배운다. 운동기능의 발달은 아동의 자아개념에도 영향을 준다. 운동기능의 발달이 상대적으로 뒤처지는 아동은 자신감이 떨어지게 되고, 자신의 어설픈 운동기능으로 인해 스포츠 게임이나 신체활동에 참여하기를 기피하게 되며, 이는 다시 기술 습득의 기회를 적게 갖게 하고 결과적으로 운동능력을 발달시키는 데 저해가 된다. 따라서 이 시기에는 모든 아동이 운동기술을 향상시키고 그로 인해 즐거움을 느낄 수 있는 조직화된 프로그램을 계획할 필요가 있으며, 게임에서의 승패보다는 모든 아동에게 자신의 운동능력을 시험하고 배울 수 있는 기회를 제공해야 할 것이다(곽노의 외, 2013; 김연진 외, 2012).

2) 소근육 운동의 발달

아동기에는 중추신경계의 수초가 증가하면서 소근육 운동기능도 증가한다. 소근육 운동은 시・지각과 밀접한 관계를 맺고 있어서 모든 행동은 눈과 손의 협응에 의해 결정된다.

이 시기에 아동은 연장을 보다 능숙하게 다루고 자조능력이 증가한다. 6세 아동은 망치질을 하고, 풀칠을 하고, 혼자서 옷을 입고 벗을 수 있으며, 신발 끈을 맬 수 있다. 7세 아동은 손의 사용이 더욱 능숙해진다. 이 시기에는 그림을 그리기 위해 크레파스보다는 연필을 좋아한다. 글씨를 거꾸로 쓰는 경우도 거의 없으며, 빠르고 정확하게 점을 찍고 글씨를 쓰거나 도형을 그릴 수 있으며, 그림도 점점 작게 그린다. 8~10세 사이에는 손놀림이 더욱 정교해지며 자유자재로 정확히 움직일 수 있다. 소근육 운동의 협응으로 아동은 글씨를 그리는 단계에서 쓰는 단계로 발

전한다. 따라서 글씨의 크기가 점점 작아지며 크기가 일정해진다(권민균 외, 2013; 박대근, 2004). 10~12세가 되면 아동의 조작기술은 성인과 비슷해진다. 아동은 손과 손가락을 사용하는 소근육 운동기능의 발달로 미세한 작품을 만들기 위해 필요한 복잡하고 세심한 빠른 움직임을 배우게 되고, 놀랄 정도로 여러 가지 취미활동을 할 수 있게 된다. 다양한 악기 연주, 복잡한 종이접기, 뜨개질, 조각 만들기 등이 그 예다. 한편, 소근육 활동에서의 성차는 대근육 활동과 달리 대부분 여아가 남아보다 앞선다.

3. 교육적 적용

아동의 신체 및 운동 발달은 그 자체로서도 중요하지만 아동의 인지 발달, 정서 및 사회성 발달 등과도 밀접하게 관련되고, 무엇보다 신체 발달은 건강과 따로 떼어 생각할 수 없다는 점에서 그 강조점이 있다. 아동의 신체 및 운동 발달의 교육적 적용을 살펴보면 다음과 같다.

1) 건강 관리

(1) 영양 및 건강 관리

아동기는 유아기보다 면역력이 증가하여 건강한 편이지만 신장 · 체중 · 근육의 신속한 발달, 성적 성숙에 필요한 영양소 등이 필요하다. 영양에 대한 이해는 아동의 성장과 발달에 매우 중요한 요소다. 아동이 무엇을 먹느냐에 따라 뼈의 발달, 체형 그리고 질병에 대한 면역력이 달라진다. 또한 영양실조인 아동은 키가 작고 체중이 덜 나가며, 운동 및 지능 발달이 순조롭지 못하다. 아동기에 흔히 나타나는 영양상의 문제는 철분 결핍이며 그로 인해 빈혈이 발생한다. 빈혈은 혈액 중 적혈구에 들어 있는 헤모글로빈의 농도가 정상보다 낮은 상태로, 우리 몸속에 산소를 운반하는 능력이 줄어들어 쉽게 피로하고, 집중력이 떨어져 학습활동에 영향을 줄 수 있다. 2012년 국민건강통계에 의한 아동 · 청소년의 연령별 영양 섭취 기준의 평균 섭취 비율을 보면, 모든 연령층에서 대부분의 영양소에 대해 권장섭취량에 근접한 양을 섭취한 것으로 나타났으나, 칼슘은 모든 연령대에서 섭취가 부족한 것으로 조

사되었으며, 특히 6~11세 아동의 칼슘 섭취량은 권장량의 60% 정도로 섭취상태가 불량한 것으로 파악되었다(여성가족부, 2013). 아동기에는 계속해서 성장이 이루어지고 활동량이 많아 유아기 때보다 많이 먹어야 한다. 보통 4~6세에는 1,700kcal 정도를 섭취하는 것이 정상이고, 7~10세에는 2,400kcal를 섭취해야 충분하다고 할 수 있다(김미영, 2013). 아동이 건강하게 자라기 위해서는 패스트푸드로 인한 지방 섭취를 주의하고 영양적으로 균형 잡힌 식사를 하여야 한다. 학습, 기억 및 지능을 촉진하기 위해서는 비타민과 무기질 섭취도 중요하므로 단백질 식품을 포함한 다섯 가지 식품군을 골고루 섭취할 수 있도록 지도해야 한다.

아동기에는 생활 반경이 넓어지기 때문에 가정 이외의 장소에서 많은 사람과 접촉하게 되므로 감기 등의 전염성 질병에 노출되기 쉽다. 그 외에 아동이 잘 걸리는 질병으로는 중이염, 편도선, 수두, 백일해 등이 있다. 학교에서는 부모가 미처 발견하지 못하는 상황 등을 발견하기 위해 매년 정기적으로 신체검사를 실시하여 아동의 건강을 보살펴야 한다. 특히 아동의 청각이나 시각의 이상은 학교의 정기적인 검사를 통해 초기에 발견하여 예방할 수 있다.

아동기에 가장 눈에 띄는 신체 변화 중 하나는 유치가 빠지는 것이다. 개인차는 있으나 보통 6세 무렵이면 유치가 한두 개 빠지기 시작하는데, 1년에 약 네 개씩 유치가 영구치로 대체된다. 첫 번째 어금니는 6세 무렵에 나서 영구치로 대체되고, 두 번째 어금니는 13세 무렵, 사랑니는 20세 무렵에 나온다. 그러나 유치를 다치거나 충치가 심하면 유치가 더 빨리 빠질 수 있고, 영구치가 나오는 순서가 달라질 수 있다. 또 영구치가 원래 나와야 할 자리에서 벗어나 비뚤어지거나 아예 나오지 않는 경우도 있다. 사람에 따라 뒤에 나올 영구치가 없으면 유치가 빠지지 않고 계속 남아 있을 수 있다. 맨 나중에 올라오는 큰 어금니는 사람의 치아 중 가장 중요한 역할을 하면서도 가장 손상되기 쉽기에 입 안에 올라온 직후 관리가 평생을 좌우하기도 한다. 충치는 좋지 않은 식습관이나 부적절한 치아 관리로 인해 발생하므로 충치 예방을 위한 습관 지도가 필요하다.

아동기 동안 적절한 수면의 양은 아동마다 다르지만 연령이 증가하면서 그 양은 점차 감소하기 때문에 6~11세 아동은 하루에 10~12시간, 12세 아동은 8~10시간 정도의 수면을 취하는 것이 좋다. 적절한 수면은 신체적으로 건강하게 할 뿐 아니라 정서적으로 안정되고 기분 좋게 하루 생활을 해 나갈 수 있게 한다. 따라서 아동기에 규칙적인 수면습관을 가질 수 있도록 지도하는 것이 필요하다(김미영, 2013).

(2) 비만과 생활습관

비만(obesity)이란 많이 먹고 적게 움직여 몸속에 체지방이나 지방 조직이 과다한 상태를 말한다. 현대사회에서 아동기 문제 중 비만만큼 실제적이고 치료하기 어려우며 건강에 장기적인 영향을 미치는 것도 없다. 비만은 흔히 과체중, 경도 비만, 중등도 비만, 고도 비만으로 나뉜다. 비만을 측정하는 방법에는 여러 가지가 있다. 아동의 비만은 대표적으로 '표준체중=(신장-100)×0.9'로 측정할 수 있으며, 자신의 체중과 표준체중을 이용하여 비만도를 구하게 된다. 비만도를 측정하는 방법은 '(실측 체중-표준체중)÷표준체중×100'이다. 이 공식을 이용하여 표준체중의 10% 이내를 정상, 10% 이상을 과체중, 그리고 20% 이상을 비만이라고 한다. 최근 개정된 학교 건강검사 규칙에서는 2007년 한국 소아 · 청소년 성장 도표의 성별, 연령별 체질량지수가 95 백분위 수 이상인 경우를 비만으로 정의하였다. 현대 의학에서는 비만을 심장질환, 뇌졸중, 고혈압, 당뇨, 암, 관절염 등 생활 습관병의 근원으로 보고 있다.

비만은 9~13세에 집중적으로 많이 나타나는데 4~8세 무렵부터 비만이 시작되기도 한다. 2013년에는 우리나라 성인 5명 중 1명이 비만이고, 전체적으로 영양 부족과 과잉의 문제를 모두 안고 있는 것으로 조사되었다(질병관리본부, 2013).

우리나라 전국 모든 학교에서 실시되는 학생 건강검사 데이터를 활용한 연구가 최근에 있었는데, 2006년 1월부터 2015년 12월까지의 총 10년 동안 한국건강관리협회 전국 건강검진센터에서 건강검사를 받은 만 6~17세 소아 · 청소년 124만 9,698명을 대상으로 한 이 연구에서 소아 · 청소년의 평균 비만 유병률은 10.7%로 나타났다(권은주, 나은희, 2016). 성별로 보면 남성이 12.6%, 여성이 8.7%로, 남자 소아 · 청소년이 여자 소아 · 청소년보다 비만 유병률이 높았다. 또 지난 2006년부터 2008년까지 이들의 비만 유병률은 9.1%였는데, 2012년부터 2015년에는 그 수치가 12.2%로 나타나 소아 · 청소년의 비만 유병률이 연도가 증가할수록 전반적으로 증가하는 추세에 있었으며, 초 · 중등학교 단계별로 살펴보니 학년이 올라갈수록 비만 유병률이 증가한다는 사실도 드러났다.

비만은 지방세포 수가 증가하여 발생하는 경우와 지방세포의 크기가 증가하여 발생하는 경우로 구분할 수 있다. 그런데 특히 소아비만은 지방세포 증식성 비만인 경우가 많아 치료가 어렵고 체중을 감소시켜도 지방세포의 수가 줄어드는 것이 아니라 일시적으로 크기만 감소하기 때문에, 과량의 에너지가 공급되면 쉽게 재발

하고 소아비만의 60%가 성인비만으로 이어진다는 데 문제점이 있다(이용중, 2004; Kim et al., 2001).

비만은 유전적 요인, 운동 및 활동 수준 부족, 과식 및 잘못된 식습관, 불규칙한 생활, 음식에 대한 가치 기준 등 여러 원인에서 비롯된다. 우선, 유전적 요인을 살펴보면 양쪽 부모가 비만일 경우에는 자녀도 비만이 될 확률이 70% 정도로 그 영향이 크다. 한쪽 부모가 비만인 경우에는 자녀가 비만이 될 확률이 50%이며, 양쪽 부모가 모두 비만이 아닌 경우에는 자녀가 비만이 될 가능성은 10% 미만에 그친다. 아동기 비만에 영향을 미치는 또 다른 요인은 운동 및 활동 수준의 부족이다. 생활습관의 변화로 말미암아 아동은 운동량이 부족하고 그에 따른 열량 소모가 적다. 실제로 많은 조사에서 요즈음 아동이 이전 세대보다 영양상태가 좋아져 체격은 좋아졌지만 체력은 저하되었다고 보고하고 있다. 건강 전문가들은 이처럼 아동의 체력이 허약해진 주요 원인은 텔레비전과 컴퓨터 앞에 앉아 있는 시간이 증가했기 때문이라고 지적한다(Berk, 2000).

비만의 다른 원인으로는 과식과 잘못된 식습관을 들 수 있다. 비만아의 대부분은 섬유질이 없는 음식, 정제과정을 통해 영양분을 없애고 향료나 방부제, 색소 등 첨가제를 섞은 가공 식품과 인스턴트 식품, 즉 빵, 라면, 햄버거, 피자, 초콜릿, 음료수, 아이스크림 등을 즐겨 먹어 생긴 경우가 많다. 이런 음식물 속에 든 물질은 유전자를 조작해 박테리아에서 대량 생산한 성장 호르몬이 크게 작용하여 질병에 대한 저항력을 떨어뜨리고 체질을 허약하게 만드는 원인이 된다. 그래서 이런 식습관을 가진 소아 · 청소년은 겉으로는 건강해 보여도 사실은 잔병치레가 잦다(장두석, 2013). 인도 청소년을 대상으로 한 연구에서도 체질량 지수에 영향을 미치는 주요 원인은 식생활이었으며(권은주, 나은희, 2016; Kaur, Kaur, Mala, & Gohlan, 2009), 학년이 올라감에 따라 신체활동량이 감소되기 쉬운 학령기 소아 · 청소년의 특성상, 식생활이 체질량 지수와 비만에 주된 영향을 미칠 가능성이 높다(Sweeting, 2008).

아동의 비만은 신체적 문제뿐만 아니라 심리적 문제를 야기할 수도 있다(McDevitt & Ormrod, 2002). 그것은 비만 아동이 또래 아동으로부터 놀림과 따돌림을 당하기 쉽기 때문이다. 또한 자존감의 상실, 우울, 부정적 자기신체상 등과 같은 정신사회적 · 행동적 문제들을 야기할 수도 있다(Baur & O'Connor, 2004; Falkner et al., 2001). 신체상은 자신의 신체에 대한 느낌, 즉 자신의 신체에 대해 얼마나 만족하는가를 의미한다. 신체상은 이 시기의 아동, 특히 여아에게 아주 중요하다. 따

돌림으로 인한 낮은 자기존중감은 과식이나 활동 감소를 야기하고, 이는 다시 체중 증가로 이어지는 악순환이 계속된다. 따라서 연령에 따른 아동의 비만 유병률을 주기적으로 파악하고, 아동기의 비만을 관리하기 위한 지속적인 노력이 필요하다.

아동 비만의 해결책은 부모나 교사가 소박한 혀와 튼튼한 다리를 갖도록 가르치는 데 있다. 첫째, 소박한 혀를 갖는다는 의미는 편식하지 않고 무엇이든 골고루 잘 먹는다는 것이다. 어릴 때 형성된 입맛은 평생 지속된다. 아동은 음식을 먹을 때 영양보다 맛을 찾게 된다. 아동이 좋아하는 음식은 단것과 기름진 것이 많은데, 단 음식은 혈당을 빨리 올려 췌장에 부담을 주고, 기름진 음식은 열량이 많아 비만을 가져온다. 소박한 혀는 거친 음식, 즉 곡 · 채식을 선호하며, 현미 잡곡, 된장국, 김치, 나물 등이 그 대표적인 음식이라고 할 수 있다(임재택, 2007). 둘째, 튼튼한 다리는 운동이나 놀이를 통해 몸을 많이 움직여 다리를 튼튼하게 해야 한다는 의미다. 유아 시기부터 가능하면 자연 속에서 온몸을 마음껏 움직이며 놀 수 있도록 하고, 초등학생이 되면 축구나 수영, 태권도 등 좋아하는 운동을 한 종목 정도 가르치는 것이 좋다. 학교에서는 수업 전, 휴식시간, 방과 후의 신체활동을 격려하고 신체활동을 할 수 있도록 시설과 기구를 제공해야 한다. 또 다양한 운동 프로그램을 개발하여 여아도 즐겁게 신체 및 운동 활동에 참여할 수 있도록 노력하는 것도 필요하다(임재택, 2007; McDevitt & Ormrod, 2002).

2) 신체 · 운동 기능 발달의 촉진과 학습활동

아동의 발달과정상 초등학교 저학년 아동은 여러 가지 발달적 측면에서 유아와 비슷하다. 그러므로 이들은 여전히 행함으로써 가장 잘 배우고, 결과보다는 과정이 중요하다는 것을 인식해야 한다(Pica, 2010). 또 초등학교 저학년뿐만 아니라 모든 아동에게는 신체를 활용한 수업이 유용하다. 예를 들어, 교실에 있는 물건들을 몸을 이용하여 그 길이를 재서 결과를 발표하게 할 수도 있고, 복습을 하고 어휘를 확장시키거나 이야기를 하거나 자기표출을 해야 할 때 공을 이용하는 게임을 할 수도 있다. 또 움직임을 통해 외국어 문장을 익혀 갈 수도 있다(홍성윤, 김유미, 1999; Jensen, 1998). 이 외에 높이, 깊이, 거리 등에 대한 공간적 추리력도 움직임을 통해 더욱 명확해지고, 움직임을 비교해 봄으로써 분류 개념도 습득할 수 있다. 이와 같이 움직임이나 신체활동을 통한 학습은 설명이나 암기를 통한 학습보다 훨씬 더 효

과적이다(이영, 1997; Pica, 2010).

캐나다에서 이루어진 한 프로젝트에서는 학교의 전체 시간표에서 체육시간이 1/3로 증가하면 학업 점수가 증가할 것이라고 제시하고 있다. 그것은 운동만으로도 빠른 아드레날린-노르아드레날린 반응이 일어나 빨리 회복되도록 작용하며, 몸으로 직접 해 봄으로써 뇌가 도전에 민첩하게 반응할 수 있도록 잘 준비되기 때문이다(Jensen, 1998: 곽노의 외, 2013에서 재인용). 신체 및 운동 발달은 아동의 인지·언어·정서·사회성 발달의 기저가 된다. 체육시간에 운동을 통해 즐거움을 느끼고 과잉 에너지를 방출하여 스트레스를 줄이는 것은 신체 자체를 위해서는 물론이고, 뇌와 학습을 위해서도 아주 유용한 방법이다(김유미, 1998, 1999; 후나하시 도시히코, 1996).

그러나 우리의 학교현장에서는 체육교육 과정에 대한 관심이 매우 낮은 상태이고(윤송근, 1997; 정연철, 1999), 초등 체육교과 전담제도 학교현장의 편의 위주로 운영되고 있다(이승배, 서장원, 2010). 초등교사 400명을 대상으로 한 정연철(1999)의 연구에 의하면 신체활동 중심의 자율적·창의적 참여나 체육의 생활화 지도를 비롯하여 초등학교 체육과 교육과정 운영실태가 미흡한 것으로 나타났다. 특히 체육교과를 '주변적인 교과'로 인식하거나 체육시간을 '자습시간'으로 이용하는 것을 흔히 볼 수 있다(김대욱, 1997; 김유미, 2002). 이는 학력 및 입시 위주의 교육 풍토와 신체 및 운동 활동의 중요성 인식 부족이 낳은 현상 중의 하나라고 할 수 있다. 따라서 교사, 학부모, 교육 관련 전문가들은 체육교과에 대한 인식 전환이 필요하다. 나아가 체육교육의 내실화를 위한 노력도 필요하다.

우리의 학교에서는 쉬는 시간에도 아동이 조용히 앉아서 이야기하거나 책을 보는 것과 같은 정적인 활동만을 하도록 요구하는 경향이 많은데, 이제는 교실에서 움직일 수 있는 기회를 충분히 제공해야 한다(곽노의 외, 2013). 또한 다양한 학습 장면에서 신체의 움직임을 활용한 활동을 포함할 필요가 있다.

토의 및 연구 문제

1. 아동기에 나타나는 주요 신체적 변화에 대해 설명해 보시오.
2. 아동기의 운동 발달 특성에 대해 설명해 보시오.
3. 주변에서 같은 연령의 아동 몇 명을 선정하여 키, 몸무게, 머리둘레, 가슴둘레 등을 측정하고 우리나라 아동의 평균치와 비교해 보시오.
4. 일주일 동안 자신이 먹었던 음식 중 인스턴트 식품의 종류와 양(개수)은 얼마나 되는지 조사해 보고, 자신의 식습관을 점검해 보시오.

11장 아동기 언어 및 인지 발달

1. 아동기 언어 발달

아동기에는 학습의 도구로서 언어를 사용하기 시작한다. 이 시기의 언어능력도 사회성과 인지능력의 척도가 될 수 있다.

1) 어휘와 문법의 확장

아동의 어휘능력은 급속히 발달하여 초등학교를 졸업할 때쯤에는 약 4만 단어 정도를 습득하게 되는데, 이는 하루에 평균 20개 정도의 새로운 단어를 습득하는 셈이 된다(Anglin, 1993). 물론 초등학생들이 일상생활에서 이 많은 단어를 모두 사용하는 것은 아니다. 이 시기의 아동이 획득하는 언어능력 중 하나는 단어의 형태학적 지식(morphological knowledge)에 관한 것이다. 즉, 단어를 구성하는 형태소의 의미에 대한 지식을 획득하게 된다. 아동은 형태학적 지식을 이용하여 익숙하지 않은 단어의 구조를 분석하며 그 의미를 추론할 수 있게 된다(Anglin, 1993).

어휘력의 증가와 함께 아동은 유아기에 비해 단어를 더 정확하게 사용하고, 단어에 대한 사고도 달라진다. 예를 들어, 5~6세 유아에게 단어의 의미를 물으면 그 단어의 기능이나 외양을 언급하며 구체적으로 묘사하지만(예: "칼은 사과를 깎을 때 써

요." 또는 "칼은 날카로워요." 등), 초등학교 고학년 아동은 그 단어의 동의어나 범주적 관계를 나타내는 설명을 한다(Wehres, De Lisi, & Amold, 1981). 또한 아동은 각 단어가 가진 여러 가지 의미를 이해할 수 있다(Berk, 2000). 예를 들어, '시원하다' 또는 '달콤하다'라는 단어가 물리적 의미를 가질 뿐만 아니라 심리적인 의미도 가질 수 있다는 것을 안다. 이렇듯 단어의 이중적 의미를 파악함으로써 미묘한 은유적 표현이나 유머도 이해하게 된다.

이 시기의 아동은 유아기 때 보이던 문장의 오류를 수정하고, 문법적으로 보다 복잡하고 긴 구문을 사용할 수 있게 된다. 또한 논리적 추론능력과 분석적 기술이 발달하여 내포문(內包文)이나 사동사(使動詞), 피동사(被動詞) 등의 문법적 규칙이나 구조를 이해하고 적절히 사용할 수 있게 된다. 여기서 내포문이란 관계절을 포함하는 문장으로, 영어의 경우 관계대명사 또는 관계부사 등을 사용한 문장을 의미한다.

2) 의사소통 기술의 발달

아동기에는 의사소통 기술이 크게 발달한다. 따라서 분명한 언어적 메시지를 전달할 수 있는 능력인 **대상참조적 의사소통 기술**(referential communication skills)이 발달한다. 특히 대화하는 상대의 연령, 성별, 사고방식과 같은 참조 요소를 알게 되고, 그것을 고려하여 자신의 언어를 선택·조절해서 언어를 사용할 수 있다. 대상참조적 의사소통 기술은 아동기의 탈중심화 능력의 기본이 된다. 3~5세 정도의 유아는 보통 구두 메시지에서 의미가 모호한 부분을 잘 인식하지 못하지만, 아동기 아동은 상대방이나 자신의 메시지가 분명하지 않을 때 어느 부분이 모호한지를 인식하고, 그 부분을 분명하게 만드는 참조적 의사소통 기술을 발달시키게 된다. 관련 연구에 의하면, 6~10세 아동은 듣는 사람에게 익숙한 사물에 대한 말을 전달할 때보다 익숙하지 않은 사물에 대한 말을 전달할 때 더 길게 설명하였다(Sonnenschein, 1986, 1988). 특히 이들 중 9~10세 아동은 익숙하지 않은 사물에 대해 설명할 때 듣는 사람에 따라 다른 정보를 제공하였는데, 이는 청자에 맞게 전달하는 내용을 조절할 수 있다는 것을 의미한다.

이처럼 아동에게서 대상참조적 의사소통 기술이 빠르게 발달하는 것은 한편으로는 이 시기의 인지적 발달로 자기중심성이 완화되고 역할수용 기술을 획득하게 되

며, 다른 한편으로는 청자에 맞도록 말을 조절하여야 한다는 사회언어학적 이해능력이 발달하기 때문이라고 할 수 있을 것이다.

우리나라 6, 8, 10세 아동 168명을 대상으로 한 연구에서는 6세 또래 쌍 집단에서 자기중심적 언어와 사회화된 언어가 비슷하게 나타났으며, 8, 10세 또래 쌍 집단에서는 자기중심적 언어보다 사회화된 언어가 더 많이 나타났다(오선영, 2001). 즉, 또래 쌍 아동의 연령이 높아짐에 따라 사회화된 언어가 증가하였다.

3) 음운론적 발달

아동이 개개 자음과 모음을 구분하고 그 발성적 특징을 이해하게 되는 것은 음운론적 발달의 대표적인 예다. 자국어 음소의 발음과 억양을 정확하게 구사하는 능력을 획득하는 것 또한 음운론적 발달에 속한다. 또한 아동은 '영시기가하꾜에가따'와 같은 일상의 빠르고 긴 대화의 흐름 속에서 낱말이 연결되어 문장을 구성하는 음운론적 규칙을 터득함으로써 개개 낱말을 정확하게 분리해 내는 능력을 발달시켜 간다.

4) 의미론적 발달

아동은 자신을 둘러싸고 있는 세계의 수많은 대상과 현상이 각기 독특한 낱말로 지칭된다는 것을 이해하고 이들 낱말의 의미들을 획득해 간다. 또한 아동은 '자다' '졸다'의 차이, '빨갛다'와 '벌겋다'의 차이와 같은 유사한 대상이나 현상을 지칭하는 낱말 간의 미묘한 의미와 차이를 구분하는 능력도 획득하기 시작한다.

5) 화용론적 발달

아동은 같은 뜻을 가진 낱말이나 문장도 지시하거나 주장할 때와 간청하거나 애걸할 때 어떻게 달리 표현되는가의 화행(speech acts)에 관한 지식을 터득하고 이를 구사할 수 있게 된다. 또한 아동은 같은 '잘했어'라는 표현도 사용되는 상황이나 맥락에 따라 일을 성공적으로 수행했다는 것인지 혹은 그렇지 못했다는 비난의 소리인지를 구분하고 이에 적절하게 대처하는 능력을 획득하게 된다.

6) 읽기와 쓰기 능력의 발달

Chall(1979)은 읽기능력의 발달을 다섯 단계로 나누어 설명하고 있는데, 이것은 보편적인 단계와 시기를 나타낸 것으로 아동 개개인마다 발달시기와 능력에 차이가 있을 수 있다.

준비단계(출생~초등학교 1학년)에서는 읽기에 요구되는 선행 조건을 학습해야 한다. 그리고 글을 왼쪽에서 오른쪽으로 읽고 쓰며, 어떤 글자가 있는지, 자기 이름은 어떻게 쓰는지를 배우게 된다. 1단계(초등학교 1~2학년)에서는 글 읽는 법을 배우고 단어를 소리로 바꾸는 능력을 획득하게 된다. 2단계(초등학교 2~3학년)에서는 글을 읽는 데에 보다 능숙해진다. 하지만 읽기를 통한 학습은 그리 활발하지 않다. 3단계(초등학교 4학년~중학교 3학년)에서는 글을 통해 정보를 획득하는 능력이 급속히 발달한다. 즉, 읽기를 통한 학습이 이루어진다. 이 시기에 읽기를 배우지 못하면 학업 수행에 심각한 문제가 발생한다. 4단계(고등학교)에서는 대부분의 학생이 읽기능력을 완전히 발달시키며, 여러 관점에서 제시된 정보도 잘 이해한다. 따라서 문학, 역사, 경제학, 정치학 등에 대해 철학적이고 복잡한 논의를 할 수 있게 된다.

쓰기능력은 읽기능력이 어느 정도 발달한 후에 나타난다. 아동들은 처음 글쓰기를 할 때 글씨를 틀리게 쓰는 경우가 많다. 예를 들어, 글자나 숫자를 거꾸로 쓰거나 종종 소리 나는 대로 글을 쓴다. 이는 아동이 글자를 쓸 때 일반적으로 단어의 소리를 이용하여 글자의 기본 형태를 생각해 내기 때문인 것으로 보인다. 하지만 초등학교 시기에 이러한 경향은 사라지고, 글씨를 바르게 쓸 수 있을 뿐 아니라 나아가 자신의 생각을 글로 표현하는 능력도 점차 발달한다.

2. 아동기 인지 발달

Piaget는 모든 아동이 개인에 따라 속도는 다를 수 있지만, 정해진 단계를 순서대로 거쳐 가며, 각각의 단계는 이전의 단계와 질적으로 다르다고 본다. 그는 감각운동기, 전조작기, 구체적 조작기, 형식적 조작기로 각 단계를 나누었다. 이 중 아동기에 해당하는 구체적 조작기와 형식적 조작기에 대해 살펴보면 다음과 같다.

1) 구체적 조작기의 인지 발달

구체적 조작기(concrete operational period, 7~13세)의 가장 큰 특징은 조작(operation)이 이루어진다는 점이다. 이 시기의 아동은 전조작기 유아는 갖지 못하는 가역성이라는 특성을 갖는다. 아동은 논리적 조작을 사용하며 물리적 세계에 대한 요소들이 변화나 변형은 될 수 있지만 초기 특성을 그대로 유지한다는 것을 이해한다. 또한 자기중심적인 언어와 사고를 탈피하여 타인의 조망이나 입장을 이해할 수 있게 되고, 탈중심화 능력이 획득되어 두 가지 이상의 요인을 고려하는 것이 가능해진다. 그러나 이 단계의 사고는 여전히 한계가 있다. 아동의 사고체계는 여전히 물리적 현실과 연결되어 있으며, 아동은 구체적 상황에 기반을 두고 조직하고 분류하고 조작할 수 있다. 따라서 미래에 대한 예측, 가설적인 상황 등에 대해서는 아직 미숙하다.

(1) 보존 개념의 습득

구체적 조작기의 아동은 문제해결을 위해 직관보다는 논리적 조작이나 규칙을 적용하기 시작한다. Piaget는 이 시기의 아동이 물체에 외형상 변화가 있어도 빼거나 더하지 않으면 여전히 그것의 초기 특성들을 보존한다는 보존(conservation) 개념을 형성한다고 본다. 그리고 이들의 보존 개념은 **가역성**(reversibility), **보상성**(compensation), **동일성**(identity)이라는 개념의 획득이 전제가 되었을 때 성립된다고 보았다.

가역성이란 길게 늘어뜨린 진흙은 다시 뭉치면 진흙 공으로 되돌아갈 수 있다는 성질로, 두 개의 양이 동일하다는 것을 알게 되는 것이다. 보상성은 길게 늘어뜨린 진흙은 길이가 길지만 가늘고 진흙 공은 길이는 짧지만 굵기 때문에 진흙의 양은 동일하다는 것을 이해하는 것이며, 동일성은 더 이상의 진흙이 첨가되거나 제거되지 않으면 진흙 공과 길게 늘어뜨린 진흙의 양은 동일하다는 것을 아는 것이다. Piaget는 이러한 보존 개념이 구체적 조작기에는 전조작기와 달리 높이와 폭이라는 두 가지 차원을 동시에 고려할 수 있게 되기 때문에 가능하다고 강조하였다.

(2) 조망수용 능력의 습득

조망수용(perspective taking) 능력은 자기중심적인 사고에서 벗어나 타인의 입장, 감정, 인지 등을 추론하고 이해할 수 있는 능력이다. 앞에서 본 Piaget와 Inhelder(1956)의 '세 개의 산 실험'에서 전조작기의 유아와 달리 구체적 조작기의 아동은 인형이 보는 산 모양을 추론할 수 있다.

이 시기의 아동은 특정 상황에서 타인의 감정을 추론하는 것이 가능하다. 어떠한 줄거리를 이야기해 주고 상황을 설명해 주었을 때, 아동은 그 이야기의 주인공이 느끼는 감정을 이해할 수 있으며, 더 나아가 타인의 사고과정이나 행동의 원인을 추론하고 이해하는 인지적 조망능력도 획득하게 된다.

(3) 분류

대상물을 위계적으로 분류할 수 있기 위해서는 아동은 대상과 대상 간의 공통점과 차이점 그리고 관련성을 이해할 수 있어야 한다. 이 시기의 아동은 대상물이 지니고 있는 공통의 속성에 따라 대상물을 분류하고, 하나의 속성에 따라 분류하는 단순 유목화, 두 가지 이상의 속성에 따라 분류하는 다중 유목화를 할 수 있다.

분류는 가역성과 관련이 있다. 과정을 정신적으로 가역할 수 있는 능력을 가지고 있다는 것은 구체적 조작기의 아동이 한 집단의 물체들을 분류하는 데 한 가지 이상의 방법으로 할 수 있다는 것을 의미한다.

(4) 서열화

서열화(seriation)는 큰 것부터 작은 것으로 또는 그 반대로 순서를 배열하는 능력을 말한다. 이 시기의 아동은 특정한 속성에 따라 사물을 나눌 때 두 개 이상의 차원을 동시에 고려하여 사물을 배열하는 중다서열 기술이 발달한다. 예를 들어, 높이와 넓이가 다른 컵들을 제시하고 가로는 넓이 순으로, 세로는 높이 순으로 배열할 수 있다. 일반적으로 중다서열 기술은 거의 7세 이후에 가능하다.

2) 형식적 조작기의 인지 발달

앞의 구체적 조작기의 아동은 구체적 사물에 대해서만 논리적 · 체계적으로 사고할 수 있다는 한계가 있다. 그러나 형식적 조작기(formal opeational period, 13세 이

후)에 이르면 아동은 완전한 논리적 사고가 가능해지기 시작하며, 추상적 개념과 상징물을 대상으로 하는 지적 조작이 가능해진다. 또한 문제해결에 있어서도 가설을 설정하고, 이를 연역적으로 추리하며, 실증적으로 검증하는 등의 과학적 사고방법이 가능해진다. 자기의 사고에서도 논리성을 분석하고 평가하는 등의 고등한 정신기능이 발달한다. 또한 아동기와 청소년기에 이르면서 존재, 진리, 정의, 도덕성과 같은 심오한 문제에 대해서도 사고가 가능해진다.

3) 아동기 기억능력의 발달

기억의 능력은 기억 용량(memory capacity)의 증가, 기억 전략(memory strategy)의 발달, 초인지(metacognition)의 발달로 나타난다.

(1) 기억 용량의 증가

기억 용량이 증가한다는 것은 정보를 저장할 수 있는 공간이 증가하는 것을 의미한다. 기억공간에는 감각기억, 단기기억, 장기기억이 있으며, 일시적인 기억 장소에 매우 짧은 시간(1초) 동안 머무는 감각기억과 거의 무제한적이므로 장기간 정보를 보유할 수 있는 장기기억은 연령에 따른 변화가 거의 없다. 그러나 정보를 조직하는 일시적 단계로서 새로운 정보를 처리하는 데 중요한 단기기억 장치는 새로운 정보를 어떻게 조직하고, 보관하고, 버릴 것인가를 결정하는 과정으로 기억의 용량에 영향을 줄 수 있다.

단기기억의 용량은 연령에 따라 증가하는데, 기존에 알았던 지식들이 연결되면서 정보를 처리하는 속도가 빨라지고 점점 효율적으로 되기 때문에 조작공간은 덜 필요로 하고 저장공간은 점점 증가한다. 예를 들어, 어렸을 적에는 시간이 많이 들던 것이 나이가 들면 자동화로 인해 시간과 노력을 적게 들이고도 쉽게 문제를 해결할 수 있게 된다.

(2) 기억 전략의 발달

기억 전략은 정보를 장기기억 속에 저장하고 그 정보가 잘 인출되도록 해 주는 의도적인 활동이다. 전략의 기본 목적은 각 처리의 효율성을 향상시킴으로써 아동의 정보처리 체제의 부하량을 감소시키고, 그 결과로 얻게 된 여분을 다른 과제의

처리에 사용하려는 데 있다. 그러나 종종 정보를 인출할 때 문제가 발생한다. 정보를 어디에 저장해 두었는지 위치를 찾지 못하는 일이 발생하는 것이다. 그러므로 정보를 좀 더 낯익은 범주로 조직화하는 여러 가지 기억 전략이 필요하다. 기억을 저장할 때는 주의집중, 암송, 조직, 정교화의 전략이 필요하고, 기억을 인출할 때는 회상과 재인의 전략이 필요하다.

① 주의집중

주의집중(attention)은 특정한 자극에 관심을 보이고 잠시 몰두함으로써 정보가 기억될 수 있는 역할을 한다. 아동의 주의력은 연령과 함께 증가한다. 영아들은 짧은 시간 동안 장난감을 가지고 놀지만, 성장해 감에 따라 점점 주의집중을 하는 것을 보인다.

또한 연령의 증가와 함께 아동은 계획적으로 주의(planning attention)를 한다. 주의는 계획적인 행동의 순서를 먼저 생각하고, 목표에 도달하기 위해 주의를 배분하는 것을 의미한다. 예를 들어, 영아는 왼쪽에서 오른쪽 순서로 교대하는 일련의 그림을 보여 주었을 때 그림이 나타나기 전에 다음 그림의 위치로 그들의 초점을 이동하면서 빠르게 학습을 하였다. 초등학교 입학 무렵의 아동은 복잡한 과제에 대해 무엇을 먼저하고 나중에 할 것인지 주의를 배분한다.

② 암송

기억해야 할 목록을 여러 번 반복하는 것을 의미하는 암송은 아동 초기에 시작되지만, 6세까지 일관성 있게 사용되지 못한다고 한다. Bjorklund(1997) 등의 연구에서는 암송훈련을 시켰을 때 아동이 훈련 직후에는 개선된 회상능력을 보였지만 다음 기회에는 암송하지 못했다고 밝혔다. 일반적으로 어떤 정보가 단기기억에서 더 많이 암송될 때 그 정보는 장기기억으로 전환되기 쉽다. 이렇게 암송은 정보를 더 오래 기억하도록 해 준다. 한 연구에서는 자발적으로 암송을 한 아동이 암송을 하지 않은 아동보다 더 기억을 잘하는 것으로 나타났으며, 암송을 하지 않은 아동에게 암송을 시켰을 때 자발적으로 암송을 한 아동과 비슷한 수준으로 기억량이 증가하였다. 이처럼 암송 전략은 연령이 증가하거나 연습을 많이 할수록 자동화되어 광범위한 상황 속에서 사용될 수 있다.

아동은 연령의 증가와 함께 학습 자료에 적합한 다양한 암송 전략을 적용한다.

9세나 10세의 아동은 무작위로 나열된 숫자를 제시하였을 때 반복적으로 암송을 했지만, 일련의 순서대로 제시하였을 때는 읽어 보는 정도만 하고 암송은 하지 않았다. 그러나 5~6세의 유아는 효과적으로 암송을 하지 못했고, 제시된 숫자들의 특성을 고려하지 못했다.

③ 조직화

조직화는 기억해야 할 것들을 의미적으로 관련지어 묶거나 범주화하는 방법이다. 의미적 조직화라고 불리는 기억 전략은 각 범주로 나누어서 암송함으로써 하나의 군집을 회상해 내는 것이 가능하다. 예를 들어, 자동차, 기차, 포도, 말, 오렌지 등을 기억하라고 할 때 자동차, 기차는 탈것의 범주, 포도, 오렌지는 음식 범주로 분류한 다음 암송을 한다.

아동의 조직화 전략은 Piaget 과제에서 유목 포함 조작이 가능해야만 한다. 아동 초기 유아를 대상으로 수행된 연구들에서는 갓 아동기에 접어든 아동은 의미론적 조직화가 불가능하다고 본다.

이러한 조직화 전략은 학교와 가정에서의 학습 경험이 중요한 것으로 보인다. 학교에서 교사의 지시로 조직하는 것을 경험해 본 아동이나 학습 자료를 조직화된 방식으로 제시하는 경험을 해 본 아동의 경우 전략적으로 조직화하는 능력을 가지고 있었다.

④ 정교화

정교화는 기억해야 하는 항목들에 무엇인가 덧붙이거나 의미 있게 연결함으로써 기억을 촉진시키는 전략으로 가장 늦게 발달하는 특성을 지니고 있다. 정교화는 서로 관계가 없기 때문에 범주화가 쉽지 않은 두 정보에 관계를 설정해 주는 것이다. 정교화 전략을 사용하기 위해서는 그 항목들을 이미지로 번역하고, 그들 사이의 관계를 생각할 수 있어야만 한다. 따라서 11세 이전의 아동에게 정교화 방법을 가르치는 것은 거의 불가능한 일이라고 본다. 또한 유아기의 아동은 여러 종류의 지식을 풍부하게 가지고 있지 않기 때문에 정교화 전략을 사용하여 새로운 정보를 기존 지식과 연결하는 것이 어렵다.

⑤ 회상과 재인

회상(recall)과 재인(recognition)은 기억 재료들이 얼마나 체계적으로 잘 저장되어 있는가에 달려 있다. 회상과 재인의 과정은 둘 다 장기기억 내에 저장되어 있는 것으로, 회상은 해답을 찾는 과정이고 재인은 제시된 정답을 짝짓기 하는 과정이다.

재인은 어떤 자극이 이전에 경험한 것과 동일하거나 유사하다는 것을 인지하는 것으로, 기억해야 하는 특정한 사물 자체가 인출 단서로 존재하기 때문에 가장 간단한 인출방식이다. 반면에, 회상은 특별한 단서 없이 이전에 본 물건이나 사건을 기억해 내는 것을 의미한다. 회상을 하기 위해서는 부재한 자극의 정신적 이미지를 생성할 수 있어야 하기 때문에 재인보다 더 이후에 발달한다. 대상영속성 실험에서 영아가 숨겨진 장난감을 찾아내는 것이나 어느 정도 시간이 지난 후 타인의 행동을 모방하는 지연모방은 영아기의 회상능력을 보여 주는 것이다. 그러나 이들의 회상능력은 실제로 높지 않다. 어린 아동과 비교하여 나이 많은 아동의 회상은 더 정확하고 완전하다. 그 이유는 연령 증가와 함께 기억 전략이 발달할 뿐 아니라, 의미적으로 조직화된 정보가 장기기억 속에 더 많이 저장되어 있으므로 효과적인 회상이 가능하기 때문이다.

⑥ 장기기억을 촉진시키는 요인

장기기억 속에 저장된 지식이나 스크립트 기억, 자서전적 기억들은 장기기억을 촉진시키는 역할을 한다. 장기기억 속에 저장되어 있는 기존의 지식은 기억을 촉진시킨다. 저장보다는 인출에서의 높은 수준의 조직화는 새로운 항목과 기존의 지식을 바르게 연합할 수 있도록 함으로써 회상을 자동화한다.

스크립트(script)란 일상적인 어떤 일이나 사건에 대해 지니고 있는 일반적인 표상들이다. 스크립트는 연령이 어릴수록 개략적이고, 연령이 높을수록 자세하고 복잡하나, 반복적인 사건을 경험할 때 동일한 스크립트 속에 융합시키므로 하나하나의 사건을 구체적으로 회상하기는 어렵다. 예를 들어, 매일 아침에 식사를 하기 때문에 일주일 전 식단을 기억해 내지 못한다. 반면에, 한번 형성되어 거의 영구적으로 지속되는 스크립트는 기억을 체계화하므로 회상을 촉진시키는 역할을 한다.

자서전적 기억(autobiographical memory)은 개인적으로 특별한 의미가 있기 때문에 오랫동안 기억하는 과거 사건에 대한 표상이다. 특히 일화적 정보(episodic information)는 특정 시점이나 장소에서 일어난 자서전적 사건에 관한 정보로, 특정

사건과 맥락 속에서 회상할 수 있다. 예를 들어, 처음으로 학교에 간 일, 병원에 입원한 일 등 개인적으로 경험한 사건들을 기억한다. 만 3세에서 6세 사이의 자서전적 기억은 더 조직화되고 정교해진다. 그러나 연령이 증가할수록 자서전적 기억은 더 많은 배경 정보를 포함하고 삶의 더 큰 맥락과 유기적 관련성을 갖게 된다.

(3) 초인지의 발달

초인지(metacognition)는 인지에 대한 인지로서 인간 사고의 다양한 측면에 대한 인식과 이해에 해당한다. 예를 들면, 입학 전의 아동과 초등학교에 다니는 아동에게 몇 개의 항목을 준 후 모두 회상을 할 수 있다고 인식할 때까지 학습을 하도록 하였다. 대체적으로 보다 나이 든 아동이 학습을 다 했다고 인식한 후에 항목을 정확하게 회상하였다. 그에 비해 나이 어린 아동은 학습을 다 하였다고 하였지만 정확하게 회상하지 못하였다. 이 연구에서처럼 자신의 기억능력을 조정하고 평가하는 지식을 초인지라고 한다. 즉, 어떤 인지작용의 어떤 양상을 그 대상으로 다루거나 또는 통제하는 지식으로 정의한다.

아동 초기와 중기 동안 초인지는 크게 발달한다. 초등학교 입학 이전의 아동은 우리가 기억이나 이해 혹은 추론과 같은 정신적 작용을 할 수 있다는 것을 알지만, 마음은 수동적인 용기에 지나지 않는다고 이해한다. 그러나 초등학교 아동은 사람의 마음에 대해 정보를 선택하고, 변형할 수 있는 능동적 · 구성적 대리인으로 인식한다. 이 시기의 과제를 잘 수행하기 위해서 과제에 집중하고 그 과제를 수행하고 싶어 한다. 이들은 유아보다 기억 전략에 대해 더 많이 알고 있으며, 기억 전략들 간의 미묘한 차이도 이해한다.

초인지적인 지식은 이미 획득된 인지적인 사실과 관련된 일상적인 지식을 경험을 통해 축적하고 장기기억 속에 저장한 지식과 신념을 의미한다. 우리가 학습할 내용에 관해 이미 많은 지식을 가지고 있다면 빠르게 연결될 수 있기 때문에 쉽게 기억할 수 있다. 친숙한 주제와 친숙하지 않은 주제일 때, 친숙한 주제의 경우에는 우리가 이미 가지고 있는 지식에 새로운 정보를 연결시킴으로써 재빨리 정보를 처리할 수 있다. 그러나 친숙하지 않은 주제의 경우에는 관련된 지식이 우리 기억 속에 저장되어 있지 않기 때문에 더 많은 노력이 요구된다.

3. 아동기 지능 및 창의성 발달

1) 아동기 지능 발달

(1) 지능에 대한 관점

지능이란 여러 사람이 다양하게 정의할 수 있으며, 아직도 명료한 정의가 불가능하다. 이는 지능이 정확히 관찰되는 것이 아니라 행동을 통하여 그리고 타인과의 비교를 통하여 추론할 수밖에 없기 때문이다. 지능에 대한 학자들의 다양한 견해를 종합해 보면, 지능이란 빠르고 정확하게 학습하는 능력, 문제해결을 위해 추상적 개념을 사용하는 능력, 그리고 새로운 상황이나 낯선 상황에 적응하는 능력을 의미한다(Sarafino & Armstrong, 1986). 현재 지능은 언어검사에 기초하여 생활연령과 정신연령의 비율로 측정하는 비네(Binet)검사와 언어와 동작 검사로 구성되어 생활연령과 정신연령의 편차로 측정하는 웩슬러(Wechsler)검사 등의 지능검사로 측정할 수 있다. 아동기의 지능 발달은 유아기부터 시작되어 15세경까지 급격한 성장을 보이며 11~12세경까지 가장 빠른 성장을 보이는 것으로 알려져 있다. 또한 앞에서도 언급하였듯이 아동의 지능은 타인과의 비교, 행동 특성을 기반으로 한 추론에 의해 측정하기 때문에 검사의 상황과 과정에 따라 그 결과가 다르게 나타나기도 한다. 따라서 지능검사는 현재의 능력평가를 위해 사용하는 것은 적절하나 미래의 능력을 예언하기 위해 사용하는 것은 바람직하지 않다.

아동의 지능 발달에 영향을 미치는 요소로는 부모의 사회경제적 지위가 있다. 이는 지능이 당사자의 유전적 형질과 환경 간의 상호작용을 통해 발달하기 때문이다. 즉, 지능은 아동의 타고난 능력과 그들이 태어난 환경 등의 영향을 받아 개인차가 많이 나타난다. 이러한 점에서 일반적으로 부모의 사회경제적 지위가 높을수록 아동과의 상호작용이 양적 · 질적으로 우위를 보이기 때문에 아동의 지능지수에 영향을 미친다고 간주된다(Medinnus & Johnson, 1976).

최근에는 아동의 지능이 단순히 IQ로 정의되기보다는 정보처리의 관점에서 정의되기도 하고(Sternberg, 1984), 다중지능(multiple intelligence)의 관점(Gardner, 1983)에서 정의되기도 하는 등 현재 지능에 관한 연구가 지닌 관점에서 벗어나 새로운 접근방법이 모색되고 있다. 다중지능이론에 대한 관점을 살펴보면 다음과 같다.

Gardner는『마음의 틀(Frames of Mind)』(1983)에서 다중지능이론(theory of multiple intelligence)을 발표하며 지능을 기존의 정의와는 차별화하여 '문화적으로 가치 있게 여겨지는 산물을 창조하거나 문제를 해결하는 데 유용하게 쓰일 수 있는 정보를 처리하는 신체적 · 심리적 잠재능력'이라고 보았다. Gardner는 지능 영역을 언어, 논리수학, 공간, 신체운동, 음악, 대인 간, 개인 내, 자연친화의 여덟 가지 영역으로 구분하였다.

Gardner에 의하면 이러한 여덟 가지 영역은 인간 뇌의 특별한 부분의 기능과 관련되어 있으며, 서로 독립적이므로 논리수학 정보처리 체계는 언어 정보처리 체계와 별개로 언어지능이 낮더라도 논리수학지능이 높을 수 있다. 예를 들어, Gardner가 실제로 연구한 대상 중 Einstein은 논리수학적 측면에서는 뛰어났으나 언어적 능력은 우수하지 않았으며, 개인 내 지능이 뛰어났던 Freud는 논리수학적 및 언어적 측면에서의 능력은 뛰어나지 않았다. 또한 한 가지 종류의 지능은 다른 여러 분야의 지적 활동에 공통적으로 사용될 수 있다. 예를 들어, 공간지능은 건축을 설계하는 건축가, 안무하는 무용가, 수술하는 외과의사에게도 필요하고 활용된다.

Gardner의 다중지능이론은 다음과 같은 두 가지 측면에서 시사점이 있다. 첫째, 지능에 대한 기존의 영역은 주로 논리, 수리, 언어 능력을 측정하였으나, 이를 확장하여 음악, 미술, 신체 영역과 자신과 타인을 잘 이해하는 능력까지 지능의 영역으로 포함하였다. 둘째, 교육적인 시사점으로, 지능의 다양한 영역에서 개인이 강점과 약점을 갖고 있는 영역이 있는데 이것을 교육과 연결하여 강점을 이용해 약점을 보완하는 방법으로 활용하는 것이다.

〈표 11-1〉 Gardner의 다중지능이론의 영역

영역	정의
언어지능	단어를 효과적으로 사용하는 능력, 언어를 이해하고 실용적 영역을 조작하는 능력
논리수학지능	숫자를 효과적으로 사용하는 능력, 사물 사이의 논리적 계열성을 이해하고 유사성과 차이점을 측정하고 사정하는 능력
공간지능	방향감각, 시각, 대상을 시각화하는 능력, 색, 형태, 구조에 관련된 지능으로 사물을 인지하는 능력, 내적인 이미지와 사진과 영상을 창출하는 능력
신체운동지능	신체의 운동을 손쉽게 조절하는 능력
음악지능	음악에 대한 전반적인 직관적 이해와 분석적이고 기능적인 능력

대인 간 지능	다른 사람의 기분, 의도, 동기, 느낌을 분별하고 지각하는 능력, 타인에게 동기를 부여하고 변화에 대해 유추하는 능력, 감각과 대인관계의 암시를 구별해 내는 능력, 실용적 방식으로 암시에 반응하는 능력
개인 내 지능	자아를 이해하는 데 관련된 지식과 그 지식을 기초로 적응하는 능력, 자신에 대해 정확히 알고 이에 따라 자아훈련, 자아이해, 자존감을 높이는 능력, 메타인지, 영혼의 실체성 지각 등 고도로 분화된 감정들을 알아내어 상징화하는 능력
자연친화지능	사물을 구별하고 분류하는 능력과 환경의 특징을 사용하는 능력, 분별-대처 기능으로 사물을 분별하고 그 사물과 인간의 관계를 설정하는 대처기능

(2) 지능과 환경

① 지능의 유전 대 환경의 영향

아동의 지적 능력의 차이는 유전인자에 기인하는가? 아니면 각 아동이 양육된 환경의 차이에 기인하는가? 아니면 유전과 환경의 상호작용에 의해 설명되는가? 지능에 대한 유전 요인의 영향을 입증하기 위해 연구자들은 쌍둥이, 형제, 부모와 함께 사는 아동 및 부모와 함께 살지 않는 아동의 IQ 점수 사이의 상관관계를 비교하는 연구를 실시하였다. 또한 연구자들은 입양아를 대상으로 입양된 아동과 친부모 및 양부모 사이의 IQ 점수의 상관관계를 비교하여, 입양아의 경우 양부모보다 친부모와의 상관관계가 높음을 입증하였다.

[그림 11-1]에는 유전 요인이 IQ에 미치는 영향을 규명한 연구결과가 제시되어 있다. 유전이 지능에 영향을 미친다면 유전적으로 밀접하게 관련된 사람은 비혈연관계에 비해 더욱 유사한 IQ를 갖게 된다. 일란성 쌍둥이의 IQ 점수는 다른 나머지 쌍의 점수에 비해 상관관계가 가장 높다. 또한 친부모와 자녀 사이의 상관관계는 양부모와의 상관관계보다 높다. 함께 양육된 유전적으로 관련성 있는 쌍은 다른 환경에서 양육된 경우보다 더 높은 상관관계를 보인다. 예를 들어, 함께 성장한 일란성 쌍둥이의 상관관계 평균은 .86이며, 다른 환경에서 양육된 경우는 .76이다. 이러한 결과는 이란성 쌍둥이뿐만 아니라 형제, 부모와 자녀 사이 및 비혈연관계 모두 해당된다. 이는 지능의 발달에 유전뿐만 아니라 환경이 영향을 미침을 시사해 주는 것이다.

사회경제적 지위 및 인종에 관계없이 부모가 가정에서 제공하는 자극적인 가정

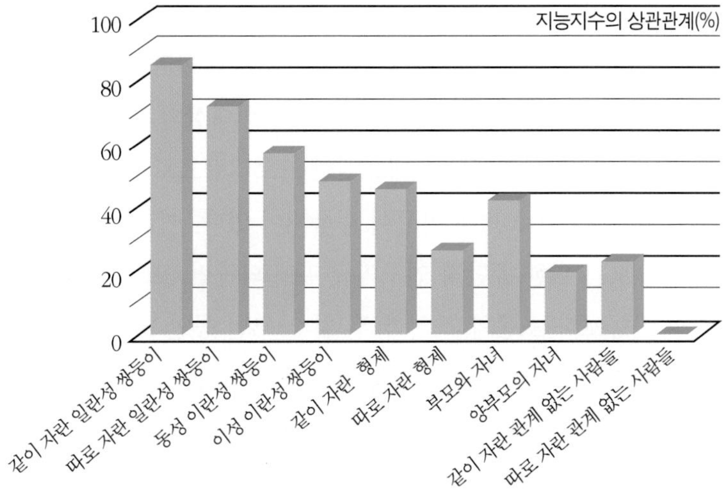

▶▶▶ [그림 11-1] 지능과 환경의 관계

출처: Bouchard, Lykken, McGue, Segal, & Tallegen(1990, pp. 223-228).

환경은 지능 발달과 관련이 있다. 가정환경을 측정하는 HOME(Home Observation for Measurement of the Environment)을 사용한 연구의 결과를 보면 조직적이고 자극적인 물리적 환경, 부모의 격려 및 참여와 애정은 걸음마기와 유아기의 IQ 점수와 언어 발달을 예언해 준다. 아동 중기에는 적극적인 자극 제공(예: 취미생활 격려) 및 발달적으로 자극적인 경험(예: 친구 집 방문)의 두 가지 요인이 아동의 학업 성취를 예언하는 것으로 나타났다.

연구자들은 저소득층 가정의 지적으로 결핍된 환경이 아동의 지능 발달에 영향을 미친다고 보고, 조기에 교육적인 개입을 통하여 이를 중재하려는 노력을 해 왔다. 예를 들어, 미국에서 개발된 헤드스타트 유아교육 프로그램은 저소득층 아동의 인지적인 결핍을 보상하여 지적 발달을 촉진시키는 대표적인 교육적 개입이다.

Brook-Gunn, Klevanov와 Duncan(1996)의 연구는 환경적 요인이 지능의 발달에 기여하는 결과를 보여 준 대표적인 연구다. 이 연구에서는 483명의 저체중 미숙아인 흑인과 백인 아동을 대상으로 출생 직후부터 5년 동안 이웃, 가족 수입, 가족 구조, 가족 자원, 어머니의 변인, 가정환경 등을 수집하였다. 대상 아동들이 만 5세가 되었을 때 웩슬러 유아지능검사(WPPSI)를 실시한 결과, 백인 아동에 비해 흑인 아동의 IQ는 낮았으나, 빈곤에 대한 대응, 어머니의 교육 수준 및 가정환경의 변화가 이러한 두 집단 사이의 차이를 감소시키는 것으로 나타났다.

② 취학 전 조기 개입과 지능 발달

1960년대 미국에서는 '빈곤과의 전쟁(war on poverty)'이라는 구호 아래 IQ와 학업 성취에서의 저하를 예방하기 위한 저소득층 아동 대상의 조기 개입 프로그램이 시작되었다. 헤드스타트 프로젝트가 대표적인 프로그램으로 최근 약 1,500개 헤드스타트 센터에 약 82만 6,000명의 아동이 등록되어 있다. 이러한 조기 개입 프로그램의 효과를 알아보기 위한 종단적 연구의 결과에 의하면, 프로그램에 참여한 아동은 통제집단의 아동보다 초등학교 입학 후 첫 2~3년 동안 IQ와 학업성취도 측면에서 더 우수하였으며, 그 이후에는 점차 효과가 없어지는 것으로 나타났다. 이러한 결과가 나타난 이유는 헤드스타트 프로그램에 참여한 아동들은 저소득층 지역의 재정 지원이 미약하고 질이 낮은 공립학교에 입학하기 때문이다.

취학 전 교육 프로그램 중에 즉각적인 IQ 향상과 장기적인 차원에서의 IQ와 학업성취도 향상을 가져올 수 있음을 입증한 프로그램들이 있는데 대표적인 프로그램이 페리 프리스쿨 프로그램(Perry Preschool Program)이다.

페리 프리스쿨 프로그램은 스탠퍼드-비네(Stanford-Binet) 지능검사에서 어머니의 IQ가 75~85인 빈곤층 아동을 대상으로 실시되었다. 프로그램 실시 후 종단적 연구를 통한 효과를 비교한 결과를 보면, 통제집단 아동의 5세 때 평균 IQ는 85였고 처치집단 아동의 IQ는 95였다. 처치집단 아동의 IQ는 학년이 올라갈수록 통제집단 아동의 평균과 같은 85까지 낮아졌다. 그러나 학업 성적의 향상과 그에 따른 경제적 · 사회적 향상에서는 분명한 차이가 있었다. 특수교육 학급 배정, 학업성취도 검사, 고등학교 졸업 비율뿐만 아니라 월소득, 주택 소유 여부 및 생활보호 대상자 비율에서도 통제집단 아동과 비교하여 처치집단 아동은 차이를 보였다. 이러한 결과는 IQ 향상의 효과가 없어져도 아동의 학업과 삶에서의 성취가 달라질 수 있음을 보여 준다.

③ 지능검사와 문화적 차이

지능검사에서 높은 점수를 받기 위해 특별한 유형의 문화적인 경험이 필요한 경우 검사가 문화적으로 편파적(cultural bias)이라고 본다. 지능검사는 언어기술과 산수능력에서의 성취 정도를 반영하며, 이러한 검사에서 측정된 성취는 지능을 반영하지만, 검사의 질문에 정확하게 대답하기 위해서 요구되는 개념에 대한 문화적인 친숙함 또한 반영한다. 심리학자들은 지능검사가 흑인과 저소득 계층에게 편파적

으로 이루어져, 흑인 거주 지역에서 자라온 아동들은 지능에서의 차이가 아닌 문화적인 차이로 인하여 검사에서 불이익을 당할 수 있다고 본다. 백인 중산층 가정에서 학습하는 개념과 언어가 이러한 검사에서 강조되고 있으며, 지능검사가 중산층의 백인계 아동을 표집하여 표준화되었기 때문이다.

1970년대 이후로 지능검사들은 전집을 대표하는 표집을 대상으로 표준화가 시도되었는데 대표적인 검사가 K-ABC다. Kaufman, Kaufman, Kaufman-Singer 그리고 Kaufman(2005)은 다양한 문화적 배경을 고려하고, 일반 아동뿐만 아니라 영재 아동, 정서장애아 및 학습장애아를 표준화 과정에 포함시켰다. 또한 심리학자들은 범문화적(cultural-free or cultural-fair test) 지능검사를 제작하였다.

범문화적 지능검사는 두 종류로 개발되었다. 하나는 모든 사회계층과 인종 배경에 익숙한 문항으로 구성된 검사다. 예를 들면, 모든 아동이 새와 개에 대해서 다 잘 알고 있다는 전제하에 새와 개의 차이점을 묻는 문항을 포함한다. 또 하나는 지능검사에서 언어적 능력이 많이 반영되므로 언어적 요인을 배제한 검사다. 그것은 언어적 지시가 없더라도 무엇을 요구하는지 바로 알 수 있다. 그러나 문화적 편견을 완전히 배제한 범문화적 지능검사를 개발하는 것은 상당히 어려운 일이다. 그러므로 지금까지 개발된 범문화적 지능검사는 그 나름대로의 한계가 있다.

④ 지능의 안정성

6세 아동들에게 지능검사를 실시하는 경우를 가정해 보자. 만일 같은 검사를 다음 달, 1년 후 또는 10년 후에 다시 실시한다면 현재의 검사 점수와 유사한 결과를 얻을 것인가, 아니면 변화가 있을 것인가?

종단적 연구결과에 따르면 처음 검사를 실시한 시기가 늦을수록 이후의 IQ에 대한 예언력이 더 높았다. 상관관계의 분석결과를 보면, 유아기와 학령기의 IQ의 상관관계는 .30이나, 학령기 동안에 실시된 검사의 상관관계는 .70~.80으로 높아지며, 청년기 동안에 실시된 검사의 상관관계는 .80에서 .90으로 더 높은 상관관계가 나타났다. 그 이유는 첫째, 영아기 및 유아기에 지능을 측정하기 위해 사용한 도구가 학령기나 성인기의 지능을 측정하는 도구와 상당히 다르기 때문이다. 예를 들어, 나이가 어린 경우 구체적인 지식을 측정하는 문항이 적용되나 그 이후에는 추상적인 문제해결을 요구하는 문항이 적용된다. 둘째, 유아기는 발달 속도가 빠른 시기이므로 IQ의 예언력이 낮을 수밖에 없으며, 6세 이후 예언력이 높아지는 것은

학교에 입학한 후 매일의 학습적인 활동과 지능검사 문항 사이에 유사성이 높기 때문으로 볼 수 있다.

⑤ 지능검사 결과의 올바른 사용

심리학자들이 지적하는 여러 제한점에도 불구하고 지능검사는 보편적으로 많이 활용되고 있다. 지능검사의 결과를 올바르게 사용하기 위해서 검사 제작자 및 사용자는 지능 및 지능검사에 대한 최근의 과학적 지식에 대하여 알고 있어야 한다. 또한 지능을 아동에 대한 유일한 정보로 활용하기보다 아동의 다른 정보와 함께 사용하여야 한다. 예를 들어, 아동을 특수학급이나 영재학급에 배치하는 경우 지능검사의 결과만으로 결정하는 것은 바람직하지 않다. 따라서 아동의 발달사, 학교에서의 수행, 사회적 능력 및 가족환경 등을 함께 고려하는 것이 필요하다.

2) 아동기 창의성 발달

Guilford는 창의성을 창의적 성취를 이루기 위한 정신적 능력으로 보았다. 그는 사고를 **수렴적 사고**(convergent thinking)와 **확산적 사고**(divergent thinking)로 구분하였다. **수렴적 사고**란 문제해결을 위해 다양한 답이나 해결책 중에 가장 적합한 것을 모색해 가는 사고로, 예를 들어 '4의 제곱은 무엇인가?'란 질문에 '16'이라는 답을 모색하는 데 필요한 사고다. 반면에, **확산적 사고**란 문제의 해결을 위해 다양한 해결책과 답을 모색하는 사고의 유형으로, 예를 들어 '옷걸이는 옷을 거는 것 이외에 어떤 용도로 사용될 수 있는가?'라는 질문에 대한 대답과 관련이 있다. 창의성은 이러한 확산적 사고와 관련이 있다. 확산적 사고는 원과 같은 도형을 제시하고 이를 이용해 그림을 그리도록 하여 고안한 그림의 수와 반응의 독특성에 기초하여 평가할 수 있다.

Guilford는 다음과 같이 확산적 사고의 네 가지 특성을 제시하였으며, 많은 창의성 검사가 이러한 기준을 사용하여 아동의 창의성을 평가한다.

- **유창성**(fluency): 제한된 시간 내에 많은 아이디어를 생산해 내는 능력
- **융통성**(flexibility): 사물을 다른 각도에서 보고 여러 관점에서 보는 능력
- **독창성**(originality): 기존의 생각과 다른 독특하고 새로운 생각을 만드는 능력

• 정교성(elaboration): 아이디어를 정교하고 세밀하게 구성하는 능력

창의성은 결과물 및 과정을 강조하는 입장에 따라 정의가 다르다. Torrance(1988)는 창의력을 곤란한 문제를 인식하고, 이를 해결하기 위해 아이디어를 만들고 가설을 세우고 검증하며, 그 결과를 전달하는 과정으로 정의한다. Torrance는 창의적인 아동은 다음과 같은 행동 특징이 있다고 제안하였다.

• 유머, 놀이성, 덜 경직된 태도로 일에 임함
• 어려운 과제에 대해 기꺼이 도전함
• 주의집중 시간이 길고, 높은 집중력 및 높은 흥미도를 가짐
• 비관습적인 생각을 하며 상상적 활동에 참여함
• 보통 아동보다 더욱 예민하며, 독립적임
• 또래들에게 가끔 괴짜나 바보 같은 생각을 한다는 말을 들음

최근에 연구자들은 창의성이 개인의 정의적 성향, 인지적 능력, 환경 및 복잡한 접근의 차원에서 인지적·개인적 특성, 사회적 맥락 및 사회문화적 환경 등의 다차원적인 요소들과 관련되어 있다고 본다. 우리나라에서 실시한 연구인 김원경과 우남희(2002)의 연구에서 아동의 정의적 성향, 성격 특성 및 인지능력이 창의성을 예언하는지 살펴본 결과, 아동의 활동 수준과 우울감이 낮고, 자아존중감이 높으며, 자기효능감이 높을수록 창의성 또한 높은 것으로 나타났다. 유연옥과 허미자(1999)의 연구에서 초등학교 1학년에서 6학년 아동을 대상으로 그림 창의성 검사를 이용하여 창의성의 발달 경향을 살펴본 결과, 창의성 발달이 U형으로 나타났다. 즉, 초등학교 1학년에서 3학년 사이에 급격한 증가를 보이다가 4학년에 하강하는 현상을 보이는데, 이는 이 시기가 아동들이 현실적이고 또래집단에 대한 동조성이 증가함에 따라 창의성이 감소하게 되는 관습적인 시기(conventional period)이기 때문이다.

아동의 창의력을 측정하는 대표적인 도구로는 TTCT(Torrance Tests of Creative Thinking)와 TCT-DP(Test for Creative Thinking Drawing Production)가 있다. TTCT는 현재 창의력을 검사하는 도구 중 가장 많이 사용하는 도구로 Guilford의 확산적 사고이론을 이론적 배경으로 하고 있다.

4. 교육적 적용

Bloom(1964)의 연구에 의하면 아동의 지능 발달을 촉진시키는 환경적 조건은 다음과 같다.

- 언어의 효과적인 사용과 언어능력의 신장을 자극하는 환경
- 풍부한 문화적 경험을 직접 경험할 수 있도록 기회를 풍부히 제공하는 환경
- 여러 가지 문제를 정확하게 사고하고, 자발적으로 해결하도록 격려하며 자극하는 지적인 환경
- 성취동기 유발, 발전적 언어모형 제공, 탐색적 경험 강화, 흥미활동 장려, 지적 성취에 대해 보상을 제공하는 환경

이 요인들 외에도 정서적 안정이나 스트레스를 줄이는 환경이 주어질 때 아동의 자발적 탐색과 지적 발달이 촉진된다고 볼 수 있다. 한편, 아동의 창의성 측면에서는 다음과 같은 교육의 역할이 필요하다고 할 것이다.

첫째, 아동의 창의성 발달 수준에 맞는 교육이 이루어져야 한다. 유아기와 아동기에는 기능 중심의 교육보다는 창의성의 기본이 되는 호기심과 탐구심을 기르고 풍부한 이미지를 경험하는 것이 선행되는 것이 적절하다.

둘째, 창의력과 상상력을 자극할 수 있는 이야기를 접하도록 한다. 현실의 세계에서 떠나 마음속에서 표상해 온 것들을 자유롭게 상상해 보는 경험은 아동이 현실을 극복하고 문제를 해결할 수 있도록 하는 힘을 줄 수 있다.

셋째, 창의적 놀이의 대상이 되는 놀잇감은 아동에게 중요한 상징적 의미를 갖는 경우가 많다. 유치원의 창시자인 Fröbel도 놀잇감에 많은 의미를 두어 은물을 만들기도 하였다. 이미 만들어진 완제품보다는 간단한 모양의 놀잇감이나 종이, 실, 물과 흙 등의 자연물은 가장 좋은 놀잇감이 될 수 있다.

넷째, 아동이 창의적이도록 하기 위해서는 먼저 생각에 잠길 수 있는 '시간'을 허락하여야 한다. 창의적인 순간은 생각과 몽상의 시간을 충분히 갖고 나서야 찾아오는 것이다.

다섯째, 아동의 개성을 존중하여야 한다. 아동에게 세상을 보는 독특한 시선을

권장해야 하며, 세상을 새롭게 보는 것을 격려하여야 한다.

토의 및 연구 문제

1. Piaget 이론에 따른 구체적 조작기의 사고 특성에 대해 논하시오.
2. 다중지능이론의 교육적 의의에 대해 논하시오.
3. 창의성을 개발하기 위한 교육적 환경에 대해 논하시오.
4. 지능 발달의 환경적 요인에 대해 논하시오.

12장 아동기 정서 및 사회성 발달

1. 아동기 정서 발달

유아기에 이어 아동기에도 정서 발달은 지속된다. 아동기 정서는 기본 정서에서 당혹감, 수치심, 죄책감, 부러움, 자부심 같은 좀 더 복잡한 인지능력이 요구되는 이차 정서로 발달하며, 이 시기에 자신의 감정을 인식하고 통제하고, 다른 사람의 감정을 이해하며 적절하게 대처하는 능력도 발달한다(변용만 외, 2007).

1) 6~7세 정서 발달

6세 정도에 정서 분화가 끝나는데, 이 시기에 아동은 수치심, 불만, 공포, 혐오, 실망과 분노, 질투와 불쾌, 흥분, 희망, 기쁨, 의기양양, 성인에 대한 애정, 아동에 대한 애정 등의 정서를 가진다.

7세 무렵 자랑, 질투, 격정, 죄의식 등과 같이 정서에 대한 인지가 심화된다. 이 시기의 아동은 모든 현상에 대해 호기심을 많이 느끼는데, 호기심을 강력하게 제지하면 죄책감이 형성되며, 이러한 죄책감은 특정한 대상이나 상황에 대한 불합리한 공포로 발전되는 경우가 많다. 이 시기의 공포는 시각적이고 청각적인 것에서 상상적인 것으로 변해 간다. 예를 들어, 학업에서의 실패, 무서운 이야기, 부모나 친구

또는 자신의 죽음 등에 대한 두려움, 놀림이나 조롱당하는 것, 과거의 나쁜 행위에 대한 후회나 죄책감 등이 그것이다(변용만, 2007).

2) 8~12세 정서 발달

이 시기는 비교적 정서적으로 안정된 시기로서 정서적 혼란이나 흥분은 비교적 적은 편이며 정서적 통제와 분화된 정서표현이 가능해지는 시기다(변용만 외, 2007). 또한 아동기 초기 초등학교에 입학할 무렵에는 정서조절 능력이 급속도로 발달한다(Brenner & Salovey, 1997).

8~11세 정도의 아동은 같은 사건에 대해 여러 개의 대조적인 감정이 발생할 수 있다는 것을 이해하게 된다. 그래서 아동은 집에 혼자 있으면 무섭기도 하고 자랑스럽기도 하다고 말한다(Brown & Dunn, 1996). 또한 아동은 복합감정이 동시에 일어나지 않고 차례로 일어난다고 생각한다. 즉, 아동은 같은 사건에 대하여 행복과 슬픔을 모두 느낄 수 있지만, 동시에 느끼는 것은 아니라고 생각한다(Kostelnik, Whiren, Soderman, & Gregory, 2008)

아동은 자신을 동료와 비교하고 동료의 인정에 더 관심을 갖게 되면서 부정적 정서를 조절하는 방법을 배워 간다. 흔히 아동기에는 낮은 학업 성적과 동료들로부터의 거부를 두려워한다. 10~14세에는 우울, 안도, 실망, 수치감과 같은 보다 미묘하고 복잡한 정서를 이해할 수 있게 된다. 이처럼 아동이 이해하는 정서의 폭이 넓어지면서 상황에 따른 정서 변별의 정확성도 증가한다(Saarni, 1997). 초등학교 고학년이 되면 자긍심이나 죄책감이 자연스럽게 표출된다. 즉, 부모나 교사가 칭찬을 하거나 야단치지 않아도 어려운 일을 해내고 나서 스스로 자긍심을 느낄 것이고, 부정행위를 하거나 거짓말 등 도덕적으로 옳지 못한 일을 했을 때는 고통스러운 죄책감을 느낀다.

10세 무렵, 아동은 정서를 조절하기 위해 적응적인 기법을 터득하게 된다(김유미, 2005). 어떤 결과에 대해 통제권이 있는 상황에서 아동은 문제해결과 사회적 지지를 얻는 것을 최선의 전략으로 본다. 그러나 그 결과가 자신의 통제 범위를 벗어나면, 그들이 현재의 조건을 수용하는 데 도움이 되는 방식으로 상황을 재정의하거나 기분을 전환할 방법을 찾는다. 유아와는 달리 아동은 정서를 조절하기 위해 내적 전략을 이용하는데, 이런 변화는 아동기의 상위인지 발달에 의해 촉진된다(곽노

의 외, 2013).

특히 남녀 아동은 분노 및 슬픔 상황에서 정서조절 동기와 정서조절 전략에서 차이를 보인다. 남아는 부정적인 결과를 회피하고자 분노를 조절하는 반면, 여아는 분노를 표현함으로써 상대방의 마음을 다치게 해서는 안 된다고 생각한다. 즉, 여아는 남아에 비해 관계지향적 동기에 따라 분노를 조절한다(정옥분, 2011)

아동기가 되면 생일에 자신이 원하는 선물을 받지 못해도 실망감을 표현하지 않는 것과 같이 자신의 진짜 감정을 숨기는 일에 점점 능숙해지기 때문에 아동의 진짜 감정이 무엇인지 이해하기 어려울 때가 있다. 또한 얼굴에 나타난 표정이 진짜 정서를 표현하는 것이 아닐 수 있다는 사실을 이해하기 시작한다.

아동기에는 유아기에 느끼지 못했던 복합정서를 이해한다. 이 시기에 아동은 동시에 한 가지 이상의 정서를 경험할 수 있다는 사실을 이해하게 되는데, 그 정서는 둘 다 긍정적일 수도 있고 부정적일 수도 있으며 강도가 다를 수도 있다(McDevitt & Ormrod, 2002).

우리나라 초등학생의 정서 발달을 위해 학교생활에서 다양한 교우관계나 교육 프로그램을 통해서 자신의 정서를 조절하고, 공동체 생활을 통해 타인에 대한 감정이입을 강화하는 교육을 마련해야 할 것이다.

2. 아동기 자기이해 능력 발달

아동의 자기이해는 자기인식에서 출발한다. 아동의 자기인식은 자아개념과 자아존중감의 발달을 초래한다. 또한 타인과의 관계를 확대하면서 발달한다.

1) 자아개념

자아개념(self-concept)이란 내가 '나'에 대해서 가지는 모든 지각을 의미한다. 즉, 인간으로서 자신의 신체, 행동, 능력 등에 대해 가지는 태도와 신념 및 견해, 그리고 상황에 대한 지각과 환경과의 상호작용을 통해 형성되는 경험의 총체를 뜻한다(이경화, 고진영, 2003). 자아개념은 자신이 누구인가를 깨닫는 것이다. 그리고 자신이 독특하고 타인과 구별되는 분리된 실체라고 인식하는 것부터 시작된다.

아동기 초기에는 주로 자신의 신체적 특성이나 소유물, 좋아하는 놀이활동 등을 통해 자신을 묘사하는 반면, 아동기 말이 되면 심리적 특성이나 다른 사람과의 관계 등을 중심으로 자신을 묘사한다. 송인섭(1998)은 자아개념의 발달을 다음과 같이 설명하였다.

- 1단계: 신체적 자아 형성단계

생후 15개월부터 영아는 신체적 자아를 인식한다. 신체적 자아는 '내 안에 어떤 것' 과 '밖에 있는 다른 것' 간의 막연한 구분이며, 이것은 평생 동안의 자기인식과 연결된다.

- 2단계: 자아정체성의 출현단계

자신은 변하지 않는 동일한 사람이라는 것을 인식하며, 특히 이름을 통해 자신의 자아를 동일시하고 세상 모든 사람의 자아로부터 자신을 구별한다.

- 3단계: 자아존중감의 단계

다양한 경험을 통해 자아존중감이 발달하기도 하고, 부정적인 감정이 생기기도 한다. 유아의 자율성은 자아존중감 발달을 위해 중요하다.

- 4단계: 자아 확장단계

'나의 것'으로 동일시되었던 대상과 사람들의 제한된 범위로부터 더 큰 실제(국가, 직업, 종교 등)가 나의 것이 되는 과정을 구축해 나간다. 사물뿐만 아니라 가치, 신념까지 포함한다.

- 5단계: 자아상의 발달단계

유아는 자기 자신에 대해 가지고 있는 의견을 말할 수 있으며, 부모의 양육방법을 통해 부모의 기대를 깨닫고 도덕적인 책임의식을 발달시킨다.

- 6단계: 자아영상을 형성하는 단계

학교생활을 통해 논리적 규칙과 조직의 의미를 배우게 되며, 이 시기 동안 논리적이고 합리적인 과정에 의해 문제를 해결할 수 있다.

• 7단계: 고유의 자아를 추구하는 단계

청년기에 '나는 누구인가?'라는 질문을 통해 인생의 목표, 즉 미래에 하고자 하는 것과 그것을 실현하기 위한 계획을 세울 수 있다.

자아개념에 대한 기술의 특징은 연령이 증가할수록 구체적인 것에서 추상적인 것으로 변화하며, 점차 내면적이고 심리적인 용어로 자신을 묘사한다는 것이다.

〈표 12-1〉 아동의 자아개념 기술에 대한 변화

연령	자기기술의 특성	예시
아동기	• 행동 특성, 능력, 감정, 소속으로 분류함 • 자신의 기술과 능력에 대해 사회적 비교를 함	• "나는 노래를 잘해." • "나는 행복한 아이야." • "나는 슬퍼." • "나는 국어는 잘하지만 수학은 못해."
청소년 초기	• 태도, 성격 특성, 신념 등 자신의 내면 특성에 초점을 맞춤	• "나는 화학이 싫어." • "나는 호기심이 많아."
청소년 중기	• 다른 상황에서 자신에 대해 서로 틀린 기술을 함	• "나는 애국자야."
청소년 후기	• 단일 성격 특성으로 통합함	• 필요한 경우 자신의 진짜 모습이 아닌 목적성을 가진 행동으로 표현하는 가짜 자아가 나타남

출처: 강문희 외(2004, p. 29).

2) 자아존중감

자아개념이 자아에 대한 인지적 자각이라면 자아존중감은 감정적 느낌이다. 자아존중감(self-esteem)은 인간의 정신건강에 결정적 역할을 한다. 유아기에는 자아존중감이 높은 편이나 아동기에 들어서면 자신을 객관적으로 평가하게 되면서 현실적 수준으로 조정된다. 학령기 아동은 학업, 신체, 사회성의 세 측면에서 자아존중감을 형성하게 되는데, 연령이 증가함에 따라 이는 다시 더 세분화된다. 학업적 자아존중감은 국어, 수학, 기타 과목으로 세분화되고, 사회적 자아존중감은 또래관계와 부모와의 관계로 세분화된다. 그리고 신체적 자아존중감은 외모와 신체적 능력으로 세분화된다(정옥분, 2013).

자아존중감은 능력감, 소속감, 가치감으로 구성된다(김상림 외, 2014).

- 능력감: 성취해야 할 목표를 효율적으로 성취하는가에 따라 자신을 평가하는 것으로, 개인적 성공과 자신이 어떤 능력을 지니고 있다는 느낌이다. 능력감이 있는 아동은 '나는 무엇이든 할 수 있어. 잘할 수 있을 거야. 열심히 하면 잘될 거야. 지난번에도 잘했잖아.'라고 생각한다.
- 소속감: 자신이 집단 구성원들에게 수용되고 가치 있는 존재로 인정된다는 것을 깨닫는 것으로, '나는 사랑받고 있구나. 내가 여기 있을 수 있어 다행이다. 행복하다.'라고 생각한다.
- 가치감: 자신이 얼마나 자신을 좋아하는가 또는 자신이 또래나 부모로부터 얼마나 사랑을 받는가에 대한 판단으로, 가치감이 있는 아동은 '우리 부모님은 나를 굳게 믿고 있어. 실망시키면 안 돼. 이건 내가 있어야 가능해. 공부는 역시 내가 최고로 잘해.'라고 생각한다.

아동기 자아존중감에 영향을 미치는 영향 요인을 살펴보면 다음과 같다. 첫째, 부모의 양육태도에서 부모가 온정적 · 수용적인 양육태도를 취할 경우 아동의 자아존중감이 높은 반면, 거부적 태도를 보일 경우는 자아존중감이 낮은 것으로 나타났다. 둘째, 출생 순위별로 맏이나 외동일 경우 자아존중감 점수가 높게 나타났다. 또한 형제관계가 친밀하고 온정적인 경우에는 자아존중감이 높고, 갈등적인 경우에는 자아존중감이 낮은 것으로 나타났다. 셋째, 사회경제적 지위가 낮은 집단은 자아존중감이 낮은 것으로 나타났다. 넷째, 아동의 자아존중감은 아동이 지각한 사회적 지지의 수준에 따라 다르게 나타났다. 즉, 또래, 가족, 교사로부터 사회적 지지를 많이 받는다고 생각한 아동은 적게 받는다고 생각한 아동보다 자아존중감이 높았다.

아동이 자신에 대해 긍정적으로 평가하면 자아존중감이 높아지고, 부정적으로 평가하면 자아존중감도 낮아진다.

3) 자기효능감

자기효능감(self-efficacy)이란 자신이 스스로 상황을 극복할 수 있고 자신에게

주어진 과제를 성공적으로 수행할 수 있다는 신념이나 기대를 의미한다(Bandura, 1977). 높은 자기효능감은 긍정적인 자아개념을 촉진하고, 지속적으로 과제지향적인 노력을 하게 하여 높은 성취 수준에 도달하게 하지만, 낮은 자기효능감은 부정적인 자아개념을 갖게 하여 자신감이 떨어뜨리고 성취지향적 행동을 위축시킨다.

자기효능감은 아동기에 증가한다. 특정 과제에서 성공하거나 실패한 경험에 비추어 아동은 이제 특정 영역에서 자신이 얼마나 잘할 수 있는지를 예견할 수 있다. 낮은 자기효능감은 극단적인 경우 자신은 아무것도 할 수 없다는 학습된 무력감을 갖게 한다.

4) 자기통제

자기통제(self-control)란 목표를 달성하기 위해 순간의 충동적인 욕구나 행동을 억제할 수 있는 능력을 말한다. 자기통제 능력은 유혹에 저항하는 능력, 만족을 지연하는 능력, 충동을 억제하는 능력으로 구성되어 있다. 만약 충동을 억제하는 것을 배우지 못한다면 다른 사람의 권리를 침해하거나 규칙을 위반함으로써 항상 다른 사람과 마찰을 일으킬 것이며, 인내심이 부족하면 장기적인 목표 달성이 어려울 수 있다.

아동기에는 자기통제 능력이 급격히 증가하는데, 그 이유는 두 가지로 분류할 수 있다. 하나는 인지적으로 성숙하기 때문이다. 따라서 아동은 자신의 사고와 행동을 규제할 수 있는 보다 효율적인 전략을 사용할 수 있다. 다른 하나는 자기규제와 자기통제의 가치를 강조하는 규준을 내면화하기 때문이다.

5) 사회 인지와 타인 이해

사회 인지는 사회적 관계를 이해하는 능력으로, 타인의 감정, 생각, 의도, 사회적 행동들을 이해하는 능력이다. 사회인지이론 중 역할수용이란 타인의 입장이 되어 그 기분을 이해하는 능력이다. 역할수용 능력이 뛰어나면 타인을 더 잘 이해하고 효율적인 의사소통을 한다.

Selman(1980)은 사회적 역할수용의 발달단계를 5단계로 나누었다.

- 제1단계: 자기중심적 미분화단계(3~6세)로, 자신의 입장과 타인의 입장을 구별하지 못한다. 타인을 자기중심적 입장으로 이해한다.
- 제2단계: 주관적 역할수용 단계(5~8세)로, 다른 사람은 다른 생각을 가질 수도 있다고 생각하지만 왜 그런지는 이해하지 못한다. 다른 사람의 의도를 단지 눈에 보이는 사실에 근거해서 판단한다.
- 제3단계: 상호 역할수용 단계(8~10세)로, 아동기가 여기에 해당된다. 다른 사람의 관점을 이해하고 절대적으로 옳지 않다는 것을 알게 되지만 양자 간의 관계에서 이해할 뿐이고 제3자의 입장은 배제된 상태다.
- 제4단계: 제3자적 역할수용 단계(10~12세)로, 제3자의 입장에서 자신을 주체로서 또는 객체로서 바라볼 수 있으며, 제3자 입장에서 두 사람의 관계를 객관적으로 바라볼 수 있다.
- 제5단계: 사회관습적 역할수용 단계(12세~성인)로, 모든 사람이 공유할 수 있는 사회적 · 관습적 · 법적 · 도덕적 관점의 복합적 · 상호적 역할수용이 필요하다는 것을 깨닫게 된다. 이 시기에는 보편적 사회제도의 관점을 고려한다.

3. 아동기 도덕성 발달

도덕성이란 선악을 구별하고 옳고 그름을 바르게 판단하는 능력을 말한다. 도덕성 발달은 자신이 속한 사회의 문화규범에 따라 행동하도록 배우고 그것을 수용하는 과정에서 이루어진다.

도덕성은 도덕적 사고, 도덕적 감정, 도덕적 행동으로 구분할 수 있다. 도덕적 사고는 옳고 그름에 대한 평가인 도덕적 판단이며, 도덕적 감정은 사고나 행동에 대한 정서적 반응이고, 도덕적 행동은 도덕적 판단을 한다 해도 실제로 어떻게 행동하느냐에 대한 것이다.

도덕적 행동에 영향을 미치는 요인에 대해 학습이론가들은 학습이론의 원칙이나 개념에 따라 아동이 자기통제를 할 수 있는 능력이나 유혹에 저항할 수 있는 힘 등에 대해 연구한다. 반면, 정신분석이론가들은 죄책감, 불안 등 도덕적 감정에 관심을 갖는다. 도덕적 감정은 양심이나 초자아의 역할이 강조된다. 인지발달이론가들은 도덕적 판단에 더 많은 관심을 갖고 도덕적 판단의 성숙 수준을 측정한다.

1) 도덕성 발달이론

(1) 인지발달이론

① Piaget의 도덕성 발달

도덕성에 대해서는 Piaget가 최초로 연구하였는데, 그는 4~13세의 아동에게 다양한 갈등상황의 이야기들을 들려주고(〈표 12-2〉 참조) 주인공의 행동을 판단해 보게 하였다.

Piaget의 이론에 의하면, 7세부터 10세까지의 아동은 과도기적 도덕성 단계로서 타율적 도덕성과 자율적 도덕성이 함께 나타나는 시기다. 그러나 10세경에는 자율적 도덕성에 도달하게 된다. 이 단계의 아동은 점차 규칙은 사람이 만든 것이고, 그 규칙을 변경할 수 있다고 생각하며, 도덕적 판단을 할 때 상황적 요인을 고려하는 융통성을 보인다.

〈표 12-2〉 Piaget의 도덕적 갈등상황

Piaget의 의도성(intent) 연구: 누가 더 큰 벌을 받아야 하는가?	
이야기 A	John이라는 아이가 방에 있다. 어머니께서는 저녁을 먹으라고 John을 부른다. John은 식당으로 간다. 그런데 문 뒤에 의자가 있고, 의자 뒤에 접시가 15개 놓여 있었다. John은 문 뒤에 이런 것들이 놓여 있는지 알 수가 없었다. John은 문을 열고 들어가는데, 문이 꽝하고 접시에 부딪히면서 접시 15개가 모두 깨져 버렸다.
이야기 B	옛날에 Henry라는 아이가 있었다. 어느 날 어머니가 외출하고 없는 사이에 Henry는 찬장에 있는 잼을 꺼내려고 하였다. Henry는 의자를 놓고 올라가 손을 뻗어 보았지만, 잼이 너무 높은 칸에 놓여 있어서 꺼낼 수가 없었다. Henry는 잼을 꺼내려고 애를 쓰다가 컵 한 개를 넘어뜨렸다. 컵은 바닥에 떨어져서 깨지고 말았다.
위 이야기에서 누가 더 나쁜가를 물으면 대부분의 아동은 그릇을 깨게 된 동기나 의도와는 관계없이 15개의 접시를 깬 John이 컵 한 개를 깬 Henry보다 나쁘다고 생각한다. 타율적 도덕성 단계의 아동은 행위의 의도보다는 결과가 얼마나 나쁜가 또는 결과적으로 다른 사람으로부터 비난을 받을 것인가의 여부에 의해 도덕적 선악을 결정하기 때문이다.	

② Kohlberg의 도덕성 발달

Kohlberg(1976)는 Piaget의 이론을 기초로 아동기 도덕성 발달단계에 대한 이론을 정립하였다. 그는 도덕적 딜레마 상황에서 내담자들이 그 상황을 어떻게 판단하는지와 그렇게 판단한 이유를 추론하였다. 그가 고안한 도덕적 딜레마 중에서 유명한 것은 Heinz 딜레마다.

유럽에서 어떤 여인이 특별한 종류의 암에 걸려 죽음 직전에 있었다. 의사들은 그 여인을 살릴 수 있는 유일한 방법은 새로 개발한 신약을 먹는 것이라고 했다. 그 신약은 같은 도시에 있는 약사가 최근에 발견한 것으로, 라듐의 한 형태였다. 그 약을 제조하는 데는 시간과 비용이 많이 들었다. 때문에 약사는 약값으로 제조비용의 열 배를 요구했다. 즉, 라듐 구입에 200불을 지불했기 때문에 그 약의 소량 처방에 2,000불을 요구했다. 환자의 남편인 Heinz는 이 약을 살 돈을 마련하기 위해 아는 사람을 모두 찾아 다녔지만 약값의 반인 1,000불밖에 구하지 못했다. 그는 약사에게 자기 아내가 죽어 가고 있다는 것을 말하고 약을 좀 싸게 팔거나 아니면 외상으로 달라고 부탁했다. 그러나 약사는 "안 돼요. 나는 그 약을 어렵게 개발했고, 그래서 그 고생에 대한 대가를 받아야 합니다."라고 말하며 거절했다. 그래서 Heinz는 절망한 나머지 아내를 위해 문을 부수고 들어가 약을 훔쳤다.

하인즈는 약을 훔쳐야만 했을까? 그 이유는 무엇인가?

〈표 12-3〉 Heinz의 행동에 대한 구체적 반응 예

반응 수준	반응 내용
1단계	• (괜찮다) 훔친 약값이 실제로는 200불밖에 안 될지도 모른다. • (나쁘다) 남의 것을 함부로 훔칠 수 없다. 그것은 죄다. 약값이 비싸니까 비싼 것을 훔치면 그만큼 큰 죄가 된다.
2단계	• (괜찮다) 약국 주인에게 큰 해를 끼치는 것도 아니고, 또 언제나 갚을 수도 있다. 아내를 살리려면 훔치는 길밖에 없다. • (나쁘다) 약사가 돈을 받고 약을 팔려는 것은 당연한 일이다. 그것은 영업이고, 이익을 내야 한다.
3단계	• (괜찮다) 훔치는 것은 나쁘지만, 이 상황에서 아내를 사랑하는 남편으로서는 당연한 행동이다. 아내를 살리려 하지 않는다면 비난받을 것이다.

	• (나쁘다) 아내가 죽는다 해도 자기가 비난받을 일은 아니다. 약을 훔치지 않았다고 해서 무정한 남편이라 할 수는 없다. 훔치지 않아도 Heinz는 자기가 할 일을 다한 것이다.
4단계	• (괜찮다) 사람이 죽어 가는데 약사가 잘못한 것이다. 아내를 살리는 것이 Heinz의 의무다. 그러나 약값은 반드시 갚아야 하고, 훔친 데 대한 처벌도 받아야 한다. • (나쁘다) 아내를 살리려는 것은 당연하지만, 그래도 훔치는 것은 역시 나쁘다. 자기 감정이나 상황과 관계없이 규칙은 항상 지켜야 한다.
5단계	• (괜찮다) 훔치는 것이 나쁘다고 말하기 전에 전체적인 상황을 고려해야 한다. 이 경우 법은 분명히 훔치는 것이 나쁘다고 규정한다. 그러나 이 상황이라면 누구라도 약을 훔칠 수밖에 없을 것이다. • (나쁘다) 약을 훔쳐서 결과적으로 아내를 살릴 수 있지만, 목적이 수단을 타당화하지 못한다. Heinz가 전적으로 나쁘다고 말할 수는 없지만, 상황이 그렇다고 해서 그의 행동이 옳은 것이 될 수는 없다.
6단계	• (괜찮다) 법을 준수하는 것과 생명을 구하는 것 사이에서 선택하라면 약을 훔치더라도 생명을 구해야 하는 것이 더 높은 수준의 원칙이다. • (나쁘다) 암은 많이 발생하고 약은 귀하니 필요한 모든 사람에게 약이 다 돌아갈 수 없다. 이 경우 모든 사람이 보편적으로 옳다고 생각되는 행동을 해야 한다. 감정이나 법에 따라 행동할 것이 아니라 한 인간으로서 무엇이 이성적인가를 생각했어야 한다.

출처: Shaffer(1993)에서 인용.

Kohlberg(1976)는 이러한 질문들에 대한 대답을 기초로 하여 도덕적 판단의 발달에 관한 이론을 청소년, 성인에 이르기까지 확대시켜 〈표 12-4〉에 제시된 것과 같이 3수준 6단계로 구성하였다.

〈표 12-4〉 Kohlberg의 도덕성 발달단계

수준	단계	내용
수준 1. 전인습적 수준 (preconventional level): 이 수준에서 아동은 행위의 결과가 가져다주는 보상이나 처벌에 의해 옳고 그름을 판단하거나 규칙을 정하는 사람들의 물리적인 권위에 따라 도덕성을 고려하여 판단한다.	단계 1: 처벌과 복종 지향	인간적 의미나 가치와는 무관하게 행위의 물리적 결과에 의해 옳고 그름을 결정한다. 처벌을 피할 수 있거나 힘이 있는 사람에게 무조건 복종하는 것 자체가 도덕적 가치를 갖는다.
	단계 2: 도구적 상대주의 지향	자신이나 타인의 욕구를 도구적으로 충족시키는 것이 옳은 행위다. 인간관계는 시장원리와 유사하다. 공정성, 상보성, 분배의 평등성에 대한 인식이 시작되지만, 진정한 정의나 관용보다는 서로의 등을 긁어 주는 것과 같이 자신에게 돌아오는 이익을 생각하는 수단적인 호혜성의 수준에 그친다.

수준 2. 인습적 수준 (conventional level): 이 수준에서는 가족, 사회, 국가의 기대를 유지하는 것 자체가 그 결과와는무관하게 가치롭다. 이러한 태도는 단순히 개인적 기대나 사회적 질서에 동조하는 것뿐 아니라, 적극적으로 질서를 유지하고 지지하며, 집단이나 그 성원들에게 동일시하고 충성하는 것을 포함한다.	단계 3: 대인 간 조화 또는 착한 소년-소녀 지향	이 단계에서는 옳은 행동이란 타인을 기쁘게 하거나 도와주며, 타인으로부터 인정받는 것이다. 따라서 대다수의 사람이 갖는 고정관념에 동조한다. 타인의 반응이 도덕성 판단의 기준이 되지만, 물리적인 힘보다는 심리적인 인정여부에 관심이 있으며, 착해짐으로써 타인의 인정을 얻는다. 이 단계에서부터 사회적 규제를 수용하며, 의도에 의해 행위의 옳고 그름을 판단하기 시작한다.
	단계 4 : 법과 질서 지향	권위, 고정된 규칙, 사회적 질서를 지향한다. 자신의 의무를 다하고, 권위자를 존중하며, 사회적 질서를 유지하는 것이 옳은 행동이다.
수준 3 : 후인습적 수준 (postconventional level): 이 수준에서는 집단의 권위나 권리를 행사하는 사람들과는 무관하게 도덕적 가치와 원리를 규정하려는 노력을 보인다.	단계 5 : 사회적 계약과 합법적 지향	개인의 권리를 존중하고 사회 전체가 인정하는 기준을 준수하는 것이 옳은 행동이다. 법은 개인의 자유를 규제하기 위함이 아닌 극대화하기 위해 제정된다는 것을 인식한다. 사회적 약속은 대다수의 구성원보다 나은 이익을 위해 항상 바뀔 수 있는 것으로 판단하며, 이전 단계와 달리 도덕적 융통성을 갖는다.
	단계 6 : 보편적인 윤리적 원리 지향	옳은 행동은 자신이 선택한 윤리적 원리와 일치하는 양심에 의해 결정된다. 이 원리는 구체적인 규율이 아닌 인간의 존엄성, 정의, 사랑, 공정성에 근거를 둔 추상적이며 보편적인 행동지침이다. 이 단계의 도덕성은 극히 개인적인 것이므로 때로 대다수가 수용하는 사회적 질서와 갈등을 일으킬 수 있다. 그러나 이 단계에 도달한 사람들은 자신의 양심이 가하는 처벌을 사회가 가하는 처벌보다 더욱 고통스럽게 생각한다.

출처: Kohlberg(1984).

(2) 사회학습이론

Bandura(1977) 등의 사회학습이론가들은 주로 도덕적 행동에 대해 연구했는데 도덕성도 다른 모든 행동과 마찬가지로 강화, 처벌, 모방 등으로 설명한다. 법이나 사회관습에 일치하는 행동이 보상을 받으면 아동은 그 행동을 계속하게 되고, 반면 비도덕적 행동이나 바람직하지 못한 행동으로 벌을 받게 되면 그러한 행동은 하지 않게 된다.

사회학습이론가들은 아동이 외적인 감독이 없을 때 유혹을 견디는 과정을 자기통제라고 한다. 그리고 행위의 도덕 기준이 학습과 모델링에 의해 설정되면 개인은 자기평가적 능력을 갖게 된다고 한다. 자기통제를 하는 아동은 자기 자신을 위해 하위 목표를 설정하고 그 기준에 부합하거나 능가했을 때는 자기 자신을 보상하며,

그 기준에 미달했을 때는 자신을 벌한다.

(3) 정신분석이론

정신분석이론에서는 인생의 초기단계에 아동이 부모의 기준이나 사회의 규범에 적응하게 되면서 도덕성 발달이 이루어진다고 보았다.

Freud(1933)는 인간의 성격구조는 원초아, 자아, 초자아로 구성되어 있으며, 도덕성 발달은 초자아의 발현을 통해 이루어진다고 보았다. 초자아는 남근기에 발생하는 오이디푸스 콤플렉스를 해결하는 과정에서 형성된다. 오이디푸스 콤플렉스를 해결하기 위해 아동은 같은 성의 부모를 동일시하고 초자아를 통해 부모의 행동이나 가치 기준을 내면화하게 된다. 따라서 아동은 부모의 가치 기준이나 외적 규범에 위배되는 행동을 하게 되면 죄책감을 느끼게 된다.

도덕적 감정은 주로 죄책감을 통해 측정된다. 일탈하고자 하는 유혹에 직면했을 때 죄책감을 느끼는 아동은 불안감을 피하기 위해 유혹에 저항하지만, 죄책감을 느끼지 않는 아동은 유혹에 넘어가게 된다. 이러한 주장은 정신분석학적인 입장일 뿐이다.

초자아의 형성은 오직 거세불안에 의해 완전해지는데, 여성에게는 거세불안이 없는 만큼 남자보다 덜 엄격하다는 주장은 단순히 Freud 자신의 문화적 고정관념을 반영하는 것일 뿐이라는 비판을 받는다(정옥분, 2011).

2) 가치교육

가치관은 바람직하다고 생각하는 감각이라고 정의할 수 있으며, 생활의 여러 국면과 과정에서 가치 판단이나 가치 선택을 할 때 일관성 있게 적용하는 가치 기준과 신념체계다. 따라서 여러 가지 행동이나 사물에 대한 우선순위를 결정함에 있어서 시비, 선악, 정오를 판단하는 기준이 된다.

가치관은 학교에서 교육이 가능한 행동적 가치와 과정적 가치가 있으며, 실재적 가치는 삶의 양식에서 배우기 때문에 학교에서 가르치기 어렵다.

교실에서 가치교육은 절대적인 가치에 대해 처음부터 차근차근 가르치며 확인하는 방법과 가치 인식방법(분석이나 명료화 없이 개인이 가진 가치를 확인하는 것), 가치 명료화 과정(가치 분석, 가치 갈등의 해결, 의사결정, 개인의 가치관과 부합하게 행동하

기) 등이 있다. 가치 명료화는 가치 선택과정, 의사결정 과정을 분명하게 하는 가치 교육의 한 방법으로서 학습자로 하여금 각자의 생활에 관련된 가치문제를 여러 각도에서 생각해 보도록 함으로써 스스로 가치관을 확인하도록 하는 방법이다.

가치 분석 토의활동은 아동이 어떤 상황에서 하나의 가치를 선택할 때 그 이유를 논리적으로 설명하고 준거도 제시함으로써 가치관을 확립하게 하는 방법이다. 가치 분석단계는 5단계로 진행된다.

- 1단계: 가치 갈등상황에 관심을 갖는다.
- 2단계: 가치 갈등상황에서 문제가 무엇인지를 구별한다.
- 3단계: 가치 갈등상황에서 무엇을 할 수 있는지를 토론한다.
- 4단계: 할 수 있는 일의 결과로서 어떤 일이 발생했는지 토론한다.
- 5단계: 생각을 함께 나누고 자신과 다른 사람들에 대한 이해를 증진시킨다.

이러한 가치 분석과정을 통해 다양한 문제해결 방법을 모색하지만 문제가 무엇인지 파악하는 것이 전제되어야 한다. 그 상황에서 실시할 수 있는 방법을 여러 가지로 시도했을 경우, 그 결과로 어떤 일이 벌어질지 예측해 보도록 한다. 그리고 이러한 가치 분석과정을 통해서 다양한 결과에 대해 생각하도록 한다.

3) 친사회적 행동과 반사회적 행동

도덕성 발달은 긍정적 도덕행동(친사회적 행동)과 부정적 도덕행동(반사회적 행동)을 포함한다. 이타주의는 특히 친사회적 행동에서 중요하고, 비행은 반사회적 행동을 대표한다(Santrock, 2004).

(1) 이타주의

이타주의는 타인을 돕는 데 관심을 갖는다. 이타성의 개념 정의는 의도적 측면과 행동적 측면으로 이루어진다. 의도적 측면의 이타성 개념은 친사회적 행동의 토대가 되는 동기 또는 의도에 초점을 둔다. 즉, 친절한 행위가 이타적으로 명명되기 위해서는 행위자의 주된 의도가 타인에게 긍정적인 결과를 제공해야 한다. 행동적 측면의 이타적 행위란 행위자의 동기에 관계없이 타인에게 이로움을 주는 행위를 의

미한다.

친사회적 행동은 연령이 증가하면서 증가하는데, 4~6세가 되어야 실제적 돕기 행동을 실행한다. 돕기 행동은 초등학교 저학년 시기부터 지속적으로 증가한 후 고학년으로 갈수록 그 빈도가 높아진다. 그리고 친사회적 추론 수준이 높을수록 친사회적 행동의 발생 빈도가 높아진다.

상호주의와 교환은 흔히 이타주의와 관련된다. 상호주의는 인류 사회 곳곳에서 발견된다. 기독교, 유대교, 힌두교, 불교, 이슬람교 등이 세계 곳곳에 퍼져 있다. 인간의 감성은 이런 상호주의에 의해 정화된다. 이타주의에서 진리는 가장 장기간 중시되는 원리다. 상호주의와 교환이 이타주의를 완전히 형성하게 하지는 않지만 자신과 타인의 상호작용과 관계 형성은 이타주의를 이해하도록 돕는다.

(2) 비행

비행이란 무엇인가? 비행은 퇴학부터 불법 침입, 음주, 성범죄 등 그 범위가 광범위하다. 비행의 전조 증상은 권위와의 갈등을 포함한 폭력적인 공격행위, 부정적 정체성이나 낮은 자아조절, 자기중심적 인지적 편견, 성차(남성), 연령(조기 시도), 낮은 교육 경험 등과 관련된다.

젊은이들은 약물과 알코올에 대한 조기 섭취, 무기에 대한 용이한 접근, 반사회적인 또래들과의 연합, 폭력적 대중매체에의 광범위한 노출 등으로 위험에 빠져 있다. 이런 비행은 초기에 개입해야 한다. 이러한 비행을 막기 위해 아동을 안전하고 효율적으로 성장시켜야 하고 위험한 환경으로부터 실제적인 방어를 해야 한다. 또 학교에 더 많은 지원을 함으로써 위험에 처한 아동에게 인기 있는 교육을 할 수 있어야 한다. 그리고 아동을 위해 가족, 학교, 사회적 서비스 체제, 교회 등 사회적 체제와 효율적 파트너십을 구축하여 지원해야 한다.

4) 도덕성의 맥락적 요인

(1) 부모의 영향

애정지향적이고 수용적인 양육태도는 도덕성 발달에 긍정적 영향을 미치고, 지나치게 엄격하고 통제적인 양육태도는 도덕성 발달에 부정적인 영향을 미친다. 아동은 부모에게 사랑받고 신뢰받음으로써 도덕적 기준을 내면화하고 타인에 대한

배려도 하게 된다. 한편, 체벌을 포함한 힘을 사용하는 훈육은 비도덕적 행동을 들키지 않도록 할 뿐 자기통제 능력을 길러 주지 못한다(Hower & Edwards, 1979).

Hoffman(1970, 1988)은 애정 철회나 힘을 사용하는 훈육은 아동에게 지나친 자극을 주어 효과적이지 못하지만, 논리적 추론을 사용하는 훈육은 자녀의 옳지 못한 행동이 다른 사람에게 어떤 영향을 미치는지를 설명해 줌으로써 아동이 도덕성을 내면화하게 한다.

(2) 학교

학교는 도덕성 발달과 밀접한 관계가 있다. Dewey는 도덕교육은 숨은 교육과정을 통해 이루어지며, 숨은 교육과정이 도덕적 분위기를 끌어낸다고 하였다. 도덕적 분위기는 학교나 학급의 규칙, 도덕을 강조하는 교사, 학교 행정가에 의해 만들어진다. 따라서 교사는 도덕성과 비도덕성의 모델링이 된다. 수업 규칙과 또래관계는 거짓말에 대한 태도를 전달하기도 한다. 비도덕적 행동이나 타인에게 해를 끼치는 학생에게는 기초도덕교육을 위해 특별한 교육을 제공할 수 있다.

가치 명료화 과정을 통하여 가치관을 형성하고, 타인의 가치관을 이해하게 되며, 가치로운 삶이 무엇이며, 무엇을 위해 일해야 하는지를 교육할 수 있다. 이러한 가치관 교육은 인성교육과는 다르다.

인지적 도덕교육은 학생이 민주주의 및 정의와 같은 가치 있는 것을 학습해야 한다는 신념에 근거한다. Kohlberg의 도덕성 발달이론은 인지적 도덕교육 프로그램에 기초를 둔다. 교실에서 교육자는 지시자이기보다는 촉진자여야 한다. 학생들은 도덕교육을 통해 협동, 진리, 책임감, 공동체 등의 향상된 개념이 발달하길 희망한다.

4. 아동기 또래관계 발달

아동은 성장하면서 가정에서보다 학교에서나 또래집단과 보내는 시간이 더 많아진다. 아동이 성장함에 따라 또래집단은 공식적이고 조직적으로 변화한다. 아동은 또래관계를 통해 여러 가지 기능을 습득한다.

1) 또래집단의 기능

(1) 사회화의 기능

또래집단은 강화와 모방을 통해 아동에게 영향을 미치며, 그 영향력은 성인의 영향력보다 크다. 아동은 성인보다 또래집단이 자신과 더 유사하다고 지각하기 때문에 또래가 더 적절한 모델이라고 생각하며, 또래로부터 더 많은 영향을 받는다. 특히 또래집단은 공격성과 친사회적 행동에 중요한 영향을 미친다. 또한 성 유형화된 행동을 강화시키는 역할을 한다. 지나치게 반대 성의 활동이나 역할에 관심을 가진 아동은 또래집단으로부터 배척을 받는다.

(2) 태도나 가치관 형성

또래집단은 그 집단만의 고유한 가치를 공유한다. 그리고 지금까지 받아들였던 부모의 가치관에 회의를 갖기 시작하면서 자신들 나름대로 태도나 가치관을 형성하게 된다. 아동은 또래집단으로부터 인정받기 위해 또래집단의 기준이나 가치에 동조하려는 경향을 보인다. 이러한 동조현상은 그들 나름대로의 태도나 가치관을 형성하며, 이것이 가족이나 부모가 제시하는 가치관에 상치되어 가족 간 갈등을 야기하기도 한다.

(3) 정서적 안정감 제공

아동기에는 또래집단의 평가가 부모의 평가보다 더 중요한 의미를 가진다. 아동은 또래집단으로부터 수용되고 인정받음으로써 부모가 제공할 수 없는 정서적 안정감을 갖는다. 그리고 이를 통해 우정관계로 발전하는 기초를 형성하게 된다.

우정에 대한 개념은 성숙함에 따라 변화한다. 유아기에도 또래집단과 우정을 형성하지만 유아는 지속적인 관계에 관심이 있지 않으며 일시적 놀이 상대로서 또래에 관심을 갖는다. 그러나 연령이 증가함에 따라 친구를 지속적인 관계로 생각하게 된다. 또래관계에서 가치를 인정받은 아동은 성인이 되어서도 다른 사람으로부터 인기 있는 사람이 된다.

(4) 인지 발달과 정보 제공

아동은 또래와의 논리적 토론을 통해 갈등상황을 해결해 나가는 과정에서 자신

의 관점과 부합되지 않는 다른 관점이 존재한다는 사실을 알게 되며, 이를 조정해 나가는 과정에서 인지 발달이 이루어진다.

또한 또래집단은 정보 교환의 기능을 한다. 또래집단의 지식이나 정보 전달은 성인을 통해 이루어지는 것보다 더 효율적으로 이루어진다. 또래집단과의 관계를 통해 아동은 보다 쉽고 용이하게 사회에 적응하는 방법을 배운다.

2) 우정의 발달

또래집단과의 친밀하고 지속적인 애정적 유대를 우정이라고 한다. 우정에 대한 개념은 아동이 성숙함에 따라 변화한다. 유아기에는 일시적 놀이 상대를 친구라고 생각하지만, 연령이 증가함에 따라 일시적 상호작용을 뛰어넘어 친밀감을 지속적으로 유지하여 우정을 형성하며 지속적인 관계를 유지한다. 친구관계는 다음 0~4수준의 5단계로 발달한다(Kostelnik et al., 2008).

- 0수준: 일시적인 놀이동료(3~6세)

  자신과 자주 놀거나 그 당시에 비슷한 활동을 하는 또래를 친구라고 부른다.
- 1수준: 일방적인 도움(5~9세)

  아동은 자신을 기쁘게 하는 또래를 친구라고 생각한다.
- 2수준: 쌍방적이고 공정한 협력(7~12세)

  아동은 친구관계에서 양방의 관점을 모두 고려할 수 있는 공정성에 대한 개념을 가질 수 있다. 아동은 서로에게 잘해 주기를 기대하고 개별적인 흥미를 만족시키는 방식으로 도움을 주고받는다.
- 3수준: 친밀하게 상호 공유된 관계(8~15세)

  아동은 처음으로 친구관계를 공유된 목적, 가치, 사회적 이해를 가지고 진행되는 관계로 본다. 이 시기에는 한 번에 한 명의 단짝친구에게만 관심을 기울이며 서로에게 완전히 몰두한다.
- 4수준: 성숙한 친구관계(12세 이후)

  친구는 서로 소유하려 하지 않고, 어느 정도 유사하지 않은 흥미를 가질 수 있고, 독자적으로 활동할 수 있다는 것을 이해한다. 이 시기에는 한 명 이상의 친구를 가질 수 있으며 친구에게 신뢰를 주고 친구를 지지해 주는 유대관계를 형성한다.

우정이 남아와 여아 모두에게 중요하지만 우정의 의미는 서로 간에 다르다. 여아들의 우정에는 정서적 친밀감과 신뢰감이 중요한 역할을 한다. 여아들은 자신의 감정을 이야기하고 나눔으로써 친밀감이 형성된다. 여아들의 우정에서는 강렬한 감정과 친밀감이 강조되기 때문에 여아들은 친구관계에서 긴장, 질투, 갈등을 경험한다. 이러한 긴장과 갈등은 친구로부터 거부와 배신을 당할까 하는 두려움에서 온다. 반면, 남아들은 운동경기를 함께하거나 관람하는 등 활동을 함께함으로써 친밀감을 형성한다. 남아들은 어려서부터 자기 감정을 노출하는 것은 남자답지 못한 것이라고 배워 왔기 때문에 여아보다 자신의 감정을 이야기하고 나누는 것도 덜하다.

아동기에 또래집단으로부터의 수용은 아동의 자기 역량의 지각을 예측하는 중요한 변인이 되며, 또래와의 관계가 좋지 못한 아동은 학업성취도가 낮고, 학교에서 중도 탈락하거나 이후 청소년 비행에 참여하는 비율이 높다고 한다(정옥분, 2011).

또래집단에서의 인기도를 또래지위라고 하는데, 또래지위는 또래집단 내에서 아동에 대한 사회적 수용, 사회적 선호나 호감 또는 배척의 정도를 통해 평가되어 집단 내에서 차지하는 위치를 말한다.

또래집단의 인기도는 다음의 다섯 가지 유형으로 분류할 수 있다.

- 인기 아동: 인기 있는 아동은 신체적으로 매력 있고, 머리가 좋으며, 사교적이고, 지도력이 있다. 자아존중감도 높고 유머감각도 뛰어나다.
- 보통 아동: 아동의 반 정도가 이 유형에 속하는데, 친구들이 특별히 좋아하지도 않고 인기 있는 것도 아니지만 그렇다고 친구들이 싫어하는 것도 아니다. 집단에 무난히 어울리는 보통 아동이다.
- 고립 아동: 친구들의 관심 밖에 있기 때문에 친한 친구로 지명되지도 않거니와 싫어하는 친구로 지명되지도 않는다. 이들은 수줍음을 잘 타고 위축되는 성격으로 낮은 자아존중감, 불안, 우울증 등 내적인 문제를 가진 경우가 많다.
- 거부 아동: 친구들이 가장 싫어하는 유형이다. 신체적 · 언어적 공격을 많이 하고, 교실에서 수업 분위기를 망치며, 학업 성적도 좋지 못하다. 역시 인기가 없는 아동들과 친구가 되며, 자기보다 어린 아이들과 어울린다.
- 혼합형(양면 아동): 친한 친구로 꼽히기도 하고 싫은 친구로 꼽히기도 하는 혼합형은 공격적이고 파괴적인 면이 있는가 하면, 자기주장이 강하고 지도력이 있다. 이들은 또래집단에서 눈에 띄기도 하지만, 이들을 좋아하는 사람도 많고

싫어하는 사람도 많아 친구들로부터 복합적인 반응을 유발한다.

5. 교육적 적용

1) 정서교육을 돕는 교사의 역할

정서교육은 교과를 통한 정서교육, 독립적인 프로그램을 통한 정서교육, 생활지도를 통한 정서교육으로 정서를 활용하는 교육 프로그램을 구분하여 이루어진다.

먼저, 교과를 통한 정서교육을 살펴보면, 정서를 교육 내용으로 다루거나 교육 내용을 정서와 관련된 내용으로 제시할 수 있다. 음악, 미술, 체육과 같은 교과는 아주 중요한 정서교육의 장이 될 수 있다. 아동은 음악, 미술, 무용을 통해 자신의 몸 안에 과다하게 축적된 스트레스 호르몬을 배출하여 안정된 정서상태를 유지할 수 있다. 교사는 아동이 교과에서 제시된 내용을 단순히 이해하는 수준을 넘어 그 내용에 적절한 정서를 직접 체험하고 조절하는 경험을 해 주도록 한다(조주연, 2001).

성공적인 학습과정을 거치며 기억된 정서는 다른 교과 또는 학습 전반에 대한 성취동기와 자아존중감을 높여 주는 동기가 된다. 그러나 어려운 수학문제를 풀지 못했다고 교사로부터 심한 모욕을 받거나 수학문제를 풀지 못한 좌절의 기억이 기본 신경망을 형성하여 후에 이와 비슷한 어려움에 직면하면 동일한 정서가 유발되어 아예 포기하게 된다(곽노의 외, 2013). 따라서 교사는 아동의 긍정적 정서를 촉진 및 활용하고 부정적 정서를 제거하는 방향으로 교과를 지도해야 할 것이다.

둘째, 정규 교육과정에 독립된 프로그램으로서 정서교육을 도입할 수 있다. 그러나 우리 교육과정 체제에서는 정서교육이 특별활동이나 재량활동을 통해서만 가능한 실정이다. 교사는 특별활동이나 재량활동 시간에 연극, 글짓기, 미술, 음악 등의 기능 숙달에만 관심을 두는 데서 벗어나 좀 더 정서를 함양할 수 있는 체험 기회를 제공해야 하고, 나아가 아동의 정서지능을 높이기 위한 직접적인 프로그램도 마련해야 할 것이다.

마지막으로, 생활지도를 통한 정서교육은 긍정적인 학급 분위기와 일상생활 속에서 이루어질 수 있다. 교사는 아동에게 다양한 정서 경험을 제공하고 정서표현

능력을 습득할 수 있는 교육환경을 제공해야 한다. 아동이 정서적으로 안정되고 자신감을 갖게 되면 대뇌피질이 활성화되고 엔도르핀 등 신경전달물질이 좋은 감정을 유발한다. 그리고 아동의 이러한 정서상태는 학급 전체에 전달되고 학급 전체가 우호적이고 격려하는 분위기가 된다. 이런 분위기에서는 아동의 사고도 유연하고 다양하며 창의적으로 되고 인지적 · 정서적 문제해결이 용이해진다. 또한 교실에서는 실제적인 대인관계를 통해 아동이 정서조절 능력과 정서표현 규칙을 배우고 연습할 수 있는 분위기가 마련되어야 한다. 교과를 통한 정서 체험이 주로 간접적 정서 체험이라면, 생활지도를 통한 정서 체험은 직접적 정서 체험이다. 이 과정에서 아동은 자신과 타인의 정서를 인식하고 조절하며 적절하게 표현하고 활용할 수 있는 기회를 얻어 학습과 기억을 촉진하고 부모는 훈육문제를 해결할 수 있다.

2) 또래관계 형성을 돕는 교사의 역할

아동기에 가장 슬픈 일 중 하나는 친구로부터 무시당하거나 거부당하는 것이다. 집에도 혼자 가고, 생일파티에도 초대받지 못하며, 점심도 혼자 먹고, 아무하고도 놀지 못한다. 또래집단으로부터의 거부나 무시는 보편적으로 괴롭힘과 동시에 일어나며, '왕따'라는 현상으로 사회적 문제가 되고 있다.

교육현장에서는 아동이 사회 구성원으로서 효율적으로 생활하고 또래와 긍정적인 관계를 형성하고 유지할 수 있도록 돕는 다양한 프로그램이 필요하다. 또래관계에 대한 연구들은 또래관계가 아동의 사회지능, 사회적 능력, 사회적 유능감, 사회적 기술 및 태도의 발달에 긍정적인 영향을 미친다고 보고하고 있다.

아동이 친구 사귀기를 잘할 수 있도록 도와주기 위해 사용할 수 있는 방법에는 형성하기, 모델링, 코치하기, 또래 가르치기, 사회적 문제 해결하기, 협동활동 등이 있다.

- 형성하기: 사회적으로 고립된 아동을 돕는 중재방법이다. 보상을 사용해서 바람직한 행동을 계속하게 하거나 한 번에 조금씩 하도록 하는 것이다. 예를 들어, 인사를 하는 아동에게 보상을 줌으로써 인사하기 행동을 형성하도록 한다.
- 모델링: 기술을 행동으로 시범 보이는 과정이다. 예를 들면, 우호적인 행동을 시범 보이기 위해 인형이나 다른 사람을 통해서 보여 주는 것이다. 모델이 대상

아동과 비슷한 나이이고 동성일 경우 더욱 강화된다.

- 코치하기: 초등학생에게 적절하다. 아동에게 어떤 기술이나 전략을 수행하는 방법을 말해 주고, 연습해 보도록 도와주며, 피드백을 주는 것이다. 일대일의 직접적인 작업에서나 소집단 상황에서 효과적으로 사용된다.
- 또래 가르치기: 또래 짝짓기다. 친구를 잘 사귀는 아동과 못 사귀는 아동을 짝지어 주는 것이다. 이런 짝짓기는 무시당하는 아동의 사회적 기술과 지위를 향상시켜 주는 것으로 나타났다(Morris, Messer, & Gross, 1995).
- 사회적 문제 해결하기: 이는 친구를 사귀고 친구관계를 유지하는 능력을 포함하여 사회적으로 긍정적인 결과를 가져온다. 따라서 학령기 아동에게 친구 사귀는 능력을 향상시켜 주는 강력한 방법으로 알려졌다(Erwin, 1998). 아동은 이야기를 나누고 친구관계 기술에 대한 역할놀이를 해 보고 다른 아이들이 보는 앞에서 상황을 바꿔 가며 사회적 문제해결 기술을 연습한다. 그러고 나서 자신이 느꼈던 감정에 대해 토의한다. 이를 통해 사회적 문제해결에 참여할 수 있다.
- 협동활동: 협력적 활동과 놀이를 통해 경쟁을 최소화하고 아이들 간에 협동하는 상호작용을 촉진하게 된다.

3) 도덕성 발달을 돕는 교사의 역할

부모가 애정지향적이고 자율적이고 개방적일 경우 자녀의 도덕성 발달 수준이 높게 나타났으며, 또래집단의 영향 또한 중요하게 나타났다. 특히 아동은 또래와 함께 있을 때 반사회적 행동에 대한 불안이나 죄책감을 덜 느껴 아주 낮은 단계로 퇴행하는 경향이 있다. 그 외에 대중매체도 공격적 행동뿐만 아니라 도덕적 가치나 행동에도 영향을 미치는 것으로 나타났다.

학교에서 교사와 또래의 모델링은 도덕성을 증진하는 데 중요하게 작용한다. 교사가 학급 규칙을 정하여 적용하는 것은 도덕적 분위기를 만든다. 학급에서 도덕성 함양을 위해 의도적인 생활장면을 설정하여 도덕적 상황에 대한 토의를 하는 것도 조망수용 능력을 포함하여 아동의 도덕적 사고력과 문제해결력 등을 길러 줄 수 있는 방법이다. 따라서 아동기 도덕교육에 대한 내용과 도덕교육의 방법론이 제고되어야 한다.

한편, 교실에서 가치교육은 모든 사람이 소중하다고 생각하는 것을 다룬다. 즉,

개인의 존엄성에 대한 가치, 규칙을 세우고 참여하기, 자유롭게 이야기하기, 생각과 감정을 표현하기, 개인의 권리를 보호하고 강화할 수 있는 방법, 사회 구성원으로서 소속감과 책임감에 관심 갖기 등을 지도해야 한다.

토의 및 연구 문제

1. 아동기에는 자신의 정서를 조절할 수 있는 능력이 생기면서 복합정서를 나타낸다. 아동이 복합정서를 표출하는 상황을 예를 들어 설명해 보시오.
2. 아동기에 타인을 이해하는 능력을 발달하도록 하기 위해 교육기관에서 개발해야 할 프로그램은 무엇이라고 보는지 자신의 견해를 제시하고 동료들에게 설명해 보시오.
3. 도덕성은 부모나 교사의 영향으로 더 높은 수준으로 발달한다. 유아기의 도덕성 발달과 아동기의 도덕성 발달은 어떤 차이점이 있는지 설명해 보시오.

4부

발달의 사회적 맥락

영유아기 및 아동기 발달에서 환경은 매우 중요한 영역이다.

한 인간이 인생을 살아가는 데 기초가 되는 가족과 또래는 영유아기 및 아동기의 성장과 발달에 매우 중요한 역할을 한다. 또한 이 시기 부모의 양육태도는 수용적, 애정적, 통제적, 온정적, 허용적 등으로 구분할 수 있으며, 이때 부모의 일관성 있는 양육이 무엇보다 중요하게 요구된다고 할 수 있다.

유아기와 아동기의 또래관계는 다양한 활동을 할 수 있는 친구들을 만나는 것이며, 연령이 증가함에 따라 타인의 생각과 감정을 더 잘 이해하고 보다 효과적으로 사회화의 기능을 할 수 있는 기초를 마련한다. 또한 이들은 부모와 가족 외에도 친구, 놀이터, 학교 및 매체환경 등의 영향을 받으면서 가족과 또래집단을 통해 보다 다양한 사회적 경험을 하게 된다.

4부에서는 발달과 환경이라는 주제로 가족, 또래관계, 교육기관 및 어린이집, 매체환경으로 나누어 살펴보고자 한다.

13장 발달과 환경

1. 가족

가족은 한 인간이 인생을 살아가는 데 기초가 되는 삶의 태도와 자세의 형성에 중요한 영향을 미치는 가장 근본이 되는 공동체로서, 한 인간의 성장과 발달에 매우 중요한 역할과 기능을 수행한다.

1) 가족의 개념 및 기능

가족은 사회체계 가운데 가장 기본적인 단위이며, 인간이 발전시켜 온 기본적인 사회제도 가운데 가장 오래된 것으로, 인간의 성장과 발달에 필요한 것을 가르치고 양육하는 1차적인 집단이다. 그리고 친밀한 대인관계 경험의 토대를 제공하는 사회적 환경으로서 개인의 행동과 성격 형성에 지대한 영향을 미친다.

또한 가족은 다양한 대내외적 기능을 수행한다. 전통적인 가족의 기능에는 종족보존의 기능, 자녀 양육과 사회화의 기능, 보호의 기능, 경제적 부양의 기능, 교육의 기능, 종교적 기능, 성적 욕구 충족 및 성행위 규제의 기능 등이 있다. 그러나 이러한 가족의 전통적 기능은 사회와 시대의 변화에 따라 대부분이 사회제도로 이양되었고, 그 핵심 기능만 남게 되었다.

2) 가족구조의 변화

1960~1970년대의 빠른 산업화로 인한 도시화는 전통적인 가족 형태인 확대가족에서 핵가족으로의 변화를 가져왔으며, 여성의 교육 수준 향상과 자아실현 욕구의 증대, 개인주의적 성향과 사회적 의식 변화, 높은 이혼율과 자유롭고 개방적인 성에 대한 가치관, 1990년대 말부터 일어난 자녀의 조기 유학 붐과 국제결혼의 보편화 등 사회환경의 변화로 인해 다양한 가족 형태가 나타났다.

(1) 맞벌이 가족

여성의 교육 수준 향상과 경제적인 필요 및 자아실현 욕구의 증대는 맞벌이 부부의 증가를 가져왔다. 통계청(2012)에 따르면 남편과 부인이 모두 있는 가구의 43.5%는 맞벌이를 하는 것으로 나타났다. 이러한 맞벌이 부부의 증가는 여성의 직장과 가정의 이중 역할 부담으로 역할갈등 문제, 가사 부담에 따른 스트레스, 신체 피로감, 부모 역할로 인한 갈등 등의 문제를 야기했으며, 맞벌이 가족의 자녀의 경우 적절한 통제와 관리의 부족으로 일반 가정의 자녀보다 공격성, 반사회성 등이 많이 나타났다.

(2) 이혼 가족

통계청(2015) 자료에 따르면, 2013년 1월 기준 우리나라 부부의 이혼 건수는 9,400건, 2015년은 10만 9,200건으로 그동안 8.6%나 상승하였으며 이혼율은 30%에 달했다. 평균 이혼연령은 남자 46.9세, 여자 43.3세로 증가 추세다. 이혼부부의 평균 혼인 지속시간은 14.6년으로 전년대비 0.3년 늘었다.

과거에는 결혼생활에 문제가 있더라도 자녀문제, 경제적 문제, 부정적인 사회적 시각 등으로 이혼에 대한 부담이 컸으나 여성의 지위 향상 및 경제력 확보, 남녀 성역할의 변화, 이혼에 대한 가치관의 변화 등으로 이혼이 급증하고 있다. 이혼은 부부 각자의 역할상의 문제, 경제적 문제, 신체적 · 정신적 건강문제, 대인관계 문제, 부모-자녀 간의 문제를 발생시켰으며, 또한 자녀의 정서적 · 행동적 · 사회적 문제, 학업문제, 형제자매 문제, 성인기에 나타나는 이혼문제와 깊은 관련이 있는 것으로 나타났다. 부모의 이혼에 따른 자녀의 적응에 관한 선행 연구에서 이혼 이후 기간이 길수록, 다양한 문제해결 방식을 많이 이용할수록 양육 부모의 재혼 여부

나 성별에 관계없이 자녀가 친권 부모와 긍정적인 대화를 통한 상호작용을 많이 하는 것으로 나타났다. 또한 부정적인 상호작용이 적을수록, 비친권 부모와 접촉을 많이 할수록 자녀는 부모의 이혼 후의 생활에 잘 적응하는 것으로 나타났다(정현숙, 2007). 그리고 부부갈등 문제를 해결하고자 하는 방법에서 보다 긍정적이고 적극적인 방법을 많이 모색할수록 이혼 이후 삶에 잘 적응한다고 하였다.

(3) 재혼 가족

우리나라 재혼 가족에 대한 인구통계조사에 따르면 재혼 비율은 1995년 남녀 모두 6.4%에서 2011년 21.37%로 세 배 이상 늘어났을 뿐 아니라, 배우자 중 한 사람이 재혼하는 비율도 10.5%를 차지하여 재혼이 전체 혼인 중 25.2%로 나타났다. 2015년 재혼 통계는 남편 4만 6,388명, 아내 5만 2,747명이다(통계청, 2015). 재혼에 의해서 형성된 가족은 배우자 중 한 사람이 이전에 결혼해 낳은 자녀를 데리고 와서 형성한 가족 등 다양한 결합 형태가 있다.

재혼 가족은 복합적이며 새로운 관계로 인해 상당한 스트레스를 받을 수 있으며 다양한 새로운 역할이 가족 구성원에게 부과된다. 가족의 구성원은 새로운 가족 구성원에게 적응해야 하며, 한 가정에서 살지 않았던 가족 구성원과의 접촉을 유지해야 한다.

Bray(1988)는 재혼 가족의 자녀들에게는 약간의 우울과 불안 등 내면적 행동장애나 동료관계 혹은 학업에서의 외현적 행동장애가 나타나고, 청소년 음주율도 다소 높게 나타났다고 말했다. 또한 재혼 가족 자녀의 학업 성적은 일반 가족의 경우보다 다소 낮은 것으로 나타났다(Zill, 1988).

(4) 한부모 가족

각종 사건 · 사고 및 이혼율의 증가 등으로 한부모 가족이 증가하고 있다. 한부모 가구 비율 변화를 살펴보면, 한부모 가구의 수는 2005년 137만 가구에서 2010년 159만 4,000가구, 2015년 178만 3,000가구로 증가하고 있다. 전체 가구에서 한부모 가구가 차지하는 비율은 2005년 8.6%에서 2010년 9.2%, 2015년 9.5%로 증가하였다(통계청, 2016).

가족구조의 형태상 한부모 가족은 한쪽 부모가 자녀의 양육을 담당할 뿐만 아니라 가족 부양까지 해결해야 하는 등 많은 문제점이 있다. 즉, 한쪽 부모가 아버지

또는 어머니의 역할을 모두 수행해야 한다는 점, 자녀들의 경제적 책임을 지고 일을 해야 한다는 점 등 때문에 부모의 피로와 고독감이 크다. 또한 자녀의 경우 자신의 성숙 수준 이상의 역할을 해야 한다는 점 등 역기능의 위험이 있다. 특히 한부모 가족의 자녀의 경우, 가족의 의사결정에 적극적으로 참여하고 독립심이 증가하는 긍정적 측면도 있으나, 적응을 잘하지 못하고 반사회적 행동을 하기 쉽다는 부정적 측면도 있다.

▲ 다문화와 다양한 외모를 지닌 어린이들

(5) 다문화 가족

'다문화 가족'이라는 용어는 2003년 30여 개 시민단체로 구성된 건강가족시민연대가 기존의 혼혈아, 국제결혼, 이중문화 가족 등 차별적 용어 대신 '다문화 가족'으로 대체하자고 권장하면서 널리 사용되기 시작하였다. 「다문화가족지원법」(2015)에 의한 '다문화 가족'이란, 결혼이민자와 「국적법」에 따라 대한민국 국적을 취득한 자로 이루어진 가족을 말한다. 2015년 전국 다문화 가족 실태조사에 의하면 전국의 다문화 가족은 27만 8,036가구로 추정되며, 2012년에 비해 4.3% 증가하였다. 지역별 다문화 가족 거주현황을 살펴보면 경기도 27.8%, 서울 21.6%, 인천 6.1% 등 수도권에 전국 다문화 가족의 5.5%가 집중되어 있음을 알 수 있다(통계청, 2016). '결혼이민자 가족실태 조사 및 중장기 지원정책방안 연구'에 따르면, 결혼이민자가 국내 생활에서 겪는 애로사항은 '외로움' '의사소통' '문화적 차이' 등인 것으로 나타났다. 또한 다문화 가족의 경우 외국인 자녀의 어머니와의 의사소통이 원만하지 않아 어머니의 지지를 충분히 받지 못하며, 한국인과 다른 외모를 가진 외국인 엄마로 인해 또래로부터 놀림을 받고, 일반 가족의 유아에 비해 또래관계에서 적절한 감정표현이 부족하고 소극적인 것으로 나타났다(김미진, 정옥분, 2010).

3) 부모의 양육방식

부모는 자녀의 사회화를 담당하는 기능을 수행한다. 그러므로 부모는 자녀에게

타인과의 관계에서 필요한 능력과 기술을 전수하고 자녀를 깊이 이해하며 자녀의 요구에 일관성 있게 반응해 주어야 한다. 부모의 자녀 양육방식은 아동 발달에 중요한 영향을 미친다. 부모의 양육태도는 수용, 애정, 통제, 양육, 온정, 허용 등과 같은 여러 다른 영역으로 기술될 수 있으며, 어떠한 양육방식이 가장 효과적인가는 시대에 따라, 문화에 따라, 가족의 특성에 따라 상이하다.

Baumrind(1971)는 자녀 양육방식과 아동의 사회적 능력 간의 상호작용을 알아보기 위해 애정과 통제라는 두 차원을 사용하여 자녀 양육의 유형을 권위 있는 부모, 권위주의적 부모, 허용적 부모, 방임적인 부모로 범주화하였다. 애정 차원은 부모가 자녀에게 애정적이고 지원적이며 민감한 반응을 보이고 얼마나 관심을 갖고 있는가 하는 것이고, 통제 차원은 아동에게 행동을 요구하고 아동의 행동을 통제하는 것을 말한다. 자녀 양육의 유형을 살펴보면 다음과 같다.

(1) 권위 있는 부모

애정과 통제 차원이 둘 다 높은 권위적 부모의 경우, 적절한 애정과 통제를 하는 부모로 필요에 따라 엄격히 통제하고 요구도 하지만, 온정적이어서 자녀를 사랑하고 후원적이며 자녀의 의견이나 생각을 인내심을 가지고 경청한다. 또한 자녀의 독립심을 격려하고 훈육 시 논리적 설명을 이용하는 특징을 지니고 있다. 권위 있는 부모의 자녀는 책임감, 자신감, 사회성이 높다.

(2) 권위주의적 부모

통제 차원은 높지만 애정 차원이 낮은 권위주의적 부모의 경우 자녀에게 엄격한 통제를 하며 설정해 놓은 규칙을 따르도록 강요한다. 또한 훈육 시 체벌을 사용하고 논리적 설명을 하지 않는 특징을 보인다. 권위주의적 부모의 자녀는 비효율적 대인관계, 사회성 부족, 복종적 · 반항적 성격을 지닌다.

(3) 허용적 부모

애정 차원은 높은데 통제 차원이 낮은 허용적 부모의 경우, 애정적 · 반응적이나 자녀에 대한 통제가 거의 없고 일관성 없는 훈육태도를 보이는 특징을 지닌다. 허용적 부모의 자녀는 자신감 있고 적응을 잘하는 편이나 규율을 무시하고 제멋대로 행동하는 경향을 보인다.

〈표 13-1〉 부모의 양육방식 유형

구분		통제의 정도	
		낮음	높음
애정의 정도	높음	허용적 부모 (permissive parents)	권위 있는 부모 (authoritative parents)
	낮음	방임적 부모 (neglectful parents)	권위주의적 부모 (authoritarian parents)

(4) 방임적 부모

애정과 통제 차원이 둘 다 낮은 방임적 부모의 경우, 애정이 없고 냉담하며 엄격하지도 않고 무관심한 특징을 지닌다. 방임적 부모의 자녀는 독립심이 없고 통제력이 부족하며 문제행동을 많이 보인다(이인정, 최해경, 2007).

4) 형제자매

유아기의 발달에 영향을 미치는 또 하나의 가족 요인으로는 형제자매를 들 수 있다. Adler(1931)는 유아기의 성격 발달에 있어 가족 성원의 관계와 분위기가 매우 중요한 역할을 한다고 보았으며, 개인의 가족 내에서 출생 순위가 상당히 중요하며, 특히 각 출생 순위에 수반되는 상황에 대한 지각이 중요하다고 했다.

(1) 첫째

첫째 아이는 처음 태어나서 '독자'이면서 부러워할 만한 위치에 있다가 동생이 태어나면 아이의 처지와 세계관이 극적으로 바뀌게 된다. Adler는 첫아이를 '폐위된 왕'에 비유했으며, 동생이 태어나는 상황으로 아이의 마음에 상처가 생길 수도 있다고 했다. 가족 간의 투쟁의 결과로 첫째 아이는 스스로 고립해서 적응해 나가며, 다른 사람의 애정이나 인정을 얻고자 하는 욕구에 초연해서 혼자 생존해 나가는 전략을 습득한다.

(2) 둘째

둘째 아이는 처음 날 때부터 형이나 누나라는 속도조정자(pace setter)를 가지고

있으므로 그들의 장점을 능가하기 위한 자극과 도전을 받는다. 그 결과, 둘째 아이는 아주 경쟁심이 강하고 대단한 야망을 가진 성격이 된다. 또한 항상 자기가 첫째보다 낫다는 것을 증명하기 위해 노력하는 생활양식을 갖는다.

(3) 막내

막내 아이의 상황은 여러 측면에서 독특하다. 막내 아이는 동생에게 자리를 빼앗기는 충격을 경험하지 않고 가족의 응석받이로 자라게 된다. 만일 부모가 경제적으로 넉넉하지 못할 경우, 자기 것이라고는 아무것도 없고 다른 가족들로부터 물려받아야 하는 '늘 귀찮게 붙어 다니는 아이'의 위치로 전락할 수도 있다. 또한 막내 아이는 독립심의 부족과 강한 열등감을 경험하기 쉽다. 그럼에도 손위 형제들을 능가하려는 강한 동기 유발을 갖는다.

(4) 외동

외동아이가 처하는 사회적 조건은 부모의 애정을 독차지하는 존재라는 것이다. 특히 남자아이의 경우 아버지와 경쟁하려고 한다. 외동아이는 부모의 지나친 애정을 받는 경우가 많은데, 이로 인해 자부심이 강하고 자기중심적이며 독립적으로 일을 추진하려는 긍정적인 성향뿐만 아니라, 공주병, 왕자병 증후로 인해 유아독존적일 수 있으며, 남들과 경쟁을 피하고 항상 자신만이 옳다는 듯이 행동하려는 부정적인 성향이 나타날 수 있다(이인정, 최해경, 2007).

2. 또래관계

가족 외에 유아에게 가장 중요한 영향을 미치는 사회적 관계는 또래관계다. 유아는 또래로부터 적절한 행동과 그렇지 못한 행동을 모두 배우며, 모델로서의 또래는 자기평가를 위한 준거로서 기능을 한다. 친사회적 또래 모델과의 경험은 친사회적이고 친근한 행동을 격려하며, 공격적인 또래 모델은 공격적인 행동을 하도록 격려한다.

▲ 또래와의 친밀한 상호작용은 영유아 및 아동의 사회적 · 인지적 능력을 발달시키는 데 영향을 미친다.

또래와의 관계는 또래집단의 규칙을 준수하고 협동심이나 타협을 필요로 하는 과정에서 상호 간에 강화와 모방을 통해 유아의 행동을 변화시켜 가며 대인관계에 대한 인식뿐 아니라 사회적 · 인지적 능력을 발달시키는 데 중요한 요인이 되고 공격성과 친사회적 행동에도 중요한 영향을 미친다(김연진 외, 2008; 변용만, 2007).

유아기의 또래관계에서 친구는 놀이 상대를 의미한다. 유아는 연령이 증가함에 따라 다른 사람의 생각과 감정을 더 잘 이해하게 되고, 보다 효과적으로 의사소통을 하게 되면서 또래 간 상호작용의 양과 질이 변화한다. Parten(1932)은 유아의 놀이를 유아의 성숙과 더불어 상호작용에 따라 몰입되지 않은 놀이, 방관자놀이, 단독놀이, 병행놀이, 연합놀이, 협동놀이의 여섯 가지로 분류하였다. 유아기의 놀이는 영아기에 주로 주변의 다른 영아의 놀이를 쳐다만 보는 방관자놀이 또는 단독놀이에서 병행놀이, 연합놀이, 협동놀이로 발전해 간다. 2~3세경 유아는 또래가 가지고 노는 장난감과 동일한 장난감을 가지고 독립적으로 활동하는 병행놀이를 하며, 3~4세경 유아는 장난감을 서로 나누어 갖기, 빌려 주기, 차례로 하기 등 상호작용하는 연합놀이를 한다. 5~6세경 유아는 단일한 놀이 과제와 공동의 목표를 가지고 규칙에 따라 서로 협동하고 역할을 분담하여 함께 노는 조직적인 협동놀이를 한다(김경화, 이주연, 2013).

3. 교육기관 및 어린이집

▲ 교육기관은 유아의 행동 발달에 중요한 변인으로 작용한다.

산업화 · 도시화로 인한 여성의 취업 증가와 확대가족에서 핵가족으로의 전환은 자녀 양육에 변화를 가져왔다. 전통적으로 자녀 양육의 1차 책임자라고 여겨지던 가정의 기능 중 많은 부분이 사회로 이양되었다. 자녀 양육의 1차 책임자라고 여겨지던 부모, 특히 어머니의 직접 양육을 중시하던 구조에서 대리 양육자나 교육 및 양육 기관에 의한 간접 양육을 선호하는 사회구조로 점차

변화된 것이다. 이러한 사회구조의 변화에 맞추어 유아교육기관 및 어린이집이 유아 발달에 중요한 영향을 미치는 사회적 요인으로 등장하게 되었다.

유아교육은 보육과 교육이 함께 이루어지는 것이 특징이다. 교육기관 및 어린이집의 물리적 환경, 교사 대 아동 비율, 반 구성집단의 크기, 교사의 특성, 교사와 유아 간 상호작용 행동의 질은 유아의 행동 발달에 중요한 변인으로 작용한다.

1) 물리적 환경

유아는 하루의 많은 시간을 유아교육기관 및 어린이집에서 보내는 만큼 유아가 머무는 물리적 환경이 유아의 성장과 발달에 중요한 영향을 미친다. 유아를 둘러싼 물리적 환경으로는 전반적인 실내외 환경, 교재 및 교구, 그 외 다양한 놀잇감이 포함된다. 유아기에는 환경과의 긴밀한 상호작용을 통해 발달이 이루어지기 때문에 유아의 발달 속도에 맞춘 물리적 환경이 제공되어야 한다. 어린이집이 유아에게 미치는 영향에 대한 기존 연구에 따르면, 유아교육기관 및 어린이집의 질이 낮을 경우 이러한 시설을 이용한 유아는 순종, 자기통제력, 또래와의 관계에서 사회적 능력이 낮게 나타났다. 또한 가정환경이 열악한 경우 유아교육기관 및 어린이집은 가정의 부정적 효과를 줄여 주며, 질 높은 보육을 제공할 경우 그 효과는 더욱 커서 저소득층 유아의 지적 능력을 증가시키는 것으로 나타났다(우수경, 2013).

2) 교사

교사는 유아의 발달을 위한 교구·교재 등의 환경 준비자일 뿐만 아니라 교육의 질을 좌우하는 주요 요인으로서 유아교육기관의 변인 가운데 가장 많은 영향을 미친다고 볼 수 있다. 그러므로 교사 대 유아의 비율, 집단 크기와 같은 기관의 구조적인 요인보다 교사의 자격 및 자질, 교사훈련, 교사-유아 간의 상호작용의 질과 같은 교사 요인은 유아의 발달에 좀 더 중요한 요인으로 작용한다. 교사는 유아의 성장과 발달의 보호 및 교육적 측면에서 신체적·정서적·지적 발달이 균형 있게 이루어질 수 있도록 하는 교육방법을 연구하며, 유아를 가르치는 교육자로서 적절한 자극을 제공해야 한다. 또한 교사는 유아를 안전하게 보호하고 그들의 신체적·생리적인 욕구를 충족시키는 양육자의 역할을 해야 한다. 유아의 발달과 안전을 고

▲ 교사-유아 간 상호작용의 질은 유아의 발달에 좀 더 중요한 요인으로 작용한다.

려한 적절한 환경을 구성하고, 유아가 자신을 둘러싼 환경과의 상호작용을 충분히 할 수 있도록 도와주며, 유아의 활동을 주의 깊게 관찰하고 보조해 주는 역할을 수행한다. 또한 유아기는 자신의 몸을 조절할 수 있게 됨에 따라 자조기술이 발달하고 올바른 생활습관을 형성하는 시기로, 이때 형성하게 되는 생활습관은 성인이 된 이후에도 지속되므로 중요하다. 따라서 부모뿐만 아니라 유아를 지도하는 교사는 유아가 건강한 생활습관을 형성할 수 있도록 청결 지도, 식생활 지도 등을 제공해야 한다(김계자, 2007).

4. 매체환경

매체환경에서 대중매체로 텔레비전, 컴퓨터, 인터넷, 스마트폰 등이 있다. 현대인들은 아침에 눈을 뜨면서부터 잠들 때까지 대중매체의 영향권 안에서 살아가고 있다. 그날의 주요한 사건과 사고를 뉴스를 통해서 접하며, 좋아하는 음악 프로그램과 드라마를 텔레비전을 통해 시청하고, 일기예보, 길 찾기, 음악 다운로드, 이메일 확인, 개인 홈페이지 관리 등 모르는 정보를 찾아보거나 유용한 자료를 수집할 때, 사적 친분관계의 수단으로 컴퓨터와 인터넷을 사용한다. 또한 2000년대 후반에 들어오면서 과학기술의 발전으로 기존 미디어들이 하나로 융합된 스마트폰이 발명되고 보급되면서 대중매체는 우리의 생활에 깊숙이 스며들어 있다.

1) 텔레비전

텔레비전은 1970년 보급된 이후 흑백, 컬러, Full HD, 스마트 텔레비전 등으로 끊임없이 변화·발전되어 왔다. 텔레비전의 등장은 남녀노소, 지위고하를 막론하고 모든 사람에게 정보뿐만 아니라 기쁨, 슬픔, 즐거움 등을 제공하며 하나의 여가문화로 자리 잡았다. 시청자들은 간단히 리모컨만 누르면 애니메이션, 드라마, 영화, 가요 프로그램, 연예 프로그램, 스포츠 중계, 뉴스 등을 그들의 취향에 맞게 선택하여 즐길 수 있게 되었다. 그러나 텔레비전의 대중화는 텔레비전 중독이라는 사회적 문제를 야기하였다. 즉, 만사 제쳐 두고 텔레비전 앞에 앉아 떠날 줄 모르며 과도하게 텔레비전 프로그램을 시청하며, 이를 못하게 할 때 안절부절못하는 등 신체적·정신적 금단 증상이 나타난다. 특히 유아의 경우 텔레비전에 지나치게 매달리면 상상력을 잃고 현실과 이상을 혼동하는 등 부정적인 영향을 받는다.

2) 컴퓨터 및 스마트폰 게임

▲ 스마트폰 보급이 늘어남에 따라 스마트폰을 사용하는 아동이 놀고 있다.

컴퓨터 및 스마트폰 게임은 실제 세계에서 해 볼 수 없는 것을 가상의 현실에서 마음껏 해 볼 수 있고, 시행착오를 겪어도 언제든지 리셋(reset)할 수 있다는 장점을 지니고 있으며, 시간의 구애를 받지 않아 유아 혼자서도 즐길 수 있는 놀이다. 그러나 자칫 게임에 몰두한 나머지 수면시간의 감소와 피로 등의 부정적인 영향을 미치거나, 유아의 일상생활을 어렵게 하는 게임중독 증상을 야기하기도 한다. 컴퓨터 및 스마트폰 게임의 부정적인 영향에 대해 살펴보면 다음과 같다.

첫째, 컴퓨터 및 스마트폰 게임의 현란한 색채와 속도감, 과도한 공격성, 순간적인 자극에 매력을 느낀 유아들은 상대적으로 자유로운 다른 놀이를 할 시간을 뺏기게 된다.

둘째, 컴퓨터 및 스마트폰 게임에 비해 느리고 덜 자극적인 놀이나 학습에 흥미

를 느끼지 못하게 된다. 어린 시기에 이러한 시각적 속도감과 자극에 익숙해지면 앞으로 접하게 될 모든 프로그램이 너무 느리고 시시하다고 느끼게 되는 것이다.

유아의 발달에 부정적인 영향을 미치는 게임중독 여부를 알아보기 위한 방법으로 온라인 게임중독 자가진단 척도(〈부록 1〉 참조)가 있다. 5~8세 자녀 대상 부모용 검사 진단결과는 게임중독 행동 특성 및 환경 특성에 따라 고위험군, 잠재적 위험군, 환경개선군, 일반 사용자군으로 분류된다.

5. 교육적 적용

영유아와 아동 발달에서 발달과 환경은 불가분의 관계이며, 특히 환경적 측면은 부모, 또래, 친구 등 아이 스스로 선택할 수 없는 운명적인 관계라고도 할 수 있다.

이처럼 가족은 친밀한 대인관계 경험의 토대를 제공하는 사회적 환경으로서 개인의 행동과 성격 형성에 지대한 영향을 미치게 된다. 또한 유아는 성장하면서 가족환경을 벗어나 학교와 또래 및 매체환경을 접하게 되는데, 이때 사회화의 기초가 되는 매우 다양하고 복잡한 경험을 하게 될 것이다. 그러므로 영유아 및 아동 발달에서 환경은 보다 교육적이고 건강하며 안전한 곳이 되도록 해야 할 것이다.

토의 및 연구 문제

1. 가족의 개념 및 기능에 대해 설명해 보시오.
2. 다양한 가족 형태와 개념에 대해 설명해 보시오.
3. 부모의 양육방식 및 매체환경 요인에 대하여 설명하고 정리하시오.

부록 1 온라인 게임중독의 자가진단(G척도)

유아 및 초등 저학년을 위한 부모용 온라인 게임중독 경향성 척도

20____년 ____월 ____일 _________학교 ____학년 (남 , 여) 이름 __________

게임중독 환경 특성 내용	전혀 그렇지 않다	때때로 그렇다	자주 그렇다	항상 그렇다
1. 부모의 형편상(직장생활, 질병 등) 집에서 아이의 하루 생활을 관리하는 데 어려움이 있다.	1	2	3	4
2. 우리 아이는 혼자서 시간을 보내는 경우가 많다.	1	2	3	4
3. 우리 아이가 게임을 하는 데 보내는 시간이 얼마나 되는지 알고 있다.	1	2	3	4
4. 아이가 하는 게임의 종류나 시간에 대해 일관된 양육기준을 가지고 관리한다.	1	2	3	4
합계				
	총점		/ 16	

게임중독 행동 특성 내용	전혀 그렇지 않다	때때로 그렇다	자주 그렇다	항상 그렇다
1. 우리 아이는 친구들과 만나는 것보다 집에서 게임하는 것을 더 좋아한다.	1	2	3	4
2. 우리 아이는 또래와 놀 때에도 주로 게임을 한다.	1	2	3	4
3. 우리 아이는 가족이나 친지의 모임에서도 게임만 하려고 한다.	1	2	3	4
4. 우리 아이는 외출을 할 경우 (게임을 하고 싶어) 집에 빨리 들어오려고 한다.	1	2	3	4
5. 우리 아이는 게임 아이템을 사 달라고 하거나 캐시 충전을 해 달라고 조르는 경우가 있다.	1	2	3	4
6. 우리 아이의 놀이나 대화 내용은 주로 게임과 관련된 것이다.	1	2	3	4
7. 우리 아이는 게임 이외의 다른 활동에는 별다른 흥미가 없다.	1	2	3	4

8. 우리 아이는 일상생활 중에도 게임에 대한 생각을 많이 한다.	1	2	3	4
9. 우리 아이는 밖에서 노는 것보다 집에서 게임하기를 원한다.	1	2	3	4
10. 우리 아이는 게임을 못하게 하면 불안해하거나 다른 일에 의욕을 보이지 않는다.	1	2	3	4
11. 우리 아이는 게임을 하지 못한 날에는 괜한 심통을 부리거나 사소한 일에 화를 낸다.	1	2	3	4
12. 우리 아이는 게임을 할 때 자기도 모르게 욕을 하거나 흥분한 모습을 보인다.	1	2	3	4
13. 우리 아이는 게임을 할 때 컴퓨터가 느리거나 게임 사이트에 문제가 생기면 안절부절못하여 과격하게 행동한다.	1	2	3	4
14. 우리 아이는 폭력적이거나 잔인한 게임장면에 아무렇지도 않게 반응한다.	1	2	3	4
합계				
	총점		/ 56	

초등학생 고학년 온라인 게임중독 척도

20____년 _____월 _____일 __________학교 _____학년 (남 , 여) 이름 ____________

문항 내용	전혀 그렇지 않다	때때로 그렇다	자주 그렇다	항상 그렇다
1. 게임으로 인해 학교생활이 재미없게 느껴진다.	1	2	3	4
2. 게임을 하는 것이 친한 친구와 노는 것보다 더 좋다.	1	2	3	4
3. 게임 속의 내가 실제의 나보다 더 좋다.	1	2	3	4
4. 게임에서 사귄 친구들이 나를 더 알아준다.	1	2	3	4
5. 게임에서 사람을 사귀는 것이 더 편하다.	1	2	3	4
6. 내 캐릭터가 다치거나 죽으면 실제로 내가 그렇게 된 것 같다.	1	2	3	4
7. 게임을 하느라 학교 숙제를 할 시간이 없다.	1	2	3	4
8. 게임을 하느라 해야 할 일을 못한다.	1	2	3	4
9. 게임하는 시간이 점점 길어진다.	1	2	3	4
10. 처음에 계획했던 게임시간을 지키기 어렵다.	1	2	3	4
11. 게임을 그만하라는 말을 듣고도 그만두기가 어렵다.	1	2	3	4
12. 게임을 하는 시간을 줄이려고 하지만 잘 안 된다.	1	2	3	4
13. 게임을 안 하겠다고 마음먹고도 다시 게임을 하게 된다.	1	2	3	4
14. 게임을 하면서 전보다 짜증이 늘었다.	1	2	3	4
15. 다른 할 일이 많아도 게임을 먼저 한다.	1	2	3	4
16. 게임을 못하면 하루가 지루하고 재미없다.	1	2	3	4
17. 게임을 안 할 때도 게임 생각이 난다.	1	2	3	4
18. 야단을 맞더라도 게임을 하고 싶다.	1	2	3	4
19. 게임을 하지 못하면 불안하다.	1	2	3	4
20. 누가 게임을 못하게 하면 화가 난다.	1	2	3	4
합계				
	총점		/ 80	

일반 사용자	35점 이하	잠재적 위험사용자	36～45점	고위험 사용자	46점 이상

** 자료: 한국정보화진흥원(2006).

온라인 게임중독의 자가진단에 따른 유형별 특성 및 해석

유아 및 초등 저학년 온라인 게임중독 경향성 척도 해석

유형	분류 기준	특성	비고
게임중독 경향 고위험 사용자	게임중독 행동 특성이 22점 이상이고, 게임중독 환경 특성은 9점 이상	현실세계보다는 가상의 게임세계에 몰입하여 게임공간과 현실생활을 혼돈하거나 게임으로 인하여 현실세계의 대인관계나 일상생활에 부적응 문제를 보이며, 부정적 정서를 나타낸다. 부모와 가정환경 특성이 자녀의 부정적 게임행동을 조장하는 경향이 크기 때문에 앞으로 게임중독으로 발전할 경향성을 지닌 사용자다.	아동의 게임행동 문제의 전문적 상담 및 부모교육 요망
게임중독 경향 잠재적 위험 사용자	게임중독 행동 특성이 22점 이상이고, 게임중독 환경 특성은 8점 이하	현실세계보다는 가상의 게임세계에 대한 흥미가 높아 게임에 몰입하고 있으며, 게임을 중단하는 경우 부정적인 행동이나 정서반응을 보인다. 부모와 가정환경 특성이 자녀의 게임행동에 비교적 적절한 대처를 하고 있으나 유아의 게임행동을 보다 적절히 조절해 주지 않는다면 앞으로 게임중독의 위험성이 높아지는 사용자다.	아동의 게임행동 문제 상담 및 관리 요망
게임중독 경향 환경개선 사용자	게임중독 행동 특성이 21점 이하이고, 게임중독 환경 특성은 9점 이상	현재 나타내고 있는 게임중독 행동의 문제는 적으나 부모와 가정환경 특성이 적절한 지도와 대처를 하지 못하고 있기 때문에 환경적 문제의 개선이 이루어지지 않으면 앞으로 유아에게 게임중독 행동의 문제가 나타날 가능성이 있다.	게임행동에 대한 지속적 관리 및 부모교육 요망
일반 사용자	게임중독 행동 특성이 21점 이하이고, 게임중독 환경 특성은 8점 이하	게임행동과 이에 대한 부모 및 가정환경 대처가 적절하므로 게임중독의 경향성은 상대적으로 낮다. 지속적인 관심과 지도가 필요하다.	일반적인 관리 요망

초등학생 고학년 온라인 게임중독 척도 해석

유형	분류 기준	특성	비고
고위험 사용자	게임중독 점수 46점 이상	현실세계보다는 가상의 게임세계에 몰입하여 게임공간과 현실생활을 혼돈하거나 게임으로 인하여 현실세계의 대인관계나 일상생활에 부적응 문제를 보이며, 부정적 정서를 나타낸다. 혼자서 하루 2시간, 주 5~6회 이상 게임을 하며 게임행동을 조절하는 데 어려움을 보인다. 일반적으로 자기통제력이 낮아 일시적인 충동이나 즉각적인 만족을 추구하며, 인내력과 효율적인 문제해결 능력이 부족한 경향을 보인다. 또한 공격적 성향이 높으며 자신에 대해 부정적으로 생각하는 경향이 강하다.	전문적 치료 지원 및 상담 요망
잠재적 위험 사용자	게임중독 점수 36~45점	고위험사용자에 비해 낮은 수준이나 가상세계에 대해 더 많은 관심을 두고 게임에 몰입하는 경향을 보이며, 게임과 현실생활을 혼돈하거나 게임으로 인하여 현실세계의 대인관계와 일상생활에 문제를 나타내기도 한다. 하루 1시간 30분, 주 3~4회 정도 혼자서 게임을 하는 경향이 있다. 공격적 성향을 보이며, 자기통제력이 낮고 충동적이며 자기 위주로 생각하고 말보다는 행동이 앞서는 경향이 있다. 자신에 대해 부정적으로 생각하는 경향을 나타내기도 한다.	게임중독 행동주의 및 예방 프로그램 요망
일반 사용자	게임중독 점수 35점 이하	게임 습관을 스스로 조절할 수 있으며, 게임과 현실세계에 대한 구분이 명확하여 게임으로 인해 정서적인 영향을 받지 않는다. 하루 1시간 이하, 주 1~2회 이하 친구와 형제 등 주변 사람들과 함께 게임을 하는 등 온라인 게임 사용을 적절하게 조절할 수 있다. 자신의 욕구를 조절하고 효율적으로 문제를 해결하는 경향을 보인다. 일시적인 충동에 의하거나 즉각적인 만족을 주는 문제행동을 회피하고 인내할 수 있는 능력이 높으며, 자신에 대해 긍정적으로 생각하는 경향이 강하다.	지속적 자기점검 요망

부록 2 발달 영역별 체크리스트

관찰일: ______________________ 관찰자: ______________________

관찰 아동: ______________________ 생년월일: ______________________ (남, 여)

※ 점수화 지침

하루 일과에 걸쳐 영유아의 발달을 관찰하여 해당 항목마다 0, 1, 2점으로 표시해 주세요.

점수화 방법		
2=항상 수행한다.	1=때때로 수행한다.	0=전혀 수행하지 못한다.

1) 자조기술

월령 (개월)	발달 항목	횟수 날짜	1회 /	2회 /	3회 /	4회 /
12~18	숟가락이나 포크를 주먹으로 잡고 먹는다.					
19~24	신발을 신발장에 넣고 꺼낸다. - 영아가 어떠한 방법으로든지 스스로 신발장에 넣고 꺼낼 수 있는지를 측정한다.					
	내용물을 흘리지 않고 컵으로 마신다.					
	신발을 벗는다. - 영아가 어떠한 방법으로든지 스스로 신발을 벗을 수 있는지를 측정하는 문장으로 신발 끈이나 지퍼, 접착 띠 등은 교사가 도와서 풀어 줄 수 있다.					
	팬티나 기저귀가 젖었음을 인식하고 표현한다.					
	먹은 그릇을 정해진 자리에 스스로 가져다 놓는다.					
	위 겉옷을 벗는다. - 영아가 어떠한 방법으로든지 스스로 앞여밈이 있는 위 겉옷을 벗을 수 있는지를 측정하는 문항으로 웃옷의 단추를 풀거나 지퍼를 내리는 것은 교사가 도와줄 수 있다.					
	음식을 수저나 포크로 다른 그릇에 옮긴다.					
	규칙적으로 변기에 앉히면 소변을 본다.					
	숟가락이나 포크를 손가락을 사용해서 잡고 먹는다.					

	스스로 변기를 사용하여 배변한다. - 올바른 자세가 아닐지라도 영아가 성인의 도움 없이 혼자서 변기를 사용하여 배변할 수 있는 능력을 측정한다.				
	규칙적으로 변기에 앉히면 대변을 본다.				
25~30	화장실에 갈 때까지 대소변을 참는다. - 대부분의 경우에는 가능한데 가끔씩 영아가 대소변을 참지 못하여 실수하는 경우에는 할 수 있는 것으로 평정한다.				
	그릇에 음식을 담아 먹고 정리한다. - 영아가 배식대의 그릇에 있는 음식을 자신의 그릇에 옮겨서 담은 후에 배식대의 음식 그릇을 제자리에 놓을 수 있는가를 관찰하여 평정한다.				
	약간 흘리지만 음료를 따른다.				
	간식, 점심, 실외놀이 후 스스로 손을 씻는다. - 수도꼭지는 성인이 틀고 잠그더라도 영아가 스스로 비누를 사용하여 손을 씻고 물로 헹구는 능력을 측정한다.				
	점심식사 후 스스로 양치질을 한다. - 치약을 짜서 칫솔 위에 놓는 것은 교사가 도와줄 수 있다.				
31~36	배변 후 화장지로 닦으려고 시도한다.				
	웃옷을 사물함의 옷걸이에 건다. - 영아가 어떠한 방법으로든지 스스로 웃옷을 사물함의 옷걸이에 걸을 수 있는지를 측정한다.				
	혼자서 화장지를 사용하여 코를 푼다. - 콧물만 닦는 것은 제외, 영아가 혼자서 휴지를 사용하여 코를 잡거나 누르면서 코를 풀 수 있는지를 측정한다.				
	웃옷을 혼자 입는다. - 영아가 어떠한 방법으로든지 스스로 앞여밈이 있는 웃옷을 입을 수 있는지를 측정하는 문항으로 웃옷의 단추를 잠그거나 지퍼를 올리는 것은 교사가 도와줄 수 있다.				
37~42	손가락으로 젓가락을 잡고 음식을 먹으려 한다. - 영아가 손가락으로 젓가락을 잡고 음식을 잡으려는 시도를 하는가를 관찰한다.				
원 점수(획득된 점수)					
백분율 점수(원 점수÷44×100)					

2) 신체 · 운동 발달

월령	발달 항목	1회	2회	3회	4회
	횟수 / 날짜	/	/	/	/
12~18	도움 없이 혼자 걷는다.				
	손가락을 사용하여 물체를 잡는다.				
	끼적이기를 한다. - 종이 위에 자국을 남기면 이 능력이 발달된 것으로 평정한다.				
	잡고 계단을 오른다. - 영아가 계단의 난간이나 성인의 손을 잡고 올라가면서 균형을 유지하는 능력을 관찰하여 평정한다.				
	물체를 끌면서 걸어간다. - 교사는 영아가 놀잇감을 끌고 걸어가면서 균형을 유지하는 능력 및 협응력을 관찰하고, 영아가 뒤를 돌아보지 않고 앞을 향하여 걸어갈 수 있으면 발달된 능력으로 평정한다.				
	단추를 누르는 것같이 물체를 작동시키기 위해 집게손가락을 사용한다.				
	공을 잡고 굴린다. - 영아에게 공을 굴려서 다시 교사에게 굴릴 수 있으면 발달된 능력으로 평정한다.				
	빨리 걷는다. - 교사는 영아가 빨리 걸어가면서 균형을 유지하는 능력을 관찰하고, 영아가 걸으면서 균형을 유지하고 일정한 속도로 걸을 수 있으면 발달된 능력으로 평정한다.				
	달리다 멈춘다. - 교사는 영아가 달리고, 달리는 힘을 조절하여 멈추면서 균형을 유지하는 능력을 관찰하고, 영아가 넘어지지 않고 균형을 잡을 수 있으면 발달된 능력으로 평정한다.				
	신발의 접착 띠를 떼고 붙인다. - 교사가 신발을 잡아 주고 영아가 자기 손으로 접착 띠를 떼고 붙일 수 있으면 발달된 능력으로 평정한다.				
	공을 발로 찬다. - 한 발을 사용하여 공을 차는 능력을 관찰하여 평정한다.				
	3cm 정도의 정육면체 블록을 같은 크기의 다른 블록에 안정감 있게 올려놓는다. - 밑의 블록을 움직이지 않고 안정되게 놓으면 발달된 능력으로 평정한다.				

19~24	옷의 지퍼를 내린다. - 교사가 옷의 아래 자락을 잡아 주고 영아가 지퍼를 내릴 수 있으면 발달된 능력으로 평정한다.				
	공과 같은 물건을 목표물을 향해 던지거나 굴린다.				
	15cm 정도 높이의 평균대 위를 손잡고 걷는다.				
	크레용이나 연필을 손가락으로 잡는다. - 영아가 손가락을 모아 필기도구를 잡아 그을 수 있으면 발달된 능력으로 평정한다.				
	단순한 세 조각 퍼즐 맞추기나 듀플로 블록 끼우기를 한다. - 영아가 의도하는 위치에 조각을 정확히 꽂으면 발달된 능력으로 평정한다.				
	옷의 지퍼 밑 부분을 끼워 주면 올린다. - 지퍼의 밑 부분을 잡아 주어 영아가 스스로 올릴 수 있으면 발달된 능력으로 평정한다.				
	정글짐이나 터널과 같은 놀이시설에서 아래, 위, 속으로 장애물을 통과한다.				
	주어진 종이 위에 나가지 않고 그린다. - 영아가 자신의 의도에 맞추어 손의 소근육에 힘을 조절하여 그리면 발달된 능력으로 평정한다.				
	구멍의 지름이 1cm 정도인 나무나 플라스틱 구슬을 끼운다.				
	잡지 않고 혼자서 계단을 내려간다. - 영아가 계단의 난간이나 성인의 손을 잡지 않고 균형을 유지하면서 계단을 내려오는 능력을 관찰하여 평정한다.				
	두 발을 모아 제자리에 뛰어오른다. - 영아가 두 발을 모으고 제자리에서 뛰어오르면 균형을 유지하는 능력을 관찰하여 평정한다.				
25~30	30cm 정도 높이의 구조물에서 뛰어내린다. - 교사는 영아가 두 발을 모으고 앞으로 뛰어내리며 균형을 유지하는 능력을 관찰하고, 30cm 정도의 계단이나 평균대에서 뛰어내릴 수 있으면 발달된 능력으로 평정한다.				
	10cm 정도의 장애물을 뛰어넘는다. - 영아가 두 발을 모으고 10cm 정도의 장애물을 뛰어넘을 때, 앞으로 뛰어올라 멀리 뛰면서 균형을 유지하는 능력을 관찰하여 평정한다.				
	얇은 책장을 한 장씩 넘긴다.				
	다섯 조각 이상의 퍼즐 맞추기를 한다. - 퍼즐 조각을 의도한 위치에 맞추면 이 능력이 발달된 것으로 평정한다.				

	병뚜껑을 돌려서 연다.				
	점토를 플라스틱 틀로 찍어 낸다. - 찍기 틀을 균형 있게 조절하여 누를 수 있으면 발달된 능력으로 평정한다.				
	점토를 주물러서 둥근 모양을 만든다. - 영아가 양손을 조절하여 점토를 뭉칠 수 있으면 발달된 능력으로 평정한다.				
	선, 원과 같은 간단한 모양을 따라 그린다. - 종이에 선의 시작과 끝을 모아 모양을 만들 수 있으면 발달된 능력으로 평정한다.				
	구멍의 지름이 0.5cm 정도인 나무나 플라스틱 구슬을 끼운다.				
	옷의 단추를 뺀다. - 옷을 입고 벗는 동안 교사가 옷을 잡아 주면서 영아의 발달 능력을 파악하여 평정한다.				
	바퀴 달린 탈것을 페달을 밟고 돌려서 간다. - 영아가 발로 바닥을 짚지 않고 페달을 밟아서 일정한 속도로 갈 수 있으면 발달된 능력으로 평정한다.				
	머리를 바닥에 대고 몸을 앞으로 구른다. - 영아가 머리를 바닥에 대고 몸을 앞으로 구르면서 힘을 조절하고 균형을 유지하는 능력을 관찰하여 평정한다.				
31~36	점토를 손바닥으로 비벼서 동그란 모양을 만든다. - 영아가 양손의 힘을 조절하여 협응적으로 돌려서 모양을 만들면 발달된 능력으로 평정한다.				
	옷의 큰 단추를 끼운다. - 교사는 옷을 입고 벗는 동안 옷을 잡아 주면서 영아의 발달 능력을 파악하여 평정한다.				
	네모, 세모 등을 따라 그린다. - 주변의 사물이나 교사가 그린 모양을 정확히 모방하여 의도하는 모양을 그리면 이 능력이 발달된 것으로 평정한다.				
	15cm 정도 높이의 평균대 위를 혼자서 걷는다.				
	달리다가 지시에 따라 멈추지 않고 몸을 돌려 같은 속도로 되돌아온다. - 교사는 영아가 동일한 속도로 뛰어오다가 다시 뒤돌아 같은 속도로 균형을 잡고 추진하는 능력을 관찰하여 평정한다.				
	한 발로 제자리에 뛴다. - 영아가 3회 이상 반복하여 다른 발이 닿지 않고 뛸 수 있으면 발달된 능력으로 평정한다.				

37~42	가위로 선을 따라 오린다. - 가위를 손가락에 끼고 힘을 조절하여 자를 수 있으면 발달된 능력으로 평정한다.				
	이름이나 글자를 쓰는 것처럼 글자의 획 모양을 그린다. - 글자의 처음에서 끝까지 힘을 주어 선을 그을 수 있으면 발달된 능력으로 평정한다.				
원 점수(획득된 점수)					
백분율 점수(원 점수÷88×100)					

3) 의사소통 발달

월령	발달 항목	횟수	1회	2회	3회	4회
		날짜				
12~18	영아에게 "저거 뭐야?" 하고 물으면 손가락으로 가리킨 방향을 쳐다본다.					
	영아가 가지고 싶은 물건을 손가락으로 지적하여 요청한다.					
	책 읽기를 할 때 책의 그림을 손가락으로 가리키며 관심을 표현한다. - 한가지나 그 이상					
	전화를 거는 흉내를 내며 대화하는 것처럼 말소리를 낸다. - 전화기를 들고 옹알이를 하거나 소리를 내는 경우도 해당					
	보여 주는 물체에 5초 이상 주의를 기울인다. - 영아의 손이 닿을 수 있는 위치에 물체를 제시하여 영아의 주의를 끈 후 영아가 5초 이상 그 물체에 관심 있게 주의를 기울이는지를 관찰한다.					
	"눈(신체의 부분)이 어디 있어?"라고 물으면 손가락으로 가리킨다. - 신체의 세부적 명칭도 이해하는지를 관찰한다. 묻는 사람이 동작을 수반하지 않고 말로만 질문하여 영아가 바르게 반응하는가를 관찰한다.					
	'배가 고프다' 또는 '목이 마르다'는 의사표현으로 음식이나 물이 있는 곳을 지적하거나 행동으로 표시한다.					
	다른 영아의 이름을 부르며 "ㅇㅇ 어디 있어?" 하고 물으면 그 영아 쪽을 쳐다본다.					
	책을 읽어 주면 책에 있는 그림을 쳐다본다.					
	영아의 이름을 부르며 "ㅇㅇ 어디 있어?" 하고 물으면 자기 자신을 가리킨다.					
	간식시간에 자신이 먹고 싶은 것을 손가락으로 가리킨다.					
	그림 동화를 듣고 동화의 상황에 관련된 단어를 이해하여 그림에서 가리킨다.					

	부모의 사진을 제시하며 "이게 누구야?" 하고 물으면 "엄마." 또는 "아빠." 라고 말한다.				
	"저 블록을 이 상자에 넣어."라는 말을 알아듣고 수행한다.				
	공놀이를 하다가 공이 굴러갔을 때 "저 공 집어서 던져."와 같이 두 가지 행동을 연속적으로 하도록 지시하면 수행한다. - 예: "컵을 가져와서 아가에게 따라 주자."				
	새로운 몸짓을 그대로 흉내 낸다. - 교사나 다른 성인이 물체를 손가락으로 지적하거나, 머리를 숙여 인사하거나, 손뼉을 치는 등 의사소통을 위한 새로운 몸짓을 할 때 그 몸짓을 그대로 따라 하는 행동				
	장난감 바구니에 들어 있는 두 가지 장난감 중 한 개의 이름을 말하면서 달라고 하면 영아가 바구니에서 그 장난감을 꺼내 집어 준다.				
19~24	책을 다시 읽어 달라는 요청을 한다.				
	전화놀이를 시작하며 교사가 응답해 주기를 요구한다.				
	위치를 나타내는 어휘를 이해한다. - 예: 옆, 안, 뒤, 아래, 밑 등				
	몇 가지 반대어를 이해하기 시작한다. - 예: "바깥놀이 하느라 손이 더러워졌네, 손을 깨끗이 씻자." 등의 말을 이해하고 적절히 반응하는지를 관찰한다.				
	소유를 표현하는 이어문(유아어 포함)을 말한다. - 예: 내 거야, 내 책, 아빠 차, 엄마 옷 등				
	물체의 이름을 말하면 낯익은 그림책에서 10가지 정도의 물체를 지적한다.				
	간식 또는 점심이 먹고 싶지 않을 때 "안 먹어."와 같이 자신의 의사를 말로 표현한다.				
	의문사가 있는 이어문(유아어 포함)을 말한다. - 영아가 "어디 가?" "뭐야?" "언제 해?" 등과 같이 의문사를 사용하여 적절히 질문하는가를 관찰한다.				
	반복을 나타내는 이어문(유아어를 포함)을 말한다. - 예: "더 줘." "다시 해." "또 해." "또 우유." "과자 더." 등으로 물체를 하나만 제시하고 유아가 하나 이상을 필요로 하는 상황을 만들어 표현하는 기회를 제공하거나 재미있는 활동을 잠시 중단하게 하여 영아가 또 하고 싶은 생각을 표현할 기회를 주어 관찰한다.				
	단어를 나타내는 간식의 이름을 말하거나 간식을 더 달라고 말한다.				
	대소변을 보고 싶다는 의사표현을 행동으로 표시한다.				
	자신의 이름을 말한다.				

25~30	자신이 원하는 놀잇감의 이름을 말한다.				
	부정을 나타내는 이어문(유아어 포함)을 말한다. - 예: 사과를 보여 주면서 "여기 바나나 있다."라고 할 때 "바나나 아냐." 등과 같이 표현할 수 있는가를 관찰한다.				
	행위자-행동, 행동-대상, 행위자-대상 등의 이어문(유아어 포함)을 말한다.				
	물체의 이름을 말하면 낯익은 그림책에서 20가지 정도의 물체를 지적한다.				
	묘사적 단어를 다섯 개 이상 말한다. - 예: 큰, 작은, 뜨거운, 빨간, 파란 등의 어휘 사용 능력 및 크기, 색깔, 온도 등의 물리적 특성을 나타내는 물체나 자료 활용 시 활동을 제시할 때 영아가 단어를 적절히 사용하는지 관찰한다.				
	사물, 사람, 사건을 묘사하는 이어문(유아어 포함)을 말한다. - 예: "빨간 블록." "빨리 가." "뛰어 가." "물 차가워." "고모 이뻐." "빠방 갔어." 등				
	벽에 붙여진 간식 그림을 보고 이름을 말한다.				
	물체의 이름을 말하면 새로운 그림책에서 10가지 정도의 물체를 지적한다.				
	여러 가지 동작 언어를 이해하고 지시대로 따라 한다. - 예: 문을 열다/닫다, 간식을 먹는다, 앉는다, 걷는다, 달린다 등				
	교사가 책을 읽어 주면 짧은 동화를 주의 깊게 듣는다.				
	활동 동사를 말한다. - 장난감 상자를 열어 달라고 성인에게 주면서 "열어 줘."라고 하거나 "뛰어 가." 등과 같은 활동 동사를 사용하는지 관찰한다.				
	물체의 이름을 말하면 새로운 그림책에서 20가지 정도의 물체를 지적한다.				
	삼어문 이상의 문장(유아어 포함)을 말한다. - 예: "여기, 공 굴려." "이리, 차 밀어." "아빠, 학교 가." 등과 같이 삼어문 또는 그 이상의 말을 할 수 있는지 관찰한다.				
	삼어문 이상의 부정문(유아어 포함)을 말한다. -예: "아가 옷 아니야." "아가 여기 없다." "아가 코야 안 해." 등				
	삼어문 이상의 의문문(유아어를 포함)을 말한다. - 예: "내 장갑 어디 있지?" "과자 먹어도 돼?" "밖에 나가 놀아요?" 등				
	물체의 이름을 말하면 20가지 정도의 실제 물체를 지적한다. - 물체 지적하기 놀이를 통해 관찰하고 종류에 따라 여러 번으로 나누어 여러 회에 걸쳐 관찰하여 평가한다.				

	위치를 표현하는 이어문(유어어 포함)을 말한다. - 예: "저기 엄마." "저기 고양이." "사탕 여기." "위로 가." "저기 가." 등				
31~36	나, 너와 같은 대명사를 사용한다. -예: "이 옷이 누구 옷이지?"의 질문에 "내 거."라고 말하는 등				
	색깔 이름을 네 가지 이상 알고 말한다.				
	삼어문 이상의 문장을 두 문장 이상 사용하며 연결된 상황을 설명한다. - 예: "네가 굴릴 차례야. 공을 저리로 보내." "넌 여기 앉아, 나는 저기에 앉을게." "○○가 과자 먹어요. 나도 과자 먹고 싶어요." 등				
37~42	놀이 시 부당함을 떼쓰거나 울지 않고 적절한 말로 말하며 항의한다.				
	그림책을 읽어 주면 주인공의 이름, 중요한 사건, 결과를 모두 말한다.				
	현재, 과거, 미래를 구별하여 표현한다. - "지금 무엇을 하고 있니?" "어제 집에서 무엇을 했지?" "내일 어디로 견학 가지?" 등과 같이 현재, 과거, 미래의 행동과 연결된 질문을 이해하고 이에 적절히 표현할 수 있는지를 평가한다.				
원 점수(획득된 점수)					
백분율 점수(원 점수÷88×100)					

4) 정서 발달

월령	발달 항목	횟수	1회	2회	3회	4회
		날짜	/	/	/	/
12~18	놀이를 하면서 '까르르' 소리 내 웃는 것과 같은 기분이 고조되어 흥분된 상태를 나타낸다.					
	교사가 웃으면서 격려하면 기분 좋게 응답하거나 하던 행동을 더 많이 한다. - 놀이를 하는 동안 영아가 과제에서 성공하였거나 활발히 활동하고 있을 때 교사가 칭찬해 주면 어떤 반응을 보이는지를 관찰하여 평가한다.					
	교사가 다른 영아를 예뻐하거나 안아 주면 자신도 안아 달라고 한다.					
	교사가 화내면 울거나 피하던 행동을 멈춘다.					
	서운하면 삐치는 정서 행동을 보인다.					
	간식 시간이 되면 식탁에 앉아서 기다린다(일차적 욕구를 참고 기다릴 수 있는 능력).					
	자신이 필요한 것을 해 주거나 가져다주면 고마움을 표현한다.					
	놀이를 할 때 한두 명의 또래 옆에서 놀이를 한다.					

	- 놀이에 서로 영향을 주고받지는 못하지만 공간적으로 인접해 있거나 유사한 장난감을 사용하거나 유사한 행동이 일어나면 이루어진 것으로 평정한다.				
	자신의 능력에서 어려운 일을 해냈을 때 자랑스러운 미소로 교사를 쳐다보며 주의를 끈다.				
	놀이를 하면서 또래에게 장난감을 주거나 미소 짓기 등의 사회적 행동을 시도한다.				
	옆에서 놀고 있는 또래를 관찰한다.				
	다른 아동의 노는 것이 재미있을 때 다가가서 같은 놀이를 하며 참여한다.				
19~24	교사가 다른 영아를 도와주고 온다고 말하면 대부분의 경우 참고 기다린다.				
	귀가 시간이 되면 놀이를 정리하고 부모가 데리러 올 것을 기대하고 기다린다. - 예측과 기대를 통한 정서적 조절을 평가한다.				
	자신의 장난감을 또래가 만지거나 가져가면 말로("놔." "안 돼." "하지 마." 등) 싫은 정서를 표현한다.				
	잠이 안 올 때도 또래가 잘 수 있도록 조용히 한다. - 다른 영아가 자고 있을 때 잠을 자지 않고 조용히 지낼 수 있는 놀이나 방법을 알고 있고 소리를 낮추어 말하거나 조용히 걸어 다닐 수 있으면 이 능력이 있는 것으로 평정한다.				
	또래가 원하면 장난감을 양보하거나 주기도 한다.				
	동화의 내용이 재미있을 때 즐거운 표정이나 약간의 흥분된 행동을 한다. - 동화를 읽어 주면서 영아의 정서 상태를 물어보거나 표정을 확인하면서 평가한다.				
25~30	일과 시간에 따라 실외놀이 시간임을 알고 나갈 준비를 한다. - 하던 놀이가 재미있고 더 하고 싶더라도 이를 중단하고 장난감을 정리할 수 있으면 이러한 능력이 이루어진 것으로 평정한다.				
	다른 영아가 어머니와 헤어지지 못하고 울면 다가서서 위로한다. - 타인에 대한 공감 능력의 발달을 평정한다.				
	또래가 하고 있는 놀이를 도와준다.				
	교사가 슬퍼하면 걱정하거나 위로하는 것 같은 행동을 보인다.				
	놀이를 번갈아 차례대로 할 수 있다.				
	귀가 시에 흥미로운 놀이를 더 하지 못하여 아쉬워한다. - 자신의 욕구를 인식할 수 있으나 자연스럽게 조절할 수 있는 능력을 평가한다.				

	또래에게 자기 간식을 나누어 준다. - 자신이 좋아하는 간식이지만 다 원하는 또래를 위하여 양보하는 것				
	동화의 내용이 슬플 때 슬픈 표정을 짓는다. - 동화를 읽어 주면서 영아의 정서 상태를 물어보거나 표정을 확인하면서 평가한다.				
31~36	또래에게 도움을 요청한다.				
	또래의 성(남자, 여자)을 구별할 수 있다.				
	자신이 하고 있는 재미있는 놀이에 다른 영아를 끌어들인다. - 예: 소꿉놀이 시에 컵이나 스푼을 자신의 입에 갖다 대는 척하다가 다른 영아의 입에도 갖다 대는 척하는 행동을 보일 때 이러한 능력이 획득된 것으로 평가한다.				
	어머니와 헤어지고 싶지 않을 때 멀어지지 않으려고 하면서도 교사에게 미안해한다.				
	귀가 시 또래와 헤어지는 것을 아쉬워한다.				
37~42	규칙 있는 게임을 친구와 함께 한다.				
	싫어하는 친구라도 참고 함께 놀이한다.				
	칭찬받은 친구에게 자발적으로 축하해 준다.				
	친구와 함께 놀이하기 전에 다른 친구들이 좋아하는 놀이와 싫어하는 놀이를 구별한다.				
원 점수(획득된 점수)					
백분율 점수(원 점수÷72×100)					

5) 인지 발달

월령	발달 항목	횟수	1회	2회	3회	4회
		날짜	/	/	/	/
12~18	소꿉 영역에서 거울에 비친 자신의 모습을 알아본다.					
	자신의 교실을 찾아 들어간다. - 부모나 교사가 교실을 가르쳐 주지 않아도 영아가 스스로 자기 교실의 위치를 알고 찾아 들어갈 수 있는 능력을 평가한다.					
	손뼉을 치거나 얼굴을 손으로 가리면서 까꿍놀이와 같은 상호작용적 놀이를 계속하기 위해 게임의 일부분을 재현한다.					
	친숙한 동작을 따라 한다.					
	사물의 소리나 그 움직임을 보기 위해 적절한 행동을 취한다.					

	사진에 나타난 친숙한 얼굴을 알아본다.				
	자신의 사물함을 안다. - 영아가 자신의 사물함을 어떤 기준으로든지 알고 찾아가는 능력을 평가한다.				
	손에 닿지 않는 물건을 갖기 위하여 여러 방법을 시도하여 해결한다.				
	물체를 가지고 감각적으로 탐색한다.				
	교사가 제시하는 놀이 행동과 소리를 따라 한다.				
	물건을 찾기 위해 장애물을 이동시키거나 장애물 주위를 돌아서 찾는다.				
19~24	원하는 물건이 평소에 있던 곳에 없으면, 계속해서 그 주위에서 물건을 찾는다.				
	물체에 블록을 둘러쌓아 감추면 30초 후에 그 물체를 기억하여 찾아낸다.				
	물체의 다른 반응을 보기 위해 새로운 행동을 취한다.				
	과거에 본 행동을 모델이 없는 상황에서 따라 한다.				
	새로운 물체나 사건에 호기심을 보이며 물어본다.				
	장난감을 2회 이상 장소를 바꿔 감추었을 때 추적하여 찾아낸다.				
25~30	교사가 만든 간단한 구성물을 따라서 만든다.				
	실물과 유사한 물체를 실물로 표상하여 논다.				
	실물과 유사하지 않는 물체를 상상적으로 이용하여 표상하여 논다.				
	그림과 물체, 소리와 물체를 짝짓기 한다. - 물체의 그림이나 소리를 영아 앞에서 보여 주거나 들려줄 때 그 표상을 실제 물체들과 연결 지을 수 있는가를 관찰한다.				
	손에 들 수 없을 정도의 물건을 들 때 바구니나 통을 사용한다.				
	신체 동작이나 소리의 간단한 패턴(ABAB)을 따라 한다. - 예: '발 구르고' '손뼉치고'를 몇 번 보여 줄 때, 이 유형을 인지하고 계속 반복할 수 있는지 관찰하여 평정한다.				
	2의 개념을 이해한다. - '2' 만큼 가져오라고 했을 때 두 개를 가져올 수 있는 능력				
	교구장 밑으로 들어간 공이나 구슬이 반대편으로 나올 것을 예견하고 찾는다.				
	크기, 모양, 색에 따라 물체를 모아 놓는다. - 예: 큰 블록/작은 블록, 동그라미/세모/네모 등으로 모아 보는 행동				
	세 개의 쉬운 단어를 불러 주면 기억하여 순서대로 말한다.				
	세 개의 사물을 순서대로 놓는다.				
	또래와 함께 역할놀이를 한다.				

31~36	수를 외워서 말로만 다섯까지 센다. - 수의 개념은 없지만 말로 다섯까지 셀 수 있는 능력				
	사람 수에 맞게 접시와 포크를 하나씩 대응하여 놓는다.				
	기능적으로 관련성 있는 물체끼리 함께 놓는다. - 예: 손과 장갑, 양말과 신발, 치약과 칫솔 등				
	실물이 없는 상황에서도 상황을 상상하여 상징놀이를 한다.				
	보이지 않는 곳에서 나는 친숙한 소리와 물체를 짝짓기 한다. - 영아가 보이지 않는 곳에서 평소에 친숙한 물체의 소리를 들려주었을 때, 그 소리를 통해 물체를 알아낼 수 있는가를 관찰한다.				
	매운맛, 짠맛, 단맛, 쓴맛, 신맛 등을 구별하여 말한다.				
	물체를 놓아주면 일대일 대응이 되도록 다른 종류의 물체를 놓는다.				
	일상적인 문제에 직면했을 때 여러 전략을 시도한다.				
	~보다 크다/~보다 작다, ~보다 많다/~보다 적다를 알고 지적한다. - 예: "내 거가 더 적어요. 더 많이 주세요."와 같은 수학적 어휘의 사용				
	물체를 음식, 동물, 옷 등과 범주로 분류한다.				
	3의 개념을 이해한다. - '3' 만큼 가져오라고 했을 때 세 개를 가져올 수 있는 능력				
	친숙한 사물의 속성을 다섯 가지 정도 안다. - 예: 소파 밑으로 들어간 공이 소파 뒤로 나올 것을 알기 등				
	자신의 아이디어를 실험해 보고자 한다. - 예: 자석에 붙는 물건을 찾기 위해서 자석을 대 보거나 스펀지가 물에 뜨는지 가라앉는지를 보기 위해 물속에 넣어 보는 등의 시도				
37~42	구체물을 사용하여 다섯까지 정확하게 센다. - 입으로만 수를 세는 것이 아니라 실제 물건을 가지고 실수하지 않고 다섯을 셀 수 있는 능력				
	동일한 크기의 집합을 만든다. - 교사가 블록 5개를 보여 주고 똑같이 만들어 볼 것을 요구했을 때, 그와 같은 수의 블록을 가져올 수 있는지를 관찰한다.				
	주어진 그림의 간단한 패턴(ABAB)을 계속해서 만든다.				
	다섯 개의 쉬운 단어를 불러 주면 기억하여 순서대로 말한다.				
	다섯 개의 물건을 순서대로 놓아주고 치우면 기억하여 같은 순서대로 놓는다.				
	구체물을 사용하여 다섯까지 정확하게 센다. - 입으로만 수를 세는 것이 아니라 실제 물건을 가지고 실수하지 않고 다섯을 셀 수 있는 능력				

	동일한 크기의 집합을 만든다. - 교사가 블록 5개를 보여 주고 똑같이 만들어 볼 것을 요구했을 때, 그와 같은 수의 블록을 가져올 수 있는지를 관찰한다.				
	주어진 그림의 간단한 패턴(ABAB)을 계속해서 만든다.				
	다섯 개의 쉬운 단어를 불러 주면 기억하여 순서대로 말한다.				
	다섯 개의 물건을 순서대로 놓아주고 치우면 기억하여 같은 순서대로 놓는다.				
원 점수(획득된 점수)					
백분율 점수(원 점수÷94×100)					

출처: 이영자, 이종숙, 신은수, 곽향림, 이정욱(2002).

부록 3 어린이 관찰 체크리스트

관찰대상 어린이:	연령: 년 개월 (남, 여)		
관찰자:	참관일: 년 월 일		
관찰 내용	예	아니요	관찰 못함
1. 친구들과 어울려 논다.			
2. 놀잇감을 친구들에게 양보한다.			
3. 친구들과 놀 때 앞장서서 논다.			
4. 놀잇감을 거칠게 다룬다.			
5. 규칙을 지킨다.			
6. 흥미영역에 골고루 참여한다.			
7. 이야기나누기 등 집단활동 시 주의를 집중한다.			
8. 도움이 필요할 때 교사에게 요청한다.			
9. 다른 사람의 말에 귀를 기울인다.			
10. 여러 사람 앞에서 자신의 의견을 발표한다.			
11. 한 가지 놀잇감에 몰두하여 논다.			
12. 교사의 지시를 따른다.			
13. 교사의 주의를 끌려고 한다.			
14. 가지고 놀던 장난감을 사용 후 제자리에 놓는다.			
15. 스스로 작업을 완성한다.			
16. 새로운 자료에 호기심을 보인다.			
17. 교사의 질문에 적절히 반응한다.			

출처: 강문희, 문미옥, 이혜상(2001).

부록 4 유아의 사회적 능력 질문지

이 아이는…

내용		1. 전혀 그렇지 않다. 2. 그렇지 않다. 3. 조금 그렇지 않다. 4. 조금 그렇다. 5. 그렇다. 6. 매우 그렇다.					
		1	2	3	4	5	6
1	새로운 노래, 게임, 사물을 접할 때 즐거우면 그것을 표현한다.						
2	무표정하다(웃거나 미소 짓지 않는다).						
3	친구나 교사의 문제에 민감하다(예를 들면, 넘어져서 울거나 칭찬받아 기뻐할 때 관심을 보인다).						
4	유치원에서 옷을 더럽히는 일이 많다.						
5	호기심이 많다.						
6	피곤해한다.						
7	쉽게 좌절한다.						
8	방해를 받으면 화를 낸다.						
9	말할 때 교사의 얼굴을 똑바로 쳐다본다.						
10	성미가 급하고 쉽게 화를 낸다.						
11	걱정을 많이 한다.						
12	잘 웃는다.						
13	새로운 상황에 쉽게 적응한다.						
14	쉽게 지루해하고 놀이에 흥미를 나타내지 않는다.						
15	기분이 좋은 상태이다.						
16	인내력이 많고 관대하다.						
17	스스로 성취하는 것을 즐거워한다.						
18	방해를 해도 잘 참는다.						

19	울 때 달래기 힘들다.						
20	자신감이 있다.						
21	자신을 둘러싼 환경을 탐색한다.						
22	쉽게 어려움에 적응한다.						
23	소심하고 겁이 많다(예를 들면, 손톱을 물어뜯는다).						
24	슬프고 불행해 보이거나 풀이 죽어 있다.						
25	불안해하고 신경질적이다(예를 들면, 손톱을 물어뜯는다).						
26	적극적으로 언제든지 놀이를 할 준비가 되어 있다.						
27	쉽게 투덜대거나 불평한다.						
28	그룹에서 적극적이지 않거나 불편해한다.						
29	다른 사람이 말을 할 때 주의 깊게 듣는다.						
30	쉽게 울거나 소리를 지른다.						
31	힘이 없는 아이를 못살게 군다.						
32	다른 아이에게 하기 싫은 일을 하도록 억지로 시킨다.						
33	교사가 다른 일을 할 때 활동실을 엉망으로 만든다.						
34	비활동적으로 다른 아이들의 놀이를 지켜본다.						
35	다른 아이와 갈등을 협상하여 해결한다.						
36	그룹에서 떨어져서 혼자 있다.						
37	아이들과 놀이할 것을 찾는다.						
38	다른 아이의 놀이 초대에 응답하지 않는다.						
39	다른 아이의 관점을 고려한다.						
40	자기중심적이고 다른 아이의 흥미를 인정하지 않는다.						
41	아이들이 재미있는 활동을 할 때는 참여한다.						
42	다른 아이들을 물거나, 때리거나, 찬다.						
43	그룹 활동에서 다른 아이들과 협동적이다.						
44	다른 아이와 갈등이 생긴다.						
45	다른 아이에게 어려움이 있을 때 도움을 주거나 위로해 준다.						
46	일등이어야 한다.						
47	장난감을 공유하는 것을 싫어한다.						
48	장난감을 조심해서 다룬다.						

49	그룹 활동을 하는 동안 말을 하지 않거나 상호작용하지 않는다.						
50	자기보다 나이 어린 아이에게 상냥하다.						
51	그룹에서 갈등이 있을 때 조용히 있는다.						
52	다른 아이에게 게임을 제안하거나 주도한다.						
53	문제가 일어나면 다른 아이에게 자발적으로 사과한다.						
54	게임을 경쟁적으로 한다.						
55	다른 아이가 장난감을 갖거나 다른 사물을 갖도록 자발적으로 돕는다.						
56	다른 아이와 놀이를 하는 것을 좋아한다.						
57	그룹에서 눈에 띄지 않는다.						
58	그룹에서 쉽게 작업에 참여한다.						
59	다른 아이를 다치게 하면서 즐거워한다.						
60	다른 아이와 장난감을 나누어 사용한다.						
61	넘어지거나 다쳤을 때 재빨리 원상태를 회복한다(예를 들면, 길게 울지 않는다).						
62	일등이어야 한다.						
63	장난감을 공유하는 것을 싫어한다.						
64	장난감을 조심해서 다룬다.						
65	그룹 활동을 하는 동안 말을 하지 않거나 상호작용하지 않는다.						
66	자기보다 나이 어린 아이에게 상냥하다.						
67	그룹에서 갈등이 있을 때 조용히 있는다.						
68	다른 아이에게 게임을 제안하거나 주도한다.						
69	문제가 일어나면 다른 아이에게 자발적으로 사과한다.						
70	게임을 경쟁적으로 한다.						
71	다른 아이가 장난감을 갖거나 다른 사물을 갖도록 자발적으로 돕는다.						
72	다른 아이와 놀이를 하는 것을 좋아한다.						
73	그룹에서 눈에 띄지 않는다.						
74	그룹에서 쉽게 작업에 참여한다.						
75	다른 아이를 다치게 하면서 즐거워한다.						

76	다른 아이와 장난감을 나누어 사용한다.						
77	넘어지거나 다쳤을 때 재빨리 원상태를 회복한다(예를 들면, 길게 울지 않는다).						
78	일등이어야 한다.						
79	장난감을 공유하는 것을 싫어한다.						
80	장난감을 조심해서 다룬다.						

하위 영역별 문항번호 및 문항 수

하위 영역	문항 번호	문항 수
사회적 능력	1, 3, 5, 9, 12, 13, 15, 16, 17, 18, 20, 21, 22, 26, 29, 35, 37, 39, 41, 43, 45, 48, 50, 51, 52, 53, 55, 56, 58, 60, 61, 63, 64, 66, 67, 68, 73, 76, 78, 80	40
내적 행동문제	2, 4, 6, 11, 14, 19, 23, 24, 25, 28, 34, 36, 38, 49, 57, 69, 70, 72, 75	20
외적 행동문제	7, 8, 10, 27, 30, 31, 32, 33, 40, 42, 44, 46, 47, 54, 59, 62, 65, 71, 74, 77	20

* 내적 행동문제와 외적 행동문제는 모든 문항을 역채점함.
* 이 도구는 LaFreniere와 Dumas(1995)의 Social Competence and Behavior Evaluation(SCBE)를 수정 · 보완한 것임.

부록 5 전반적 발달 체크리스트(12~23개월)

유아 이름: ______________ 생년월일: ________________

평가자: ______________ 평가 연월일: ______________

어린이의 활동을 관찰하여 다음과 같은 기준에 의하여 점수를 준다.

성인의 도움을 필요로 함	1
보통	2
유능하게 함	3

영역	내용	월 일	월 일	월 일
신체 발달	1. 혼자 앉는다.			
	2. 손이나 난간 등을 잡고 계단을 오른다.			
	3. 서 있는 자세로 몸을 굽혀 물건을 집어 올린다.			
	4. 공을 굴리거나 던질 수 있다.			
	5. 무릎을 구부리고 웅크리고 앉았다가 일어난다.			
	6. 미숙하지만 뛰기를 한다.			
	7. 작은 의자에 혼자 앉는다.			
	8. 목마나 흔들의자에서 몸을 앞뒤로 흔든다.			
	9. 들기, 밀기, 당기기, 두드리기를 한다.			
	10. 한 발로 몸의 균형을 잡을 수 있다.			
	11. 끈 달린 놀잇감을 끌고 다닌다.			
	12. 손가락을 사용한다.			
	13. 뒷걸음질을 한다.			
	14. 나무토막 두 개를 쌓는다.			
	15. 책장을 한 번에 두세 장씩 넘긴다.			
	16. 1~3조각 그림 맞추기를 한다.			
	17. 물건을 상자에 넣었다가 꺼낸다.			
	18. 크레용이나 연필로 긁적거리기를 한다(그림을 그린다).			

	19. 가로 긋기를 한다.			
	20. 신문이나 종이를 손으로 찢는다.			
	21. 소리를 듣고 소리 내는 물체를 찾아낸다.			
	22. 먼 거리에 있는 아는 사람을 알아본다.			
	23. 낮은 곳과 높은 곳을 구별한다.			
	24. 엄마와 떨어지면 불안해한다.			
사회 정서 발달	1. 애착을 형성한 사람을 근거로 삼아 주변 환경을 탐색한다.			
	2. 관심을 끄는 행동을 한다.			
	3. 자기주장을 한다.			
	4. 혼자 지내는 시간이 많다.			
	5. 주변 사물이나 대상을 관찰한다.			
	6. 집안일을 흉내 내며 참여하고 싶어 한다.			
	7. 자신을 보살펴 주는 사람의 욕구를 알고 행동을 통제한다.			
	8. 감정을 명확하게 표현한다.			
	9. 친숙한 어른들께 인사한다.			
	10. 성인이 이야기하면 다른 어린이와 물건을 나누어 갖거나 나누어 먹는다.			
	11. 다른 사람에게 어떤 행동이나 물건을 보여 주기 위해 사람을 끌어당긴다.			
	12. 다른 어린이와 함께 놀지만 별개의 행동을 한다.			
	13. 즐거움, 불안, 공포, 질투와 감정을 나타낸다.			
	14. 리듬에 맞추어 몸을 움직이거나 흥얼거린다.			
	15. 자신의 감정을 동작 또는 언어로 나타낼 수 있다.			
	16. 음악 듣기, TV 보기, 그림책 보기를 한다.			
	17. 1~3조각 그림 맞추기를 한다.			
	18. 물건을 상자에 넣었다가 꺼낸다.			
	19. 크레용이나 연필로 긁적거리기를 한다(그림을 그린다).			
	20. 가로 긋기를 한다.			
	21. 신문이나 종이를 손으로 찢는다.			
	22. 소리를 듣고 소리 내는 물체를 찾아낸다.			
	23. 먼 거리에 있는 아는 사람을 알아본다.			
	24. 낮은 곳과 높은 곳을 구별한다.			

	25. 엄마와 떨어지면 불안해한다.			
	26. 말이나 몸짓으로 화장실 갈 의사를 표시한다.			
	27. 변기 사용을 싫어하지 않는다.			
	28. 모자를 쓰고 벗으며, 양말을 벗는다.			
	29. 단추를 풀어 주면 외투를 벗는다.			
	30. 도움 없이 컵으로 마신다.			
	31. 혼자서 중얼거린다.			
	32. 사물의 이름에 관심이 많으며 친숙한 것은 이름을 말한다.			
	33. 자신을 가리킬 때 자신의 이름을 사용한다.			
	34. 단어를 듣고 반복해서 말할 수 있다.			
	35. 두 단어를 연결하여 문장을 만들려고 한다.			
	36. '예/아니요'를 사용한다.			
	37. 그림책 보기와 듣기를 좋아한다.			
	38. 자신의 욕구를 말로 표현한다.			
인지 발달	1. 신체의 부분을 가리킨다.			
	2. 호기심을 가지고 새로운 것을 탐색한다.			
	3. 놀이하던 놀잇감이 없어지면 찾아낸다.			
	4. 어떤 물건에 다가가기 위해 장애물을 치운다.			
	5. 원인과 결과를 이해한다.			
	6. 어떤 행동을 보았다가 그 행동을 재현하는 지연모방이 가능하다.			
	7. 자신의 가족을 안다.			
	8. 매일매일 달라지는 것에 관심을 갖는다.			
	9. 수를 세기 시작하며 2(둘)를 정확하게 안다.			
	10. 같은 물건을 짝짓는다.			
	11. 크레용이나 색연필로 긁적거리기를 한다.			
	12. 책에 나오는 물건을 알아보며 이름을 불러 주면 그림을 찾는다.			
	13. 모자를 쓰고 벗으며, 양말을 벗는다.			

출처: 이 도구는 State University of New York at Buffalo 어린이 연구센터에서 개발한 것을 수정 · 보완한 것임.

부록 6 전반적 발달 체크리스트(24~36개월)

유아 이름: ______________ 생년월일: ______________

평가자: ______________ 평가 연월일: ______________

어린이의 활동을 관찰하여 다음과 같은 기준에 의하여 점수를 준다.

성인의 도움을 필요로 함	1
보통	2
유능하게 함	3

영역	내용	월 일	월 일	월 일
신체 발달	1. 어른의 도움 없이 난간을 붙잡지 않고 계단을 올라간다.			
	2. 넘어지지 않고 잘 달린다.			
	3. 양 발을 모으고 제자리에서 높이 점프한다.			
	4. 바닥에 있는 공을 앞으로 찬다.			
	5. 발끝으로 걸으며 뒤로도 걷는다.			
	6. 1.5m 떨어진 곳에 있는 공을 던진다.			
	7. 5~6개 블록으로 담을 쌓는다.			
	8. 그림책을 한 장씩 넘긴다.			
	9. 옷에 달린 똑딱 단추를 푼다.			
	10. 방문 손잡이나 꼭지를 돌린다.			
	11. 사탕이나 바나나의 껍질을 벗긴다.			
	12. 종이 반 접기를 모방한다.			
	13. 빨대 없이 음료수를 마신다.			
	14. 수도꼭지를 돌린다.			
	15. 엄지, 중지, 집게손가락을 이용하여 연필을 잡는다.			
	16. 단추나 벨트를 풀어 주면 혼자서 옷을 입는다.			
	17. 무거운 것과 가벼운 것을 구별한다.			
	18. 밝고 어두운 것을 구별한다.			
	19. 단맛과 짠맛을 구별한다.			

사회 정서 발달	1. 간단한 집단놀이(박수 치기, 춤, 노래 등)에 참여하여 다른 사람과 함께 협동적으로 놀이한다.			
	2. 성인의 간단한 지시에 잘 따른다.			
	3. 사랑, 분노, 슬픔, 즐거움 등과 같은 감정을 드러내 보인다.			
	4. 놀이할 때 친구들과 어울리는 즐거움을 안다.			
	5. 자연현상에 대한 불안 및 공포의 감정을 나타낸다.			
	6. 해야 할 일에 대해 고집을 피우기도 하며 형제에 대해 질투하는 감정도 보인다.			
	7. 방해받으면 싫어하고 저지당하면 화를 낸다.			
	8. "아냐." "싫어." "내꺼야." 등의 거부적인 언행을 자주 보인다.			
	9. 낯선 사람에게 수줍은 감정을 나타낸다.			
	10. 엄마, 아빠 이외에 친척(할머니, 할아버지, 이모, 고모, 삼촌 등)을 따른다.			
	11. 교통 놀잇감을 좋아하며, 그림책을 좋아한다.			
	12. 이야기 듣기를 좋아하게 되며, 약 10분 정도 음악이나 이야기를 들을 수 있다.			
	13. 다른 사람과 함께 협동적으로 놀이하기 시작한다.			
기본 생활 습관	1. 약간 흘리면서 숟가락이나 컵으로 스스로 먹는다.			
	2. 수건을 주었을 때 도움 없이 손을 닦으며, 손과 얼굴을 씻으려 한다.			
	3. 어른의 행동을 모방하여 이를 닦는다.			
	4. 낮 동안에 옷 입은 채로 변을 보기 전에 화장실에 가자고 한다.			
	5. 혼자서 옷을 입거나 벗는다.			
	6. 성인의 지시에 따라 인사할 수 있다.			
	7. 뾰족한 가구 모퉁이나 난간 없는 층계 등 위험을 피한다.			
	8. 도움 없이 주전자의 물을 컵에 붓는다.			
언어 발달	1. 간단한 질문(예: 누구, 어디에, 언제 등)에 답할 수 있다.			
	2. 소유를 표현하기 위해서 두 단어를 연결하여 말한다(예: "이건 내꺼야.").			
	3. "이게 뭐야?"라고 질문을 할 수 있다.			
	4. 잘못 발성된 소리를 고쳐 주면 따라한다.			
	5. 상황에 따라 음성 크기 및 음색의 강약을 조절할 수 있다.			

인지 발달	1. 동물의 소리와 사물의 소리를 흉내 낼 수 있다.			
	2. 소리를 듣고 그 대상이나 물건의 명칭을 안다.			
	3. 줄긋기를 할 수 있으며, 점차 십자 긋기를 모방한다.			
	4. 물어볼 때 큰 것과 작은 것을 가리킨다.			
	5. 지시할 때 물건을 '위'나 '아래'에 놓는다.			
	6. 외출 시간 및 실외 놀이 시간을 안다.			
	7. 양이 많고 적음을 구별할 수 있다.			

출처: 이 도구는 State University of New york at Buffalo 어린이 연구 센터에서 개발한 것을 수정 보완한 것임.

참고문헌

강경미, 구광현, 김경희, 김영옥, 백경숙, 신현기, 정채옥, 최미숙, 황윤세(2003). 영유아발달과 교육. 서울: 도서출판 양지.

강문희, 문미옥, 이혜상(2001). 영유아 자율성 개발 프로그램. 서울: 학지사.

강문희, 박경, 정옥한(2011). 아동심리검사(개정판). 경기: 교문사.

강문희, 신현옥, 정옥환, 정정옥(2004). 아동발달. 경기: 교문사.

강인언, 이한우, 정정란(2013). 최신 아동발달. 서울: 학지사.

곽금주, 성현란, 장유경, 심희옥, 이지연, 김수정, 배기조(2005). 한국영아발달연구. 서울: 학지사.

곽노의, 김경철, 김유미, 박대금(2013). 영유아발달. 경기: 양서원.

구재선, 김혜리, 이수미, 고숙남, 최현옥(2006). 마음이론에 대한 다학문적 연구: 진화적 관점 6세 이후 마음상태 읽기 능력 발달. 한국심리학회 연차학술발표대회논문집, 160-161.

권민균, 문혁준, 권희경, 성미영, 신유림, 안선희, 안효진, 이경옥, 천희영, 한유미, 한유진, 황혜신(2013). 개정 아동발달. 서울: 창지사.

권은주, 나은희(2016). 한국 소아청소년의 10년간(2006~2015) 신장, 체중, 비만 추이 분석. 보건교육 · 건강증진학회지, 33(2), 1-13.

김경은(2010). 어머니의 창의성과 긍정적인 양육태도와 유아의 창의성 간의 관계. 인간발달연구, 17(1), 15-32.

김경혜, 김진숙, 박진옥, 윤은영, 이유미, 정진화(2012). 아동발달. 서울: 동문사.

김규수, 안영경(2006). 유아의 공포에 관한 연구. 열린유아교육연구, 11(5), 203-225.

김경화, 이주연(2013). 유아발달론. 서울: 창지사.

김경희(1999). 발달심리학. 경기: 학문사.

김계자(2007). 영유아를 위한 안전교육. 서울: 동문사.
김규수, 안영경(2006). 유아의 공포에 관한 연구. 열린유아교육연구, 11(5), 203-225.
김대욱(1997). 초등학교 학교체육 운영실태. 한국교원대학교 대학원 석사학위논문.
김두범, 김현희, 안수정(2009). 영유아를 위한 아동음악과 동작교육. 경기: 양서원.
김명희(2009). 부모교육과 상담. 서울: 동문사
김미영(2013). 아동발달. 경기: 정민사.
김미진, 정옥분(2010). 아동의 다문화 수용성 척도개발과 타당화 연구. 인간발달연구, 17(4), 69-88.
김상림, 김송이, 양성은, 이윤선, 한준아, 김지현(2014). 유아발달. 경기: 양서원.
김수영, 김수임, 김현아, 정금자(2002). 유아놀이의 이론과 실제. 경기: 양서원.
김순덕, 장연집(2000). 문학작품을 통한 읽기지도 전략이 초등학교 아동의 문식성에 미치는 효과. 아동학회지, 21(4), 243-258.
김연진, 이경화, 송주미, 장미경(2005). 유아 · 아동발달. 서울: 동문사.
김영옥(2014). 유아사회교육. 경기: 양서원.
김영채(1999). 창의적 문제해결: 창의력의 이론, 개발과 수업. 서울: 교육과학사.
김원경, 우남희(2002). 아동의 창의성에 대한 심리적 관련변인 연구. 아동학회지, 23(2), 1-6.
김유미(1998). 온몸으로 하는 학습. 서울: 진우.
김유미(1999). 교육근육운동이론의 시사. 한국특수교육학연구, 34(1), 205-226.
김유미(2002). 두뇌 기반 교수-학습의 원리와 적용 방안 탐색. 교육학연구, 40(3), 247-270.
김유미(2005). 뇌를 통해본 아동의 정서. 경기: 양서원.
김이영, 오성숙, 이시진, 이우언, 이은미, 채혜선(2014). 유아발달. 경기: 양서원.
김익균, 김혜금, 정원주, 최정선(2005). 아동발달. 경기: 교문사.
김정희, 김현주, 정현주(1998). 아동발달심리. 서울: 동문사.
김태련, 조혜자, 이선자, 방희정, 조숙자, 조성원, 김현정, 홍주연, 이계원, 설인자, 손원숙, 홍순정, 박영신, 손영숙, 김명소, 성은현(2005). 발달심리학. 서울: 학지사.
김혜경, 김홍은, 문혁준, 박은혜, 유애영, 임혜영, 장영희, 조혜진(2002). 영아의 발달특성 및 지도. 효과적인 영아보육을 위한 지침서(제1권). 서울: 다음세대.
김혜금, 송영주, 임양미, 김현자, 김진숙, 박진옥(2013). 유아사회교육. 서울: 학지사.
김희진, 김언아, 홍희란(2004). 영아를 위한 프로그램의 이론과 실제. 서울: 창지사.
문영경, 민하영(2004). 부와 모의 창의적 역할 수행에 따른 유아의 창의성. 인간발달연구, 11(2), 59-75.
문화관광부(2002). 2001 청소년 백서.
박대근(2004). 유아기 대 · 소근육 운동발달의 과정적 특성. 중앙대학교 대학원 박사학위논문.
박명숙(1999). 생태체계이론에 대한 이해와 사회사업에의 적용에 관한 연구. 사회복지리뷰, 4, 127-137.
박명숙, 김영임, 박연환(1996). 대학생과 고등학생의 성역할 정체감과 성 고정관념에 대한 비교조사. 한국학교보건학회지, 11(1), 51-62.

박성연(2006). 아동발달. 경기: 교문사.
박성연, 도연심(1999). 아동발달. 서울: 동문사.
박찬옥, 서동미, 엄은나(2013). 유아사회교육. 경기: 정민사.
백미애(2002). 부모의 정서표현에 따른 유아의 감정조망수용능력과 감정조절능력. 이화여자 대학교 대학원 석사학위논문.
배소영(1997). 한국 아동의 문법형태소 습득에 관한 연구: 조사 "가, 이, 는, 도, 를". 언어청각 장애연구, 2, 1-14.
백순근(2007). 학위논문 작성을 위한 교육연구 및 통계분석. 서울: 교육과학사.
변용만(2007). 아동발달. 경기: 양서원.
변용만, 조순점, 김경화, 신지현(2007). 아동발달. 경기: 양서원.
보건복지부(2006). 국민건강영양조사 제3기(2005): 아동 및 청소년의 건강수준 및 보건의식 행태.
서봉연, 이순형(2001). 발달심리학(아동발달). 서울: 중앙적성출판사.
서유헌(2010). 엄마표 뇌교육. 서울: 생각의나무.
송명자(1998). 발달심리학. 서울: 학지사
송인섭(1998). 인간의 자아개념 탐구. 서울: 학지사.
성태제(2005). 교육연구방법의 이해. 서울: 학지사.
신명희, 서은희, 송수지, 김은경, 원영실, 노원경, 김정민, 강소연, 임호용(2013). 발달심리학. 서울: 학지사.
심성경, 김경의, 이효숙, 변길희, 박유미, 박주희(2011). 아동발달. 서울: 학지사.
여성가족부(2013). 2013 청소년백서.
오미형, 최보가(2007). 유아의 창의성에 영향을 미치는 창의적 가정환경과 정의적, 인지적 변인간의 인과관계. 아동학회지, 28(2), 56-70.
오선영(2001). 아동의 협력적 상호작용 과정에서 나타난 언어유형 분석. 아동학회지, 22(3), 241-256.
오정수, 정익중(2011). 아동복지론(2판). 서울: 학지사.
오채선, 이석순, 박은미, 이명순, 장혜자, 김영신, 김미애(2008). 영유아사회교육. 서울: 파란 마음.
우수경(2013). 유아의 성 및 놀이성과 어머니의 놀이성에 따른 유아의 정서능력. 한국영유아 보육학회지, 80, 153-174.
유상석(2001). 운동발달과 유아체육: 체육에 대한 긍정적 태도를 재고하기 위한 내적동기 유발 제공 전략. 2001년 한국유아체육학회 학술대회 자료집, 93-110.
유안진(1992). 육아교육 · 육아론의 증보(개정판). 서울: 문음사
유연옥, 허미자(1999). 그림창의성 검사(TCT-DP)에 의한 유아의 창의성 발달. 미래유아교육 학회지, 6(2), 157-183.
유효순(2007). 아동발달(개정판). 서울: 창지사.
유효순, 원혜경, 김정희(2013). 영아발달. 서울: 창지사.

윤송근(1997). 체육교육과정에 대한 초등학교 교사들의 관심도와 활용도 연구. 한국교원대학교 대학원 석사학위논문.

이경화, 고진영(2003). 유아기에서 성인초기의 자아개념 특성에 관한 탐색연구. 교육심리연구, 17(1), 257-279.

이명조(2013). 영유아 발달과 교육. 경기: 양서원.

이무석(2003). 정신분석에로의 초대. 서울: 도서출판 이유.

이미나(2015) 아유르베다 요법을 활용한 숲태교 프로그램 개발 및 효과. 동방대학원대학교 박사학위논문.

이숙재(2001). 유아놀이활동. 서울: 창지사.

이승배, 서장원(2010). 초등체육 교과전담제 운영의 실태 및 개선방안. 한국체육학회지, 49(4), 215-232.

이승환, 배소영(1989). 한국 아동의 조사 이해 발달 연구. 언어청각장애연구, 1.

이승희(2012). 특수교육평가(2판). 서울: 학지사.

이영(1997). 유아를 위한 창의적 동작교육. 서울: 교문사.

이영옥(1979). 한국어린이의 관계화 구문 습득에 관한 연구. 언어, 3(2), 15-33.

이영자, 이종숙(1985). 비지시적 지도방법에 의한 유아의 읽기와 쓰기 행동의 발달. 덕성여대 논문집, 14, 367-402.

이영자, 이종숙(1990a). 유아의 문어발달과 비지시적 지도방법이 문어발달에 미치는 영향에 관한 연구. 교육학 연구, 28(2), 105-123.

이영자, 이종숙(1990b). 유아의 문어발달과 구어 · 문어 구별 능력 발달에 대한 질적 분석연구. 유아교육연구, 10, 41-65.

이영자, 이종숙(1996). 영아의 문해행동 발달과 영아 · 부모의 상호작용 유형의 변화. 유아교육연구, 16(1), 23-48.

이영자, 이종숙(1997). 영유아 문어교육 프로그램 개발과 그 실제. 서울: 창지사.

이영자, 이종숙, 이정욱(1997). 1, 2, 3세 유아의 의미-통사론적 발달 연구: 문법범주 및 문장유형의 발달을 중심으로. 유아교육연구, 17(2), 55-75.

이영자, 이지현(2005). 유아의 개인적 내러티브와 가상적 내러티브의 구조발달 양상 및 구성요소에 관한 연구. 유아교육연구, 25(5), 175-208.

이옥형(1997). 아동발달. 서울: 집문당.

이용중(2004). 성장기 비만의 문제점과 그 대책. 비만치료 특별반 운영 사례발표 자료집. 제주: 제주동초등학교.

이원영, 김정미(2013). 대학생을 위한 예비부모교육. 서울: 학지사.

이인정, 최해경(2007). 인간행동과 사회환경. 경기: 나남.

이항재, 최민수(2004). 아동발달. 서울: 교육과학사.

이현림, 김영숙(2006). 인간발달과 교육. 서울: 교육과학사.

임재택(2007). 생태유아교육개론. 경기: 양서원.

장두석(2013). 바른생활 건강법-생명살림 나라살림 치유의 길! (사)한민족생활문화연구회/민족

생활교육원 자료집.
장영희(2000). 영아교육과정. 경기: 양서원.
장은주, 김수연, 이진영(2000). 우리아기 두뇌개발. 서울: 명진출판.
장휘숙(2001). 아동발달. 서울: 박영사.
정선희(1984). 긍정적 자아개념 활동이 유아의 사회성 발달에 미치는 영향. 이화여자대학교 교육대학원 석사학위논문.
정연철(1999). 체육과 교육과정 운영실태. 한국교원대학교 대학원 석사학위논문.
정영숙, 김명희, 박범혁(2002). 아동발달과 부모교육. 서울: 시그마프레스.
정옥분(2004a). 발달심리학. 서울: 시그마프레스.
정옥분(2004b). 아동발달의 이론. 서울: 학지사.
정옥분(2004c). 영유아발달의 이해. 서울: 학지사.
정옥분(2011). 아동발달의 이해. 서울: 학지사.
정옥분(2013). 아동발달의 이해(개정판). 서울: 학지사.
정인숙, 유영금, 강인숙, 정태근(2008). 아동발달의 이해. 서울: 태영출판사.
정현숙(2007). 가족생활교육. 서울: 신정.
조복희(2006). 아동발달. 서울: 교육과학사.
조부경, 고영미, 남옥자(2009). 예비교사와 현직교사를 위한 유아과학교육. 경기: 양서원.
조성연, 이정희, 천회영, 심미경, 황혜정, 나종혜(2009). 아동발달의 이해. 서울: 신정.
조주연(2001). 두뇌과학에 기초한 초등학교 감성교육 수업모형 개발 연구. 한국초등교육, 12(2), 369-390.
조형숙, 박은주, 강현경, 김태인, 배정호(2013). 유아 발달. 서울: 학지사.
질병관리본부(2012). 2011 국민건강통계: 국민건강영양조사 제5기 2차년도.
질병관리본부(2013). 2012 국민건강통계: 국민건강영양조사 제5기 3차년도.
최경숙, 송하나(2010). 발달심리학. 경기: 교문사.
최종문, 김계중, 김정숙, 문수영, 조영주(2014). 영유아를 위한 동작교육의 이론과 실제. 경기: 공동체.
티브이데일리(2016. 7. 27.). 세계 1위 폭풍성장, 韓 여성 평균 신장 100년 새 20cm.
한국아동학회(2001). 아동발달백서. 서울: 한솔교육.
한국정보문화진흥원(2006). 초등학교 고학년 인터넷 게임중독 예방교육 프로그램 개발.
한은숙(2010). 영유아 발달과 교육. 경기: 정민사.
현정환(2006). 아동 발달의 이해. 서울: 창지사.
홍성윤, 김유미(1999). 조기영어교수법으로서 전신반응학습법의 이론적 배경 및 활용방안탐색. 논문집, 14, 1-22. 중앙대학교 한국교육문제연구소.
홍순옥, 박순호, 김인순(2014). 영아발달. 경기: 양서원.
황이남(1993). 태아의 생명권과 낙태행위에 관한 헌법적 고찰. 건국대학교 대학원 석사학위논문.
후나하시 도시히코(1996). 뇌를 알면 건강이 보인다. 채정자 역. 서울: 중앙 M&B.

EBS 성장보고서 제작팀(2009). EBS 특별기획 다큐멘터리 아기성장보고서. 서울: 예담.

Adler, A. (1931). *What life should mean to you*. New York: Little, Brown, and Company.

Anglin, J. M. (1993). Vocabulary development: A morphological analysis. *Monographs of The Society for Research in Child Development, 58*(10, Serial No. 238).

Arsenio, W. F., & Kramer, R. (1992). Victimizers and their victims: Children's conceptions of mixed emotional consequences of moral transgrssion. *Child Development, 63*, 915-927.

Aslin, R. N. (2007). What's in a look? *Developmental Science, 10,* 48-53.

Atalay, M. (2007). Psychology of crisis: An overall account of the psychology of Erikson. *Ekev Academic Review, 11*(33), 15-34.

Atkins, C. (1972). Writing. *Young Children, 40*(1), 3-7.

Atkinson, R. C., & Shiffrin, R. M. (1968). Human memory: A proposed system and its control processes. In K. W. Spence & J. T. Spence (Eds.), *The psychology of learning and motivation: Advances in research and theory* (Vol. 2). Orlamdo, FL: Academic Press.

Bandura, A. (1977). *Social learning theory*. Englewood Cliff, NJ: Prentice-Hall.

Bar-Or, O., Foreyt, J., Bouchard, C., Brownell, K. D., Dietz, W. H., Ravussin, E. et al. (1998). Physical activity, genetic, and nutritional considerations in childhood weight *management. Medicine and Science on Sports and Exercise, 30*(1), 2-10

Baumrind, D. (1971). Current patterns of parental authority. *Developmental Psychology Monographs, 4*(2), Pt. 2.

Baur, L. A., & O'Connor, J. (2004). Obesity, metabolic syndrome, and cardiovascular disease. *Clinics in Dermatology, 22*, 338-344.

Bee, H. L. (1997). *The developing, child* (8th ed.). New York: Addison-Welsley Educational Publishers, Inc.

Bendersky, M., & Sullivan, M. W. (2007). Basic methods in infant research. Introduction to infant development. In A. Slater & M. Lewis (Eds.), *Introduction infant development* (pp.18-37). Oxford: Oxford University Press.

Berger, K. S. (2003). *Developing person through childhood and adolescence.* New York: Worth.

Berk, L. E. (1992). Children's private speech: An overview of the theory and the status of research. In R. M. Diaz & L. E. Berk (Eds.), *Private speech: From social interaction to self regulation*. Hillsdale, NJ: Erlbaum.

Berk, L. E. (1996a). *Child development* (4th ed.). Boston: Allyn and Bacon.

Berk, L. E. (1996b). *Infant, children, and adolescents*. Needham Heights, MA: Allyn & Bacon.

Berk, L. E. (2000). *Child development* (5th ed.). Boston, MA: Allyn & Bacon.

Berk, L. E. (2001). *Development through the lifespan* (2nd ed.). Boston, P MA: Allyn & Bacon.

Berk, L. E. (2002). *Infants and children: Prenatal through middle childhood* (4th ed.). Boston, MA: Allyn & Bacon.

Berk, L. E. (2005). *Infant, children, and adolescents* (5th ed.). Boston, MA: Allyn & Bacon.

Berk, L. E. (2008). *Child Development* (7th ed.) Boston: Addison Wesley. 이종숙, 이옥, 신은수, 안선희, 이경옥 역(2008). 아동 발달. 서울: 시그마프레스.

Bjorklund, D. F. (1997). In search of a metatheory for cognitive development (or, Piaget is dead and I don't feel so good myself). *Child Development, 68*, 144-148.

Bloom, B. S. (1964). *Stability and change in human charicteristic*. New York: Wieley.

Bloom, L. (1970). *Language development: Form and function in emerging grammars*. Cambridge, MA: MIT Press.

Bornstein, M. H., Tamis-LeMonda, C. S., & Haynes, O. M. (1999). First words in the second year: Continuity, stability, and models of concurrent and predictive correspondence in vocabulary and verbal responsiveness across age and context. *Infant Behavior & Development, 22*, 65-85.

Bouchard, T. J., Lykken, D. T., McGue, M., Segal, N. L., & Tallegen, A. (1990). Sources of human psychological differences: The Minnesota study of twins reared apart. *Science, 250*, 223-228.

Bray, J. H. (1988). Children's development during remarriage. *Impact of divorce, single parenting and step parenting on children* (pp. 279-298). Hillsdale, NJ: Erlbaum.

Brenner, E. M., & Salovey, P. (1997). Emotion regulation during childhood: Developmental, interpersonal, and individual considerations. In P. Salovey & D. J. Sluyter (Eds.), *Emotional development and emotional intelligence*. New York: Basic Book.

Bronfenbrenner, U. (1979). *The ecology of human development: Experiments by nature and design*. Cambridge, Massachusetts: Harvard University Press.

Brook-Gunn, J., Klevanov, P. K., & Duncan, G. J. (2006). Ethnic differences in children's intelligence test score. *Child Development, 67*, 396-408.

Brown, R. (1973). *A first language*. Cambridge, MA: Harvard University Press.

Brown. J. R., & Dunn, J. (1996). Continuities in emotional understanding from three to six years. *Child Development, 67*, 789-802.

Bruner, J. S., & Sherwood, V. (1976). Early rule structure: The case of peekaboo. In J. S. Bruner, A. Jolly, & K. Sylva (Eds.), *Play: Its Role in Evolution and Development*. London: Penguin Books.

Bunker, L. (1991). The role of play and motor skills development in building children

self-confidence and self-esteem. *Elementary School Journal, 91*(5), 457-471.

Bushnell, I. W. R. (2001). Mother's face recognition in newborn infants: Learning and memory. *Infant and Child Development, 10,* 67-74.

Campos, J. J., Langer, A., & Krowiz, A. (1970). Cardiac responses on the visual cliff in prelocomotor human infants. *Science, 170,* 196-197.

Case-Smith, J., Butcher, L., & Reed, D. (1998). Parent's report of sensory responsiveness and temperament in preterm infants. *American Journal of Occupational Therapy, 52*, 547-555.

Chall, J. S. (1979). The great debate: Ten years lager with a modest proposal for reading stages. In L. B. Resnick & P. A. Weaver (Eds.), *Theory and practice of early reading*. Hillsdale, NJ: Erlbaum.

Clarke-Stewart, A., Friedman, S., & Koch, J. (1985). *Child Development.* New York: John Wiley & Sons.

Clay, M. M. (1972). *Reading: The patterning of complex behavior*. Auckland, New Zealand: Heinemann Educational Books.

Clay, M. M. (1977). Exploring with a pencil. *Theory into Practice, 16*(5), 334-341

Clay, M. M. (1979a). *The early detection of reading difficulties: A diagnostic survey with recovery procedures*. Auckland, New Zealand: Heinemann Educational Books.

Clay, M. M. (1979b). *Reading: The patterning of complex behavior*. Auckland, New Zealand: Heinemann Educational Books.

Coopersmith. S. (1967). *The antecedents of self-esteem*. San Francisco, CA: Freeman.

Cowan C. C., & Cowan, P. A. (2000). *When partners become parents.* New York: Basic Books.

Craig, G. J. (1992). *Human development* (6th ed.). Englewood Cliffs, NJ: Prentice-Hall.

Curry, N. E., & Johnson, C. N. (1990). Beyond self esteem: Developing a genuine sense of human value. *Research monograph of the national association for the education of young children, 4*. Washington, DC: NAEYC.

Day, R. H., & Mckenzie, B. E. (1973). Perceptual shape constancy in early infancy. *perception, 2,* 315-320.

DeCasper, A. J., & Spence, M. J. (1986). Prenatal maternal speech influences newborns' perception of speech sounds. *Infant Behavior and Development, 9,* 133-150.

Deci, E. L., & Flaste, R. (1995). *Why we do what we do: The dynamics of personal autonomy*. New York: Grossett/Putnam.

Deci, E. L., & Ryan, R. M. (2000). The what and the why of goal persuits: Human needs and the self determination of behavior. *Psychological Inquiry, 11*(4), 227-268.

Dewey, J. (1933). *How we think*. Lexington, MA: D.C. Heath.

Dunn, J. (2002). Sibling relationships. In P. K. Smith & C. H. Hart (Eds.), *Blackwell*

handbook of childhood social development (pp. 223-237). Oxford, UK: Blackwell Publishers.

Durkin, D. (1966). *Children who read early*. New York: Teachers College Press, Columbia University.

Eggen, P. D., & Kauchak, D. (2004). *Educational psychology: Windows on classrooms*. Englewood Cliffs, NJ: Prentice Hall.

Elkind, D., & Weiner, I. B. (1978). *Development child*. New York: John Wiley & Sons.

Eliot, L. (2000). *What's going on in there?* 안승철 역(2004). 우리 아이 머리에선 무슨 일이 일어나고 있을까. 경기: 궁리.

Ellis, M. J. (1973). *Why people play*. Englewood Cliffs, NJ: Prentice Hall.

Erwin, P. (1998). *Friendship in childhood and adolescence*. New York: Routledge.

Falkner, N. H., Neumark-Sztainer, D., Story, M., Jeffery, R. W., Beuhring, T., & Resnick, M. D. (2001). Social, educational, and psychological correlates of weight status in adolescents. *Obesity research, 9*(1), 32-42.

Fantuzzo, J., Coolahan, K., Mendez, J., McDermott, P., & Sutton-Smith, B. (1998). Contextually-relevant validation of peer play constructs with African American head start children: Penn Interactive Play Scale. *Early Childhood Research Quarterly, 13*(3), 411-431.

Flavell, J. H., Miller, P. H., & Miller, S. A. (2001). Cognitive Development (4th ed.). Upper Saddle River, NJ: Prentice Hall. 정명숙 역(2003). 인지발달. 서울: 시그마프레스.

Fogel, A. (2011). *Infant development: A Topical approach*. New York: Sloan Publishing, LIC.

Fonagy, P., Steele, H ., & Steele, M. (1991). Maternal representations of infant mother attachment at one year of age. *Child Dev., 62*, 891-905.

Freud, S. (1933). *New introductory lectures in psychoanalysis.* New York: Norton.

Freyberg, J. T. (1973). Increasing the imaginative play of urban disadvantaged kindergarten children through systematic training. In J. Singer (Ed.), *The Child's world of make-belive.* New York: Academic Press, 129-154.

Friend, M., & Davis, T. (1993). Appearance-reality distinction: Childhood's understanding of the physical and affective domains. *Developmental Psychology 29*, 907-913.

Gallahue, D. L., & Ozmun, J. C. (2006). *Understanding motor development*. Boston: McGraw Hill.

Garner, B. P. (1998). Play development from birth to age four. In D. P. Fromnerg & D. Bergen (Eds.), *Play from birth to twelve and beyond* (pp. 137-145). New York: Gariand.

Gardner, H. (2006). *Multi ple intelligences: New horizons in theory and Practice*. New York: Basic Books. 문용린, 유경재(2007). 다중지능. 서울: 웅진지식하우스.

Gibson, E. J. (1969). *Principles of peceptual learning and development.* East Norwork, CT: Applton Century-Crofts.

Gibson, E. J., Pick, A., Osser, H., & Hammond, M. (1962). The role of grapheme-phoneme correspondence in the perception words. *American Journal of Psychology, 75*, 554-570.

Gibson, E. J. & Walk, R. D. (1960). The "visual cliff". *Scientific American, 202,* 64-71.

Gmitrova, V., & Gmitrova, J. (2003). The primacy of child-directed pretend play on cognitive competence in a mised-age environment: Possible interpretations. *Early Child Development and Care, 174*(3), 267-279.

Goldstein, M. H., & Schwade, J. A. (2008). Social Feedback to infants' Babbling Facilitates Rapid Phonological Learning. *Psychological Science, 19*(5), 515-523.

Goleman, D. (1995). *Emotional intelligence*. New York: Bantam Books.

Goodway, J. D., & Rudisill, M. E. (1996). Influence of a motor skill intervention program on perceived competence of at-risk African American preschoolers. *Adapted Physical Activity Quarterly, 13*(3), 288-300.

Guilford, J. P. (1950). Creativity. *American Psychologist, 5*.

Guilford, J. P. (1967). *The nature of human intelligence*. New York: McGraw-Hill.

Guilford, J. P. (1988). Some changes in the structure-of-the-intellect model. *Educational and Psychological Measurement, 40*, 1-4.

Harter, S. (1998). The development of self preservation. In W. Damon & N. Eisenberg (Eds.), *Handbook of child psychology, 3: Social, emotional, and personality development* (5th ed., pp. 553-618). New York: John Wiley and Sons, Inc.

Hassan, M. A. M., & Killick, S. R. (2003). Effect of male age on fertility: Evidence for the decline in male fertility with increasing age. *Fertility and Sterity, 79,* 1520-1527.

Hiebert, E. H. (1981). Developmental patterns and inter-relationships of preschool children's print awareness. *Reading Research Quarterly, 16*, 236-260.

Hildreth, G. (1936). Developmental sequences in name writing. *Child Development, 7*, 291-303.

Hoffman, M. L. (1970). Moral development. In P. H. Mussen (Ed.), *Manual of child psychology* (3rd ed., Vol. 2). New York: Wiley.

Hoffman, M. L. (1988). Moral development. In M. H. Bornstein & E. Lamb (Eds.), *Developmental psychology: An advanced textbook* (2nd ed.). Hillsdale, NJ: Erlbaum.

Hollich, G. J., & Huston, D. M. (2007). Language development: from speech perception to first words. In A. Slater & M. Lewis (Eds.), *Introduction to infant development* (pp. 170-188). Oxford: Oxford University Press.

Hower, J. T., & Edwards, K. J. (1979). The relationship between moral character and

adolescent's perception of parental behavior. *Journal of Genetic Psychology, 135*(1), 23-32.

Howes, C. (1987). Peer interaction of young children. *Monographs of the Society for Research in Child Development, 53*(1, Serial No, 217).

Hurlock, E. B. (1978). Moral Development. *Child development*. New York: McGraw-Hill Inc.

Izard, C. E. (1971). *The face of emotion*. New York: Appleton-Century-Crofts.

Izard, C. E. (1991). *The psychologe of emotion*. New York: Plenum.

Jacobson, J. L. (1980). The role of inanimate objects in early peer interaction. *Child Developmental Psychology, 16*, 347-354.

Jacobson, J. L. (1981). The role of inanimate objects in early peer interaction. *Child Development, 52*, 618-626.

Jensen, E. (1998). *Teaching with the brain in mind*. Alexandra, VA: Association of Supervision and Curriculum Development. 김유미 역(2000). 두뇌기반@교수. 서울: 푸른세상.

Johnson, E., Christie, J. F., & Awdey, T. D. (1999). *Play and early childhood development* (2nd ed.). New York: Longman.

Johnson, J. E., Christie, J. E., & Wardle, F. (2005). *Play, development, and early education*. New York: Pearson, Allyn and Bacon.

Johnson, S. P., & Slater, A. (2007). The development of intelligence in infancy. In A. Slater & M. Lewis (Eds), *Introduction to infant development* (pp. 103-118). Oxford: Oxford University Press.

Kaplan, P. J. (1998). *The human odyssey life-span development*. Pacific Grove: CA: Brooks/Cole.

Kaplan, R. (2009). Soaring on the wings of the wind: Freud, jews and judaism. *Psychiatry, 17*(4), 38-325.

Kaufman, J. C., Kaufman, A. S., Kaufman-Singer, J., & Kaufman, N. L. (2005). The Kaufman Assesment Battery for Children-Second Edition and the Kaufman Adolescent and Adult Intelligence Test. In D. P. flanagan & P. L. Harrison (Eds.), *Contemporary intellectual assessment: Theories, test, and issues*. New York: Guilford press.

Kaur, L., Kaur, G., Mala, D., & Gohlan, D. (2009). Association between BMI & eating pattern: Study among adolescents. *Nursing and Midwifery Research Journal, 5*(1), 38-44.

Kay, D. A., & Anglin, J. M. (1982). Overextension and Underextension in the Child's Expressive and Receptive Speech. *Journal of Child Language, 9*.

Kellogg, R. (1970). Understanding children's art. In P. Cramer (Ed.), *Readings in*

developmental psychology today. Delmar, CA: CRM.

Kelly, F. C. (2006). Cognitive science and cognitive development. In W. Damon & R. Lerner (Series Eds.) & D. Kuhn & R. S. Siegler (Vol. Eds.), *Handbook of child Psychology: Vol. 2. Cognition, perception, and language* (6th ed., pp. 609-635). Hoboken, NJ: Wiley.

Kim, E. Y., Rho, Y. I., Yang, E. S., Park, S. K., Park, Y. B., Moon, K. Y., & Lee, C. G. (2001). Six year follow-up of childhood obesity. *Korean Journal of Pediatrics, 44*, 1295-1300.

Kim, Y. J. (1987). The acquisition of relative clauses in English and Korea: Development in spontaneous production. Unpublished doctoral dissertation, Harvard University.

Kim, Y. J. (1992). The acquisition of Korean (first draft). In D. Slobin (Ed.), *The cross-linguistic study of language acquisition, 4*. Hillsdale, NJ: Lawrence Erlbaum.

Kinsbourne, M., & Hiscock, M. (1983). Does cerebral dominance develop? In S. J. Segalowitz & F. Gruber (Eds.), *Language development and neurological theory*. New York: Academic press.

Kohlberg, L. (1976). Moral stages and molailization: The cognitive development approach. In T. Likona (Ed.), *Moral development and behavior*. New York: Holt, Rinehart & Winston.

Kohlberg, L., & Nisan, M. (1984). Cultural universality of moral judgement stages: A longitudinal study in Turkey. In L. Kohlberg (Ed.), *The psychology of moral development* (Vol. 2). San Francisco: Harper & Row.

Kostelnik, M. J., Whiren, A. P., Soderman, A. K., & Gregory, K. M. (2008). *Guiding children's development and learning* (6th ed.). Boston, MA: Cengage Learning. 박경자, 김송이, 권연희, 김지헌 공역(2009). 영유아의 사회정서 발달과 교육. 경기: 교문사.

Lamborn, S., Mounts, N. S., Steinberg, L., & Dornbusch, S. (1991). Patterns of competence and adjustment among adolescents from authoritative, authoritarian, indulgent, and neglectful families. *Child Development, 62*(5), 1049-1065.

Lamme, L. L., & Packer, A. L. (1986). Book reading behaviors of infants. *The Reading Teacher, 39*(6), 504-509.

Landreth, G., & Homeyer, L. (1998). Play as the language of children's feelings. In D. P. Fromberg & D. Bergen (Eds.), *Play from birth to twelve and beyond: Contexts, perspectives, and meanings*, 193-198. New York: Garland Publishing, Inc.

Lavine, L. (1977). Differentiation of letter forms in prereading children. *Developmental Psychology, 13*(2), 89-94.

Lee, Y. J. (1993). Young children's written language development and oral and written language awareness. *Early Childhood Development and Care, 85*, 97-108.

Lefrancois, G. R. (1986). *Of children* (5th ed.). Belmont, CA: Wadsworth Publishing

Company.

Lenneberg, E. H. (1967). *Biological Foundations of Language*. New York: Wiey.

Lepper, M. R., & Henderlong, J. (2000). *Turning "play" into "work" into "play": 25 years of research on intrinsic versus extrinsic motivation: The search for optimal motivation and performance* (pp. 257-307). New York: Academic Press.

Lerner, R. M. (1990). Weaving development into the fabric of personality and social psychology the significance of Bandura's social foundation of thought and action. *Psychological Inquiry, 1*(1), 92-96.

Linn, M., Fabricant, S., & Dennis, L. (1988). *Healing the Eight Stage of Life*. Mahwah, NJ: Paulist Press. 김종오 역(2003). 내 삶을 변화시키는 치유의 8단계. 서울: 생활성서사.

Mason, J. (1985). Cognitive monitoring and early reading: A proposed model. In D. Forrest-Pressley, G. MacKinnon, & T. Walker (Eds.), *Metacognition, cognition, and human performance* (pp. 77-101). Orlando, FL: Academic Press.

Mayer, J. D., & Salovey, P. (1990). *Emotional intelligence, imagination, cognition, and personality, 9*(3), 185-211.

McCabe, A. (1997). Developmental and cross-cultural aspects of children's narration. In M. Bamberg (Ed.), *Narrative development: Six approaches* (pp. 137-174). Mahwah, NJ: Lawrence Erlbaum.

McCabe, A., & Peterson, C. (1985). A naturalistic study of the production of causal connectives by children. *Journal of Child Language, 12*, 145-159.

McCabe, A., & Peterson, C. (1991). *Developing narrative structure*. Hillsdale, NJ: Lawrence Erlbaum Associates Publishers.

McDevitt, T. M., & Ormrod, J. E. (2002). *Child development and education*. Upper Saddle River, NJ: Merrill Prentice-Hall.

Midgley, C. (2002). *Goals, goal structures, and adaptive learning*. Mahah, New York: Erlbaum.

Miller, P. H. (1993). *Theories of developmental psychology* (3rd ed.). New York: W. H. Freeman and Company.

Moffett, J. (1983). *Teaching the universe of discourse*. Boston, MA: Houghton Mifflin.

Morgane, P. J., Austin-La France, R. R., Brouzino, J., Toukiss, J., Diaz-Cintra, S., Cintra, L., Kemper, T., & Galler, J, R. (1993). Prenatal malnutrion and development of the brain. *Neurascience and Biobauioral Reviews, 17*, 91-128.

Morris, T. C., Messer, S. C., & Gross, A. M. (1995). Enhancement of the social interaction and status of neglected children: A peer-pairing approach. *Journal of Clinical Child Psychology, 24*, 11-20.

Morrow, L. M. (1990). Preparing the classroom environment to promote literacy during play. *Early Childhood Research Quarterly, 5*, 537-554.

Mueller, E. (1972). The maintenance of verbal exchanges between young children. *Child Development, 43*, 930–938.

Neisser, U., Boodoo, G., Bouchard, T. J., Boykin, A. W., Brody, N., Ceci, S. J., Halpern, D. F., Loehiln, J. C., Perloff, R., Sernberg, R. J., & Urbina, S. (1996). Intelligence: Knowns and unknowns. *American Psychologist, 51*(2), 77–101.

Nelson, K. (1988). Constraints on word learning? *Cognitive Development, 3*, 221–246.

Nelson, P. B., Adamson, L. B., & Bakeman, R. (2008). Toddlers' joint engagement experience facilitates preschoolers' acquistion of theory of mind. *Developmental Science, 11,* 847–852.

Newman, B. M., & Newman, P. R. (1995). *Development through life* (6th ed.). A psychosocial approach. Pacific Grove, CA: Brooks/Cole.

Newman, L. F., & Buka, S. L. (1993). Clipped wings. In K, L. Freiberg (Ed.), *Annual editions human development 93/94* (21st ed.). New York: McGraw-Hill, 96–101.

Nho, H. N., Kim, C. R., Uhm, J. H., Kim, J. T., Jin, S. M., Seo, J. Y., & Shon, K. C. (2009). The prevalence of obesity and metabolic abnormalities in Korean pediatric population. *Korean Journal of Pediatric Gastroenterology and Nutrition, 12*(2), 207–214.

Parten, M. B. (1932). Social participation among preschool children. *Journal of Abnormal and social Psychology, 27*, 243–269.

Pellegrini, A. (1981). The development of preschooler's private speech. *Journal of Pragmatics, 5*, 278–292.

Pepler, D., & Ross, H. (1981). Effects of play on convergent and divergent problem solving. *Child Development, 52*, 1202–1210.

Perry, B. D., & Szalavitz, M. (2006). *Boy who was raised as a dog.* New York: Basic Books. 황정하 역(2016). 개로 길러진 아이. 서울: 민음인.

Peterson, C., & McCabe, A. (1983). *Developmental psycholinguistics: Three ways of looking at a child's narratives*. New York: Plenum Press.

Peterson, C., & McCabe, A. (1987). The structure of and coordinations in children's narratives. *Journal of Psycholinguistic Research, 18*, 467–490.

Peterson, C., & Siegel, M. (2002). Mindreading and moral awareness in popular and rejected preschoolers. *British Journal of Developmental Psychology, 20*, 205–224.

Piaget, J. (1952). *The origins of intelligence in children*. New York: International Universities Press.

Piaget, J. (1960). *Psychologe of intelligence*. Paterson, NJ: Littlefield, Adams.

Piaget, J. (1962). *Play, dreams, and imitation in childhood*. New York: Norton.

Piaget, J. (1974). *The language and thought of the child*. New York: Meridan.

Piaget, J., & Inhelder, B. (1956). *The child's conception of space*. London, UK: Routledge

& Kegan Paul.

Piaget, J., & Inhelder, B. (1971). *Science of education and the psychology of the child.* New York: Viking.

Pica, R. (2010). *Experiences in movement & music: Birth to age 8.* Boston. MA: Cengage Learning. 김은심 역(2010). 유아를 위한 동작 · 음악교육. 경기: 정민사.

Porter, R. H., Makin, J. W., Davis, L. B., & Christensen, K. M. (1992). Breast-fed infants respond to olfactory cues from their own mother and unfamiliar lactating females. *Infant Behavior & Development, 15,* 85-93.

Powell, B., & Steelman. L. C. (1993). The educational benefits of being spaced out: Sibship density and educational progress. *American Sociological Review, 58*(3), 367-381.

Quinn, P. C., Uttley L., Lee, K., Gibson, A., Smith, M., & Pascalis, O. (2008). Infant preference for female faces occurs for same-but not other-race faces. *Journal of Neuropsychology, 2,* 15-26.

Robert Fantz, R. L. (1963). Pattern vision in newborn infants. *Science, 140,* 296-297.

Rose, S. A., Feldman, J. F., Wallace, I. F., & McCarton, C. M. (1991). Information Processing at 1 Year: Relation to Birth Status and Development Outcome During the First 5 years. *Developmental Psychology, 27,* 723-737.

Roizen, M. F., & Mehmet, C. Oz. (2009). You Having a Baby: the Owner's Manual to a Happy and Healthy Pregnancy. 안기순 역(2012). 내몸 임신출산 설명서. 경기: 김영사.

Roskos, K., & Neuman, S. (1993). Descriptive observations of adults' facilitation of literacy in play. *Early Childhood Research Quarterly, 8,* 77-97.

Saarni, C. (1997). Emotional Competence and self-regulation in childhood, In P. Salovey & D. J. Sluyter (Eds.), *Emotional development and emotional intelligence.* New York: Basic Book.

Saffran, J. R., Werker, J. F., & Werner, L, A. (2006). The infant's auditory world: Hearing, speech, and the beginnings of language. In W. Damon & R. Lerner (Series Eds.) & D. Kuhn & R, Siegler (Vol. Eds.), *Handbook of child psychology: Vol. 2. Cognition, Perception, and language* (6th ed., pp.58-108). Hoboken, NJ: Wiley.

Saltz, E., & Johnson, J. (1974). Training for thematic-fantasy play in culturally disadvantaged children. Preliminary results. *Journal of Educational Psychology, 66,* 623-630.

Santrock, J. W. (2001). *Child development* (9th ed.). New York: McGraw-Hill.

Santrock, J. W. (2004). *Child development* (10th ed.). New York: McGraw-Hill.

Santrock, J. W. (2010). *Children* (11th ed.). 이경민, 이경선, 한석실, 이정화, 박호철, 조부월, 이수련, 이승은, 이세나, 박정언, 조은미, 최윤정, 전재선, 이은주 공역(2014). 영유아발달. 경기: 문예미디어.

Schaffer, H. R. (1993). *Making decisions about children: Psychological questions and answers*. Cambridge, MA: Basil Blackwell, Inc.

Schickedanz, J. (1986). *More than the ABCs: The early stages of reading and writing*. Washington, DC: NAEYC.

Schickedanz, J. (1990). *Adam's righting revolutions: One child's literacy development from infancy through grade one*. Portsmouth, NH: Heinemann Educational Books.

Schickedanz, J. (1993). Designing the early childhood classroom environment to facilitate literacy development. In B. Spodek & O. N. Saracho (Eds.), *Language and literacy in early childhood education* (pp. 141-155). New York: Teacher College Press.

Schickedanz, J. (1999). *Much more than the ABCs: The early stages of reading and writing*. Washington, DC: NAEYC.

Schickedanz, J., & Dickson, D. (2005). *Comprehensive early literacy program*(CELP). New York, NY: Teacher College Press.

Schickedanz, J., Hansen, K., & Forsyth, P. D. (1990). *Understanding children*. Mountain View, CA: Mayfields Publishing Co.

Scott, R. M., & Baillargeon, R. (2009). Which penguin is this? Attributing false beliefs about object identity at 18 months. *Child Development, 80,* 1172-1196.

Selman, R. (1980). *The growth of interpersonal understanding*. New York: Academic Press.

Senechal, M., Cornell, E. H., & Broda, L. S. (1995). Age-related differences in the organization of parent-infant interactions during picture-book reading. *Early Childhood Research Quarterly, 10*, 317-337.

Shaffer, D. R. (1993). Developmental Psychology: *Childhood and Adolescence* (3rd ed.). CA: Brooks/Cole.

Shaffer, D. R. (1993). Developmental psychology: *Childhood and adolescence* (5th ed.). Pacific Grove, CA: Brooks/Cole.

Shaffer, D. R. (1999). Developmental psychology: *Childhood and adolescence* (6th ed.). Belmont, CA: Wadsworth Publishing.

Shatz, M., & Gelman, R. (1973). The development of communication skills: Modifications in the speech of young children as a function of listener. *Monograph of the Society for Research on Child Development, 38* (5. Serial No. 152).

Singer, J. L., & Singer, D. G. (1988). Imaginative play and human development: Schemas, scripts, and possibilities. In D. Bergen (Ed.), *Play as a medium for earning and development*. Portsmouth, NH: Heinemann.

Slater, A., Field, T., & Hernandez-Rief, M. (2007). The development of the senses. In A. Slater & M. Lewis (Eds.), *Introduction to infant development* (pp.81-99). Oxford: Oxford University press.

Smilansky, S. (1968). *The effects of sociodramatic play on disadvantaged pre-school children*. New York: Wiley.

Smith, P. K., & Syddall, S. (1978). Play and non-play tutoring in preschool childre: Is it play or tutoring which matters? *British Journal of Health, Physical Education and Recreation, 43*(6), 32-33.

Sonnenschein, S. (1986). Development of referential communication skills: How familiarity with a listener affects a speaker's production of redundant messages. *Developmental Psychology, 22*, 549-555.

Sonnenschein, S. (1988). The development of referential communication: Speaking to different listeners. *Child Development, 59*, 694-702.

Stein, N. L. (1988). The development of children's storytelling skill. In M. B. Franklin & S. Barten (Eds.), *Child language: A book of readings* (pp. 282-297). New York: Oxford University Press.

Stein, N. L., & Glenn, C. G. (1979). An analysis of story comprehension in elementary school children. In R. O. Freedle (Ed.), *New directions in discourse processing, 2: Advances in discourse processes* (pp. 53-120). Norwood, NJ: Ablex Publishing Coorporation.

Stein, N. L., & Glenn, C. G. (1982). Children's concept of time: The development of a story schema. In W. J. Friedman (Ed.), *The developmental psychology of time* (pp. 255-282). New York: Academic Press.

Steinberg, L., Vandell, D. L., & Bornstein, M. H. (2011). *Development: Infancy through adolescence*. Belmont, CA: Wadsworth.

Steiner, J. E. (1979). Human facial expressions in response to taste and smell stimulation. In H. Reese & L. Lipsitt (Eds.), *Advances in child development and behavior* (Vol. 13). New York: Academic Press.

Stenberg, G. (2003). Effects of maternal inattentiveness on infant social referencing. *Infant and Child Development, 12*(5), 399-419.

Sternberg, K. J., Lamb, M. E., Greenbaum, D., Cicchetti, D., Dawud, S., Cortes, R. M., Krispin, O., & Lorey, F. (1993). Effects of domestic violence on children's behavior problems and depression. *Developmental Psychology, 29*, 44-52.

Sternberg, R. J. (1984). Mechanisms of cognitive development: A componential approach. In R. J. Sternberg (Ed.), *Mechanisms of cognitive development.* New York: W. H. Freeman and Company, 163-186.

Stewart, L., & Pascual-Leone, J. (1992). Mental capacity constraints and the development of moral reasoning. *Journal of Experimental Child Psychology, 54*, 251-287.

Sulzby, E. (1985). Children's emergent reading of favorite storybooks: A developmental study. *Reading Research Quarterly, 20*(4), 458-481.

Sulzby, E. (1990). Assessment of emergent writing and children's language while writing. In L. M. Morrow, & J. K. Smith (Eds.), *Assessment for instruction in early literacy*. Englewood Cliffs, NJ: Prentice Hall.

Sulzby, E., & Teale, W. H. (1991). Emergent literacy. In R. Barr, M. Kamil, P. Mosenthal, & P. D. Pearson (Eds.), *Handbook of reading research, 2*, 727-757. New York: Longman.

Sweeting, H. N. (2008). Gendered dimensions of obesity in childhood and adolescence. *Nutrition Journal,* 7, 1-14.

Tanner, J. M. (1978). *Education and physical growth* (2nd ed.). London, UK: Hodder and stroughton.

Tomas, A., & Chess, S. (1977). *Temperament and development*. New York: Brunner/Mazel.

Tomas, A., & Chess, S. (1986). The new york longitudinal study: From infancy to early adult life. In R. Plomin & J. Dunn (Eds.), *The study of temperament: Changes, continuities, and challenges*. Hillsdale, NJ: Erlbaum.

Tomas, A., & Chess, S. (1992). Temperament in adolescence and its functional significance. In R. Lemer, A., Petersen, & J. Brooks-Gunn (Eds.), *Encyclopedia of Adolescence* (Vol. 2). New York: Garland.

Tomas, A., Chess, S., & Kom, S. J. (1982). The reality of difficult temperament. *Merill-Palmer Quarterly, 28*, 1-20.

Tomasello, M., & Farrar, M. J. (1986). Joint attention and early language. *Child Development,* 57, 1454-1463.

Torrance, E. P. (1988). The nature of creativity as manifest in its testing. In R. J. Sternverg (Ed.), *The nature of creativity: Contemporary psychological perspectives*. Cambridge, MA: Cambridge University Press.

Vygotsky, L. S. (1967). Play and its role in the mental development of the child. *Sovit Psychology, 5*(3), 6-18.

Vygotsky, L. S. (1978). *Mind in Society: The development of high mental process*. Cambridge, MA: Harvard University Press.

Warlker, L. J. (1996). Unpublished review of J. W. Santrock's. *Child development* (8th ed.). New York: McGraw-Hill.

Warlker, L. J., & Pitts, R. C. (1998). Naturalistic conceptions of moral maturity. *Developmental Psychology, 34*, 403-419.

Waters, E., Vaughn, B. E., & Egeland, B. (1980). Individual differences in infant-mother attachment relationships at age one: Antecedents in neonatal behavior in an economically disadvantaged sample. *Child Development, 51*, 208-216.

Watson, L. D., Watson, M. A., & Wilson, L. C. (2003). *Infant & Toddlers: Curriculum and*

teaching (5th ed.). Clifton Park, NY: Thomson Delmar Learning.

Wehres, A., De Lisi, R., & Amold, M. (1981). The development of noun definition. *Journal of Child Language, 8*, 165-175.

White P. J. et al. (1999). Stability of the human fragile X (CGG)(n) triplet repeat array in Saccharomyces cerevisiae deficient in aspects of DNA metabolism. *Mol Cell Biol, 19*(8), 5675-84.

Williams, H. G. (1983). *Perceptual and motor development*. Englewood Cliffs, NJ: Prentice-Hall.

Wintre, M. G., & Vallance, D. D. (1994). A Developmental sequence in the comprehension of emotions: Intensity, multiple emotions, and valence. *Developmental Psychology, 30*(4), 509-514.

Yang, Y. J. L. (1983). The influence of presentation modes on young children's story comprehension and recall. Doctoral dissertation of Boston University.

Zill, N. (1988). Behavior, achievement, and health problems among children in stepfamilies. In Hetherington, E. & Arasteh, J. (Eds.), *Impact of divorce, single parenting and stepparenting on children*. Hillsdale: Erlbaum.

참고 사이트

통계청, 2012~2016 검색.
www.kostat.go.kr

찾아보기

[인 명]

[내 용]

저자 소개

송현종(Song, Hyun Jong) / 1, 3장

전남대학교 대학원 교육학과(교육학 박사)
전 여수대학교 인문사회과학대학 학장
　미국 Whitworth University 객원교수
　전남대학교 부총장
현 전남대학교 특수교육학부 교수

〈주요 저 · 역서〉
특수아동과 상담(공저, 전남대학교출판부, 2016)
상담실습자를 위한 상담의 원리와 기술(공저, 학지사, 2006)
한국교육의 이해(제2판, 공저, 교육과학사, 2006)
교육학 총론(교육과학사, 1993)
ADHD 학생의 이해와 지도(공역, 학지사, 2014)
아들러 상담이론과 실제(공역, 학지사, 2005)
단기상담: 학교 상담자를 위한 해결 중심적 접근(역, 학지사, 2001)
애들러 상담이론(공역, 학지사, 2001)
인지심리와 교수-학습(공역, 교육과학사, 1993)

이순자(Lee, Soon Ja) / 2, 6, 10장

중앙대학교 대학원 유아교육학과(문학 박사)
전 공립유치원교사
　미국 University of Illinois at Urbana-Champaign 객원교수
　미국 The University of Tennessee 객원교수
현 전남대학교 특수교육학부 교수

〈주요 저 · 역서〉
아동복지론(공저, 정민사, 2012)
영유아 문제행동 지도: 교사용 지침서(공역, 학지사, 2015)

박상희(Park, Sang Hee) / 2, 7, 11장

중앙대학교 대학원 유아교육학과(문학 박사)
현 광신대학교 유아교육과 교수

〈주요 저서〉
유아문학: 이론과 적용(2판, 공저, 학지사, 2016)
유치원과 초등학교 저학년 아동을 위한 아동 독서교육론(공저, 공동체, 2008)
그림책 중심의 유아 독서교육의 실제(태영출판사, 2008)

박영미(Park, Young Mi) / 2, 8, 12장

이화여자대학교 대학원 유아교육학과(문학 박사)
전 전남대학교 특수교육학부, 광주교육대학교 교육대학원,
　조선대학교 교육대학원 강사
현 동신대학교 유아교육학과 교수

이미나(Lee, Mi Na) / 4, 9, 13장

목포대학교 대학원 가정학과(이학 박사)
동방문화대학원대학교 상담심리 전공(상담심리학 박사)
전 목포대학교, 송원대학교, 남부대학교 강사
　광주보건대학교 겸임교수
　전남도립대학교 초빙교수
현 서영대학교 유아교육과 겸임교수
　광신대학교 상담대학원 통합예술치료학과 강사
　꿈나무사회복지관, 굿네이버스 전문상담사
　마인드코칭센터 대표

〈주요 저서〉
영아발달(공저, 가족과 문화, 2014)
영유아 교사론(공저, 가족과 문화, 2014)
Bookarts 이론과 실제(공저, 가족과 문화, 2014)

윤은경(Yun, Eun Gyung) / 5장

전남대학교 대학원 유아교육학과(교육학 박사)
전 광신대학교 부설어린이집 원장
현 광신대학교, 전남대학교 유아교육과 외래교수

〈주요 저서〉
영유아 교사론(공저, 가족과 문화, 2014)
Bookarts 이론과 실제(공저, 가족과 문화, 2014)

영유아 발달
Child Development

2017년 3월 20일 1판 1쇄 인쇄
2017년 3월 30일 1판 1쇄 발행

지은이 • 송현종·이순자·박상희·박영미·이미나·윤은경
펴낸이 • 김진환
펴낸곳 • (주) 학지사
04031 서울특별시 마포구 양화로 15길 20 마인드월드빌딩
대표전화 • 02)330-5114 팩스 • 02)324-2345
등록번호 • 제313-2006-000265호

홈페이지 • http://www.hakjisa.co.kr
페이스북 • https://www.facebook.com/hakjisa

ISBN 978-89-997-0699-8 93180

정가 20,000원

이 도서의 국립중앙도서관 출판시도서목록(CIP)은 서지정보유통지원시스템 홈페이지(http://seoji.nl.go.kr)와 국가자료공동목록시스템(http://www.nl.go.kr/kolisnet)에서 이용하실 수 있습니다.
(CIP 제어번호: CIP2017005552)